연구총서 1-34

영어의 통사구조 연구:

보편문법적 접근

김용석

머리말

본서는 현대 언어학(Modern Linguistics)의 출발이라 할 수 있는 20세기 초반의 구조주의문법(Structural Grammar)에서부터 구조주의문법의 대안으로 20세기 중반에 대두된 변형생성문법(Transformational Generative Grammar), 그리고 20세기 후반에 생언어학적 가설(Biolinguistic Hypothesis)을 기반으로 제안된 소위 최소주의문법(Minimalist Grammar)에 이르기까지 현대 언어학의 전반을 소개하고, 특히 1980년대 이후의 생성언어학(Generative Linguistics)에서 활발히 논의되었던 보편문법(Universal Grammar: UG)의 체계를 조명하고 영어의 다양한 통사구조들이 이 보편문법체계 하에서 구체적으로 어떻게 생성되며 변형되는지를 고찰하고 있다.

본서는 총 5장으로 구성되어 있으며, 제1장에서는 현대 언어학 전반의 철학적 배경과 변천 과정, 그리고 보편문법의 실체를 관찰하며, 제2장에서는 보편문법의 체계 내에서 영어의 통사구조가 어떻게 생성될 수 있는지 고찰하고, 제3장에서는 영어의 문장과 그 문장을 구성하고 있는 다양한 범주들이 핵계층이론 하에서 어떻게 기술될 수 있는지를 실증적인 통사론적 자료를 통해 분석하고 있다. 제4장에서는 최근 최소주의문법에서 도입하고 있는 소위 필수구구조(Bare Phrase Structure) 이론 하에서 영어의 통사구조가 어떻게 분석될 수 있는지를 확인하는 몇 가지 실험적 논의를 소개하고, 제5장에서는 필수구조이론을 배경으로 최초로 완성된 최소주의문법의 문법체계인 자질유인이론의 문법체계를 소개하고, 이 문법체계 내에서 영어의 중요 문장이 어떻게 도출되는지 실례를 통해 검토해 본다.

영어의 통사구조를 탐구하는 많은 언어학도들이 본서를 통해 20세기 중반과 후반에 각기 생성언어학(Generative Linguistics)의 범주에서 대두된 변형생성문법과 최소주의문법과 이들 문법체계에서 제안하고 있는 보편원리 체계에서 영어 문장의 다양한 통사구조들이 얼마나 효율적으로 잘 설명되는지를 음미해 나가기 바란다.

끝으로 여러 가지 어려운 여건에서도 본서의 출판을 기꺼이 맡아 훌륭한 책으로 엮어주신 한성대학교 출판부 관계자들에게 깊은 감사를 드린다.

2010년 초하 여주 해오름 마을에서
저자 김용석 씀

* 본서의 출판은 2010학년도 한성대학교 교내연구비 지원과제임.

차 례

제1장 보편문법과 현대 언어학

1. 언어와 문법, 그리고 언어학

언어(language)란 무엇인가? 이 질문에 대해서는 언어학과 학자들의 관점에 따라 다소 차이가 있지만, 일반적으로는 인간이 사고의 표현(expression of thought)이나 의사소통(communication)을 위해 사용하는 표현(expressions)(일명, 문장(sentences))들의 집합을 말한다. 그러나 현재 지구상에 존재하는 인간언어(human languages)의 수만 하더라도 약 4,000개에 이르며, 각 개별언어(particular language)마다 사용하는 문장의 수도 거의 무한대에 가깝다. 뿐만 아니라 각 개별언어에서 사용되는 많은 문장은 원어민의 환경적·심리적 요인에 의해 불완전한 문법적 구성을 갖기도 한다. 이러한 의미에서 현대 언어학(modern linguistics)의 주류인 생성언어학(Generative Linguistics)에서는 언어를 단순히 문장/표현들의 집합으로 보지 않고, 각 개별언어의 문장/표현들을 생성(generate)하는 원어민(native speakers)의 두뇌 속에 존재하는 언어기능(faculty of language)을 일차적 언어라고 본다. 이러한 언어기능을 최근 최소주의문법(Minimalist Linguistics)에서는 인지체계(cognitive system)라 한다. 그들의 언어에 대해 원어민이 두뇌 속에 보유하는 이러한 인지체계는 두뇌의 다른 여러 능력, 즉 사고(thoughts)를 담당하는 개념의도체계(conceptual intensional system)와 소리(sounds)를 담당하는 조음청취체계(articulatory perceptual system)와 협동하여 그 원어민에게 다양한 사고의 표현과 의사소통을 가능하게 할 뿐만 아니라 여러 언어적 기능을 수행할 수 있게 해준다. 이러한 차원에서 생성언어학에서는 의사소통에 활용되는 수많은 문장/표현들을 만들어 내는 두뇌 속의 언어기능을 내재언어(internal language: I-language), 그 문장/표현들을 외재언어(external languaage: E-language)라 한다.

그러면 문법(grammar)이란 무엇인가? 이 질문에 대해서도 언어학파에 따라 그 정의가 다양하지만, 공통된 기본적인 개념은 '언어의 규칙'을 말한다. 사고의 표현이나 의사소통의 수단으로서의 언어는 일정한 규칙의 체계에 의해 운용되며, 이러한 운용규칙(operative rules)의 체계가 바로 문법이다. 그러면 이러한 운용규칙의 체계는 어디에 존재하며, 그 실체는 무엇인가? 아리스토텔레스(Aristotle : B.C. 384-322) 이후 20세기 초에 이르기까지 이어져 온 소위 전통문법(Traditional Grammar)[1]에서는 문법학자들의 저술 속에서 주장되는 문법규칙(grammatical rules)이 바로 언어의 운용규칙이라 말한다. 그러나 문법학자들이 주장하는 문법규칙의 체계는 한 개별언어 내에서도 학자들의 견해에 따라 서로 다를 수 있으므로 엄격한 의미에서 그 언어의 진정한 문법이라 할 수 없다. 이러한 차원에서, 20세기 초 Ferdinand de Saussure에 의해 주창된 구조주의문법(Structural Grammar)에서는 문법은 외재언어인 한 언어의 문장/표현들을 구성하는 구성규칙으로서 그 문장/표현 속에 내재해 있다고 보며, 또한 20세기 중반 Noam Chomsky에 의해 시도된 변형생성문법(Transformational Generative Grammar)에서는 문법이란 원어민이 그들의 모국어를 사용할 때 적용하는 언어규칙으로, 곧 원어민의 두뇌 속 나타나는 언어기능이 문법이라는 것이다. 따라서 현대 언어학적 견지에서는 다음과 같은 등식이 성립된다.[2]

(1) 언어 = 언어기능 = 인지체계 = 운용규칙의 체계 = 문법

이제 언어학(linguistics)이란 무엇인지에 대한 물음에 답할 단계이다. 일반적으로 언어학은 언어를 연구하고 그 특성을 규명하여 기술하는 학문을 말한다. 그러나 (1)의 등식을 통해 보면 언어학은 한 언어의 운용규칙 체계인 문법에 대한 연구와 기술일 뿐만 아니라, 진정한 의미에서는 원어민의 언어기능인 인지체계를 규명하여 그것을 어떤 형식을 통해 기술하는 학문을 말한다.

---

1) 아리스토텔레스는 논리학(logic)을 처음으로 체계화하고 범주론(Kategoria)를 제시하였는데, 이러한 학문적인 체계가 전통문법의 기술에 기초가 된다.

2) Chomsky(1957, 1965)에서는 이러한 언어기능을 '언어적 지식(linguistic knowledge)' 혹은 '언어적 능력(linguistic competence)'이라고도 말했다. 따라서 위 (1)의 등식은 다음과 같이 확대될 수 있다.

(i) 언어=언어기능=언어적 지식=언어적 능력=인지체계=운용규칙의 체계=문법

이러한 차원에서 언어 연구는 곧 문법의 연구이면서, 동시에 인간의 인지체계에 대한 연구이기도 하다. 사실상, 현대 언어학자들은 인간언어(human language)의 연구를 통해 인간의 본성(human nature), 즉 인간의 지성(human mind)까지도 규명할 수 있다고 본다. Noam Chomsky (1972)는 다음과 같이 언급하고 있다.

(2) "There are a number of questions which might lead to undertake a study of language. Personally, I am primarily intrigued by the possibility of learning something, from the study of language, that will bring to light inherent properties of the human mind."

한편, 원어민은 언어기능인 문법규칙의 체계를 활용하여 모국어의 문장/표현들을 생성하는 능력과, 생성된 문장/표현들을 다양한 상황에서 적절히 사용하는 능력을 보유하고 있는데, 전자의 능력을 언어적 능력(linguistic competence)이라 하고 후자의 능력을 화용론적 능력(pragmatic competence)이라 한다. 그리고 언어적 능력에는 단어의 구성에 관한 지식, 발음과 문장구성에 관한 지식, 그리고 의미의 구성에 관한 지식 등이 내포되며, 화용론적 능력에는 사람의 신념과 관계되는 지식, 사회적 행위를 지배하는 규칙, 백과사전적 지식 등 뿐만 아니라 사람들에게 주어진 문맥과 관련되는 발화를 해석할 수 있게 하는 추론의 규칙 등까지도 내포된다. 그러나 현대 언어학에서는 순수한 언어의 연구는 언어의 문장/표현을 생성하는 언어기능에 국한되어야 한다고 보며, 이러한 차원에서 언어적 능력에 대한 연구가 현대 언어학의 주된 관심사가 되어 왔다. 따라서 현대 언어학에서는 언어적 능력에 내포되는 다양한 국면의 지식에 따라 문법기술은 부서(components)별로 독립적으로 이루어져야 한다고 본다. 즉, 단어들의 지식을 관장하는 부서를 어휘부(Lexicon)라 하고, 발음의 구성을 관장하는 부서를 음운부(Phonological Component), 단어의 구성을 관장하는 부서를 형태부(Morphological Component), 문장의 구구조(phrase structures)를 관장하는 부서를 통사부(Syntactic Component)

라 하며, 또한 문장의 의미적 구성을 관장하는 부서를 의미부(Semantic Component)라 하는데, 현대 언어학에서는 이러한 부서들을 연구하고 기술하는 언어학의 하위 분야들을 각기 음운론(Phonology), 형태론(Morphology), 통사론(Syntax), 의미론(Semantics)이라 부른다.

2. 언어습득의 철학적 관점

인간의 사고표현과 의사소통의 수단인 언어는 어떻게 한 언어의 내재언어(I-language)로 습득되는 것일까? 언어습득(language acquisition)에 관한 견해는 언어학의 변천을 이끈 철학적 관점에 따라 많은 차이를 나타지만, 20세기 현대 언어학에서는 대체로 실증주의적 관점(Empiricist Perspective), 이성주의적 관점(Rationalist Perspective), 그리고 최근의 최소주의문법(Minimalist Grammar)에서 주장하는 진화론적 관점(Evolutionist Perspective) 등의 세 가설로 나누어진다.

2.1 실증주의적 관점

언어습득에 관한 실증주의적 관점(Empiricist Perspective)은 20세기 초 스위스의 언어학자 Ferdinand de Saussure(1857-1913)에 의해 처음 제기된 후, 20세기 중반까지 미국에서 기술언어학(Descriptive Linguistics)으로 크게 발전한 소위 구조주의문법(Structural Grammar)에서 주장된 가설이다.[1] 구조주의 문법이론은 실증주의(Empiricism) 철학과 행동주의(Behaviorism) 심리학의 영향을 받아, 인간은 처음 아무런 능력과 지능이 없는 백지상태(tabula rasa)로 이 세상에 태어나지만, 성장하면서 후천적 경험과 학습을 통해 능력과 지능이 생겨난다고 보고, 언어적 능력도 이러한 후천적 학습과정을 통해 습득된다고 가정한다. 즉, 어린아이는 처음 말을 하지 못하나 성장과정에서 주변의 사람들이 사용하는 언어를 시행착오(trials-and-errors)의 학습과정을 통해 반복적으로 경험하면, 결과적으로 그 언어가 뇌 속에 하나의 습관(habit)으로

1) 구조주의문법(Structuralist Grammar)은 구조문법(Structural Grammar)이라고도 하며, 구조주의문법이 미국에서는 소위 발견과정(Discovery Procedure)이란 엄격한 학문적 방법론을 도입하여 언어를 과학적으로 기술한다고 하여 기술언어학(Descriptive Linguistics)이라고도 불리어졌다.

형성되는데, 이것이 바로 언어적 능력이라는 것이다. 요컨대, 구조주의문법이론에서는 인간의 언어는 경험과 반복학습에 의하여 후천적으로 습득된다는 실증주의 언어습득론을 주장한다.

이러한 실증주의 언어습득론을 취하는 구조주의문법이론에서는 경험의 대상이 되는 언어실행, 즉 외재언어를 일차적 언어(primary language)라 보며, 이러한 차원에서 개별언어의 연구는 원어민들의 언어실행인 음성언어, 즉 구어(spoken language)를 문법기술의 대상으로 삼는다. 따라서 구조주의문법에서는 음성(sound)의 기술이 문법연구의 시발점이 되어야 한다고 주장하며, 기존의 전통문법(Traditional Grammar)에서와는 달리 음성연구에 주안점을 두어 음성학(phonetics) 발전에 크게 기여하기도 하였다. 또한, 구조주의문법에서는 한 언어의 연구는 다른 언어와 상관없이 독자적으로 이루어져야 한다고 보며, 문법기술은 현재 원어민(native speakers)들이 직접 사용하는 언어자료(corpus)를 직접 수집하여 분석하고, 그 결과를 목록으로 작성하여 귀납적으로 개별언어들의 문법이 기술되어야 한다고 주장한다.[2)]

또한, 구조주의문법이론에서는 한 인간이 경험에 의해서 습득한 머릿속의 내재언어는 경험의 대상인 외재언어와 동일한 형태로 존재한다고 가정한다. 왜냐하면, 행동주의 심리학에서는 경험에 의해 형성되는 습관은 그 경험의 내용과 일치한다고 보기 때문이다. 그러므로, 외재언어를 경험하여 습득된 내재언어는 외재언어와 동일한 실체라는 것이다. 즉, 외재언어가 소리와 의미의 구조를 갖는 언어 대상들(linguistic objects)--즉, 단어와 단어들의 구조적 결합으로 이루어지는 구와 문장--의 집합이므로, 인간의 머릿속에 습득

2) 미국의 언어학자 Charles C. Fries는 영어의 문법을 철저히 귀납적으로 기술하기 위하여, 정부 당국의 협조를 얻어 당시 일반인들이 교류하는 서신에서 직접 자료를 발췌하여 *American English Grammar*(1940)를 저술하였으며, 또한 그 이후 더욱 직접적인 언어자료의 확보를 위해, 정부당국의 승인 하에, 당시 일반인들의 전화내용 속에서 자료를 수집하여 *The Structure of English*(1952)를 저술하기도 하였다. 그러나, 이러한 구조주의 언어학의 귀납적인 언어기술 방법론은, 원어민의 직접적인 언어자료가 최적의 문법기술을 위해서는 불충분하며 불완전하다는 차원에서, 이후 변형생성문법학자들(Transformational Generative Grammarians)에 의해서 크게 비판을 받게 된다.

된 내재언어도 이러한 언어 대상들의 집합체로 이루어져 있다는 것이다.[3] 즉, 구조주의 언어학자들은 말을 학습한 인간의 머릿속에는 학습한 언어의 단어와 구 그리고 문장들로 가득 차 있다는 것이다. 〈이는 마치 우리 학생들이 영어단어나 문장을 반복적으로 학습하여 머릿속에 그 단어나 문장을 암기하는 결과와 같다.〉 또한, 사람이 말을 한다는 것은 경험을 통해 이미 머릿속에 입력(습관화)되어 있는 언어 대상들을 있는 그대로 발성기관을 통해 출력(발화)하는 것에 지나지 않다는 것이다.

Saussure는 한 사회에서 통용되며 그 사회의 구성원들이 경험하는 언어를 랑거(langue)라 하고, 이 랑거의 경험으로 구성원들이 개인적으로 습득하여 사용하게 되는 언어를 파롤(parole)이라 규정하고 있다.[4] 랑거는 항구적이고 공통적이며, 추상적인 반면, 파롤은 일시적이고, 개인적이며, 구체적이다. 랑거의 경험으로 파롤이 습득되며, 파롤은 다시 랑거를 형성한다. 언어 습득의 차원에서 보면, 파롤을 개인적 내재언어라 볼 수 있고 랑거를 사회적 외재언어라고 볼 수 있다. 이러한 관계를 도식으로 나타내면 다음과 같다.

(1)

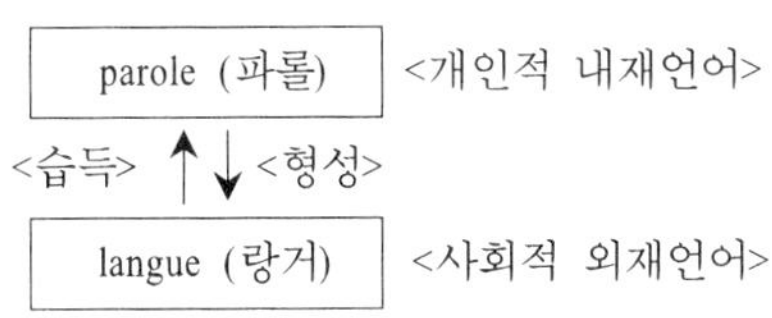

3) 언어가 내부구조(internal structure)를 갖는 일관된 구조체계(coherent structural system)라는 사실을 처음 발견한 것은 구조주의문법이론이다. 즉, 구조주의문법에서는 언어의 가장 작은 단위가 음소(phoneme)이며, 음소들이 구조적 결합에 의해서 만들어내는 최소 의미단위가 형태소(morpheme)이고, 이 형태소들이 구조적으로 결합하여 만들어내는 문장의 기본 단위가 단어(word)이며, 또한 단어들이 구조적으로 결합하여 만들어내는 기본적 통사단위가 구(phrase)이며, 이 구들이 구조적으로 결합하여 만들어내는 의사소통의 기본단위가 문장(sentence)이라고 본다.

4) 이러한 Saussure의 주장은 그의 사후에 출간된, 그가 1906~1911년에 제네바대학에서 강의한 내용인 『일반강의』(*Cours de Linguistique Générale*, 1916)의 주제였다.

2.2 이성주의적 관점

언어습득에 관한 이성주의적 관점(Rationalist Perspective)이란, 20세기 중반 이후 Noam Chomsky(*Syntactic Structures*, 1957)에 의해 주창된 변형생성문법(Transformational Generative Grammar)에서 취하는 철학적 가설을 말한다.[5] 변형생성문법이론에서는, 이성주의(Rationalism) 철학과 인지주의(Cognitivism) 심리학의 영향을 받아, 인간의 언어를 본유적(innate)인 것이라고 본다. 즉, 인간의 언어기능은 경험에 의해 습득되는 것이 아니라 추리력, 기억력 등의 다른 인지능력과 마찬가지로 세상에 태어나면서부터 선천적으로 보유하는 본유적 인지능력이라는 것이다. 이러한 이성주의적 관점에 의하면, 인간은 본유적으로 언어규칙의 체계(a set of linguistic rules)를 뇌 속에 보유하는 것이며, 이러한 본유적 언어규칙체계의 주장은 자연히 '모든 인간의 머리에는 동일한 문법체계가 존재한다'는 보편문법(universal grammar: UG)의 가설로 이어진다. 따라서 언어습득에 관한 이성주의적 가설을 채택하는 변형생성문법에서는 당연히 보편문법의 실체를 규명하는 것이 언어연구의 일차적인 목표가 된다. 즉, 변형생성문법에서는 본유적인 보편문법의 체계로 인간의 뇌 속에 내재되어 있는 내재언어를 일차적인 언어로 규정하고, 이러한 내재언어를 언어연구의 대상으로 삼는다. 변형생성문법 언어학자들에 의하면, 보편문법의 체계는 문장을 만드는 한정된 수의 규칙으로 이루어져 있는데, 인간은 이 한정된 수의 규칙을 반복적으로 적용하여 사실상 무한한 수의 문장을 만들어 낸다는 것이다. 이 무한수의 문장들이 바로 한 언어의 외재언어를 구성한다. 변형생성문법에서는 사실상 한 언어에 사용되는 문장의 수

---

5) 변형생성문법(Transformational Generative Grammar)을 약칭 변형문법(Transformational Grammar), 혹은 생성문법(Generative Grammar)이라고도 부른다. 본서에서는 가급적 원명인 변형생성문법으로 호칭하려고 한다. 참고로, 본서에서 '생성언어학(Generative Linguistics)'이라고 명칭하는 문법은 20세기 중반에 대두된 변형생성문법과 20세기 후반에 제안된 최소주의문법(Minimalist Grammar)을 묶어 20세기 초반에 주창된 구조주의문법과 대조하여 부르는 이름이다.

는 무한히 많다고 본다.[6] 따라서, 언어사용을 창조적 활동으로 본다. 변형생성문법(Transformational Generative Grammar)에서 생성(generation)이란 표현은 바로 유한수(finite set)의 언어규칙이 무한수(infinite set)의 문장구조, 구체적으로 말하면 음운구조(phonological structures), 의미구조(semantic structures), 그리고 통사구조(syntactic structures)를 갖는 무한수의 언어표현을 생성한다는 뜻에서 붙여진 이름이다. 이러한 관계를 도식으로 나타내면 다음과 같다.

(2) 유한수의 본유적 언어규칙 (내재언어)

↓ <생성>

무한수의 문장구조 (외재언어)

2.3 진화론적 관점

언어습득에 관한 진화론적 관점(Evolutionist Perspective)이란 최근 Noam Chomsky(1995, 1999, 2005a, 2005b)에서 시도되고 있는 최소주의문법(Minimalist Grammar)에서 채택하고 있는 생언어학적 가설(Biolinguistic Hypothesis)을 말한다.

최소주의문법의 이론적 기반이 되는 생언어학(biolinguistcs)은 이 영역의 최초 저술인 Eric Lenneberg(1967)의 *Biological Foundations of Language*가 출판되기에 앞서 이미 20년 이상 학문영역으로서의 모양세를 갖추는 논의가 이어져 왔다. 그 이후 파리의 Royaumont 연구소의 협찬으로 1974년 MIT에서 "Biolinguistics"이란 주제로 국제학술대회가 개최되었으며, 본 학술대회와 그 이전의 몇 년간의 연구에서 많은 중요한 핵심적 논의가 이루어졌다. 생언어학의 핵심적 논의 중의 하나가 바로 "언어의 표면상 원리들이 어느 정도로 인지체계(cognitive system)의 고유한 속성을 지니고 있는지, 그리고 이

6) Miller, Galanter & Pribram(1960)의 "Plans and the Structure of Behavior"에서는 영어에서 20개 이하의 단어로 이루어지는 문장의 수는 10^{30}개나 된다고 주장한다. 참고로, 1 세기의 시간을 초로 계산한 수는 3.15×10^{9}초이다.

와 유사한 형식적 체계가 인간이나 혹은 다른 유기체의 다른 인지영역에서도 발견되는지"이다. 생언어학적 관점에서 제기되는 더욱 근원적인 문제는 "언어의 얼마나 많은 부분이 원리적 설명(principled explanation)이 가능한지, 그리고 언어에 상응하는 상동요소(homologous elements)들이 다른 영역과 유기체에서도 발견될 수 있는지"이다. 이러한 문제들에 대한 심도 있는 연구와 논의가 최근 "최소주의 프로그램(Minimalist Program: MP)"으로 알려진 최소주의문법의 연구에서 이루어져 왔다. 즉, 최소주의문법에서는 생언어학적 관점에서 소위 "언어기능(faculty of language: FL)"이라는 인간생체(두뇌)의 한 영역이 언어의 사용과 습득에 개입한다고 본다.[7] 따라서, 최소주의문법에서는 언어의 연구는 인간생체를 포함하는 자연세계(natural world)의 한 영역에 대한 연구이다. 요컨대, 언어기능이란 Charles Robert Darwin과 함께 현대진화론의 공동창시자인 Alfred Russel Wallace가 "인간의 지적, 도덕적 본성(man's intellectual and moral nature)"이라 불렀던 인간의 창의적 상상력, 언어와 상징, 수학, 자연현상의 해석과 기록 등을 수행하는 인간능력(human capacities)의 한 영역이라는 것이다.

Wallace에 의하면 이러한 인간능력은 약 50,000년 전에 오늘날 인간의 조상인 한 작은 종족 사이에서 생겨났으며, 이러한 인간능력은 "변이와 적자생존(variation and nutual selection)"의 원리에 의해 설명될 수 없으며, 물질세계의 존재와 관계되는 어떤 다른 자연의 원리에 의해 설명되어야 하는 하나의 신비(considerable mystery)라고 본다. 언어기능은 이러한 인간의 지적 능력에 핵심적 부분이다.

고인류학자인 Ian Tattersall은 언어란 속성상 "상징적 사고(symbolic thought)"이며, 이러한 언어는 진화과정에서 돌연적이며 창발적(sudden and emergent)으로 발생했다고 본다. 이러한 언어의 발생을 Jared Diamond는 "위대한 도약(Great Leap Forward)"이라 불렀다. Royaumont-MIT 심포지엄에서 Frnçois Jacob과 그의 동료인 Nobell Laureate Salvodor Luria는 개인간의 의사

7) 언어기능은 후천적 언어경험을 통해 성장(growth)해 가며, 성장의 최종상태(final state)가 바로 내적언어(I-language)인 개별언어의 언어적 능력이다.

소통체계(communication system)로서의 언어의 역할은 이차적인 것이며, 일차적으로 언어는 추상적이며 생산적인 사고의 발전에 기인하며, 따라서 그것의 본질적 역할은 인지적 영상을 표출하고 기호화하는 것으로, 기호의 무한한 결합을 허용하는 언어의 근본적 속성을 통해 실재의 개념을 형상화하고, 계획과 사고의 능력을 생산해 내며, 가능 세계에 대한 정신적 창조를 만들어 내는 것이라고 본다.

David Hume 등 17, 18세기 철학자들도 인간언어의 가장 기초적인 개념인 어휘(lexical items)는 동물의 의사소통체계에서 보편적으로 나타나는 바와 같이 바깥세상의 사물과 기호 간의 지시적 관계에 의해 정신세계와는 상관없이 물질적 대상에 직접 관련되는 것이 아니라, 기본적으로 인지력(cognoscitive powers)의 산물이라고 본다. 인지력은 물질세계와 무관한 정신적인 작용을 통해 개념들(concepts)로 개별화되고, 이러한 개별화를 통해 바깥세계의 사물을 지시할 수 있는 풍부한 수단을 제공하게 된다. 어휘란 바로 이러한 차원에서 인지력의 요소인 개념들과 관련되거나 그것과 동일한 것이라고 본다.[8] 이러한 인지력의 요소인 어휘들은 무한히 다양한 내면적 구조형성을 통해 사고·해석·계획과 그리고 인간의 다른 정신활동 등을 낳게 되고,[9] 때로는 의사소통을 위해 이차적 과정인 외면화(externalization)를 포함하는 실제적 행동으로 사용되기도 한다. 요컨대, 언어기능의 기원(origin)은 의사소통의 역할에 기인하는 것이 아니라, 지적 능력의 돌연적이며 창발적 진화를 통해 발생한 인간의 풍부한 정신활동(mental activity)에 유래된다고 본다.

한편 생언어학에서는 모든 동물의 경우 학습은 관련 특별조직(specialized

---

8) 이러한 인지능력의 요소인 개념들을 Jerry Fodor는 사고의 언어(language of thought)라고 했다.

9) 보편문법(UG)은 최소의 의미수반(meaning-bearing) 요소인 단어와 이러한 (단어)기호들의 무한한 결합과 계층적 구성을 통해 사고·해석·계획 등의 수행하는 수단을 제공해야 한다. 따라서 보편문법은 어휘를 생성하는 어휘부(lexicon)와 사건과 명제(events and propositions)를 생성하는 통사적 구조를 생성하는 연산부(computational system)로 이루어진다.

mechanism)을 기초로 이루어진다는 관점을 취하는데, R. G. Gallistel은 이러한 관점을 "신경과학의 기준(norm of neuroscience)"으로 보았으며, 이러한 관점은 60년 전 C. H. Waddington에 의해 진화성장생물학(evolutionary and developmental biology)에서 제안되었던 소위 "수로화(canalization)"의 개념과 유사하다. 즉, 관련 조직의 특성은 진화나 성장 유형의 수용범위와 통로(scope and channel)를 제한하는 구성적 제약(architectural constraints)을 부여한다는 것이다. 학습의 과정도 진화나 성장의 과정과 유사하다고 본다. 요컨대, 학습과정 역시 관련조직이 열악한 환경적 상황과 상관없이 자신의 내부설계에 따라 외부요인들의 촉발적, 형성적 효과(triggering and shaping effects)에서 정해진 수로화의 통로를 거쳐 제한적인 최종상태로 성장하는 과정이라는 것이다. 최소주의문법에서는 이러한 학습의 근거를 이루는 관련조직을 두뇌 내부의 기관(organs within the brain)으로 보며, 이러한 기관이 학습을 통해 최종상태에 이르면 특정 유형의 연산(computation)을 수행하게 된다고 본다. 이러한 관점에서 언어의 학습도 역시 두뇌 속의 언어 관련 기관의 성장과정으로 본다. 따라서 언어기능에 관한 연구의 핵심적 과제는 성장과정을 통해 최적의 유형(optimal types)에 이르는 결과에 대해 자신의 설계에 따라 구성적 제약을 가하는 관련조직의 실체를 규명하는 일이다.

최소주의문법에서는 인간의 언어기능이 다른 생물 유기체의 일반적 특성을 반영하고 있다는 생언어학적 가설을 채택하면서, 개인의 언어성장(growth of language)에는 다음과 같은 세 가지 요인이 관계한다고 본다.

(3) (i) 유전적 자질(genetic endowment)
(ii) 경험(experience)
(iii) 비언어기능적 원리(principles not specific to the faculty of language)

(3i)의 유전적 자질이란 두뇌의 언어 관련 기관으로 인류에게 획일적인 조직으로 나타나는 요인이다. 이 유전적 자질은 언어경험의 환경적인 영향을 해석하여 언어기능의 일반적 성장과정을 결정하며, 자신의 설계에 따라

구성적 제약을 가함으로써 연산의 한계를 설정한다. (3ii)의 경험은 국한된 범위의 변이를 유발하는 효과를 낳는데, 이러한 경험의 효과는 인간의 다른 능력과 유기체에서 일반적으로 나타난다. 언어성장에 영향을 미치는 세 번째 요인인 (3iii)의 비언어기능적 원리는 (3i), (3ii)와 깊이 관련되는 원리로서 다음과 같은 하위원리들로 구성되어 있다.

(4) (i) 자료분석의 원리(principles of data analysis)
(ii) 구조적 구성과 성장제약의 원리
(principles of structural architecture and developmental contraints)
(iii) 효과적 연산의 원리(principles of efficient computation)

(4)의 하위원리들은 (3)의 언어성장을 결정짓는 요인들과 상호 복합적으로 관련을 맺고 있지만, 일차적인 관계를 개략적으로 나타내면 다음과 같다.

(4i)는 언어습득과 기타의 영역에서 사용되는 원리로서 (3ii)와 직접적으로 관련된다. 즉, 언어습득 시 경험하는 언어자료를 분석하여 매개변인의 값을 결정함으로써 언어의 변이(variations)를 결정하는 데 참여하는 원리이다. 오랫동안 생성언어학(Generative Linguistics)에서는 언어의 경험과 학습의 문제가 기술적 타당성(descriptive adequacy)과 설명적 타당성(explanatory adequacy) 사이에 긴장(tension) 관계를 조성해 왔는데, 원리매개변인이론(principles and parameters theory: P&P theory)에서는 이러한 긴장 관계를 해소하고, 기술적 타당성과 설명적 타당성을 동시에 성취하는 문법체계에 대한 가설을 제시하고 있다. 즉, 언어습득을 (4i)의 원리하에서 제한된 언어자료의 경험을 통해 결정되는 매개변인의 값에 의해 (4ii)의 원리하에서 수로화를 거쳐 제한적으로 결정되는 가능언어(possible languages)들 중 하나의 (내재)언어(I-language)를 선택하는 과정으로 봄으로써 설명적 타당성을 포착하고, 이렇게 선택되는 내재언어는 무수한 표현들(infinite expressions)의 집합인 외재언어(E- language)를 생성한다고 가정함으로써 기술적 타당성을 포착하게 된다. 생언어학적 관점에서는 (3ii)의 언어경험은 (4i)의 원리 하에서 매개변인의

값을 결정케 하여 언어성장에 촉발자(trigger)의 역할을 담당하며, 언어기능의 최초상태(initial state)에서 최종상태(final state)에 이르는 언어습득(즉, 언어성장)의 과정은 (4ii)의 원리하에서 촉발자의 조정을 받으며 정해진 통로(channels)로 나아가는 수로화 과정이라고 본다.

위의 설명에서와 같이, (4ii)의 원리는 수로화, 유기체의 형태, 행동의 결정 등에 참여하는 원리로서 (3i)와 (3ii)의 요인과 복합적으로 관련된다. (4ii)의 원리는 진화론적 관점에서 인간의 유기체적 특성에 따라 인간의 유전적 자질인 언어기능의 창발적 발생이 가능하게 하였으며, 또한 언어학습적 차원에서는 언어성장과정에서 언어(기능)기관의 조직적 특성을 반영케 하여 한정된 범위의 최종상태(optimal final states)에 이르게 하는 원리이다.

(4iii)는 언어와 같은 연산적 체계에 특별한 의미를 갖는 원리로서 (3i)와 직접적인 관련이 있다. 즉, 인간의 유전적 자질인 언어기능은 연산의 체계인데, 이 연산의 체계가 최적의 조직으로 가장 효율적인 연산이 가능하게 하는 원리이다. 이 원리에는 지금까지 최소주의문법에서 소개되어온 개념적 필요성(conceptual necessity)·자연성(naturalness)·최소성(minimality)·경제성(economy)·최적성(optimality)·완벽성(perfection) 등의 개념들이 내포되며, 이들 개념들 역시 상호 포함관계에 있거나 협력관계에 있다.

개념적 필요성이란 최적성·완벽성 등과 관련 있는 개념으로, (3i)의 유전적 자질인 언어기능은 개념적 필요성의 차원에서 완벽성과 최적성을 갖는 조직이어야 한다는 것이다. 즉, 언어기능은 그 연산체계의 생성물인 표현(expression)이 사용되기 위해서는 수행체계(performance system)인 조음청취체계(articulatory-perceptual system: C-I system)와 개념의도체계(conceptual-intentional system: C-I system)에서 해석가능(legible)한 정보를 제공해야 하며, 이러한 정보를 제공하기 위해서는 언어기능은 수행체계에서 요구하는 최적의 조직으로 구성되어야 하며, 불필요한 개념들을 내포하지 않는 완벽한 체계를 이루어야 한다는 것이다.[10] 즉, 언어기능은 수행체계에서 요구하

10) 최소주의문법에서는 조음청취체계(articulatory-perceptual system: C-I system)를 달리 감각운동체계(sensori-motor system)라 하고, 개념의도체계(conceptual-intentional

는 필요한 개념들로 구성되며, 필요한 정보만을 생성해야 한다는 조건이 바로 개념적 필요성이다. 개념적 필요성조건에 의해 과거 변형생성문법(Transformatioal Generative Grammar)에서 제안되었던 많은 비완벽성이 제거되었는데, 이들 중에 핵계층(X-bar), 지표(index), D-구조, S-구조 등이 있다. 요컨대, 개념적 필요성에 의해 언어기능은 최적의 완벽한 조직(optimal perfect system)이어야 하며, 그것의 생성물인 언어표현(즉, 언어정보)은 수행체계에 필요한 해석 가능한 정보여야 한다는 것이다.

또한 자연성에는 경제성과 최소성 등이 포함되는데, 경제성과 최소성은 (3i)의 유전적 자질(언어기능)이 (4ii) 하에서 창발적인 진화의 결과로 발생할 경우에도 참여하였을 뿐만 아니라, 언어기능의 연산과정을 통제하는 조건으로도 참여하게 된다. 요컨대, 경제성과 최소성에 의해 언어기능의 조직은 최소의 경제적인 조직(minimal economical system)이며, 또한 언어기능의 연산작용도 역시 최소의 과정으로 가장 경제적인 방법으로 이루어져야 한다는 것이다.

한편, Chomsky(2005a)에 의하면 인간의 진화과정에서 창발적 진화의 결과로 발생한 위대한 도약(Great Leap Forward)의 핵심이 바로 병합(Merge)이라고 본다. 병합이란 두 개의 서로 다른 독립적인 개념(대상)을 인식하고, 이들을 결합하여 더 크고 복잡한 개념(대상)을 만들어내는 능력이다. 이러한 병합을 반복적으로 적용하면 고도로 복잡한 개념(대상)을 창출할 수 있어 인간의 사고활동을 가능케 한다는 것이다. 최소주의문법에서는 언어기능의 연산작용에 나타나는 병합은 외부병합(external Merge)과 내부병합(internal Merge)의 두 종류가 있다고 본다. 언어체계가 두 종류의 병합을 갖는다는 사실은 외견상 최소성조건과 효과적 연산의 원리를 위반하는 것처럼 보인다. 그러나 개념적 필요성의 차원에서 보면 최소성조건과 효과적 연산의 원리를 전혀 위반하는 것이 아니라는 것을 확인하게 된다. 즉, 개념적 필요성은 언어란 수행체계인 감각운동체계와 개념의도체계의 요구에 충족해야 하

system: C-I system)를 달리 사고체계(system of thoughts)라고 부르기도 한다.

는 것인데, 이 경우에 의미를 해석하는 개념의도체계에서는 인간의 복잡한 사고를 표현할 수 있는 의미적 다양성(semantic multiplicity)을 요구하고, 언어는 이러한 요구에 부응해야 하므로 의미적 다양성을 충족할 수 있는 다양한 방법을 제공해야 한다. 이러한 차원에서 언어체계에 두 종류의 병합작용이 존재한다는 것이다.

3. 현대 언어학의 성장과 발전

언어의 연구는 2500여 년 전 고대 그리스의 철학자들에 의한 그들 자신의 언어에 대한 사변적 고찰이 있은 후 18세기 말 이들의 전통을 이어받은 영어의 전통문법(Traditional Grammar)이 생겨났으며, 이러한 전통문법적 언어기술의 방식은 사실 현대 언어학의 시작이라 할 수 있는 20세기 초의 스위스 언어학자 Ferdinand de Saussure(1857~1913)에 의해 주창된 구조주의문법(Structural Grammar)이 출현할 때까지 많은 언어의 문법기술에 적용되어 왔다. 구조주의문법에서 시작된 현대 언어학은 그 이후 20세기 중반에는 Noam Chomsky(1957)가 제안한 변형생성문법(Transformational Generative Grammar)으로 도약하였으며, 변형생성문법은 20세기 후반에 이르러 다시 최소주의문법(Minimalist Gramar)으로 성장해 나간다.[1)]

3.1 구조주의문법

구조주의문법(Structural Grammar)은 유럽에서 시작되었으나 1930년경 이후 미국으로 건너와 과학적인 분석과 독자적인 방법론을 개발하여 언어학

1) 참고로, 고대에서 현재에 이르기까지 언어학의 발전단계와 그 단계에 따른 인접학문들과의 상관관계를 도표로 나타내면 다음과 같다.

언어학	배경사조	방법론	언어학습이론
전통문법 (Traditional Gr.)	존재론 (Ontology)	논리학 (Logic)	문법-번역 교수법 (Grammar-Translation Method)
구조주의문법 (Structural Gr.)	실증주의 철학 (Empiricism)	행동주의 심리학 (Behaviorism)	청취-발성 접근법 (Aural-Oral Approach)
변형생성문법 (T.G. Gr.)	이성주의 철학 (Rationalism)	인지주의 심리학 (Cognitivism)	인지체계 학습이론 (Cognitive-Code Learning Theory)
최소주의문법 (Minimalist Gr.)	진화론 (Evolutionism)	생언어학 (Biolinguistics)	진화-성장 수로화이론 (Evolutionary-Developmental Canalization)

(Linguistics)이란 독자적인 학문 장르로 꽃을 피웠다. 유럽의 구조주의는 크게 Geneva 학파, Prague 학파, Copenhagen 학파로 나누어진다. Geneva 학파는 Saussure의 고전적 구조주의를 이어가는 학파이고, Prague 학파는 기능언어학의 전통을 이어가는 학파로, 기호(symbol)로서의 음성(sound) 단위에 관심을 갖고 음운론(phonology)의 연구에 기여해왔다. Copenhagen 학파는 실증주의적 언어연구를 중시한 Prague 학파와 달리 언어기호의 추상성을 강조하여 Neo-Saussurianism으로 발전하였으며, 단위의 통합적·연합적 결합방법을 연구대상으로 삼아 통사론적 연구에 기여하였다.

미국의 구조주의문법은 Yale 대학에서 비롯되었다. 분포주의적 분석방법으로 유명한 최초의 구조주의 학파는 Leonard Bloomfield에 의해 창설되었다. 그래서 이 학파는 Yale 학파 이외에 Bloomfield 학파, 분포주의 학파 등으로 불리기도 한다. 미국의 구조주의는 문헌 중심의 전통문법적 연구방법을 버리고, American Indian 언어의 연구 등과 같이 실천적 언어연구에 관심을 가졌다. 이러한 관점에서 미국의 구조주의문법을 유럽의 구조주의와 구분하여 기술언어학(Descriptive Linguistics)이라 한다. 기술언어학의 토대를 마련한 학자로는 Bloomfield 이외 Edward Sapir가 있는데, 특히 Sapir는 인류학자로서 그의 스승인 Boas와 함께 American Indian 언어의 연구에 탁월한 업적을 남겼다. 그들은 문자에 앞서 음성언어를 엄격한 자연과학적 방법론에 입각하여 객관적으로 관찰·분류·기술하였다. 이론적 접근보다는 실제 원어민(native speakers)이 사용하는 언어의 분석에 관심을 가졌으며, 이러한 연구방식에 충실한 학자가 바로 Charles C. Fries이다. Fries는 그의 저서 *American English Grammar*(1940)에서는 당시 일반인의 편지 3,000통을 개봉하여 발췌한 예문을 기초로 영어의 문법을 기술하였으며, 그 뒤에 출판된 *The Structure of English*(1952)는 전화 통화내용을 비밀리에 50시간 분을 녹취하여 발췌한 예문을 언어연구의 자료로 활용한 저서이다. 구조주의 기술언어학은 1957년 Noam Chomsky의 *Syntactic Structures*가 발간되기 이전까지 탁월한 언어연구의 많은 업적을 남겼다.

구조주의문법은 전통문법이 취하는 언어기술의 방식과 태도를 비판하며,

언어기술은 문법학자의 판단이 아니라 원어민의 언어사용이 언어기술의 대상이 되어야 하며, 언어기술은 현상에 대한 객관적인 분석에 의해서만 가능하다고 보았다. 언어기술에 있어서 대조(contrast)와 대치(substitution) 등의 기술적 방법(technique)과 소단위에서 대단위로 나아가는 분석의 순서를 정하여 과학적 접근을 시도하였다.[2)] 그 특성을 살펴보면 다음과 같다.

(1) 구조주의문법의 특성

가. 구조주의문법은 다음과 같은 모토(motto)를 가진다.
"Describe present-day English not as people think it should be but as it actually is."

나. 일차적 언어는 말하는 것(speech)이며 쓰는 것(writing)이 아니다. 따라서, 언어연구는 구어(spoken language)를 대상으로 삼는다.

다. 언어는 그 원어민이 말하는 그대로이며, 규범을 지울 수 있는 것이 아니다.

라. 언어습득(language aquisition)에 대하여 실증주의(empiricism)적 입장을 취한다. 언어는 일련의 습관(a set of habits)이며, 따라서 후천적으로 경험과 반복학습에 의해 습득된다.

마. 언어 상호 간에는 공통성이 없고 개개마다 상이하다. 따라서, 한 언어의 연구는 다른 언어와 관련 없이 객관적인 방법으로 행해야 한다.

바. 문법은 원어민(native speaker)이 사용하는 그대로의 언어자료(corpus)를 수집하여 귀납적인 방법으로 분류하고 목록으로 작성한 것이다.

사. 언어연구는 발견과정(Discovery Procedure)이라는 방법론을 통해 다음과 같은 순서로 진행한다.[3)]
음운론(phonology)→ 형태론(morphology)→ 통사론(syntax)

---

2) 이러한 언어기술의 새로운 방법론을 소위 '발견과정(Discovery Procedure)'이라 한다.

3) 발견과정(Discovery Procedure)이란 대조(contrast)와 대치(substitution) 등의 기술방법을 사용하여 언어단위를 규명하고, 그 유형별 범주를 설정하는 언어기술 방법론이다.

3.2 변형생성문법

변형생성문법(Transformational Generative Grammar)은 Noam Chomsky의 저서 *Syntactic Structures*(1957)에서 처음 제안된 언어학이론을 말한다. 변형생성문법은 오늘날까지 많은 발전과 변화가 있었고, 언어연구의 업적도 괄목할 만하다. Frederick J. Newmayer(1980)에 의하면, 변형생성문법은 지난 2500년 동안 문법연구를 통해 얻은 언어의 이해보다도 불과 25년간의 업적으로 더 많은 언어의 속성을 규명했다고 주장하고 있다.[4)] 변형생성문법의 가장 큰 특징은 보편문법(universal grammar: UG)을 가정하며, 자연과학적 이론과 마찬가지로 문법을 구조의 제약과 평가 기준을 준수해야 하는 언어학으로 규정하는 것인데, 이러한 특성을 높이 평가해 C. F. Voegelin은 *International Journal of American Linguistics* 24(1958: 229-231)에 게재한 그의 서평 "Review of Noam Chomsky, Syntactic Structures"에서 *Syntactic Structures*가 그 목표를 일부만 성취하더라도 "코페르니쿠스적 혁명(Copernican revolution)을 이루어낸 것이다"라고 언급하고 있다. 이러한 측면에서 이후 John Searle (1972) 등 현대언어학자들이 변형생성문법의 주창을 Chomsky의 혁명(Chomskyan Revolution)이라 부르게 되었다. Chomsky의 혁명의 시작을 최초로 알린 학자는 Robert B. Lees이다. 당시 언어학계에서 명성을 떨치던 Lees는 당시로서는 무명학자인 Chomsky가 The Hague의 Mouton Publisher에서 출판한 *Syntactic Structures*를 광범한 구독자를 확보하고 있던 *Language* 33(1957: 375-408)이라는 언어학술지에 게재한 그의 서평 "Review of Noam Chomsky, Syntactic Structures"를 통해 새로운 자연과학적 언어학 방법론의 출현에 큰 찬사를 보냈다.

Syntactic Structures 이후 초기 변형생성문법이론은 많은 이론적 보완을

---

4) Newmayer(1980: 250)는 다음과 같이 표현하고 있다.
"On the basis of this idealization, more has been learned about the nature of language in the last 25years than in the previous 2500years."

거쳐 1965년 Chomsky의 저서 *Aspects of the Theory of Syntax*에서 완성한 표준이론(Standard Theory)으로 발전하게 되었고, 이후 1970년대 중반까지 약 10년간 해석의미론(Interpretive Semantics)과 생성의미론(Generative Semantics) 간의 뜨거운 논쟁이 있었다. 해석의미론자로는 Chomsky, Ray Jackendoff와 Ray Dougherty 등 그의 제자들이 있었으며, 생성의미론자로는 John Ross, George Lakoff, James McCawley 등이 있었다. 이 논쟁을 후에 F. Newmayer (1980)는 '언어학 전쟁(linguistic war)'이라 표현했다. 이러한 논쟁을 통해 해석의미론은 표준이론부터 확대표준이론(Extended Standard Theory), 수정확대표준이론(Revised Extended Theory) 등으로 점차 발전해 나갔으며, 생성의미론은 몰락의 길로 쇠퇴하였다. 이후 해석의미론자들에 의해 견지되어 온 변형생성문법이론은 1980년 Pisa에서 개최되었던 GLOW 학회에서 있었던 Chomsky의 강의, 즉 피사강의(Pisa Lecture)와 본 강의 내용을 책으로 엮은 그의 저서 *Lectures on Government and Binding*(1981)을 통해 소위 지배결속이론(Government and Binding Theory: GB-Theory)으로 발전하여 갔으며, 지배결속이론의 등장으로 실제로 보편문법의 실체가 상당 부분 규명되기에 이르렀으며, 이후 변형생성문법은 장벽이론(Barriers Theory)을 거쳐 원리매개변인이론(Principles and Parameters Theory)으로 성장해 나갔다. Chomsy (1957)의 *Syntactic Structures*에 의해 제안된 변형생성문법의 발전단계를 요약하면 다음과 같다.

(2) 변형생성문법의 발전단계

초기 변형생성문법 <1957-1965> → 표준이론 <1965-1972> → 확대표준이론 <1972-1976> → 수정확대표준이론 <1976-1977>

→ T-모형이론 <1977-1981> → 지배결속이론 <1981-1986> → 장벽이론 <1986-1990> → 원리매개변인이론 <1990-1993>

위 (2)에서와 같이 변형생성문법은 *Syntactic Structures* 이래 실질적으로 많은 이론적 성장과 변화를 이루었지만 그 공통된 핵심적 주장을 요약하면 다음과 같다.

(3) 변형생성문법의 특성

가. 문법은 언어적 실행(linguistic performance)이 아니라 언어기능(faculty of language)을 기술하는 것을 목표로 한다.

나. 언어기능은 인간의 두뇌 속에 유전적으로 확보된 본유적(innate) 능력이다.

다. 인간의 두뇌 속에 언어기능으로 존재하는 내재언어(I-language)는 무한수의 문장 형태가 아니라, 유한수의 문법규칙으로 이루어진 규칙의 체계이다. 따라서 다음과 같은 등식이 성립한다.

(i) 내재언어 = 유한수의 규칙체계 = 언어기능

라. 모든 언어에 공통된 보편문법(universal grammar: UG)이 있다고 본다. 즉, 인간의 내재언어가 본유적인 규칙의 체계라면, 이러한 규칙은 모든 인간의 머리에 동일한 체계로 존재할 것이다. 따라서 내재언어의 규명은 곧 모든 인간언어(human languages)를 공통적으로 기술할 수 있는 단일의 규칙체계를 구성할 것이다. 바로 이러한 문법체계가 보편문법이 된다.

마. 한 언어에 사용할 수 있는 문장의 수는 무한히 많다. 따라서 언어사용은 창조적 활동이라고 보아야 한다. 사실상, 인간은 상투적인 언어표현을 제외하고 상황과 시간에 따라 늘 새로운 문장을 만들어 사용한다. 한 언어의 원어민 숫자는 과거의 조상들까지 포함한다면, 사실상 대단한 규모로 확대될 수 있고, 이들이 모두 서로 다른 문장들을 일생 동안 새로 만들어 사용한다면 그 문장의 수는 거의 무한에 가깝다.

원어민은 이러한 문장들을 다 이해하고 사용할 수 있는 능력이 있다. 이러한 능력이 바로 유한수의 규칙으로 이루어진 문법체제라면, 원어민의 언어사용은 유한수의 규칙으로 무한수의 문장을 만들어 내는 창조적(creative), 즉 생성적(generative)이라 할 수 있다. 변형생성문법에서 생성하다(generate)라는 말은 (유한수의) 규칙이 (무한수의) 표현을 만든다는 의미로 사용되었다.

바. 모든 문장은 심층구조(Deep Structure: D-Structure)와 표층구조(Surface Structure: S-Structure)를 갖는다. 구조주의문법에서는 원어민이 사용하는 그대로의 언어자료를 수집하여 분석함으로써, 사실상 문장의 표면적인 구조만을 기술의 대상으로 삼았다.

그러나 변형생성문법에서는 소리로 표현되는 표면상 구조인 표층구조뿐만 아니라 모든 문장은 소리로 표현되기 전 먼저 일련의 구조규칙 체계에 의해 생성되는 구조, 즉 심층구조를 갖는다고 본다. 심층구조는 소리로 표현되지 않는 구조이기 때문에 겉으로 확인할 수 없다. 변형생성문법에서는 심층구조가 변형(transformations)이라는 문법규칙에 의해 구조적인 변화를 겪는데, 바로 변형규칙에 의해 변화된 구조가 표층구조이다. 변형생성문법에서 '변형'이란 바로 여기에서 연루된 것이며, 변형을 가정하는 문법은 바로 심층구조와 표층구조의 이원론적인 구조를 가정하는 문법을 말한다.

3.3 최소주의문법

변형생성문법의 원리매개변인이론 이후 최근까지는 생언어학적 가설과 진화론적 관점에서 언어기능의 발생적 근원과 실체를 규명하려는 최소주의문법(Minimalist Grammar)이 제안되어 개념적 필연성(conceptual necessity)이란 수행체계의 요구에 따라 보편문법의 체계에서 불필요한 개념(superfluity)과 불완전성(imperfection)을 배제하고 문법의 구성을 최소화하려는 새로운 차원의 언어연구가 진행되고 있다. Chomsky(1957)에 의해 제안된 변형생성문법(Transformational Generative Grammar)에서 시작된 소위 생성언어학(Generative Linguistics)은 인간의 언어기능(faculty of language: FL)이 인간의 유전적 특성으로 본유적(innate)이라는 본유성가설(innateness hypothesis) 하에서 인간의 언어는 이러한 본유적 언어기능의 반복적 연산작용(computation)에 의해서 도출되는 결과물(output)이라고 주장하는 언어학을 말한다. 생성언어학의 차원에서는 언어기능의 연산체계(computational system: CHL)를 언어를 생성하는 생성동력(generative engine)이라고 본다. 이러한 차원에서 보면,

1990년 초반에 대두된 최소주의문법(Minimalist Grammar) 역시 생성언어학의 범주에 속한다고 볼 수 있다. 변형생성문법과 비교하여 최소주의문법에 나타나는 가장 두드러진 특징은 표상층위의 축소이다. 즉, 최소주의문법에서는 표층구조(S-Structure)뿐만 아니라 심층구조(D-Structure)까지도 언어의 층위로 인정하지 않는다. 따라서 핵계층이론(X-bar theory)과 투사원리(Projection Principle) 등 심층구조와 관련되는 여러 언어원리들도 사라진다. 요컨대, 최소주의문법은 언어란 음성정보와 의미정보를 해석하여 의사소통을 가능하게 하는 뇌기능인 수행체계(Performance System)가 요구하는 언어정보를 제공하는 기관(organ)이며, 따라서 수행체계의 요구를 충족하는 데 필요하지 않는 개념이나 문법장치를 포함해서는 안 된다는 것이다. 즉, 최소주의문법에서는 언어는 오로지 수행체계인 조음청취체계(articulatory-perceptual system: A-P system)와 개념의도체계(conceptual-intentional system: C-I system)가 요구하는 개념적 필요성(conceptual necessity)을 충족하는 최소의 완벽한 체계(minimal perfect system)로 이루어져 있으며, 따라서 수행체계에서 요구하지 않는 기존의 불필요한 여분(unnecessary superfluous)의 장치나 개념들은 모두 비완벽성(imperfection)으로서 언어체계에서 제거되어야 한다고 본다. 언어체계에 대한 수행체계의 요구는 경제성조건(Economy Conditions), 필수출력 조건(Bare Output Conditions: BOC), 혹은 해독성조건(Legibility Conditions) 등으로 나타난다. 또한 심층구조와 표층구조의 제거로 말미암아 LF-표상(혹은 의미표상 SEM)의 도출은 중간단계의 표상을 거치지 않고 어휘부에서 어휘를 선택하는 '선발(Select)'의 연산작용을 포함하는 소위 연산체계(computational system: CHL)의 반복적 적용에 의해 도출된다고 본다. Chomsky (1993)에 의해 소위 '최소주의 프로그램(Minimalist Program: MP)'이라는 최소주의문법 연구가 제안된 이래 최소주의문법의 발전과정을 살펴보면 다음과 같다.

(4) 최소주의문법의 발전단계

자질점검 이론 Check-F Theory	→	필수구구조 이론 BPS Theory	→	자질유인 이론 Attract-F Theory	→	자질일치 이론 Agree-F Theory	→	탐침자-목표물 이론 Probe-Goal Framework
〈1993〉		〈1994〉		〈1995〉		〈1998〉		〈1999-2010〉

이제, 최소주의문법에서 제안하는 문법체계를 확인하기 위해 이 문법의 발전과정에서 가장 핵심적인 이론으로 여겨지는 자질유인이론(Attract-F Theory)의 문법체계를 간략히 소개하려고 한다.

생성언어학(Generative Linguistics)의 발전과정상 1970년대의 확대표준이론(Extended Standard Theory)과 1980년대의 지배결속이론(Government and Binding Theory)에 뒤이어 1990년대 초 원리매개변인이론(Principles and Parameters Theory) 이후 오늘날에 이르기까지 활발하게 논의되고 발전되어 오는 소위 최소주의문법(Minimalist Grammar)은 Chomsky (1991, 1993, 1994, 1995, 1996, 1998, 1999, 2004, 2005a, 2005b)에 의해서 제안되는 최신의 현대 생성언어학(Modern Generative Linguistics) 이론이다. Chomsky 자신은 이 문법을 (아직 시도 중이라는 의미에서) 최소주의이론(Minimalist Theory)이라기보다는 최소주의 프로그램(Minimalist Program) 혹은 최소주의 연구(Minimalist Inquiry)라고 부르는 것이 더 적절한 표현이라고 지적하고 있다. 필자의 견해로는 아마도 최소주의문법을 "이론"이라 일컬을 수 있는 완전한 문법체계의 구성은 지금까지의 생성언어학의 발전과정보다 훨씬 더 힘들고 요원할지도 모른다. 왜냐하면, Chomsky(1995, 1998, 1999, 2004)의 가정에 의하면, 언어(language)란 인간이 소유한 사고체계(systems of thought)와 감각운동체계(sensori- motor system)라는 두 수행체계(performance system)를 최적(optimal)의 관계로 연결하여 인간의 의사소통을 가능하게 하는 인지체계(cognitive system)이고, 이러한 인지체계는 마치 초능력 기술사(super-engineer)에게 건축 설계도면(design specification)을 제시했을 때 그 설계도면의 요구를 최적(optimal)으로 충족시키는 가장 완벽한(perfect) 건축물을 구성하듯이, 인간의 사고체계와 감각운동체계의 요구를 최적으로 충족시키는 가장 완벽한 문법체계로 구성된다는 것이다. 따라서, 언어의 문법체계가 완벽한지 아닌지는 인간의 사고체계와 감각운동체계 속성을 정확히 이해하기 전에는 결코 확인할 수 없으며, 인간의 사고체계와 감각운동체계게의 속성을 파악하기 위한 연구는 아직 초보단계에 머무르기 때문이다. 그러므로, 최소주의문법은 아직 "가정"에 기초한 "시도" 정도라고 보아야 한다.

그런데도 최소주의문법의 "시도"는 언어학적으로 매우 의미 있는 결과를 낳고 있다. 즉, 최소주의문법은 사고체계와 감각운동체계의 요구로 가정되는 소위 개념적 필연성(conceptual necessity)과 필수출력조건(Bare Output Conditions: BOCs)에 입각해 과거 변형생성문법이론에서 널리 활용되었던 심층구조(D-structure)나 표층구조(S-structure) 등과 같은 불필요한 이론내적인(theory-internal) 개념들을 제거하고, 확대표준이론 이후 설명적 타당성(explanatory adequacy) 차원에서 매우 중시되던 소위 핵계층이론(X-bar theory) 대신에 필수구구조이론(Bare Phrase Structure Theory)이라는 새로운 문장의 구구조 원리를 제안함으로써, 언어표현(expressions)은 오로지 어휘부(Lexicon)에서 제공되는 어휘나 어휘자질만에 기초한 언어정보를 수행체계에 전달해야 한다고 본다. 요컨대, 인지체계는 오직 수행체계가 해독할 수 있는 언어정보만을 제공해야 한다는 것이다. 이러한 요구를 충족하기 위해 제안된 조건들이 바로 내포성조건(Inclusiveness Condition)과 해독성조건(Legibility Condition)이다. 내포성조건이란 수행체계에 언어정보를 제공하는 인지체계는 언어표현을 도출하는 연산과정에서 수행체계가 요구하지 않는 불필요한 개념을 추가하지 않고, 오직 어휘부에서 제공되는 어휘나 어휘자질들에만 기초하여 연산을 진행해야 한다는 조건이고, 해독성조건이란 수행체계에 전달되는 언어정보는 반드시 수행체계에 의해 해석될 수 있는 정보들만으로 이루어져야 한다는 조건이다.[5] 또한, Chomsky(1995)에서는, 위에서 언급하였듯이, 인

5) 이러한 조건들의 요구에 비추어 보면, 이상적으로는 어휘부(Lexicon)에서 생성되는 어휘항목들은 오직 수행체계에서 해석될 수 있는 해석성([+interpretable]) 자질들로

간의 언어활동은 언어(혹은 언어정보)를 생성하는 인지체계와 언어정보를 해석하는 수행체계의 상호작용에 의해서 이루어진다고 보는데, 인지체계는 어휘를 제공하는 어휘부(Lexicon)와 이러한 어휘를 활용하여 언어표현(음성형태표상(PF representation) **π**와 논리형태표상(LF representation) **λ**)을 도출하는 연산체계(computational system: CHL)로 이루어져 있고, 수행체계는 음성형태표상을 소리로 해석하는 조음청취체계(articulatory- perceptual system: A-P

만 구성되어야 한다는 것으로 풀이된다. 이 경우, 인간언어의 최적성(optimality)과 완벽성(perfection)이 보장된다면 인간의 연산체계(C_{HL})에 의해 도출되는 표현들(**λ**와 **π**)은 예외 없이 모든 인간언어에서 동일한 구조가 될 것이다. 사실상 이러한 차원에서 모든 인간언어에서 유사하거나 동일한 형태를 갖는 것으로 가정되는 논리형태표상(**λ**)의 경우에는 인간언어의 완벽성이 유지된다고도 볼 수 있다. 그러나, 음성형태표상(**π**)의 경우에는 음운자질과 음조는 물론 어순 등에서 언어간에 많은 구조상의 차이를 나타낸다. 즉, 음성형태표상(**π**)만을 두고 보면 인간언어의 완벽성이 크게 훼손되는 듯하다. '이러한 결과가 왜 발생하는 것일까?'의 의문에 대한 해명은 인간언어의 최적성과 완벽성을 가정하고 이를 규명하려는 최소주의문법에서는 매우 중요한 연구과제가 된다. 지금까지의 최소주의문법에서 제시하는 이론적인 해명은 어휘부에서 생성되는 어휘항목들은 해석성 자질뿐만 아니라 수행체계에서 해석될 수 없는 비해성([-interpretable]) 자질들도 포함하며, 특히 기능범주 어휘항목들에 속하는 비해석성 자질들은 언어에 따라 그 구성을 달리한다는 것이다. 즉, 어휘항목의 구성은 언어습득(language acquisition)의 중요한 한 과정으로 후천적 언어 경험의 영향에 의해 언어 간에 변이(variation)가 발생한다고 보는데, 이때 기능범주 어휘항목들을 구성하는 비해석성 자질들(즉 EPP나 혹은 강성(strength))의 차이가 언어 간의 어순 차이를 유발한다고 본다. 요컨대, 이러한 비해석성의 자질은 해독성조건(Legibility Condition)을 충족하기 위해 인지체계에서 제공하는 언어정보가 수행체계에 도달하기 전에 제거되어야 하는데, 이러한 자질 제거의 기능을 수행하는 연산이 바로 자질유인(Attract-F)이다. 자질유인은 자질점검(feature-checking)을 유발하고, 자질점검에 의해 자질삭제가 이루어진다. 비해석성 자질의 삭제를 위한 자질유인의 적용은 자질뿐만 아니라 경우에 따라서는 어휘항목이나 구(phrase)의 이동까지도 유발하는데, 이러한 이동의 결과로 어순의 변화가 생기게 되어 결과적으로 언어간 어순의 차이가 발생한다고 본다. 요컨대, 어순의 차이로 나타나는 인간언어의 비완벽성(imperfection)은 결국 언어 경험의 차이에 기인하는 일종의 완벽성으로 해석된다는 것이다. 한편, 음성형태표상(**π**)에는 어순 이외에도 여전히 음조의 첨가나 흔적의 삭제 등과 같은 내포성조건이나 일률성조건(Uniformity Condition)과 같은 경제성조건을 위반하는 많은 비완벽성이 존재하는데, 이러한 비완벽성의 존재에 대해 최소주의문법에서는 아직 분명한 답을 제시하지 못하지만, 이러한 비밀은 장차 조음청취체계란 수행체계에 대한 연구가 진척됨에 따라 점진적으로 규명되리라고 본다.

System) (즉, 감각운동체계(sensori-motor system))와 논리형태표상을 의미로 해석하는 개념의도체계(conceptual-intensional system: C-I System) (즉, 사고체계(system of thoughts))로 구성된다. 따라서, 수행체계의 요구를 반영하는 필수출력조건에 의하면, 언어정보를 전달하는 표현은 오직 음성형태표상(PF representation) **π**와 논리형태표상(LF represen- tation) **λ**만으로 충분하다는 것이다.

인지체계 내에는 그것의 한 부분인 연산체계(computational system: C_{HL})가 있는데, 이 연산체계는 선택(Choice), 선발(Select), 병합(Merge), 자질유인(Attract-F) 등의 연산(computations)들로 구성된다. 인지체계에서는 이러한 연산이 반복적으로 적용(recursively operate)되며, 연산의 반복적 적용은 어휘부(Lexicon)에서 유입(input)되는 어휘정보(즉, 언어정보)를 여러 단계의 도출과정을 통해 마침내 음성형태표상(PF representation) **π**와 논리형태표상(LF representation) **λ**의 언어표현을 출력(output)한다. 언어표현의 도출과정에서 외현통사부(overt syntax)와 내현통사부(covert syntax)의 경계에 소위 문자화(Spell-Out)라는 문법작용이 일어나는데, 문자화는 그때까지 도출된 언어정보를 음운부(Phonological)와 논리형태부(LF component)에서 필요로 하는 정보(자질)들로 구분하여 각기 음운부와 논리형태부로 전달하는 기능을 담당한다. Chomsky (1995)의 자질유인이론에 의하면, 음운부로 유입되는 정보에는 음성정보(음운자질)는 물론, 구조정보(structural information)를 비롯하여 형식정보(형식자질)와 의미정보(의미자질) 등 그 단계의 도출(**Σ**)에 내포되는 모든 정보가 포함된다는 것이다. 즉, 그 단계까지의 모든 언어정보를 내포하는 도출 **Σ** 자체가 음운부로 유입된다는 것이다. 논리형태부로 유입되는 언어정보에는 **Σ**에서 음성정보만을 제외한 모든 정보가 된다. 따라서 문자화의 역할은 그 단계까지의 언어정보가 음운부와 논리형태부로 유입될 때 음운자질이 논리형태부로는 유입되지 못하도록 막는 것이라 할 수 있다. 문자화 이후 음운부와 논리형태부에서는 유입된 언어정보에 완전해석원리(full interpretation: FI)가 적용되어 해석 가능한(interpretable) 합법적 대상(legitimate objects)들로 구성되는 소위 합치도출(convergent derivations)만을 남기고, 나머지 도출들은 파산(crash)한다. 이 경우 논리형태부에서는 동일한 배번집합에서 파생된 경합관계의 합치도출들[6]에 다시 최소연결조건(minimal link condition), 최소단계조건(minimal step condition), 지연성조건(Procrastinate), 자살적 이기성조건(Suicidal Greed), 최후수단조건(Last Resort) 등의 경제성조건(economy conditions)들을 적용하여 가장 경제적인 최적도출(optimal derivation)을 선별하여, 마침내 한 문장의 논리형태표상(LF repre- sentation) λ에 이르게 된다. 한편 음운부로 유입된 언어정보는 먼저 형태부(Morphology)로 전달되는데, 형태부에서는 외현통사부에서 도출된 구조 Σ의 종단범주(terminal categories)를 형성하는 모든 X^0, 즉 어휘부에서 선발된 어휘항목 H나 어휘항목에 여러 다른 요소가 부착되어 형성되는 H^0들을 단어로 해석한다.

음운부로 유입된 언어정보는 형태부를 거쳐 음성형태층위(PF level)로 전달된다. 음성형태층위에서는 먼저 음운자질 이외의 도출 Σ에 포함되는 해석이 불가능한 정보들(의미자질, 형태자질, 흔적 등)을 삭제(elimination)한다. 이때 구조적 정보는 제거되지 않으며, 구조적 정보는 음성형태층위에서 선형대응공리(linear correspondence axiom: LCA)에 의해 문장의 어순을 결정하는 데 활용된다.[7] 또한, 음성형태층위에서는 문장의 음성형태표상(PF repre-

6) 경제성의 측면에서 경합관계에 놓이는 도출들은 반드시 동일한 배번집합(Numeration)에서 파생된 도출들이어야 한다. 요컨대, 서로 다른 배번집합에서 파생된 도출들간에는 어느 것이 더 경제적인가를 따질 수 없다. 즉, 동일한 배번집합에서 서로 다른 다양한 연산과정을 거쳐 파생된 상이한 형태의 도출들 중에서 완전해석(FI)을 거쳐 얻어진 도출들을 경합관계의 합치도출이라 할 수 있는데, 이러한 경합관계의 합치도출들은 논리형태층위에서 경제성조건들의 적용에 의해 가장 경제적(the most economical)인 도출만을 남기고 나머지는 모두 제거된다. 이렇게 남게된 최종도출이 논리형태표상(LF representation) λ가 된다. 즉, λ란 한 배번집합에서 파생될 수 있는 가능한 도출들 중에서 합법적 대상들로 이루어진 가장 경제적인 최적도출(optimal derivation)을 말하는 것이다.

7) 선형대응공리(LCA)는 Kayne(1994)에 의해 제안된 공리로, Kayne(1994)은 이 공리가 음성형태층위(LF level)에 적용되어 문장의 어순을 결정한다고 보았다. 이 공리는 "α가 β를 선행하려면, α가 β를 비대칭적으로 성분통어해야 한다(α precedes β iff α asymmetrically c-commands β)"로 정의된다. 또한, 비대칭적 성분통어(asymmetric c-command)의 개념은 "X가 Y를 비대칭적으로 성분통어하려면, X가 Y를 성분통어하고 Y는 X를 성분통어하지 않아야 한다(X asymmetrically c-commands Y iff X

sentation)에 강세(stress)나 성조(intonation) 등의 언어정보가 첨가(addition)되기도 한다. 이와 같이, 음성형태층위에서는 논리형태층위와 달리 삭제(elimination)나 첨가(addition) 등 소위 일률성조건(uniformity condition)과 내포성조건(inclusiveness condition)을 준수하지 않는 예외적 언어작용이 일어나는데, 이러한 현상은 조음청취체계(articulatory-perceptual system: A-P System)란 수행체계의 요구에 의한 것이라 본다. 이러한 삭제와 첨가의 과정을 거쳐 음성형태층위에서 해석 가능한 정보들로만 구성되는 언어표현을 음성형태표상(PF represen- tation) **π**라 한다.

논리형태표상 **λ**와 음성형태표상 **π**의 생성이 바로 인지체계(즉, 언어)의 목표가 된다. 인지체계에 의해 생성된 **λ**와 **π**는 각기 논리형태층위와 음성형태층위에서 조음청취체계(A-P System)와 개념의도체계(C-I System)에서 소리와 의미로 해석된다. 이와 같이 논리형태층위와 음성형태층위는 인지체계가 생성한 **λ**와 **π**를 조음청취체계와 개념의도체계란 수행체계가 활용하는 층위라 하여, 이들 층위를 (인지체계와 수행체계가 접속되는) 접합부(interface)라 한다.

최소주의문법이란 어휘부(Lexicon)에서 선택된 어휘항목(lexical items)의 집합체인 배번집합(Numeration: N)에서 연산과정을 거쳐 최적도출인 논리형태표상에 이르는 통사부(외현통사부와 내현통사부)의 도출과정을 최소한(minimal)의 문법체계로 완벽하게(perfectly) 설명하는 인간의 언어기능(language faculty)에 대한 최적의 언어설계(optimal language design)를 규명하려는 언어이론이라고 할 수 있다. 최소주의문법은 그 강조되는 관점에 따라 최소주의문법이란 호칭 이외에 형태부-추진문법(morphology-driven grammar), 자질-추진문법(feature-driven grammar), 필수출력조건-추진문법(BOC-driven grammar), 접합부-지향문법(interface-oriented grammar) 등으로 일컬어지기도 한다.

---

c-commands Y, and Y does not c-command X)"로 정의된다. 즉, 선형대응공리에 의하면, 한 통사대상(syntactic object)을 형성하는 구성요소들의 선형상 순서(linear order)는 비대칭적 성분통어의 개념에 기인하는 그 요소들의 계층적 관계(hierarchical relation)에 의해 결정된다는 것이다.

4. 보편문법론

보편문법(universal grammar: UG)은 생성언어학(Generative Linguistics)에서 제안하는 가장 중요한 가설 중의 하나이다. 이 가설은 이 세상 모든 인간의 인지체계(cognitive system) 속에 동일한 문법이 존재하며, 또한 이 세상 모든 인간언어는 이 동일 체계의 문법에 의해 기술될 수 있다고 보는 가설이다. 이 가설은 변형생성문법이론이 주장하는 본유적 언어습득론에 기인한다. 즉, 인간이 본유적으로 언어규칙의 체계를 가지고 태어나기 때문에 언어활동을 하는 것이라면, 이러한 규칙의 체계는 당연히 모든 인간의 머릿속에 동일한 형태로 존재해야 하며, 이 세상의 모든 인간언어는 이 규칙의 체계에 의해 생성된다고 보아야 할 것이다. 바로 이렇게 모든 인간의 머릿속에 존재한다는 동일한 언어규칙의 체계를 우리는 보편문법이라 한다.

4.1 보편문법과 개별문법

개별문법(particular grammar)이란 이 세상의 약 4,000개에 이르는 인간의 개별언어를 제어하고 기술하는 문법을 말한다. 즉, 영어는 영어문법, 불어는 불어문법, 중국어는 중국어문법, 한국어는 한국어문법 등등 이 세상의 모든 인간언어는 각기 개별적인 문법이 있으며, 이 개별적 문법에 의해 제어되며 기술되고 있다. 이러한 언어 현실에 대한 생성언어학의 입장은 다음과 같다. 이 세상 모든 인간의 언어는 하나의 보편문법체계에 기초하여 모두 기술되고 설명될 수 있다. 즉, 인간의 본유적 인지체계(innate cognitive system)인 보편문법(universal grammar: UG)은 매우 한정적인 규칙의 체계(a finite set of rules)로 이루어져 있으며, 따라서 간단한 후천적 언어경험(language experience)을 통해 개별문법으로 탈바꿈한다는 것이다. 즉, 보편문법의 규칙체계를 타고나는 어린이가 영어를 경험하면 영어의 개별문법이 머릿속에 자리 잡게 되며, 한국어를 경험하면 한국어의 개별문법이 머릿속에 생겨난다는 등등이다. 요컨대, 본유적 보편문법이 후천적 언어경험을 통해 개별문법으로 성장한다는 것이다.

이러한 관계를 도식으로 나타내면 다음과 같다.

(1)

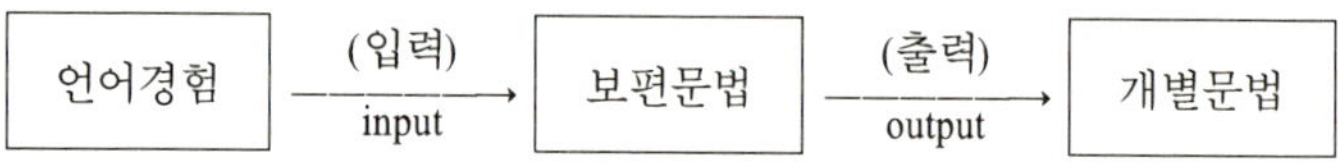

개별문법의 규칙체계가 바로 내재언어(I-language)이며, 또한 내재언어가 언어실행체계를 통해 생성해 낸다는 외재언어(E-language)가 인간이 의사소통의 목적으로 사용하는 개별언어(particular language)의 다양한 표현인 것이다. 변형생성문법에서는 보편문법이 특정의 언어경험을 통해 구현(instantiation)된 내재언어(즉, 개별 언어기능)를 개별언어의 핵심문법(core grammar)으로 규정하고, 이 핵심문법의 실체를 규명하여 보편문법과의 관계를 밝혀내는 것을 언어연구의 일차적 목표로 삼는다. 변형생성문법학자들은 핵심문법과 보편문법의 관계를 다음과 같이 설정하고 있다.

(2)

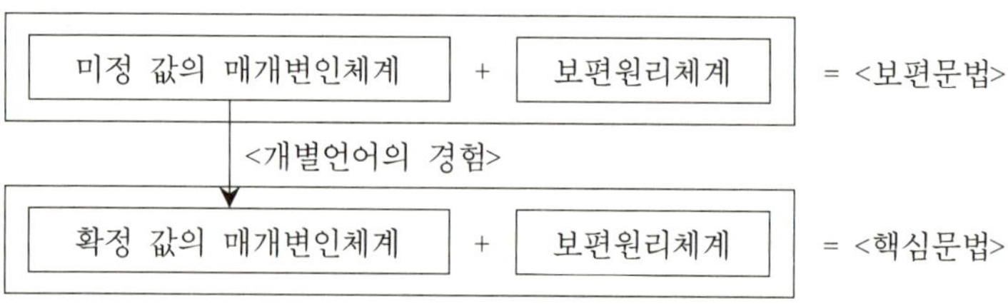

(2)에 의하면, 보편문법의 규칙체계는 개별언어의 경험에 의해 값이 확정될 미확정 값의 매개변인(value-underspecified parameters) 체계와 불변의 보편원리(invariable universal principles) 체계로 구성되며, 후천적 언어경험은 보편원리에는 아무런 영향도 미치지 않으나, 단지 각 매개변인들의 값을 정하여 확정 값의 매개변인(value-fixed parameters) 체계를 구축하여 개별언어의 핵심문법을 만들어내는 역할을 한다. 결국, 변형생성문법에서는 언어의 습득

을 단어나 문장을 생성하는 문법규칙과 언어원리의 후천적 습득으로 보지 않고 한 언어의 매개변인(parameters)의 값을 경험에 의해 결정하는 과정으로 본다. 보편문법의 보편원리들과 그 하위규칙들은 각기 관련 매개변인들의 값에 의해 그 적용방법이 결정되는데, 보편문법의 원리체계가 한정적이므로 그 원리에 관계하는 매개변인의 수도 한정적일 수밖에 없다. 이러한 한정적 수의 매개변인들은 각기 긍정과 부정(±)으로 구분되는 2항 값의 결정에 의해 그 속성이 정해된다. 예컨대, 이 세상의 모든 언어에는 타동사 구문이 존재하는데, 타동사의 구문은 다음과 같은 보편적 구구조규칙(phrase structure rule)에 의해 생성된다.

(3) VP → NP, V

(3)의 규칙은 모든 인간언어의 타동사 구문은 동사(V)와 목적어(NP)로 구성된다는 것을 나타낸다. 그러나 (3)의 규칙은 다음과 같은 영어와 한국어 등의 개별언어의 타동사 구문을 아직 생성할 수가 없다. 왜냐하면, 영어에서는 동사(V)가 목적어(NP)를 선행하지만, 한국어에서는 목적어(NP)가 동사(V)를 선행하는데, 아직 어순관계를 결정짓는 매개변인의 값이 결정되지 않았기 때문이다.

(4) a. b.

동사구(VP)가 동사(V)와 목적어(NP)로 구성된다면, 이들의 어순 결정은 다음과 같은 매개변인의 설정으로 가능하다.

(5) [±동사 선행]

(3)의 보편규칙과 (5)의 매개변인을 인지체계 속에 가지고 태어난 어린이가 영어를 경험하면, (5)의 매개변인의 값이 [+]로 고정되어(fixed) 영어의 매개변인은 [+동사 선행]으로 결정되며, 한국어를 경험하면, (5)의 매개변인의 값이 [-]로 고정되어(fixed) 한국어의 매개변인은 [-동사 선행]으로 결정된다. 이러한 매개변인의 값 고정에 의해 (3)의 보편규칙은 각기 다음과 같은 영어와 한국어의 핵심문법규칙으로 전환된다.

(6) a. VP → V NP <영어의 경우>
b. VP → NP V <한국어의 경우>

(6)의 핵심문법규칙은 각기 (4)와 같은 영어와 한국어의 타동사구문을 생성할 수 있게 된다.

많은 매개변인 중 하나의 매개변인만이라도 다른 값으로 고정되면, 그 언어는 다른 개별언어가 된다. 이런 차원에서 매개변인과 그 값은 언어의 유형(typology)을 결정짓는 데 중요한 요인이 된다.

또 다른 한편으로 보면, 이 세상의 개별언어들은 제각기 보편문법에 의해 설명될 수 없는 많은 자의적(arbitrary)·예외적(exceptional)·비정상적(abnormal)·불규칙적(irregular) 속성들을 갖는데, 이러한 현상들은 왜, 어떻게 발생하는 것일까? 예컨대, 같은 의미를 갖는 단어가 언어마다 서로 달리 발음되는 자의성(영어에서는 '나무'를 [tri:]라 발음하며, 한국어에서는 [namu]라고 발음하는 것 등등)과 아래 (7)의 영어 표현들에서처럼 한 언어에서도 예외적으로 나타나는 언어현상이 그러한 속성들이다. 이러한 속성들은 보편문법(혹은 핵심문법)에 기인하는 언어현상으로 볼 수 없고, 경험에 의해 습득된 후천적 언어현상으로 보아야 한다.

(7) a. court martial
b. heir apparent
c. attorney general

d. time immemorial
e. vice-chancellor designate
f. postmaster general
g. president elect
h. notary public
i. body politic

즉, 위의 표현들은 모두 수식어(modifiers)가 머리어(혹은 핵)(heads) 뒤에 오는데, 이러한 현상은 영어에서 예외적 현상이다. 왜냐하면, 영어에서는 동일한 수식어와 동일한 머리어의 경우에도 아래 표현들에서와 같이 수식어가 머리어 앞에 오는 것이 일반적이기 때문이다.

(8) a. martial law/*law martial
b. martial arts/*arts martial
c. martial music/*music martial

(9) a. judicial court/*court judicial
b. criminal court/*court criminal
c. civil court/*court civil

이러한 자의적 · 예외적 · 비정상적 · 불규칙적 현상들에 대해 Chomsky(1981)에서는 다음과 같이 언급하고 있다.

(10) "보편문법은 핵심문법들 집합을 결정하지만, 이상화된 단일 언어사회에서까지 실제로 개인의 지성(인지체계) 내에는 핵심문법과 함께 예외적인 특수한 요소나 구문들로 이루어진 주변문법이 존재한다고 보는 것이 합리적이다." ("It is reasonable to suppose that UG (Universal Grammar) determined a set of core grammars and that what is actually represented in the mind of an individual even under the idealization to a homogeneous speech community would be a core grammar with a periphery of marked elements and constructions.")

위의 주장에 의하면, 실제로 인간의 인지체계 속에 존재하는 내재언어는 핵심문법만으로 이루어지는 것이 아니라, 일부 소규모지만 경험으로 습득되는 특수한 언어현상도 있다는 것이다. 이러한 언어현상들이 핵심문법(core grammar)과 구분되는 소위 주변문법(peripheral grammar)을 구성하는데, 핵심문법이 이러한 주변문법과 합쳐져 하나의 개별언어를 완전하게 기술하는 문법체계를 소위 개별문법(particular grammar)이라 한다. 이러한 관계를 그림으로 나타내면 다음과 같다.

(11) [개별문법 = 핵심문법 + 주변문법] <인지체계>

변형생성문법에서는 주변문법에 의해 생성되는 언어현상을 유표적 현상(marked phenomena)이라 하고, 핵심문법에 의해 생성되는 언어현상을 무표적 현상(unmarked phenomena)이라고 한다.

위의 논의를 요약하면, 본유적인 보편문법을 가지고 태어나는 인간이 생후 특정의 개별언어를 사용할 때까지 그가 진행하는 언어습득 과정은 언어경험을 통한 보편문법의 매개변인 값을 고정하는 일과 자의적이며 예외적인 일련의 언어현상(혹은 규칙)을 습득하는 일이다.

4.2 보편문법의 확인

언어습득에 관해 이성주의적 관점을 취하는 변형생성문법에서는 인간은 본유적인 보편문법(innate universal grammar)을 보유하며, 보편문법은 규칙체계(a set of rules)로 인간의 머릿속에 내재화(internalized)되어 있다고 가정한다. 요컨대, 인간의 인지체계 속에 내재해 있다고 보는 내재언어는, 구조주의문법의 주장처럼 단어나 문장들의 집합이 아니라, 문장이나 단어들을 생성하는 규칙의 체계로 내재해 있으며, 이 규칙의 체계는 후천적 경험에 의해서가 아니라 본유적으로 습득된 보편문법이라는 것이다. 변형생성문법 언어학자들은 이러한 가정을 뒷받침해 주는 다양한 증거를 제시해 왔는데, 이들을 정리하면 다음과 같다.

먼저, 내재언어가 규칙의 체계라는 가정을 입증해 주는 증거를 요약하면 다음과 같다.

(12) 가. 인간은 한번도 접해보지 못한 새로운 문장들까지도 만들어내며 알아듣는다.
나. 한 언어에 사용될 수 있는 문장의 수는 무한하다.
다. 언어학습 초기의 어린이들은 언어사용 시 규칙적인 착오를 유발한다.
라. 부분 실어증 환자의 실어상태가 규칙적임이 확인된다.

위 (12)에 열거되는 증거들은 모두 인간의 머릿속에는 개별언어의 문장이 아니라 그 언어의 문법규칙이 내재해 있음을 보여준다. 만약, 인간이 후천적 경험을 통해 학습한 문장들을 머릿속에 지니기 때문에 말을 할 수 있는 것이라면, 한번도 경험하지 못한 문장은 머릿속에 입력되어 있지 않기 때문에 사용할 수도 없을 뿐만 아니라 듣고 이해할 수도 없을 것이다. (12가)의 관찰에서처럼 인간이 과거에 경험하지 않은 새로운 문장들(novel sentences)을 알아듣고 사용할 수 있다는 것은 인간의 머릿속에는 문장 자체가 아니라 그 문장을 생성하는 규칙들이 내재해 있음을 보여 준다.

또한, (12나)의 주장은 우리의 일상 언어사용 현상에 의해서 입증될 수 있다. 즉, 우리가 일상으로 사용하는 비상투적인 문장들은 거의 중복 사용되지 않는 상이한 문장들인데, 한 언어가 이 세상에 생겨난 이래 그 언어를 사용한 원어민(native speakers)의 수가 얼마나 많았으며 또한 앞으로 원어민의 수가 얼마나 더 있을 수 있는지를 생각해 보면, 한 언어에 사용될 수 있는 문장의 수가 얼마나 많을 것인지 과히 짐작할 수 있다. 이론적으로는 Miller, Galanter & Pribram(1960)의 연구에서 주장하는 바처럼 영어에서 20개 이하의 단어로 만들어지는 문장의 수가 10^{30}개에 이른다는 사실에서도 한 언어에 사용되는 문장의 수가 무한하다는 것이 입증된다. 왜냐하면, 영어에는 20개 이상의 단어로 이루어지는 문장도 얼마든지 있을 수 있기 때문이다. 이론적으로는 수백 개, 수천 개의 단어로 이루어지는 문장도 있을 수 있다. 이렇듯 한 언어에 사용될 수 있는 문장의 수가 무한히 많을 수 있다는 사실이 인간의 머릿속에는 문장이 아니라 문장을 만들어내는 규칙이 내재해 있음을 입증해 준다. 즉, 인간의 머릿속에 문장이 내재되었다면, 우리가 일생 동안 경험할 수 있는 문장의 수는 한정되어 있으므로 우리 머릿속에는 한정된 수의 문장이 내재해 있을 수밖에 없고, 따라서 우리는 무한히 많은 문장을 생성해 낼 수 없다. 한 언어에 존재하는 문장의 수가 무한히 많다는 것은 바로 우리의 머릿속에 내재된 언어가 문장을 만들어 내는 한정된 수의 문법규칙이며, 이 문법규칙이 반복적으로 적용되어 수많은 새로운 문장을 만들기 때문인 것으로 볼 수 있다.

(12다)의 관찰도 문장은 우리의 인지체계 속에 있는 문법규칙에 의해 생성된다는 사실을 입증해 준다. Akmajian & Heny(1975)의 보고에 의하면 세 살 된 한 여아가 다음과 같은 예-아니오 의문문(yes-no questions)들을 규칙적으로 말하는 사실이 확인되었다 한다.

(13)		<비교>	
	a. Is I can do that?		a. Can I do that?
	b. Is you should eat the apple?		b. Should you eat the apple?
	c. Is Ben did go?		c. Did Ben go?
	d. Is the apple juice won't spill?		d. Won't the apple juice spill?

〈비교〉 예문에서 암시하는 바와 같이, 이 어린이의 주변 어른들은 아무도 (13)의 의문문을 사용하는 사람이 없으므로, 이 어린이는 이런 유형의 의문문을 경험한 바가 없다는 것은 당연하다. 그럼에도 이 어린이가 이러한 의문문을 사용하는 것은 이러한 의문문이 경험에 의해 머릿속에 기억되어 있기 때문이 아니라, 아래 (14)와 같은 정상적인 의문문에서 유추되었을 수도 있는 의문문 규칙을 나름대로 인지체계 속에 구축하여 이를 활용하여 의문문을 만들어 낸다는 결론을 얻을 수 있다.

(14) a. Is daddy staying out tonight?
b. Is Uncle Harry spending the night here?
c. Is mummy going shopping again?

이 이외에도 Jean Berko(1958)의 연구논문 "The Child's Learning of English Morphology"는 학습 초기의 어린이들은 그들이 사용하는 문장 속에서 규칙적으로 'go'의 과거형으로 'goed'를, 'buy'의 과거로 'buyed'를, 'see'의 과거형으로 'seed'를 사용하는 경우가 관찰되었다고 보고하고 있다. 또한, 그녀는 명사의 복수형을 학생들에게 학습시키는 수업과정에서 상상의 동물 한 마리를 그린 그림을 학생들에게 제시하며 그 동물의 이름을 'wug'라고 하고, 그 다음 같은 동물 여러 마리가 그려진 그림을 제시하며 무엇이냐고 묻자 학생들은 'wugs'라고 대답했다는 실험보고를 하고 있다. 이와 같이 과거에 경험한 적이 없는 말을 언어학습 초기의 어린이들이 규칙적으로 한다는 사실은 어린이들이 말을 할 때 머릿속에 기억된 문장이나 단어를 재생하는 것이 아니라, 이러한 문장이나 단어를 만드는 문법규칙에 의존한다는 사실을 말해주고 있다.

(12라)의 관찰도 인간의 언어사용이 문법규칙에 지배받는다는 사실을 확인시켜 주고 있다. (12라)는 신경언어학(neurolinguistics) 학자들의 보고인데, 이들의 보고에 의하면, 뇌 손상의 결과로 부분 실어증 환자(partial aphasia)가 된 사람들의 언어장애를 관찰해 보면, 그 장애가 매우 규칙적으로 나타난다는 것이다. 즉, '토씨'만을 빼먹는다든지, 특정의 이미지가 유사한 단어들(예컨대, '꽃,' 사랑,' '애인,' '님,' '조국,' '연인' 등등)의 구분을 못 한다든지, 존대말이나 부정문, 또는 의문사 의문문만을 사용할 줄 모른다든지 하는 현상을 발견할 수 있다는 것이다. 이러한 사실도 역시 우리 뇌의 인지체계 속에는 문장이 입력된 것이 아니라 그 문장을 만들어 내는 문법규칙들이 내재해 있다는 사실을 입증하게 된다. 즉, 뇌의 충격으로 언어를 담당하는 인지체계가 부분적으로 손상을 입게 되면, 문법규칙체계가 일부 손상을 입은 결과가 되므로 일부 문법규칙만이 상실될 경우에 일어나는 부분적 실어현

상이 발생한다는 것이다.

이제 규칙의 형태로 인간의 인지체계 속에 존재하는 내재언어가 본유적인 언어기능인 보편문법임을 입증하는 증거들을 고려해 보자. 사실상 내재언어가 규칙의 체계로 존재한다는 사실 자체가 반드시 보편문법의 존재를 입증해 주는 것은 아니다. 왜냐하면, 후천적 경험을 통해서도 규칙을 습득할 수 있기 때문이다. 즉, 장기나 바둑놀이를 자주 보면 누가 가르쳐 주지 않더라도 저절로 장기나 바둑의 규칙을 알게 되는 이치와 마찬가지로, 지능이 뛰어난 인간은 주변의 사람들이 사용하는 모국어를 반복적으로 경험하면, 모국어 속에 나타나는 문법규칙들까지도 쉽게 파악하여 습득할 수 있을 것으로 생각할 수 있다. 그런데도 인간의 인지체계 속에 존재하는 내재언어가 본유적인 보편문법임을 입증하는 증거들은 다음과 같다.

(15) 가. 개별언어(particular languages)들이 공유하는 많은 보편성(universals)이 존재한다.
나. 언어적 지식(linguistic knowledge)은 무의식적 지식(unconscious knowledge)이다.
다. 언어적 지식은 고도로 난해한 지식(highly complex knowledge)이다.
라. 언어적 지식은 아무런 노력 없이도(effortlessly) 쉽고(easily) 빠르게(speedily) 학습된다.
마. 언어적 지식은 서로 상이한 경험(different experiences)을 통해서도 거의 동일한 지식(fully identical knowledge)으로 습득된다.
바. 언어적 지식은 빈약한 경험(insufficient experiences), 즉 부족한 자극(impoverished stimuli)에도 불구하고 완벽한 지식(complete knowledge)으로 습득된다.
사. 언어적 지식에는 경험하지 않은 지식(inexperienced knowledge)도 발견된다.
아. 오직 인간만이 고도로 발달된 의사소통체계(highly developed communication system)인 언어를 소유하고 있다.

위 (15)에 제시되는 증거들은 모두 우리의 인지체계 속에 존재하는 내재언어(즉, 언어적 지식)가 본유적인 지식이라는 사실을 입증하는 증거들이다. 인간의 내재언어가 경험으로 습득된다면 (15)에서 언급하는 사실들이 도저히 설명될 수 없다.

즉, (15가)는 이 세상에 존재하는 수많은 개별언어에 많은 공통점이 있음을 말해주는데, 만약 이들 개별언어들이 경험으로 습득된 것이라면, 영어·러시아어·한국어·이탈리아어·일본어·중국어 등등 이 세상의 모든 언어는 각기 상이한 독자적인 경험에 의해 습득된 개별언어들이므로 실증주의적 관점에서 보면 공통점이 거의 없어야 한다. 그런데도 영어와 한국어를 비교해 보면 많은 공통적 속성이 존재하며, 이들 공통적 속성은 기타의 다른 언어들에도 공유되고 있음을 확인할 수 있다. 예컨대, 이 세상의 모든 언어에는 문장이 주부(subject)와 술부(predicate)로 구성되며, 명사(noun)·형용사(adjective)·부사(adverb)·동사(verb) 등등 품사(word class)가 존재하며, 의문문(questions)·부정문(negatives)·긍정문(positives)·명령문(imperatives) 등등 문장의 종류가 있다. 뿐만 아니라, 변형생성문법학자들의 연구결과에 의하면 핵계층이론(X-bar Theory)·격이론(Case Theory)·의미역이론(**θ**-Theory)·결속이론(Binding Theory)·통제이론(Control Theory)·한계이론(Bounding Theory) 등등 대부분 변형생성문법의 언어원리들이 모든 인간언어에 공통적으로 적용되고 있음이 확인된다.[1] 요컨대, 한 언어에서 주변문법으로 기술되는 제한적인 자의적, 예외적 언어현상 이외에 대부분의 언어현상은 다른 인간언어에도 공통적으로 나타나는 보편적 속성이라고 보아야 한다.

(15나)는 언어적 지식이 생득이라는 간접적인 증거가 된다. 우리가 알고 있는 바둑이나 장기 규칙 등 대부분 후천적 경험에 의해 습득되는 지식은 의식적(conscious)이거나 기억을 하지 못하더라도 잠재의식적(subconscious)인 것이지만, 언어적 지식은 무의식적(unconscious)이다. 만약 언어적 지식이 의식적이라면, 언어학자들이 철저한 과학적 방법론을 동원해 문법을 연구할 필요가 없어진다. 왜냐하면, 원어민 한 사람만 있으면 그의 의식에 의존해 그 언어의 모든 문법규칙을 규명할 수 있기 때문이다. 그러나 모국어에 관한 언어적 지식은 무의식적 지식이기 때문에 고도의 훈련을 받은 전문적인

1) 이들 언어원리에 관해서는 본서의 영어구조를 다루는 부분에서 자세히 설명한다.

언어학자들이 엄격한 과학적 방법론에 입각해 철저히 검증해야만이 밝혀질 수 있다. 이렇듯이 무의식적 지식인 언어적 지식은 다른 의식적인 지식과 달리 본유적 지식으로 보아야 한다.

(15다)와 (15라)는 서로 밀접하게 관련되는 증거이다. 즉, 언어적 지식은 경험에 의해 쉽게 습득될 수 없는 고도로 복잡하고도 난해한 지식인데도,[2] 모국어를 학습하는 어린이들은 큰 어려움이나 노력도 없이 2~3세 정도의 이른 나이에 이미 모국어의 문법체계를 완전하게 습득한다는 것이다. 이러한 모국어의 언어습득 현상은 언어습득이 본유적이 아니라면 도저히 설명할 수 없는 현상이다. 실증주의적으로는 어려운 지식의 습득은 그것에 상응하는 많은 노력과 시간이 필요하다.

(15마)는 한 언어 공동체에 속해 있는 원어민들이 자유롭게 의사소통을 한다는 것은 서로 동일한 문법규칙이 있기 때문이라는 사실을 전제로 한다. 즉, 원어민들이 동일한 언어적 지식을 가지고 있다면, 원어민들의 언어적 지식은 본유적인 것으로 보아야 한다는 것이다. 사실상, 모국어를 학습할 때 원어민들은 모두 서로 다른 유형의 경험을 하게 된다. 어떤 사람은 조용한 대화를, 어떤 사람은 싸우는 소리를, 또 어떤 이는 의문문을, 또 다른 이는 명령문을 먼저 듣기도 한다. 시골의 촌부 가정에서 언어를 학습한 사람이 있는가 하면, 서울의 언어학자 가정에서 언어를 학습한 사람도 있다. 이처럼 모든 원어민의 모국어 학습 경험이 서로 다르다면, 실증주의적으로는 동일한 지식이 습득되어서는 안 된다. 그런데도 원어민들의 언어적 지식이 동일하다는 것은 바로 모국어의 언어적 지식이 본유적임을 말해 준다.

또한, (15바)의 관찰에 의하면, 원어민의 언어경험은 매우 불완전하거나 제한적인데도 습득한 언어적 지식은 완전하다는 것이다. 실증주의적으로는, 불완전하거나 불충분한 경험을 하면 습득되는 지식도 또한 부정확하거나 빈약해야 한다. 실제로 원어민이 경험하는 언어자료들은 매우 빈약하며 불

2) 사실상 외국어로서의 언어를 학습할 때, 언어가 쉽게 학습되지 않는 매우 난해한 구조를 지니고 있음이 확인된다. 즉, 외국어는 장기간 과학적인 교수법으로 교육한다 하더라도 쉽게 학습되지 않을 만큼 복잡하고 난해하다.

완전하기 짝이 없다. 왜냐하면, 우리가 일상생활에서 의사소통의 수단으로 사용하는 말은 심리적 상태나 환경에 따라 크게 영향을 받아 흔히 비문법적으로 변형되거나 왜곡되는 형태로 나타날 뿐만 아니라, 원어민들은 그들의 주변 사람들이 사용하는 말만을 매우 제한된 시간 동안 경험하기 때문이다. 그런데도 원어민들은 언제나 완벽한 의사소통을 할 수 있고, 이는 바로 원어민이 완전한 언어적 지식을 소유하고 있음을 말해주는 것이다. 따라서 (15바)의 관찰은 원어민의 언어적 지식이 본유적임을 입증해 주는 증거가 된다.

(15사)의 주장은 원어민의 언어적 지식체계에는 실제로 경험할 수 없는 지식까지 발견된다는 것이다. 경험할 수 없는 지식까지도 언어적 지식 체계에 존재한다면, 이는 바로 언어적 지식이 본유적임을 말해주는 직접적인 증거가 된다. 이러한 사실을 확인하기 위해서 아래 예문들을 고려해 보자.[3)]

(16) a. 철수는 누가 책을 산 사실을 아니?
b. 철수는 영희가 무엇을 산 사실을 아니?
c. 철수는 영희가 언제 책을 산 사실을 아니?

(17) a. *철수는 영희가 왜 책을 산 사실을 아니?
b. *철수는 영희가 왜 운 소문을 들었니?

한국어의 원어민들은 (16)의 예문들은 문법적이나 (17)의 예문들은 비문법적임을 알고 있다. 그러나 (17)의 예문들은 한 번도 경험한 적이 없는 문장들이다. 왜냐하면, 비문법적인 문장은 결코 의사소통의 수단으로 사용되지 않기 때문이다. 그런데도 (17)의 문장이 비문법적이라는 사실을 알고 있다는 것은 경험하지 않은 지식을 원어민이 가지고 있다는 것이다. 이는 곧 언어적 지식이 경험적 지식이 아니라 본유적 지식임을 말해준다.

아래에서 대비되는 영어의 경우도 마찬가지다.

---

3) 문장 앞에 표시하는 별표 (*)는 그 문장이 비문법적임을 의미한다.

(18) a. I gave back the car to him.
b. I gave the car back to him.
c. I gave him back the car.
d. I gave him the car back.

(19) a. *I gave the car to him back.
b. *I gave back him the car.

영어의 원어민들도 경험할 수 없는 (19)의 예문들이 비문법적이라는 사실을 알고 있는데, 이는 영어의 원어민이 가진 언어적 지식도 본유적임을 말해주는 것이다.

실증주의자들의 주장에 의하면, 경험을 통한 지식의 습득은 지능의 수준과 비례하는데, 그런데도 3~4세의 어린이나 지능수준이 아주 낮은 백치들까지도 고도로 발달된 의사소통체계인 언어를 쉽게 습득하지만, 그보다 지능수준이 높은 침팬지 등의 영장류 동물들도 오랜 시간 과학적인 훈련을 받았는데도 초보적인 의사소통 이상의 언어를 습득하지 못한다는 사실이 확인되었다. 이러한 사실은 바로 인간의 언어적 지식이 경험적인 것이 아니라 본유적임을 말해주는 증거가 된다.

4.3 보편문법의 규명과 충족조건

본유적(innate)으로 타고나는 인간의 무의식적인 언어규칙 체계가 보편문법이라면, 언어학자들은 고도의 과학적인 기술과 방법론을 동원하여 이 무의식적인 보편문법의 체계를 규명해야 한다. 그러면 물리적으로나 감각적으로 확인되지 않는 무의식적인 인지체계의 지식을 어떻게 규명할 수 있을 것인가? 본절에서는 이러한 질문에 답하기 위하여, 현대 언어학자들(특히, 변형생성문법학자들)이 인간의 보편문법 체계를 규명해 나가는 데 동원하는 다양한 가정과 가설, 그리고 그 구체적인 방법론을 소개하려고 한다.

먼저, 현대 언어학자들은 다음과 같은 연구절차를 거쳐 개별언어의 문법이 규명된다고 가정한다.

(20) 가. 연구 대상이 되는 언어현상에 관련되는 일련의 자료를 수집한다.
(Select a set of data relevant to the phenomena being studied.)
나. 그 자료를 설명할 수 있는 일련의 원리(즉, 규칙)를 가정한다.
(Hypothesize a set of principles (i.e. rules) which account for the data.)
다. 가정한 규칙을 더 많은 자료를 확보해 검증한다.
(Test the hypothesized rules against further data.)
라. 필요할 경우, 가정한 규칙을 수정한다.
(Modify the hypothesized rules as necessary.)
마. 수정한 규칙을 더 많은 자료를 통해 다시 검증하고, 필요한 경우 수정과 검증과정을 계속 되풀이한다.
(Test the modified hypothesis against yet more data … and so on and so forth.)

요컨대, 언어자료를 통해 그 자료를 설명할 수 있는 문법규칙에 대한 가정을 세우고, 그 가정이 더 많은 관련 자료까지도 설명할 수 있는지 검증한다. 만약 검증과정에서 그 가정으로 설명할 수 없는 반증(counter-evidence)이 나타나면 그 반증까지도 설명할 수 있게 가정을 수정한다. 그 뒤 수정된 새로운 가정을 또 더 많은 자료를 통해서 검증하고, 필요하면 다시 수정하고 검증하는 작업을 되풀이해 나간다. 이러한 작업을 반증이 없을 때까지 계속해 나가면, 마침내 한 가정이 핵심문법에 당도한다는 것이다. 앞으로 본서에서 소개될 변형생성문법의 많은 규칙이 실제로 위와 같은 절차를 거쳐 발견된 영어의 문법규칙들이다.

그러면, 위와 같은 연구과정에 활용되는 언어자료란 무엇을 말하는가? 구조주의문법학자들이 연구자료(corpus)로 삼았던 구어(spoken language), 즉 언어실행(linguistic performance)인 외재언어를 말하는가? 엄격한 의미에서 변형생성문법학자들이 수집하는 언어자료는 원어민들이 실제로 사용하는 '언어실행' 자체가 아니다. 변형생성문법학자들이 핵심문법의 규명을 위해 확보하는 자료는 원어민의 소위 언어직관(linguistic intuition)이다. '언어직관'이란 그 언어에 대한 원어민들의 문법성 판단(judgment of grammaticality)을 말한다. 변형생성문법학자들은 이러한 원어민들의 문법성 판단을 무의식적(unconscious)인 본유적 언어기능(즉 보편문법의 인지체계)에 기인하는 의식적(conscious)인 언어직관이라고 본다. 변형생성문법학자들은 이러한 언어직관의 과학적인 연구를 통해 본유적 언어기능, 즉 보편문법의 실체를 규명할 수 있다는 것이다. 예컨대, 다음 예문에 대해 영어의 원어민들은 문두에 표시되는 바와 같은 문법성에 대한 언어직관을 가지고 있다. (문두의 별표 (*)는 그 문장이 비문법적이라는 원어민의 문법성 판단을 나타냄.)

(21) a. They congratulated themselves.
　　b. *We congratulated themselves.
　　c. *You congratulated themselves.

그 언어의 표현에 대한 원어민들의 이러한 문법성 판정이 바로 변형생성문법학자들의 수집 대상이 되는 언어자료이다. 따라서, 언어실행인 외재언어(즉, 구어) 그 자체는 진정한 의미의 언어자료가 될 수 없다. 다만, 원어민들이 직접 사용하는 구어는, 그 자체가 원어민들로부터 당연히 문법적인 표현으로 인정받는 것이라는 점에서 언어자료가 된다.

한편, (20)과 같은 엄격한 절차를 거쳐 발견된 문법규칙이라도 그것이 곧 그 언어의 핵심문법 규칙이라고 볼 수는 없다. 그 규칙이 진정한 의미의 핵심문법으로 인정받기 위해서는, 그것이 보편문법을 기반으로 획득된 문법규칙이라는 것이 입증되어야 한다. 이론적인 입장에서 말하면, 이러한 보편문법에 대한 증명은 매우 간단한 방법으로 이행될 수 있다. 즉 위와 같은 절차를 통해 발견된 개별언어의 규칙이 적절한 매개변인의 설정으로 다른 개별언어들의 관련 언어현상까지도 확대하여 적용할 수 있는지 검증해 보는 것이다. 이러한 검증에서 완벽함이 입증되면 그 규칙은 보편문법을 기반으로 습득된 개별언어의 핵심문법으로 인정될 수 있다. 그러나 만약 타 언어의 관련 자료를 통한 검증과정에서 심각한 문제점이 발생하면, 그 규칙은 보편문법을 기반으로 습득된 개별언어의 핵심문법 규칙으로 인정될 수 없다.

언어학자들이 엄격한 과학적인 연구를 통하여 기술한 문법체계가 어느 정도의 수준에 이르는 문법체계인가를 판정하는 데는 다음과 같은 세 가지 타당성의 기준이 있다.[4]

(22) 가. 관찰적 타당성(Observational Adequacy):
만약 어느 개별문법이 그 언어에서 관찰되는 자료를 명시적으로 설명할 수 있다면, 그 문법은 관찰적 타당성을 지녔다고 말할 수 있다. 즉, 한 문법의 체계가 한 언어의 임의적 언어표현에 대해 그 표현이 그 언어의 문장으로 적격한지 아닌지를 명시적으로 구별할 수 있다면, 그 문법체계는 관찰적 타당성을 지닌다고 말한다.

나. 기술적 타당성(Descriptive Adequacy):
한 문법의 체계가 관찰적 타당성은 지니면서도, 그 언어의 언어표현에 대해 원어민의 직관을 반영하는 구조적인 기술(structural description)을 제공할 수 있다면 그 문법체계는 기술적 타당성을 지닌다고 말한다.

다. 설명적 타당성(Explanatory Adequacy):
기술적 타당성을 지닌 한 개별문법이 개별언어의 기술수준을 넘어서, 자연언어 전반의 기술에까지 이를 수 있을 때 우리는 그 문법체계가 설명적 타당성을 지닌다고 말한다. 즉, 설명적 타당성을 지닌 문법체계란 보편문법을 기반으로 습득된 개별언어의 핵심문법임이 입증된 문법체계를 말한다. 따라서, 설명적 타당성이 있는 문법체계는 언어의 보편성(language universals)과 본유적 습득론과도 부합되어야 한다.

요컨대, 관찰적 타당성은 최적의 문법(optimal grammar)이 지녀야 할 최소한의 조건으로, 한 개별문법의 체계가 그 언어의 모든 문법적인 문장을 다 생성할 수 있으면서도 비문법적인 문장은 단 하나도 생성하지 않을 때 우

---

4) 타당성의 자세한 해설에 대해서는 A. Radford의 저서 Transformational Grammar (1988: 28-30)를 참조하시오.

리는 그 문법체계가 관찰적으로 적절하다고 말한다.[5] 이렇게 관찰적으로 타당한 문법체계가 원어민의 언어직관을 반영하는 규칙의 체계로 이루어져 있다면 우리는 그 문법체계가 기술적 타당성을 지닌다고 말한다. 또한 원어민의 언어직관을 반영하는 규칙의 체계로 이루어진, 소위 기술적 타당성을 지닌 개별문법이 그 개별언어의 핵심문법이라면 그 문법체계는 설명적 타당성이 있다고 말할 수 있다. 즉, 기술적 타당성의 견지에서 보면, 한 언어에 대해 기술적 타당성을 지닌 개별문법은 여러 개 있을 수 있지만, 설명적 타당성을 지닌 개별문법은 단 하나밖에 있을 수 없다. 왜냐하면, 설명적 타당성을 지닌 개별문법이 바로 그 언어의 핵심문법을 말한다면, 그 핵심문법은 인간의 본유적인 보편문법을 기반으로 습득된 문법체계이므로 개별언어마다 단 하나의 핵심문법만이 존재하기 때문이다.

변형생성문법학자들이 지향하는 문법기술의 궁극적 목표는 바로 설명적 타당성을 지닌 문법체계, 다시 말해 한 언어의 핵심문법을 규명하는 것이다.

위에서 논의한 최적의 문법체계가 지녀야 할 세 가지 타당성은 사실상 경험적 타당성(empirical adequacy)이라 할 수 있다. 왜냐하면, 한 규칙체계가 어떤 수준의 타당성을 지녔는지의 검증은 실제로 그 문법체계가 어느 정도 수준의 경험적 자료를 설명하느냐에 대한 확인이기 때문이다. 요컨대, 한 문법체계의 타당성은 경험적 증거(empirical evidence)에 의해서 입증될 수 있다. 그러나 현실적으로 볼 때 경험적 증거에 의해 한 문법체계의 타당성 정도를 정확히 검증하는 것은 거의 불가능하다. 왜냐하면, 설명적 타당성의 경우 그것을 입증하는 경험적 증거의 수집은 모든 인간언어의 모든 자료로 확대되어야 하기 때문이다. 결국 완전한 관찰적 타당성을 입증하기 위해 수집해야 할 한 개별언어의 경험적 자료도 마찬가지지만, 완전한 설명적 타당성을 입증하기 위해 자연언어 전반에 걸쳐서 수집해야 할 경험적 자료가

---

5) Chomsky(1965)는 최적 개별문법(optimal particular grammar)에 대해 다음과 같이 언급한다.

(i) An Adequate grammar must generates *all and only the well-formed sentences* in that language.

무한히 많다.

따라서, 변형생성문법학자들은 이론 외적(theory-external)인 경험적 증거에 전적으로 의존하지 않고도 그들이 기술하는 문법체계가 기술적 혹은 설명적 타당성을 확보할 것인가를 진단해주는 다음과 같은 세 가지 이론 내적(theory-internal)인 문법평가척도(grammar evaluation measure)가 있다고 주장한다. 요컨대, 경험적 결과가 동일한(즉, 타당성의 수준이 같은) 두 개 이상의 문법체계가 있다면, 다음의 척도를 충족하는 문법체계를 선택한다는 것이다.

(23) 가. 단순성(Simplicity) : 일반화(Generalization)라고도 하며, 문법규칙의 체계가 가능한 한 단순해야 한다.
　　나. 심리적 실재성(Psychological Reality) : 인식론적 우선권(Episte-mological Priority)이라고도 하며, 문법체계가 다른 인지능력과 공통적 속성을 지녀야 한다.
　　다. 학습성(Learnability) : 문법의 체계가 후천적 학습에 의해서 습득될 수 있어야 한다.

(23가)는 한 문법체계 내에 설정하는 하위체계나 규칙과 원리들의 수가 적으면 적을수록 보편문법에 근접하는 문법체계라는 가정이다. 다시말해, 문법의 전반적인 체계가 복잡할수록 보편문법에서 멀어진다는 것이다. 이러한 가정은 보편문법이 본유적이며, 매우 빠른 시간에 한정된 경험만으로도 핵심문법으로 성장할 수 있다는 사실에 기인한다. 만약, 보편문법이 복잡한 규칙체계로 구성되었다면, 그만큼 보편문법이 핵심문법으로 탈바꿈하는 시간이나 경험의 양이 더 많이 필요하게 될 것이다. 따라서, 매우 빠른 시간에 적은 경험으로도 핵심문법이 쉽게 습득될 정도로 보편문법의 체계는 매우 간단할 것이라는 가정이 나온다. 문법의 체계를 단순하게 만들기 위해서 취해야 할 조치는, 첫째 문법의 하위체계들 간에 혹은 문법규칙이나 원리들 간에 역할이 겹치는 소위 잉여성(redundancy)을 제거하는 일이고, 둘째 규칙

이나 원리들을 일반화(즉 통합)해 그 수를 줄이는 방법이다. 일반화(Generalization)는 현대 자연과학의 연구에서 취하는 기본원리이다.

(23나)는 언어의 문법체계가 본유적인 인지체계라는 변형생성문법적 가설에 근거한 가정이다. 과연, 문법체계가 인지적 능력이라면, 문법규칙은 인간의 다른 인지적 능력들--추리력·사고력·지각력·기억력 등--과 공통적 속성을 지녀야 한다는 것이다.

(23다)는 인간의 언어는 현상적으로는 매우 복잡하고 다양하지만, 후천적으로 매우 짧은 시간에 한정된 경험만을 통해서 아주 완벽하게 습득된다는 사실은 쉽게 설명하기 힘든 하나의 신비(mystery)이다. 언어학자들이 제시하는 문법체계가 보편문법을 지향하는 것이라면 이러한 신비를 설명할 수 있는 체계여야 한다는 것이다. (23다)는 (23가)와 결과적으로 동일한 척도가 된다. 왜냐하면, 문법체계가 단순할수록 학습성이 높아지기 때문이다.

연구과제

〈과제 1〉 문법이란 무엇인가?

〈과제 2〉 인간의 언어는 어떻게 발생하였는가?

〈과제 3〉 내재언어와 외재언어의 차이는 무엇인가?

〈과제 4〉 고대에서 현재에 이르기까지 언어학의 발전단계와 그 단계에 따른 인접학문들과의 상관관계를 도표로 나타내고 그 관계를 설명하시오.

〈과제 5〉 유럽에서 발전한 구조주의문법의 세 학파를 말하고, 이들의 특징을 미국의 구조주의 학파와 비교하여 약술하시오.

〈과제 6〉 언어습득의 철학적 관점에 입각하여 구조주의문법, 변형생성문법 그리고 최소주의문법 간의 이론상 유사점과 차이점을 기술하시오.

〈과제 7〉 변형생성문법의 특성에 관해서 아는 대로 설명하시오.

〈과제 8〉 최소주의문법의 특성에 대해 아는 대로 설명하시오.

〈과제 9〉 보편문법과 개별문법의 관계를 말하시오.

〈과제 10〉 인간의 언어능력(linguistic competence)이 본유적(innate)임을 말해주는 증거를 5가지 이상 제시하시오.

〈과제 11〉 문법이 갖추어야 할 타당성(adequacy)을 제시하고, 각 타당성에 대해 설명하시오.

〈과제 12〉 다음 각 용어(terminology)에 대해 간략히 설명하시오.

(a) 언어능력과 언어실행(linguistic competence and linguistic performance)
(b) 생성과 변형(generation and transformation)
(c) 매개변인과 보편원리(parameters and universal principles)
(d) 핵심문법과 주변문법(core grammar and peripheral grammar)
(e) 기술문법과 규범문법(descriptive grammar and prescriptive grammar)
(f) 언어능력과 언어직관(linguistic competence and linguistic intuition)
(g) 단순성과 심리적 실재성(simplicity and psychological reality)

제 2 장 통사구조의 생성

1. 범주구성소구조와 구구조문법

문장은 흔히 구조를 가진다고 주장한다. 이러한 주장이 사실이라는 것을 우리는 어떻게 아는가? 당분간 이 질문에 대한 우리의 대답은 '우리는 모른다'는 것이다. 따라서 '문장이 구조를 가진다'라는 주장은 자료를 통해 입증해야 할 하나의 가설일 뿐이다. 만약 언어자료가 이러한 가설을 뒷받침하는 것으로 밝혀지면, 즉 만약 우리가 문장의 어떤 특성들을 설명할 때 그 최선의 방법이 바로 문장이 구조를 가진다는 가설을 채택한다는 사실을 보여 줄 수 있다면, 우리의 가설은 타당성을 갖게 될 것이다. 반면에, 언어자료가 이러한 가설을 입증하지 못하면, 즉 문장의 특성들이 구조를 통해 설명할 수 있다는 사실을 보여 주지 못하면, 우리는 본 가설을 수정하거나 그것을 완전히 포기해야 할 것이다. 이것이 바로 본절에서 논의할 주요한 과제 중의 하나이다.

1.1 구성성분과 계층

먼저, 우리는 '문장이 구조를 가진다'라는 표현이 과연 무엇을 의미하는 것인지 분명히 할 필요가 있다. 현재로서는 우리는 이러한 표현이 하나의 특정 문장을 구성하는 어휘항목들이 서로 다른 항목에 비해 더 높거나, 더 낮거나, 혹은 동일한 위치에 오기도 하는, 항목 상호 간의 계층적 순서를 의미하는 것으로 이해하려고 한다. 예를 들어, (1)에 있는 추상적 그림을 고려해 보자. 여기서 보면, A가 B와 C보다도 더 높고, B와 C가 또한 D와 E보다 더 높은 위치에 나타남이 분명히 확인된다. 또한, B는 C와 동일한 계층에 나타나며, D는 E와 동일한 계층에 나타난다는 것도 확실하다.

(1)

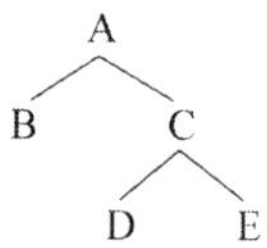

더욱이, D와 E는 C에 직접 연결되어 있으나, 반면에 B와 C는 A에 직접 연결되어 있다. 더 형식적인 용어를 빌어 말하면, D와 E는 C의 구성소(constituents)(구성요소(members))이며, B와 C는 A의 구성소이나, D와 E는, 그들이 B에 연결되지 않으므로, B의 구성소가 아니다. 이러한 관계가 바로 우리가 '문장이 구조를 가진다'라고 할 때 문장을 구성하는 어휘항목들 사이에 나타나는 관계이다.

이러한 것을 고려하면서, (2a)에 나타나는 단문(simple sentence)의 구조를 밝혀보기로 하자.

(2) a. This boy can solve the problem.

b.

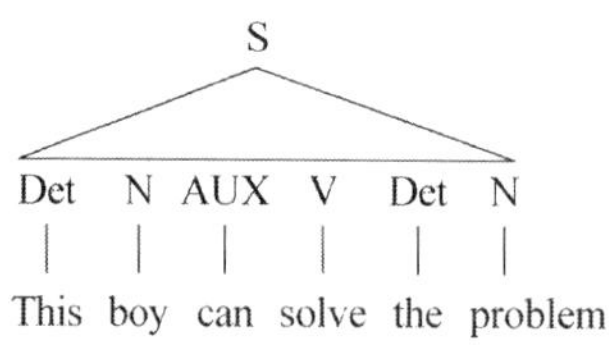

첫 번째 단계로, 우리는 위의 문장에 나타나는 각 어휘항목의 범주적 속성을 다음과 같은 축약형으로 나타낼 수 있다: 명사(nouns)는 N으로, 조동사(Auxiliaries)는 Aux로, 동사(verbs)는 V로, 그리고 한정사(deter- miners)는 Det로 나타낸다. 이러한 축약형들을 범주부호(category labels)라 한다. (2)의 예문에 나타나는 범주들은 모두 합쳐져 약자 S로 표현되는 문장(sentence)이라는 더 크고 더 복잡한 범주를 구성한다. 이러한 초기의 정보가 (2b)에서 표현되고 있다.

(2b)와 아래의 다른 그림들에서 나타내는 삼각형은 그 관련 범주의 내면

구조에 관해 (아직) 구체적인 언급이 이루어지지 않음을 나타낸다. 어떤 다른 경우에는, 삼각형이 논의되는 요점에 직접적으로 관련되지 않는 범주들이 내포되었음을 나타내기 위해서도 사용된다.

추측컨대, (2)에 포함되는 범주들이 서로간에, 또한 궁극적으로는 S와 계층적 관계를 맺을 수 있는 방법은 많다. 바로 아래 (3)과 (4)는, 이들 속에 나타나는 물음표가 명시되지 않은 범주부호를 나타내긴 하지만, 많은 가능성 중에 임의적으로 선택된 두 가지 가능성을 보여주고 있다.

(3)

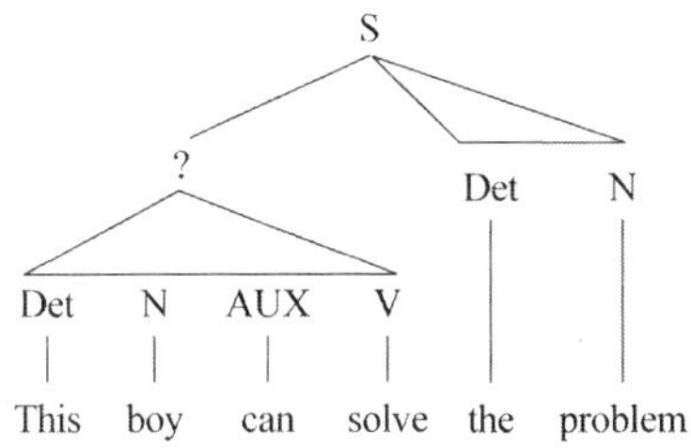

(4)

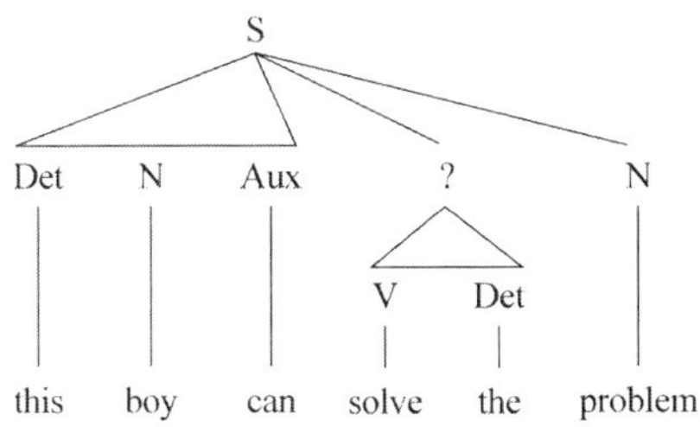

(3)은 한정사 *this*, 명사 *boy*, 조동사 *can*, 그리고 동사 *solve*가 함께 모여 한정사 *the*와 명사 *problem*를 배제(exclude)하는 하나의 구성소를 이루고 있음을 보여주는 그림이다. 반면에, (4)는 동사 *solve*와 한정사 *the*가 함께 모여 이 문장 속에 나타나는 그 외 다른 범주들을 모두 배제하는 하나의 구성소를 이루고 있음을 보여주는 또 다른 그림이다.

(2)의 정확한 구조가 어느 것인가는 관련 자료의 적절한 검토를 통해서만 해결할 수 있는 경험적 문제이다. 우리의 방안은 어떤 범주들의 연결체

를 선택하여, 이 연결체의 구성 요소들이 구성소 검증/기준(constituency tests/criteria)이라고 알려진 (5)에 제시되는 현상들에 비추어 볼 때 하나의 단위나 덩어리로서의 역할을 하는지 확인해 보는 것이다. 만약, 선택된 연결체의 범주들이 하나의 덩어리로서 이동하거나, 삭제되거나, 다른 유사한 범주의 연결체와 등위 접속되거나, 아니면 적절한 대체형과 대치된다면, 우리는 이들 범주가 하나의 구성소를 이룬다고 결론짓고자 한다:

(5) (i) 전위(displacement)
(ii) 삭제(deletion)
(iii) 등위접속(co-ordination)
(iv) 대체형으로의 대치(replacement with a pro-form)

우리가 맨 먼저 선택한 범주들의 연결체가 *solve the problem*이라면, 우리는 이 연결체를 (5)에 제시된 검증방법에 비추어 살펴보고자 한다. (6)~(9)에서와 같이, (6)에서는 우리가 선택한 범주들의 연결체가 전위되었고, (7)에서는 문제의 연결체가 삭제되었으며, 또한, (8)에서는 유사한 범주들의 연결체와 등위 접속되었고, 그리고 (9)에서는 대체형 so와 대치되어 있다. 후자의 so는 solve the problem을 대신하고 있다는 의미에서 하나의 대체형이 된다. (6)과 (7)에서는 전위되거나 삭제된 연결체가 실제로 '해석(understood)' 되는 위치가 [______]로 표시되고 있다.

(6) 전위

This boy is determined to solve the problem and [solve the problem] he will [____].

(7) 삭제

John cannot solve the problem, but this boy can [____]

(8) 등위접속

This boy will [solve the problem] and [win the prize].

(9) 대체형과의 대치

This boy can solve the problem and [so] can the others

(6)~(9)에서 예시한 사실을 기초로 우리는 *solve the problem*이란 연결체에 내포되어 있는 범주들이 함께 결합해 하나의 더 큰 구성소를 이룬다고 결론지을 수 있다. 달리 말하면, (6)~(9)에서 예시한 사실은 (2)의 문장에 대해 동사 *solve*, 한정사 *the*, 그리고 명사 *problem*이 함께 뭉쳐 이 문장의 다른 범주를 배제하는 하나의 구성소를 이룬다고 보는 가정을 입증해 주는 경험적 증거라고 생각해볼 수 있다. 그럼 (10)에서 보듯이 문제의 구성소에는 동사구(Verb Phrase)인 VP의 부호가 부여된다. 한정사 *this*와 명사 *student*와 그리고 서법 조동사 *can* 등 이 문장의 그 외 나머지 범주들은, 증거가 제시되기 전까지는 삼각형으로 표시되어 S에 연결된다. 마찬가지로, VP의 내면 구조에 대한 구체적인 논의가 이루어지기 전까지는, 동사구의 구성소들도 삼각형의 형태로 VP에 연결된다.

(10)

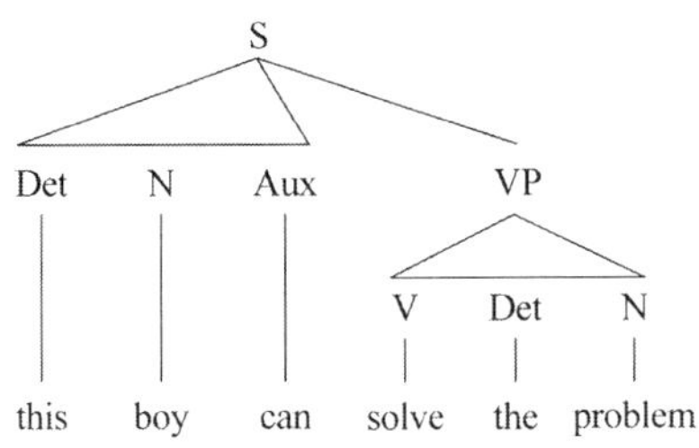

(6)~(9)에서 예시한 사실을 기초로 우리가 내린 결론은 이미 (4)와 (5)는 (2)의 가능한 구조가 될 수 없다는 것이다. 왜냐하면, 이들 구조에서는 동사 *solve*, 한정사 *the*, 그리고 명사 *problem*이 하나의 구성소에 포함되지 않기 때문이다. 달리 말하면, (4)와 (5)은 위에서 논의한 구성소 자격의 검토에 비추어 볼 때 틀린 예측을 하기 때문이다. 문제의 범주들이 하나의 구성소

에 포함되지 않기 때문에, 이들 범주들은 위에서 살펴본 바와는 반대로, 전위·삭제·등위접속, 그리고 대체형과의 대치와 같은 현상들에 비추어 볼 때 하나의 단위/덩어리로 함께 뭉칠 것으로 예측되지 않는다. 그래서, 구조 (4)와 (5), 그리고 이들 구조에 함축된 가설은 모두 경험적으로 타당하지 못하기 때문에 포기될 수 있다.

똑같은 검토과정에 따라서, 범주들의 다른 연결체를 선택하여 문장의 나머지 부분의 구조가 어떻게 결정되는지 살펴보자. 이번에는 한정사 *this*와 명사 *boy*로 이루어지는 *this boy*라는 연결체를 선택하겠다. 아래 예문을 고려해 보자.

(11) a. [This boy] and [the girl] can solve the problem.
b. [He] will solve the problem.

(11a)에서는 한정사와 명사가 유사한 범주들의 연결체와 등위 접속되고, (11b)에서는 이들이 함께 대체형 (대명사) *he*와 대치되어 있다. 이러한 결론을 그림 (10)에 대입시키면, 더욱 구체적인 (12)의 구조를 얻게 된다. 한정사와 명사를 포함하는 더 큰 범주가 명사구(Noun Phrase) NP의 표찰로 표시된다.

(12)

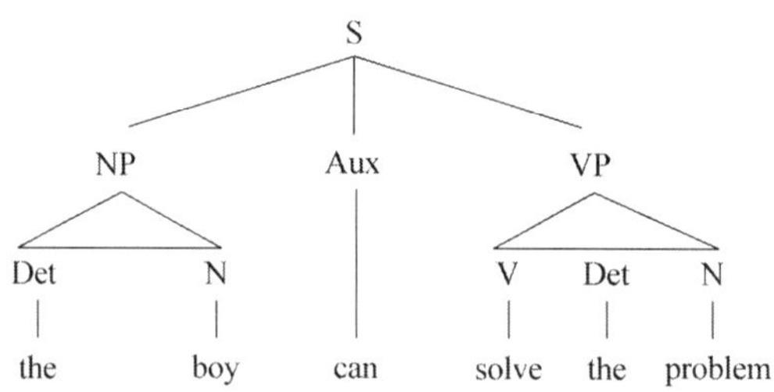

이 구조에서 주지해야 하는 바는 조동사 범주 Aux는 홀로 S에 직접 관할되는 하나의 자치 구성소(autonomous category)를 이룬다는 암시적 결론이

다. Aux가 이제 남아 있는 유일한 범주이기 때문에 불가피하지 않다면, 이러한 결론은 그 타당성이 충분히 입증될 수 있을 것 같다. 이러한 결론에 대한 경험적 근거를 확인하기 위해, 우리는 앞서 살펴본 구성 자격 기준으로 역시 이러한 결론을 검토해볼 수 있다. 만약 이러한 결론이 옳다면, Aux는 NP와 VP를 구성하는 범주들과는 별개로, 예를 들어, 전위되거나 또 다른 조동사 요소와 등위 접속될 수 있으리라 기대할 수 있다. (13a)에서는 서법 조동사 *can*이 NP *the boy*를 넘어 문두의 위치로 이동되어 있고, (13b)에서는 이 서법 조동사가 또 다른 서법 조동사 *will*과 등위 접속을 이루고 있다.

(13) a. [Can] this boy [____] solve the problem?

b. This boy [can] and [will] solve the problem.

(12)와 관련하여 우리가 논의해야 하는 남은 문제는 VP의 내면 구조가 어떻게 구성되는지를 결정하는 것이다. 즉, 우리는 VP에 포함되는 각 범주들이 VP의 자치 구성소를 이루는지 아니면, 이들 중 몇 개가 함께 뭉쳐 VP 내에서 더 큰 하나의 구성소를 이루는지 결정할 필요가 있다. 사실상 이러한 작업은 이미 상당 부분 진척되었다고 볼 수 있다. 한정사 *the*와 명사 *problem*은 그들의 비교 대상인 *this*와 *boy*처럼 역시 하나의 NP 구성소를 이룬다고 볼 수 있다. 이러한 유형의 일반화는 같은 부류의 범주들이 함께 결합하면 언제나 동일한 더 큰 상위 구성소를 구성하는 경향이 있다는 점에 근거하고 있다. 본서에서도 이러한 일반화 방법이 활용되겠지만, 사실상 이런 방법은 언어학 연구에서 주요한 골간이 되는 것이다. 바로 이러한 일반화에만 근거해서도 VP 내부의 한정사와 명사가 VP의 NP 구성소를 이룬다는 결론을 내릴 수 있다. 이러한 결론은 V도 또한 VP의 한 구성소를 이룬다는 결과를 낳는다.

(14)

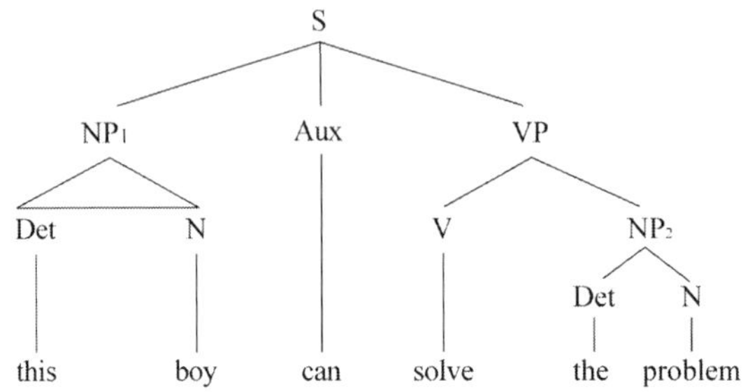

앞에서 살펴본 바처럼, *the*와 *problem*이 하나의 구성소를 이룬다는 결론에 경험적 근거가 있음을 보여주기 위하여, 관련되는 구성소 자격 기준으로 이 문제를 검토할 수 있다. (15a)에서는 (VP 내부에 있는) 한정사와 명사가 대명사 *it*와 대치되어 있고, (15b)에서는 이들이 유사한 범주의 연결체와 등위 접속되어 있다. 끝으로, (15c)에서는 이들 한정사와 명사가 함께 문두로 전위되었다.

(15) a. This boy can solve [it].

b. This boy can solve [this problem] and [that puzzle].

c. [This problem], I believe the boy can solve [____].

(14)는 (2)의 문장에 대한 완전한 구성을 갖춘 구조이다. NP들에 달려 있는 숫자는 이론적으로는 아무런 의미가 없다. 다만 이들 숫자는 앞으로 계속될 논의에서 NP 구성소들을 서로 구분하기 위해서 편리하게 이용하는 하나의 방편에 불가하다. 그림 (14)는 기본적으로 앞서 논의한 문장의 구성소 구조에 관해 우리가 내린 결론을 나타내는 하나의 도식적 방법이다. (14)의 장점은 이것이 (시각적 수단으로) 범주들이 실제로 서로 간에 대해, 그리고 궁극적으로는 S에 대해, 계층적 관계를 맺고 있다는 사실을 분명하게 보여주는 것이다. 예컨대, V와 NP_2는 NP_1, Aux, VP 등과 같은 단위의 계층에 있지 않다. 이러한 이유는 V와 NP_2는 S의 한 구성소의 구성소들인 반면에

NP_1, Aux, 그리고 VP는 모두 S의 구성소들이기 때문이다. V와 NP_2는 VP의 직접 구성소(immediate constituents)들이고, 반면에 NP_1, Aux, 그리고 VP는 S의 직접 구성소들이다. 한편, Det와 N은 NP의 직접 구성소들이다.

범주들간의 계층적 관계는 일반적으로 관할(dominance)의 관계로 표현된다. 범주는 그것의 직접 구성소들을 직접 관할(immediately dominate)한다고 말할 수 있다. 따라서, S는 NP, Aux, 그리고 VP를 직접 관할하고; VP는 V와 NP_2를 직접 관할하고; 그리고 NP는 (두 경우 모두) Det와 N를 직접 관할한다. 그러나 S는 V와 NP_2가 그의 직접 구성소가 아니므로 이들을 직접 관할하지 못하나, 관할하기는 한다는 점을 주지해야 한다. 이것은 직접 관할과 (단순) 관할이 여기서 구별되는 것을 말해준다. 한 범주는 그것의 직접 구성소들을 직접 관할하고, 그것의 구성소들은 (단순) 관할한다고 말할 수 있다. '한 구성소의 구성소'란 개념은 관할관계를 결정하는 데 매우 중요한 개념이다. V와 NP_2는 NP_1의 한 구성소의 구성소가 아니기 때문에 NP_1은 이들을 관할하지 않는다.

(14)와 같은 그림을 우리는 가계 수형도(family tree diagram)에서 유추하여 수형도(혹은 나무 그림)(tree diagram)라 부른다. 그리고, 가족 관계를 지칭하는 용어들, 즉 어미(혹은 모절점)(mother), 딸(혹은 여절점)(daughter), 그리고 자매(혹은 자매절점)(sister) 등이 역시 수형도 속에 나타나는 범주들간의 관계를 지칭하는 말로도 사용된다. 예를 들어, Det와 N은 NP의 딸들이고, V와 NP_2는 VP의 딸들이다. 분명히 말하면, Det와 N이 NP의 딸들이라면 NP는 그들의 어미가 되고, 그리고 V와 NP_2가 VP의 딸들이라면 VP는 그들의 어미가 된다. 마찬가지로, Det와 N이 같은 어미의 딸들이라면, Det와 N은 자매가 되고, 그리고 V와 NP_2가 같은 어미의 딸들이라면, V와 NP_2도 역시 자매가 되고, 이외에도 기타 관계들이 이와 마찬가지로 해석된다.

(14)와 같은 수형도가 구조를 표현하는 유일한 수단은 아니다. 또 다른 자주 사용되는 수단이 있는데, 이것이 바로 표찰 각괄호(labelled brackets)로 알려진 것이다. 아래 (16)은 다른 수단을 사용하는데도 (14)와 꼭 같은 정보를 나타내고 있다.

(16) [S [NP1 [Det *This*] [N *Boy*]] [Aux *can*] [VP [V *solve*] [NP2 [Det *the*] [N *problem*]]]]

수형도와 부호 표시 각괄호간의 차이점은 바로 수형도에서는 범주들이 부호 표시된 절점(nodes)으로 나타나고, 상호 간의 관계도 가지(branches)로 표현되지만, 반면에 부호 표시 각괄호에서는 범주들이 부호 표시된 각괄호로 표현될 뿐만 아니라 상호 간의 관계도 내포와 배제(inclusion and exclusion)의 관계로 표현된다. (16)에서는 VP의 부호로 표시된 각괄호가, 예컨대 V와 NP_2의 부호로 표시된 각괄호를 내포하고 있는데, 이는 바로 V와 NP_2가 VP의 구성소임을 의미하는 것이다. 동시에, VP의 부호로 표시된 각괄호는 NP_1과 그리고 Aux를 배제하고 있는데, 이들 NP_1과 Aux가 VP의 구성소들이 아님을 의미한다. 기대하는 바와 같이, S의 부호로 표시된 각괄호는 모든 다른 각괄호들을 내포하고 있는데, 이는 문장 속의 모든 범주가 S의 구성소들이거나 S의 구성소들의 구성소들이라는 사실을 반영하는 것이다.

우리는 앞으로 구조를 표현하는 두 가지 수단을 모두 활용할 것이고, 이들 중의 선택은 완전히 그 때의 편리에 따라 이루어질 것이다.

1.2 구구조규칙의 설정

위의 그림 (14)와 (16)이 나타내는 문장 구조에 대한 주장은 (17)에서와 같은 '다시 쓰기 규칙(rewriting rules)'으로 공식화할 수 있다. : (여기서 '→' 표시는 '~로 다시 쓴다(rewrites as)'로 읽거나, 혹은 약간 비공식적이긴 하지만 '~로 간다(goes to)'로 읽는다.)

(17) a. S → NP Aux VP

b. NP → Det N

c. VP → V NP

(17a-c)가 (화살표 오른쪽에 기술되는) 구들의 구성소 구조에 대한 (화살표 왼쪽에 기술되는) 주장을 반영하는 구구조(Phrase Structure) 규칙이다. 구구조규칙이란 범주들을 생성(generate)하는 규칙인데, 여기서 '생성하다(generate)'란 '명시화하다(make explicit)'를 의미하는 것으로 이해된다. 예컨대, (17a)는 그것이 S가 NP, Aux, 그리고 VP로 이루어진다는 정보를 명시화하고 있다는 의미에서 S의 구조를 생성한다. 또한, (17b)는 그것이 NP가 Det와 N으로 이루어진다는 정보를 명시화하는 의미에서 NP의 구조를 생성한다. 마지막으로, (17c)는 그것이 VP가 V와 NP로 이루어진다는 정보를 명시화하고 있다는 의미에서 VP의 구조를 생성한다. 수형도와 부호 표시 각괄호는 구구조규칙 속에 내포된 구성소 구조에 대한 주장을 나타내는 (시각적) 장치이다.

구구조규칙 (17a-c)는 (18)에서 다시 보여주는 앞절의 예문 (2)에 기초한 것이었다. 그러나 이들 규칙의 생성 능력은 이 문장을 뛰어넘어 유사한 연결 구조를 갖는 같은 언어의 모든 가능한 문장들을 모두 포함하는 정도까지 확대된다. (19a-d)가 그러한 문장들의 몇가지 사례이다. 이들 예문은 모두 각 범주에 대해 동일 유형의 구성성분을 포함한다는 의미에서 (18)을 닮았다.

(18) a. This boy can solve the problem.

b. [$_{S}$ [$_{NP}$ *this boy*] [$_{Aux}$ *can*] [$_{VP}$ [$_{V}$ *solve*] [$_{NP}$ *the problem*]]]

(19) a. The police will arrest the thief.

b. This girl can drive that car.

c. The President will chair the meeting.

d. The Parliament can impeach the President.

규칙 (17a-c)에 의해 생성되는 일련의 문장들 중에 한 구체적인 문장을 생성해 내는 과정을 보여주기 위해서는, 구체적인 어휘항목들을 생성하는 또다른 일련의 규칙들이 첨가될 수 있다. 예컨대, 예문 (18)은 다음 (20)에 오는 일련의 규칙들에 의해서 완전히 생성된다.

(20) a. S → NP Aux VP
b. NP → Det N
c. VP → V NP
d. Aux → *can*
e. Det → *the, this*
f. N → *boy, problem*
g. V → *solve*

규칙 (20a-c)는 구범주(phrasal categories)를 생성해 내는데, 이들 구범주의 구성소들 중 하나는 보통의 경우 Aux, Det, 그리고 V 등과 같은 종단절점(terminal nodes)이 된다. 예를 들면, 구범주 VP는 그것의 구성소들 중 하나로 V라는 종단절점을 가지며, 구범주 NP는 그것의 구성소들중 하나로 N이라는 종단절점을 가진다. 한편, 규칙 (20d-g)는 관련 어휘항목들을 문장 속에 도입하여 종단절점을 생성한다. 이들 두 부류의 규칙들에 의해 생성되는 구조를 구구조표지(Phrasal Markers)라 한다. (14)는 (18) 문장의 구구조표지인데, 수형도 형식으로 나타내고 있다.

분명히, 구구조규칙 (20a-c)가 생성할 수 없는 가능한 문장이 또한 매우 많이 있을 수 있는데, 이는 주로 이들 문장들이 (2)와 (19a-d)의 예문의 경우와는 다른 구성소 배열 형상을 갖기 때문이다. 본장의 나머지 부분에서, 우리는 지금까지 설정해 온 구구조규칙의 체제를 충분히 보충함으로써 가능한 한 이러한 유형의 문장들을 많이 다루어 보고자 한다. 우리는 (17a-c)의 규칙들을 각기 개별적으로 논의할 것이며, 또한 이들 규칙을 더욱 광범위한 구성소 배열 형상들, 따라서 더욱 광범위한 문장들을 수용할 수 있는 방향으로 수정해 나갈 것이다. 우리의 첫 번째 목표는 Aux를 생성하는 구구조규칙이 될 것이다.

1.3 조동사와 시제

(21a와 b) 그리고 유사한 많은 문장은 조동사가 겉으로 나타나지 않는다는 점에서 지금까지 논의해 온 문장들과 다르다.

(21) a. The boy kicked the ball.
     b. The boy saw the girl.

(21a와 b)는 (20a)의 규칙에 문제점을 던져준다. 왜냐하면, (20a)에서는 Aux가 S의 의무적 구성소임을 말해주기 때문이다. Aux를 갖는 문장들뿐만 아니라 (21a, b)와 같은 문장들을 수용하고 조동사를 갖는 문장들을 생성하기 위해, 우리는 규칙 (20a)를 수정할 필요가 있다.

바람직한 결과를 파생하는 확실한 방법 중에 하나는 간단히 Aux의 출현을 선택적으로 만드는 것이다. 표기상, 이것은 Aux를, 대강 S → NP (Aux) VP와 같이, 괄호 속에 포함시켜 나타낼 수 있다. 이것은 S가 NP와 선택적 Aux, 그리고 VP로 이루어진다는 것을 말해준다. 이러한 유형의 규칙은 이제 서법 조동사가 나타나는 문장들뿐만 아니라 서법 조동사가 나타나지 않는 문장들까지도 생성한다.

그러나 Aux가 선택적으로 나타난다는 해결책보다도, 엄밀한 의미에서 더 적절한 해결책이라고 할 수 있는, (21a, b)와 같은 문장들까지도 설명할 수 있는 하나의 대안이 있다. 다음 (22a-d) 예문들은 사건의 시간을 발화의 시간과 관련하여 상술하는 시제(Tense)가 동사라기보다는 조동사의 한 구성소임을 말해준다.

(22) a. The boy [Aux will] kick the ball.
     b. The boy [Aux doesn't/didn't] like the party.
     c. The girl [Aux didn't] like the party, but the boy [Aux did].
     d. [$_{VP}$ Kicked the ball] I wonder he [Aux will] [___].

(22a)의 문장에서 본동사가 시제에 대한 아무런 정보도 가지지 않으나, 시제가 서법 조동사 *will*로 나타난다. (22b)에서는 시제가 역시 조동사 *do* 위에 나타나는데, 이는 시제가 VP의 한 구성소가 아니라, 오히려 Aux의 한 구성소임을 말해준다. (22c)에서는 동사와 보충어의 생략(즉, VP의 생략)이 일어났지만 시제에는 아무런 영향도 미치지 않고 있다. 마지막으로, (22d)에서는 동사구의 전위가 일어났지만 시제에는 아무런 영향도 미치지 않고 있다.

이제, 문장이 언제나 시제 범주를 가지고 있고, 또한 시제가 Aux의 구성소라면, 모든 문장에는 언제나 Aux가 나타난다는 결론이 나온다. *This boy could solve the problem*과 같은 문장들에서는 Aux 아래에 시제뿐만 아니라 서법 조동사가 나타나고, 한편 위의 (21a, b) 등과 같은 문장에서는 Aux 아래에 오직 시제만이 나타난다는 점에서만 문장들간에 차이가 있다. 그래서 (21a, b)에 의해서 암시되는 Aux의 선택성 문제는 Aux 자체의 선택성 문제가 아니라 Aux 아래에 시제 이외에 서법 조동사가 나타나느냐 아니냐의 서법 조동사의 선택성 문제임이 확실해졌다. 이러한 관점에서 보면 Aux 자체를 선택적인 요소로 취급했던 초기의 해결책은 적절한 해결책이 아님을 알 수 있다. 왜냐하면, 이러한 해결책은 (22a-d)의 예문이 보여주는 사실과는 달리 시제가 Aux의 구성소가 아니라는 가정에 기초하기 때문이다. (22a-d)의 예문이 보여주는 사실에 일치하는 해결책은 시제가 그 아래에 나타나야 한다는 근거에서 Aux를 문장의 의무적 구성소로 취급하는 해결책일 것이다. Aux를 생성하는 새로운 형태의 구구조규칙은 시제가 의무적 구성소이고 서법 조동사가 선택적 구성소가 되는 (23b)와 같은 규칙이 될 것이다. 이 규칙은 Aus와 의무적 구성소를 가지는 우리가 처음 설정한 형태와 같은 모양이 된다.

(23) a. S → NP Aux VP

b. Aux → Tense (Modal)

특히 시제가 Aux의 구성소라는 (23b)의 관점에서 보면, 이제 (21a, b)와 같은 예문에서 시제가 어떻게 해서 표면상으로는 동사 위에 나타나는가 하는 문제이다. 이 문제에 대한 구체적인 언급은 제5장에서 이루어질 것이다. 다만 당분간, 예컨대 과거 시제 표지 *-ed*와 같은 이들 시제 요소에 대한 일반적인 사실은 이들 요소들은 항상 형태론적으로 의존하는 형태소, 즉 의존 형태소(bound morpheme)라는 것만 밝혀두고자 한다. 이들은 혼자 나타날 수가 없으며, 서법 조동사나 동사와 같은 통사적 범주에 부착(의탁)해야 한다. 바로 이러한 이유 때문에 (21a, b)와 같은 예문에서 시제가 동사에 부착되어 나타나는 것이다. 분명히 말하면, 시제는 Aux가 서법 조동사를 포함하지 않을 때만 동사에 부착되는 것이다. *This boy will solve the problem*에서와 같이 Aux가 서법 조동사를 내포하는 문장에서는 시제가 서법 조동사 위에 실현되며, 본동사는 시제에 대해서 아무런 표시도 되지 않는다.

부정소(Negation) 범주 Neg도 그것이 완전한 형태 *not*를 취하느냐 축약된 형태 *n't*를 취하느냐와는 상관없이 역시 Aux 아래에 속하게 된다. 이러한 사실은 (24a)와 (24b)에서 나타나는데, (24a)에서는 서법 조동사와 부정소가 이들과 유사한 범주 연결체와 등위 접속되고 있고, (24b)에서는 서법 조동사와 부정소가 함께 문두로 전위되고 있다.

(24) a. This politician [cannot] and [will not] solve the problem.

b. [Can't] this politician [___] solve the problem?

Aux를 생성하는 규칙은 이제 (25a)에서 보는 바와 같다. 시제 Tense는 모든 문장에 나타나는 의무적인 구성소이고, 서법 조동사 Modal과 부정소 Neg는 선택적인 구성소이다. (25b)는 (25a)의 규칙에 의해 상정되는 Aux의 구조이다.

(25) a. Aux → Tense (Modal) (Neg)

b.

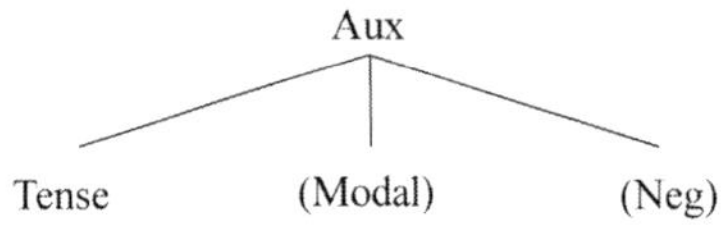

1.4 동사구

VP를 생성하는 구구조규칙은 (27)에서와 같이 나타난다. 이 규칙은 (26a)에 다시 제시되는 문장에 기초하여 만들어진 것이며, VP는 V와 NP로 구성된다는 주장을 반영하고 있다.

(26) a. This boy can solve the problem.

b. *This boy can* [$_{\text{VP}}$ [$_{\text{V}}$ *solve*] [$_{\text{NP}}$ *the problem*]]

(27) VP → V NP

다음 (28)과 (29)의 문장들은 (27)의 규칙에 일치되지 않는다. 이들 문장에 나타나는 VP는 오직 동사 하나만으로 구성되는 것 같다.

(28) a. The boy cried.

b. *The boy* [$_{\text{VP}}$ [$_{\text{V}}$ *cried*]]

(29) a. The girl smiled.

b. *The girl* [$_{\text{VP}}$ [$_{\text{V}}$ smiled]]

(28)과 (29)와 같은 문장들까지도 수용하기 위해서는, VP의 NP 구성소를 괄호 속에 넣어 이 구성소의 출현을 선택적인 것으로 만들어야 한다. 아래 (30a)는 위에서 제시한 VP 규칙의 수정형이고, (30b와 c)는 바로 규칙 (30a)

에 의해 생성되는 두 가지의 VP 구조이다. (30b)는 바로 (26)에 예시되는 유형의 문장과 관련되고, (30c)는 (28)과 (29)에 예시되는 유형의 문장과 관련된다.

(30) a. VP → V (NP)

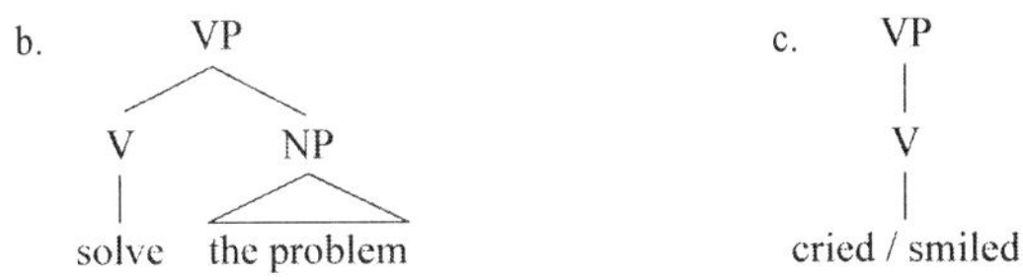

새 VP 규칙 (30a)는 이제 VP가 V 하나로만 이루어진 (28)과 (29)에 제시되는 유형의 문장들을 생성할 수 있을 뿐만 아니라, VP가 V와 NP로 이루어진 (26)과 같은 유형의 문장들까지도 생성할 수 있게 된다. (26)에서 NP를 동사 *solve*의 보충어(Complement) 혹은 목적어라 하고, 이와 같이 보충어 혹은 목적어를 취하는 동사를 타동사(transitive verb)라 한다. 이는 (30b)에 나타나는 바와 같다. 반면에, (28)의 cry와 (29)의 smile과 같이 NP 보충어를 취하지 않는 동사를 자동사(intransitive verb)라 하는데, 그 동사구는 (30c)에서와 같은 구조를 취한다. 가끔, '타동(trnasitive)'과 '자동(intransitive)'의 용어가 동사구들을 기술하는 데 사용되기도 한다. (30b)의 동사구는 타동이며, (30c)의 동사구는 자동이다.

NP를 보충어로 취하는 동사들이 존재하는 것과 마찬가지로, 기타의 다른 범주들을 보충어로 취하는 동사들도 있다. 위의 문장들에서 동사의 보충어는 하나의 전치사((31)에서의 *to*와 (32)에서의 *on*)와 하나의 NP ((31)에서의 *the solution*과 (32)에서의 *the door*)로 이루어져 있다. 전치사와 NP는 전치사구(Preposition Phrase) PP라 불리는 하나의 구성소를 형성하며, 그래서 (31)과 (32)의 문장에서 동사는 보충어로서 PP를 취한다고 말한다. PP는 (33a)의 규칙에 의해 생성되며, (33b)에 제시되는 구조를 갖는다:

(31) a. The teacher hinted to the solution.

b. *The teacher* [$_{VP}$ [$_{V}$ *hinted*] [$_{PP}$ *to the solution*]]

(32) a. The girl knocked on the door.

b. *The girl* [$_{VP}$ [$_{V}$ *knocked*] [$_{PP}$ *on the door*]]

(33) a. PP $\rightarrow$ P NP

b.

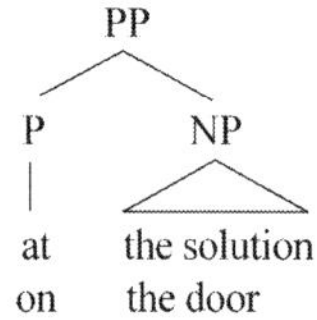

(31)과 (32)에서 보여주는 것과 같은 유형의 문장들을 생성하기 위해서는, VP 규칙 (27)은 위에서 논의한 가능성 이외에 VP가 V와 PP로 이루어질 수도 있다는 가능성을 수용할 수 있도록 수정되어야 한다. 표기 방법상 이는 다음 (34a)와 같이 표현된다. (34a)는 VP가 V 하나로만 구성되거나, V와 NP로 구성되거나, 혹은 V와 PP로 구성될 수 있다는 정보를 모두 내포한다. 첫 번째 두 가지 경우는 (30b)와 (30c)에서 예시되고 있으며, (31)와 (32)의 문장을 위해 요구되는 셋째 경우는 (34b)에서 예시되고 있다:

(34) a. VP $\rightarrow$ V $(\begin{Bmatrix} NP \\ PP \end{Bmatrix})$

b.

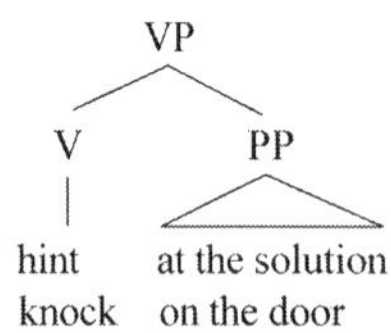

새로운 유형의 VP들과 거기에 따른 많은 가능한 문장을 수용하기 위한 수정형들이 제안됨에 따라 점차적으로 규칙이 복잡하게 변해간다는 것은 사실이다. 주어진 규칙의 복잡성은 이 규칙이 다루려고 다양한 구성 형상의

복잡성을 반영하는 것이기는 하지만, 우리는 여기서 더 이상 이러한 복잡한 규칙을 공식화해 나가는 작업은 피하고자 한다. 이 대신에, 우리는 현재 논의되는 예들과 유관한 규칙의 유형에만 관심을 국한할 것이다. 더 광범위한 자료들을 수용하기 위하여 주어진 규칙이 수정되어 (점차 더욱 복잡한 규칙으로 변해) 나갈 수 있다는 점이 이미 분명해졌으리라 믿는다.

아래 (35)와 (36)의 예문들은 동사의 규칙이 (37a)의 유형으로 수정되어야 하며, 아울러 그 구조가 (37b)에서와 같아야 함을 의미한다. (35)의 동사 *send*와 (36)의 동사 *give*는 2개의 보충어, 즉 NP와 PP를 그들의 보충어로 취하는 동사군에 속한다. 그러므로 이들 동사를 포함하는 VP는 V, NP, 그리고 PP로 이루어진다.

(35) a. The boy sent a letter to the girl.

b. *The boy* [$_{VP}$ [$_{V}$ *sent*] [$_{NP}$ *a letter*] [$_{PP}$ *to the girl*]]

(36) a. The girl gave a present to the boy.

b. *The girl* [$_{VP}$ [$_{V}$ *gave*] [$_{NP}$ *a present*] [$_{PP}$ *to the boy*]]

(37) a. VP → V NP PP

b.

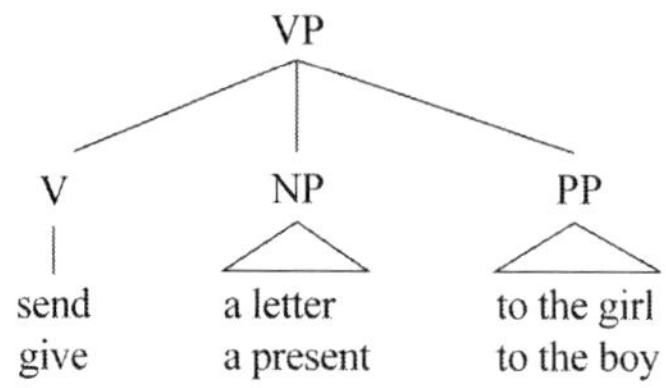

예문 (38)과 (39)는 (40a)의 규칙과 (40b)의 구조를 암시하고 있다. 동사 *say*와 *think*는 S를 그들의 보충어로 취하고 있는데, 이는 그들의 VP가 (40b)에서 보여주고 있는 형태를 취한다는 것을 암시한다. (38)와 (39) 예문에서의 보충어들이, (40b)에서 S 아래에 포함되는 바와 같이, 그 범주가 S라는 사실은 이들이 각자, *He would send a letter to the girl*과 *She would give a present to the boy*와 같이 완전한 하나의 문장으로서 홀로 나타날 수 있다는 사실에 의해 입증된다.

(38) a. The boy said he would send a letter to the girl.

b. *The boy* [$_{VP}$ *said* [$_{S}$ *he would send a letter to the girl*]]

(39) a. The girl thought she would give a present to the boy.

b. *The girl* [$_{VP}$ *thought* [$_{S}$ *she would give a present to the boy*]]

(40) a. VP → V S

b.

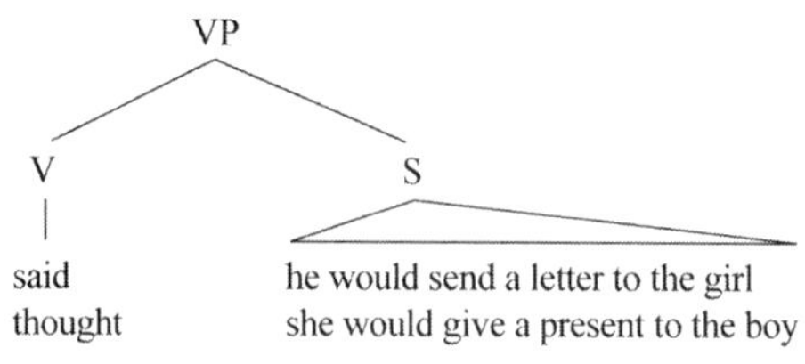

이제 (38)과 (39)의 예문을 그들과 상대되는 아래 (41)과 (42)의 예문과 비교해 보자. 이들 예문에 나타나는 유일한 차이점은 이들 예문에는 소위

보문소(Complementizer) COMP라 불리는 *that*라는 여분의 어휘가 하나 더 나타난다는 점이다. COMP는 동사의 S-보충어를 유도하는 기능을 가진다. 뒤에서 밝혀지겠지만, COMP는 S의 구성소가 아니라, 오히려 S′('에스-프라임'이 아니라 '에스-바'라 읽음)라 불리는 또다른 상위 범주의 구성소이다. S′는 (43a)의 규칙에 의해 생성되며, (43b)에서 표현되는 구조를 가진다.

(41) a. The boy said that he would send a letter to the girl.
b. *The boy said* [*that* [*he would send a letter to the girl*]]

(42) a. The girl thought that she would give a present to the boy.
b. *The girl thought* [*that* [*she would give a present to the boy*]]

(43) a. S′ → COMP S
b.

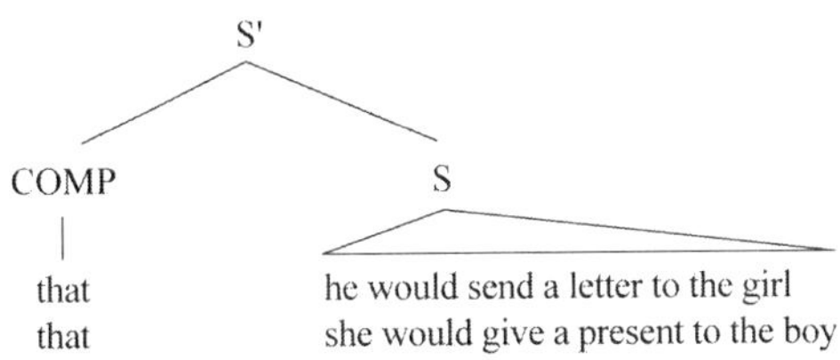

(43a)에 따르면 S도 역시 S′의 구성소이며, 그래서 (43b)에서 COMP의 자매관계로 나타난다는 것이다. 따라서, (41)과 (42)의 예문에서 VP는 (44b)에서 나타내는 구조를 가지며, 이는 (44a)의 규칙에 의해 생성된다.

(44) a. VP → V S′
b.

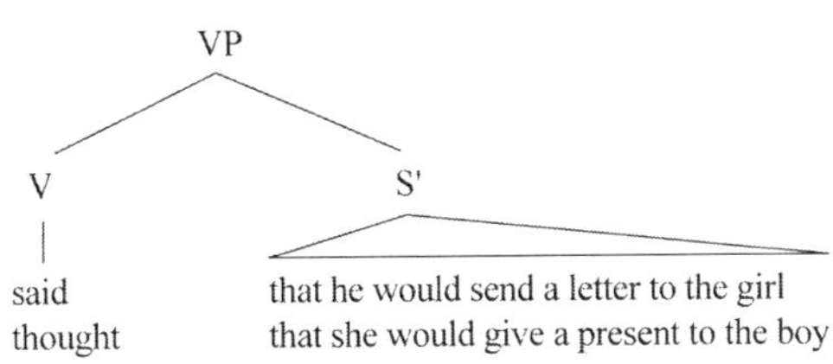

S′-보충어(의 내면 구조)는 S와 그것의 주요 구성소들을 생성하는 규칙들과 협력하여 (43a)의 규칙이 생성해 낸다. S′-보충어는 가끔 절 보충어(clausal Complement), 혹은 다른 대안으로 문장 보충어(sentential Complement)라 일컫는다. '절(clause)'이란 용어는 가끔 '문장'이란 말과 동의어로 사용되므로, 예문 (38), (39), (41) 그리고 (42) 등은 쌍절(bi- clausal)이라 말하는데, 이는 이들 예문들이 2개의 절로 이루어진다는 것을 의미한다. 보충어 절을 내포하는 더 큰 단위의 절(S)을 주절/모문절/뿌리절(main/matrix/root clause)이라 일컫고, 보충어 절을 종속절/내포절(subordinate/embedded clause)이라 일컫는다.

이 시점에서는, (38)과 (39)의 예문 속에 나타나는 동사의 보충어가 (41)과 (42)의 경우에서와는 다른 범주적 자격을 가지는 것처럼 보인다. 전자의 경우에는 그 보충어가 S이고, 후자의 경우에는 S′이다. 그러나, 이들 두 유형의 절 보충어 사이에 나타나는 연관성을 포착하는 대안의 방법이 있는데, 이 방법은 이들 둘 모두에게 동일한 범주적 자격을 부여하게 된다. (38)과 (39)의 예문에 나타나는 절 보충어도, 그것과 상대되는 (41)과 (42)의 경우와 마찬가지로 S′이며, 오직 다른 점은 COMP가 *that*라는 보문소로 채워지지 않고, 비어 있다(즉, 공범주(empty category) e가 나타난다)고 가정할 수 있다. 이러한 가정은 (45)로 표현된다.

(45)

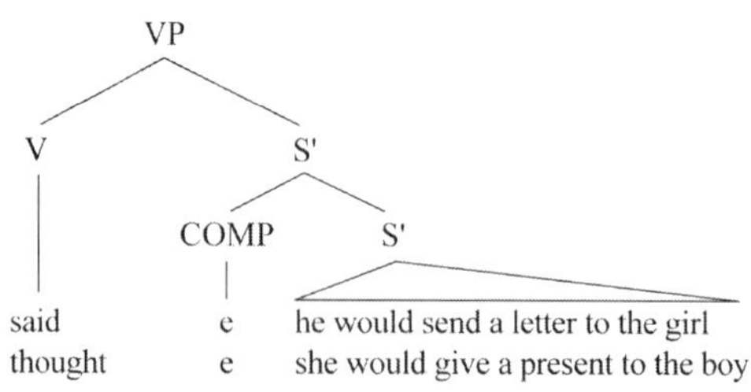

(45)에 나타나는 가설의 장점은 (44a)와 같은 하나의 동사구 규칙 유형만이 두 가지 유형의 예문을 설명하는 데 요구된다는 점이다. (40a) 유형의 규칙은 적어도 현재 논의되는 예문들에 관한 한 모두 필요 없게 된다. (45)

에 깔려 있는 가설은 경제성이란 측면에서 바람직하다. 즉, 이것은 규칙 하나를 없앨 수 있게 해준다. 하지만 모든 가설과 마찬가지로, 이것 역시 경험적으로 옳다는 것이 입증되어야 한다. 즉, 우리는 외면상 보문소를 포함하지 않는 문장도 COMP 절점을 갖는다는 사실을 보여주어야 한다. 아쉽게도, 관련되는 증거에 관한 논의는 제5장에서나 이루어질 것이다.

VP를 생성하는 규칙 (44a)는 순환규칙(recursive rule)의 좋은 예이다. 순환규칙은, 예컨대 *Mary thinks (that) Jane believes (that) John claims (that) Bill heard ... (that) the witness will not testify*와 같은 있을 수 있는 무한히 긴 문장을 생성하는 원어민의 능력을 기술하는 일을 담당하는 규칙으로 간주된다. 이와 같은 문장의 길이에 대한 제한은 기억력, 집중가능 시간 등등과 같은 언어 외적인 문제이다. 순환규칙은 인간언어가 '창조적(creative)'임을 나타내는 또 하나의 다른 측면이 된다. 화살표 오른쪽에 있는 S′를 반복적으로 생성하여 (44a)의 규칙은 VP를 재생성할 수 있는 도출을 이끌어 낼 수 있고, 이러한 도출은 다시 S′를 재생성할 수 있는 도출을 이끌어 낼 수 있으며, 이러한 과정이 계속 반복된다.

1.5 명사구

(46)의 예문을 기초로 위에서 설정한, NP를 생성하는 구구조규칙은 (47)에서와 같이 제시된다.

(46) a. This boy can solve the problem.

b. [$_{NP}$ [$_{Det}$ *This*] [$_{N}$ *boy*]] *can solve* [$_{NP}$ [$_{Det}$ *the*] [$_{N}$ *problem*]]

(47) NP → Det N

VP의 구성소 구조가 그것이 내포하는 동사의 유형에 의존하듯이, NP의 구성소 구조 역시 그것이 내포하는 명사의 유형에 의존하고 있다. (48)은 명사 *cancellation*이 PP 보충어를 취하고 있는데, 이는 그것을 포함하는 NP가 Det, N, 그리고 PP로 이루어진다는 것을 의미한다. 한편, (49)는 명사 *claim*이 S′-보충어를 갖는데, 이는 그것을 포함하는 NP가 Det, N, 그리고 S′로 이루어진다는 것을 의미한다.

(48) a. The cancellation of the party annoyed the boys.

b. [$_{\text{NP}}$ *The cancellation* [$_{\text{PP}}$ *of the party*]] *annoyed the boys*

(49) a. The girl resents the claim that she likes the boy.

b. *The girl resents* [$_{\text{PP}}$ *the claim* [$_{\text{S}'}$ *that she likes the boy*]]

첫 번째 NP는 (50b)에서 보여주는 구성소 구조를 가지며, 이 구조는 (50a)에서 제시되는 유형의 NP 규칙에 의해 생성되고, 두 번째 NP는 (51b)에서 보여주는 구성소 구조를 가지며, 이 구조는 (51a)에서 제시되는 유형의 NP 규칙에 의해 생성된다. 여기서는 자세히 다루지 않겠지만, 두 유형의 NP를 모두 생성하는 더 일반적인 규칙은 PP와 S′가 NP의 선택적 구성소라는 정보를 당연히 포함해야 할 것이다.

(50) a. NP → Det N PP

b.

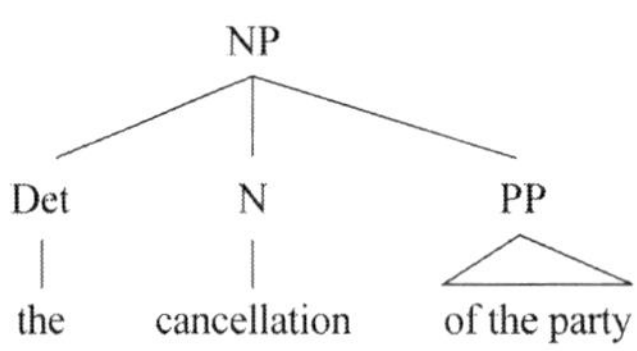

(51) a. NP → Det N S′

b.

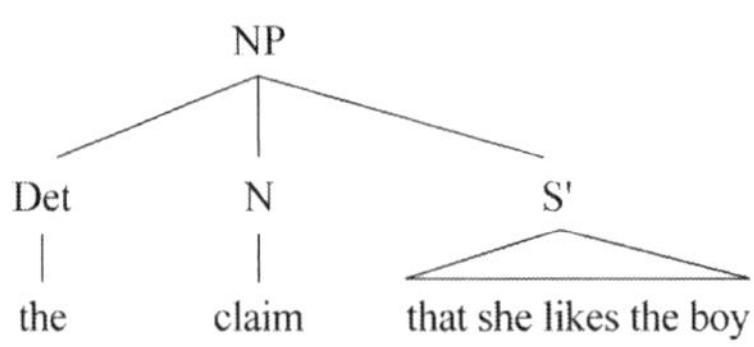

예문 (52)와 (53)은 명사 앞에 나타나는 범주 Det의 출현도 역시 선택적인 것으로 처리해야 한다는 것을 말해준다. (52)와 (53)은 Det와 N으로 이루어지는 NP들, 즉 *the film*과 *the boy*와, 명사 하나만으로 이루어지는 NP들, 즉 *Mary*와 *bananas*를 포함하고 있다. 두 유형의 NP들은 모두 아래 규칙 (54a)에 의해 생성된다. (54b)는 명사 하나만으로 이루어지는 NP들의 구조이다. 한정사(determiner)가 NP 속에 나타나는지는 역시 내포된 명사에 달렸지만, 한정사는 명사의 보충어는 아니다. 영어에서, *Mary*와 같은 명사들, 이름들은 한정사를 허용하지 않으나, 반면에 *boy*와 *cancellation*과 같은 명사들은 한정사가 필요하다. :

(52) a. Mary likes the film.

b. [NP *Mary*] *likes* [NP *the film*]

(53) a. The boy likes bananas.

b. [NP *The boy*] *likes* [NP *bananas*]

(54) a. NP → (Det) N

b.
```
NP
 |
 N
 |
Mary
bananas
```

한정사뿐만 아니라 완전한 NP들까지도 역시 NP 속에서 명사 앞에 나타날 수 있다. 이러한 사실은 예문 (55)와 (56)에서 잘 나타난다. 이들 예문에 나타나는 관련 NP들은 (57b)에서 보이는 구조를 가지며, 이 구조는 (57a)의 규칙에 의해 생성된다.

(55) a. John's cancellation of the party annoyed the boys.

b. [[$_{\text{NP}}$ *John's*] *cancellation of the party*] *annoyed the boys*

(56) a. The girl resents the boy's behaviour.

b. *The girl resents* [$_{\text{NP}}$ [$_{\text{NP}}$ *the boy's*] *behaviour*]

(57) a. NP → NP N...

b.

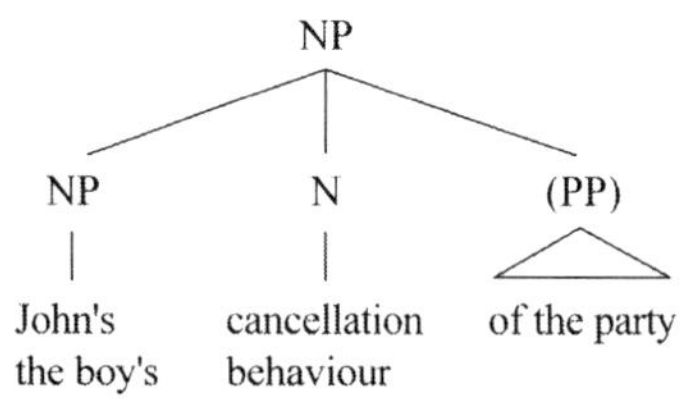

(55)와 (56)에 나타나는 전명사 NP(pre-nominal NP)들은, (58)과 (59)에서 나타나는 바와 같이, 한정사와 상보적 분포(함께 나타날 수 없음)관계에 있다. NP를 생성하는 규칙에는 이러한 제약이 고려되어야 할 것이다. 이러한 조치는 곡선의 대괄호 속에 Det와 NP를 포함하여 취할 수 있다. 곡선의 대괄호는 동시 출현(co-occurrence)을 배제하는 표기 방식이다. 이러한 공식은 (58)과 (59)에서 예시하는 유형의 비문법적인 NP들을 제거하게 해준다.

(58) a. *John's the cancellation of the party annoyed the boys.

b. *[$_{\text{NP}}$ [$_{\text{NP}}$ *John's*] [$_{\text{Det}}$ *the*] *cancellation of the party*]…

(59) a. *The girl resents the boy's the behaviour.

b. *...[$_{\text{NP}}$ [$_{\text{NP}}$ *the boy's*] [$_{\text{Det}}$ *the*] *behaviour*]

(60) a. $\text{NP} \rightarrow \left\{ \begin{matrix} \text{NP} \\ \text{Det} \end{matrix} \right\} \text{N} \cdots$

1.6 형용사와 부사

형용사(A)와 형용사구(AP)는 전형적으로 (61)과 (62) 예문들에서 지시되는 위치에 나타난다:

(61) a. The boy is tall.

b. *The boy* [VP *is* [AP *tall*]]

(62) a. The tall boy likes the girl.

b. [NP *The* [AP *tall*] *boy*] *likes the girl*

(61)에서 AP는 동사 *is*와 함께 VP의 한 구성소로 나타난다. 이러한 특정 문맥 속에 나타나는 형용사구를 서술적(predicative) 기능이 있다고 하는데, 그 이유는 본 장의 아래에서 설명할 것이다. (62)에서는 AP가 그것이 수식하는 명사와 그리고 한정사와 함께 NP의 한 구성소로 나타난다. 이러한 문맥 속에 나타나는 AP를 그것이 수식하는 명사의 속성(attribute)을 나타낸다는 의미에서, 한정적(attributive) 기능이 있다고 말한다.

동사와 명사의 경우와 같이, 형용사는 보충어를 갖는 경우도 있지만, 보충어를 갖지 않기도 한다. 예를 들어, *tall*이라는 형용사는 보충어를 취하지 않지만, *suspicious*라는 형용사는 (64)에서처럼 PP를 보충어로 취한다. 하지만, 보충어의 출현은 선택적이다. 이러한 사실은 형용사의 보충어가 설정되지 않는 (63)의 예문에서 확인된다.

(63) a. The suspicious girl is Mary.

b. *The* [AP *suspicious*] *girl is Mary.*

(64) a. The girl is suspicious of the boy.

b. *The girl is* [AP *suspicious* [PP *of the boy*]]

AP를 생성하는 구구조규칙이 (65a)에서처럼 나타나는데, 여기서 PP는 선택적인 구성소이다. (65b)와 (65c)는 이 규칙이 암시하는 두 가지 구조이다.

(65) a. AP → A (PP)

b. 

c. 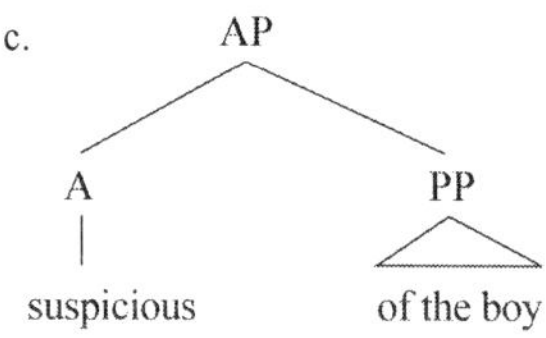

AP를 생성하는 규칙을 설정했으므로, 우리는 이제 위의 예문 (61-65)에서 AP를 포함하는 구범주를 생성하는 규칙에 관심을 돌려야 한다. (61)과 (64)에서 VP를 생성하는 규칙은 (66a)에서 보이는 형태를 취하며, (61)과 (62)에서 NP를 생성하는 규칙은 (67a)에서 보이는 형태를 취한다. (66b)와 (67b)는 이들 규칙이 암시하는 구조이다:

(66) a. VP → V AP

b. 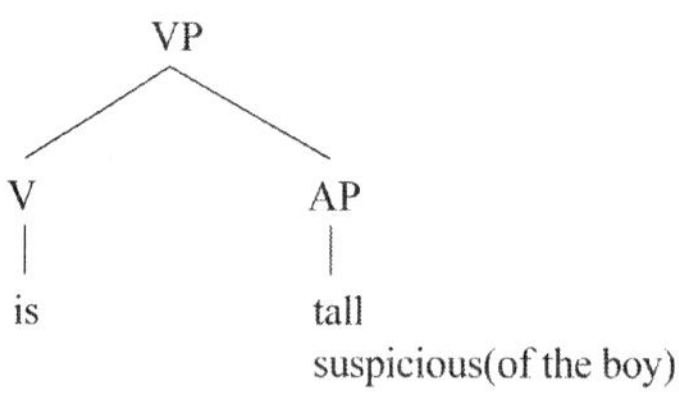

(67) a. NP → Det AP N

b. 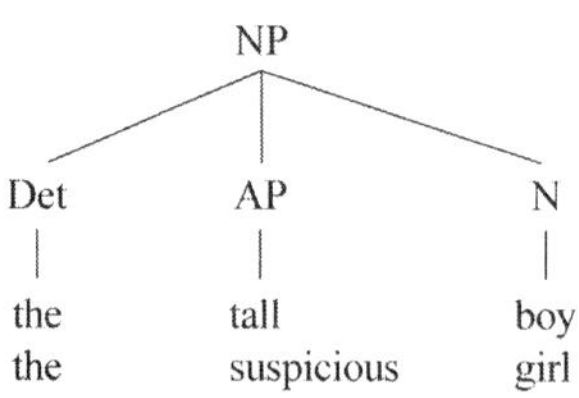

이제 부사(ADV)의 문제로 돌아가면, 부사는 전형적으로 그들이 수식하는 범주에 따라 적어도 3가지 주요 위치에 나타난다:

(68) a. John quickly fixed the car.
b. John fixed the car quickly.

(69) a. evidently, John fixed the car.
b. John fixed the car, evidently.

(68a, b)에서 부사 *quickly*는 *John*이 차를 수리한 양태를 언급하고 있다. 따라서, *quickly*를 *cleverly, clumsily, deftly* 등을 포함하는 또 다른 부사군과 함께 양태 부사(manner adverb)라고 부른다. 양태 부사는 동사(와 그것의 보충어)를 수식하기 때문에 구조적으로는 VP의 구성소로 나타난다. 이러한 이유에서 양태 부사는 다른 부사들과 함께 가끔 동사구 부사(VP-adverb)라 불린다. 양태 부사가 VP의 구성소라는 가정은 (70)에서 나타나는 바와 같이 이들 부사가 VP의 구성소들과 함께 전위될 수 있다는 사실에 의해 확고히 입증된다:

(70) a. Fix the car quickly, I wonder whether John will.
b. [$_{VP}$ *Fix the car quickly*] I *wonder whether John will* [___]

(71) a. VP → (ADV) V (NP) (ADV)

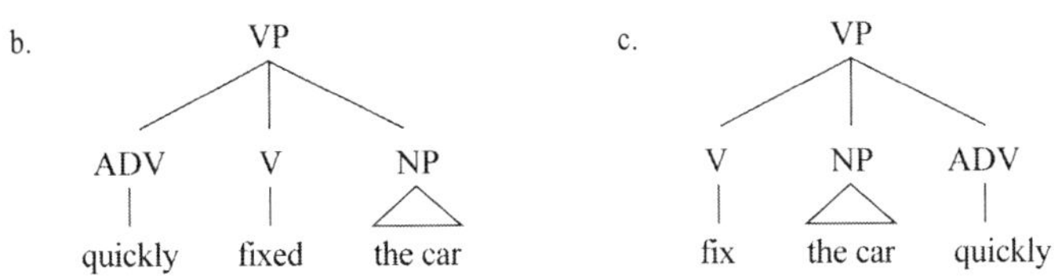

양태 부사는, VP의 다른 구성소들과 관련되는 그들의 위치에 따라서, VP

의 규칙 (71a)에 의해 생성된다. (71b)는 (68a)에 나타나는 VP의 구조인데 여기서는 부사가 동사 바로 앞에 나타나며, (71c)는 (68b)의 VP의 구조인데 여기서는 부사가 마지막 위치에 나타난다.

또 다른 한편으로, (69a와 b)에 나타나는 *evidently*는 *John*이 정말로 차를 수리했다는 것을 제안하는 상황을 언급하고 있다. 이러한 경우에 부사는 문장의 특정 구성소가 아니라 오히려 문장 전체를 수식한다고 말한다. 이러한 이유에서, *evidently*는 *presumably, ironically, probably*와 같은 다른 부사들과 함께 문장 부사(S(entence)-adverb)로 분류된다. S의 구성소로서, 문장 부사는 (72a)에 제시되는 S를 확장하는 규칙에 의해 생성된다. (72b)는 예문 (69a)의 구조인데, 여기서는 문장 부사가 문두에 나타나고, (72c)는 예문 (69b)의 구조인데, 여기서는 문장 부사가 문미에 나타나고 있다.

(72) a. S → (ADV) NP Aux VP (ADV)

b.

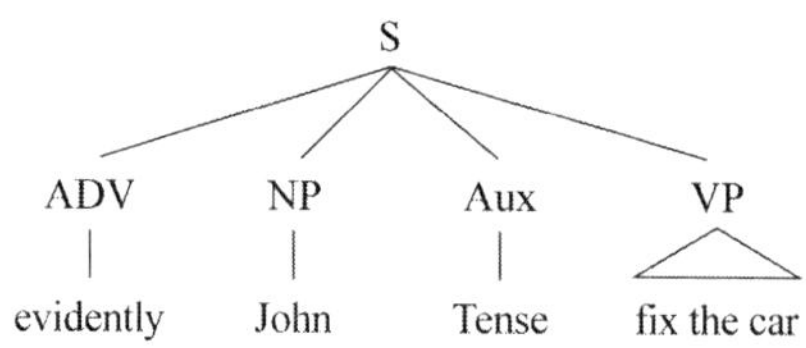

c.

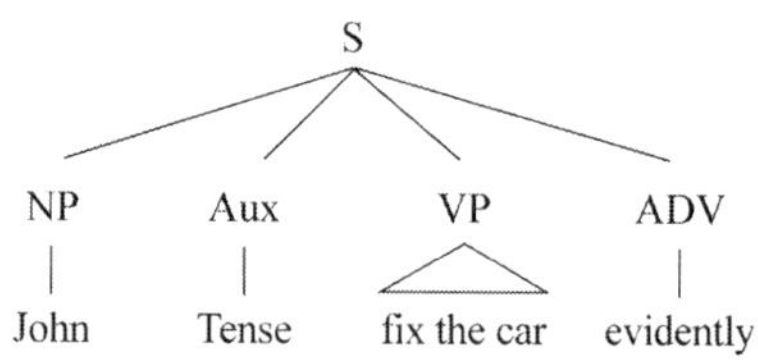

지금까지 논의한 부사들은 일반적으로 종속 형태소(bound morpheme) (즉, 접미사(suffix)) *-ly*을 가졌고, 따라서 이들 부사가 가끔 '*ly*-부사(*ly*- adverb)' 라 불리는 사실이 여기에서 기인한다. 그러나 (73)과 (74)에서 *hard*와 *fast* 등과 같이, 접미사 *-ly*를 가지지 않는 부사들도 있다. *quickly*와 마찬가지로 이들 부사들도 동사가 나타내는 사건이 야기되는 양태를 기술한다는 점에서 역시 양태 부사이다. 이런 사실만으로도 이들은 VP의 구성소이다.

(73) a. John hit the nail hard.

b. *John* [$_{VP}$ *hit the nail hard*]

(74) a. Mary ran fast.

b. *Mary* [$_{VP}$ *ran fast*]

끝으로, 위에서 논의한 부사 이외에도 언어학자들은 '부사적 기능(adverbial function)'을 갖는 다른 범주에 대해서도 언급한다. 이들 부사적 기능 중 가장 현저한 실례는 장소와 시간에 관련된 것들이다. 아래 예문 (75)와 (76)에서 각괄호 안의 구성소들이, 비록 범주상으로는 (75a와 b)에서는 PP이고 (76a와 b)에서는 S'이지만, '부사적 기능'을 갖다고 할 수 있다.

(75) a. *John fixed the car* [$_{PP}$ *in the garage*]

b. *John fixed the car* [$_{PP}$ *in the morning*]

(76) a. *John fixed the car* [$_{S'}$ *where Bill had left it*]

b. *John fixed the car* [$_{S'}$ *when Bill was still sleeping*]

장소와 시간의 부사적 기능을 갖는 범주가 S의 구성소인지 VP의 구성소인지의 문제는 난해한 문제이므로, 본 절에서는 이 문제를 언급하지 않으려고 한다. 그러나 독자들이 스스로 이 문제를 해결하기 위해 적절한 구성성분 점검방법을 적용해 보는 것은 반대할 일이 아니다.

1.7 접속구조

등위접속(co-ordination)이란 *and*를 사용하여 두 범주를 함께 연결하는 장치로서, 접속되는 두 범주와 동일한 유형의 복합범주를 형성한다. 예컨대, (77a)의 두 NP, the boy와 the girl이 등위접속되어 (77c)에서 제시되는 등위접속 구조를 갖는 복합 명사구를 형형하고 있다.

(77) a. The boy and the girl solved the problem.

b. [$_{NP}$ [$_{NP}$ *the boy*] *and* [$_{NP}$ *the girl*]] *solved the problem*

c.

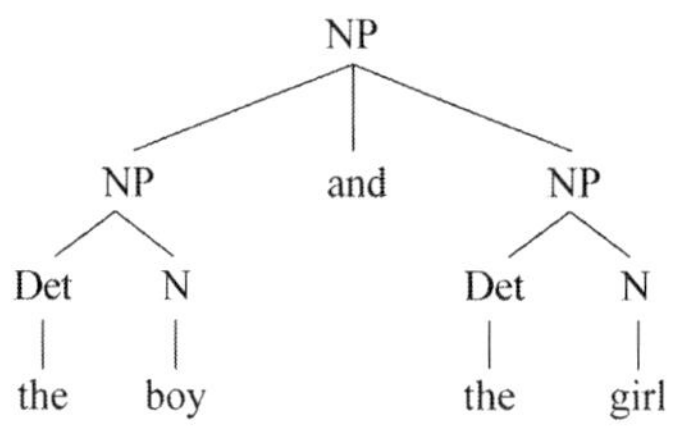

어떠한 범주도 원리적으로 동일 유형의 다른 범주와 등위접속되어 동일 유형의 등위접속된 범주를 생성할 수 있다. NP, VP, 그리고 Aux를 포함하여 등위접속의 많은 사례가 본 장 1.1절에서 인용되었다. 예컨대, (78)은 PP 두 개가 등위접속된 경우를 포함하고 있다:

(78) a. Mary knocked on the door and on the window.

b. *Mary knocked* [$_{PP}$ [$_{PP}$ *on the door*] *and* [$_{PP}$ *on the window*]]

c.

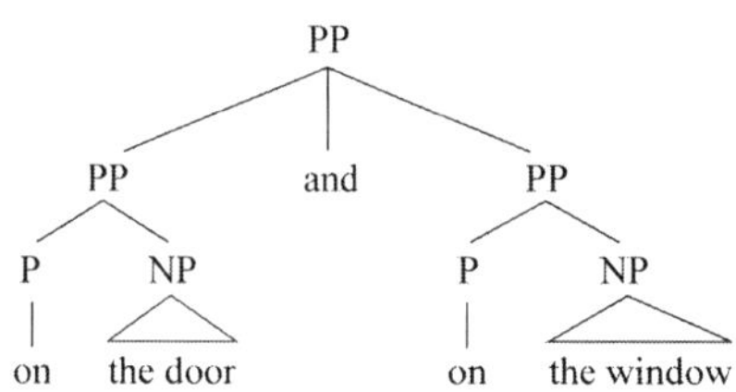

(79)는 두 개의 VP가 등위접속된 경우를 포함하고 있다:

(79) a. Mary opened the door and closed the window.

b. *Mary* [VP [VP *opened the door*] and [VP *closed the window*]]

(80)은 두 개의 부사구가 등위접속된 경우를 포함하고 있다:

(80) a. John resigned quickly and quitely.

b. *John resigned* [ADV [ADV *quickly*] *and* [ADV *quitely*]]

모든 구구조가 구구조규칙에 의해 생성되고, 또한 어떠한 범주도 동일 유형의 다른 범주와 등위접속될 수 있기 때문에, 각 범주에 대한 등위접속 규칙이 존재해야 한다. 하지만, 각 범주에 대한 관련 구구조규칙을 설정하기보다는, (81)과 같이 보다 일반적이고 추상적인 규칙을 사용할 수 있다. 이 규칙에서 X는 모든 범주를 대신한다.

(81) XP → XP and XP

주지해야 할 것은 (81)에서 X는 화살표 양쪽에서 모두 동일한 유형의 범주인 것으로 해석되어야 한다는 것이다. 그 이유는 등위접속은 오직 동일 유형의 범주만을 포함할 수 있기 때문이다. 한 NP는 오직 다른 NP와만 등위접속될 수 있고, 또한 VP는 오직 다른 VP와만 등위접속될 수 있다는 것 등등이다. 서로 다른 유형의 두 범주가 등위접속될 수 없다는 사실이 NP와 PP의 등위접속을 포함하는 (82)의 예문에 나타난다:

(82) a. *Mary plays the piano and at home.

b. *Mary plays* [NP *the piano*] *and* [PP *at home*]

1.8 문법적 기능과 관계

'주어'와 '목적어' 등의 용어는 범주의 문법적 기능(grammatical function)을 지칭하는 말이다. 이들 용어는 범주 표찰이 아니므로, NP, VP 혹은 V 등의 범주 표찰과 혼동해서는 안 된다. 예컨대, (83)에서 *the boy*는 주어의 문법적 기능을 갖는 NP 범주이고, 그리고 *the ball*은 목적어의 문법적 기능을 갖는 또 다른 NP 범주이다.

(83) a. The boy will kick the ball.

b.

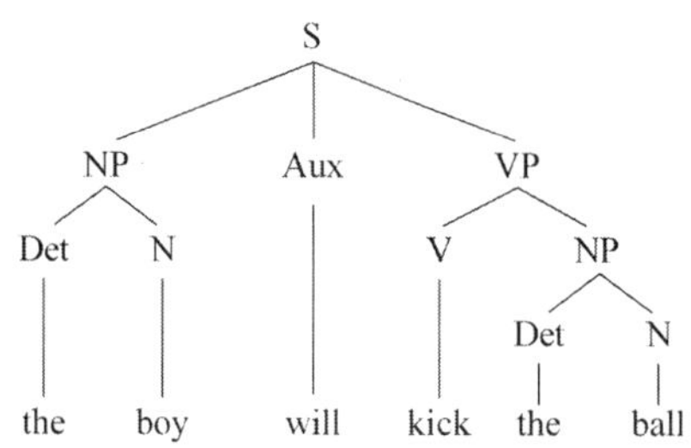

더욱이, '주어'와 '목적어'의 문법적 기능들은 구조적으로 결정된다: 즉, 주어는 'S의 NP 여절점(NP-daughter-of-S)'이며, 목적어는 'VP의 NP 여절점(VP-daughter-of-S)'이다. 그래서 (83)에서 *the boy*는 'S의 NP 여절점'이라는 점에서 주어가 되며, *the ball*은 'VP의 NP 여절점'이라는 점에서 목적어가 된다.

'주어'와 '목적어' 같은 문법적 기능들은 역시 관계를 나타내는(relational) 말이라고도 할 수 있고, 그래서 문법적 관계(grammatical relations)라는 표현이 '문법적 기능'과 동의어로 자주 사용되기도 한다. (83)에서 *the boy*라는 NP는 문장의 주어, 즉 문장과의 관계에서 주어가 된다. 한편 *the ball*이라는 NP는 동사의 목적어, 즉 동사와의 관계에서 목적어가 된다. 문법적 기능이 갖는 관계속성은 다음 (84)와 같은 공식으로 표현될 수 있다.

(84) a. 문장의 주어: [NP, S]
b. 동사의 목적어: [NP, VP]
c. 문장의 술어: [VP, S]

'술어(predicate)'란 역시 관계를 나타내는 속성을 갖는 또 다른 문법적 기능이다. 문장의 술어란 일반적으로 동사와 그것의 보충어를 포함하는 범주들의 연결체, 즉 VP의 절점에 포함되는 일련의 범주들을 말한다. 예컨대, 위의 (83)에서 술어는 *kick the ball*이다. 이런 의미에서 앞서 논의한 문장 *The boy is tall*에서 AP를 '술어적(predicative)'이라고 말했다.

문법적 기능을 결정짓는 구조적 관계는 구구조규칙 속에 나타난다. 예를 들면, '주어'라는 문법적 관계를 결정짓는 'S의 NP 여절점'의 구조적 관계는 S를 확장하는 구구조규칙(S→NP Aux VP) 속에 나타난다. 한편, '목적어'라는 문법적 관계를 결정짓는 'VP의 NP 여절점'의 구조적 관계는 VP를 확장하는 구구조규칙(VP→V NP) 속에 나타난다. 그래서 구구조규칙은 구범주의 내면 구조와 그들 구성소 간의 선형 순서뿐만 아니라 여기에 더해 범주들의 문법적 기능까지도 구체적으로 묘사하는 것이다.

마지막으로 언급해 두려는 바는 '선행하다(precede)'와 '수행하다(follow)'와 같은 선형상의 순서를 기초한 개념들은 범주들의 문법적 기능을 결정짓는데 아무런 역할도 하지 않는다는 사실이다. 그래서 비록 지금까지 논의해 온 유형의 문장들에 비추어 보면 기술상으로는 그 말들이 틀리지 않더라도, '주어'란 '동사'를 선행하는 NP로 정의될 수 없고, '목적어'란 동사를 수행하는 NP로 정의될 수 없다. 특정 유형의 영어 문장에서 주어가 동사를 선행하고 목적어가 동사를 수행하는 사실은 구구조규칙에 의해 생성되는 구조의 기하학적인 양상에서 나오는 한 가지 부산물일 뿐이다.

2. 어휘부

2.1 어휘부의 필요성

위에서 논의한 구구조규칙의 문법체제가 수많은 문장을 생성하더라도, 그것은 역시 많은 비문법적인 문장도 생성하게 된다. 본 항에서 우리는 이러한 문법체제가 과잉생성(over-generation)을 유발한다고 말하는 두 가지 주요한 측면에 대해 논의해 보고자 하며, 그뒤 최소한 어떤 유형들의 비문법적인 문장을 제거하기 위해 그 문법체제를 제약할 수 있는 몇 가지 가능한 방법을 모색해 보고자 한다.

문법체제가 과잉생성을 유발한다는 것을 보여주는 한 가지 측면은 (3)과 비교되는 (1)과 (2)와 같은 비문법적인 문장과 관련이 있다.

(1) a. *The boy relied.

  b. **The boy* [$_{VP}$ *relied*]

(2) a. *The boy relied the girl.

  b. **The boy* [$_{VP}$ *relied* [$_{NP}$ *the girl*]]

(3) a. The boy relied on the girl.

  b. *The boy* [$_{VP}$ *relied* [$_{PP}$ *on the girl*]]

(1)은 동사가 요구하는 보충어가 없으므로 제거된다. (2)는 동사의 보충어가 나타나지만 그것이 동사 *rely*가 요구하는 유형의 보충어가 아니기 때문에 제거된다. 후자의 경우 요구되는 보충어는, (3)에서 보여 주는 바와 같이, PP 보충어이다.

(1)과 (2)는 제거되지만, 이들은 둘 다 위에서 논의해 온 구구조규칙의 체제에 의해 아래 (4)와 (5)에서 보여주는 바와 같이 생성된다.

(4) a. S → NP AUX VP

b. VP → V (NP) (PP)

c. NP → D N

d. V → *rely*

e. D → *the*

f. N → *boy, girl*

(5) a. [$_S$ [$_{NP}$ [$_D$ *the*] [$_N$ *boy*]] [$_{AUX}$ Tense] [$_{VP}$ [$_V$ *relied*]]]

b. [$_S$ [$_{NP}$ [$_D$ *the*] [$_N$ *boy*]] [$_{AUX}$ Tense] [$_{VP}$ [$_V$ *relied*] [$_{NP}$ [$_D$ *the*] [$_N$ *boy*]]]]

(5a)는 예문 (1)의 구조로서, (4)에 제시되는 일련의 규칙에 의해 생성된다. (5b)는 예문 (2)의 구조로서, 역시 동일한 일련의 규칙에 의해 생성된다. 주지할 바는 NP 유형의 보충어를 갖느냐 갖지 않느냐의 선택은 둘다 (4b)의 규칙에 의해 허용된다는 것이다.

문법체제가 과잉생성을 유발한다고 말할 수 있는 또 다른 측면은 (6)에 제시되는 예문과 같은 문장과 관련이 있는데, 이들 예문은 문법적으로는 온전하지만, 어색한 의미를 갖는다.[1)]

(6) a. !The boy frightens sincerity.

b. !Sincerity kicked the boy.

(6a와 b)의 어색함은 이들의 의미가 우리가 실제 세상에서 예상할 수 있는 바와 모순된다는 사실에 기인한다. 세상에 대한 우리의 지식에 비추어 보면, '성실(sincerity)'과 같은 추상적인 개념이 놀라거나 '차(kicking)'는 행위를 수행한다고 예상하기 어렵다. 분명히, (6a와 b)는 (예를 들어, 어린이의 동화 속에서 찾아볼 수 있는 유형의) 상상의 세계에서나 해석될 수 있겠지

---

1) 예문 앞의 표기부호 !는 의미의 어색함(absurdity)을 나타내는 부호로 사용되는데, 이는 '비문법성(ungrammaticality)'과는 상이한 개념으로 이해된다.

만, 이것이 실제 세상의 문맥 속에서 이들 문장이 어색한 해석을 갖는 사실을 변화시키지는 않는다. (6a와 b)는 (7a-f)에 제시되는 일련의 규칙에 의해 생성되며, (8)과 (9)에서 보여주는 구조를 갖는다.

(7) a. S → NP AUX VP
 b. VP → V (NP) (PP)
 c. NP → D N
 d. V → *frighten, kick*
 e. D → *the*
 f. N → *boy, sincerity, girl*

(8) a. !The boy frightened sincerity.
 b. [S [NP [D *the*] [N *boy*]] [AUX Tense] [VP [V *frightened*] [NP *sincerity*]]]

(9) a. !Sincerity kicked the boy.
 b. [S [NP [N *sincerity*]] [AUX Tense] [VP [V *kicked*] [NP [D *the*] [N *boy*]]]]

(1)과 (2)의 예문이 제거되는 이유와 (6a와 b)가 어색한 어미를 갖는 이유는 모두 개별 어휘항목의 특성, 특히 동사의 특성과 관련 있다. (1)과 (2)는 동사 *rely*가 PP 유형의 보충어를 요구한다는 사실과 모순되기 때문에 제거된다. 한편, (6a와 b)는 동사 *frighten*과 *kick*이 특정 위치에 나타나는 추상명사와 연관될 수 없다는 사실과 모순되기 때문에 어색하다. 이것은 문제의 예문들을 제거하기 위해 요구되는 수정 작업이 구범주를 생성하는 구구조규칙에 영향을 미치지 않지만, 개별 어휘항목을 생성하는 규칙, 즉 종단범주를 적절한 어휘항목으로 다시쓰기를 하는 규칙에 영향을 준다. 즉, 위의 (7d-f)와 같은 구구조규칙들은 제거되고 대신에 이들의 기능과 정보를 포함할 뿐만 아니라 위에서 살펴본 과잉생성을 막을 새로운 문법적 장치가 요구되는데, 바로 이 문법의 부문이 어휘부인 것이다.

2.2 하위범주화제약

동사는 그들이 보충어를 요구하느냐, 만약 요구한다면 어떤 유형의 보충어를 요구하느냐 등등에 따라 다양한 집단으로 하위범주화된다고 한다. 예를 들어, *kick*은 타동사, 즉 NP 보충어를 요구하는 동사의 집단에 속한다. 반면에, sit는 자동사(intransitive), 즉 NP 보충어를 요구하지 않는 동사의 집단에 속한다. 또 다른 집단에는 PP 보충어를 요구하는 동사, 예컨대 *rely*를 포함하는 집단, NP와 PP 보충어를 모두 요구하는 동사, 예컨대 *put*를 포함하는 집단, 또는 S′-보충어를 요구하는 동사, 예컨대 *think*를 포함하는 집단 등등이 있다.

동사의 하위범주화특성은 (10)에서 보여 주는 바와 같은, 소위 하위범주화격자(subcategory frame)라 불리는 격자(frame)를 통해 형식적으로 표현될 수 있다.

(10) a. *kick*: [V; ___ NP]
 b. *sit*: [V; ___]
 c. *rely*: [V; ___ PP]
 d. *put*: [V; ___ NP PP]
 e. *think*: [V; ___ S′]

하위범주화격자는 어휘항목 ((10)의 동사)의 범주가 나타나는 환경을 구체적으로 나타낸다. 예를 들어, (10a)는 *kick*이 동사라는 것과, 그것이 NP 유형의 보충어를 요구한다는 정보를 명시하고 있다. 이러한 정보는 V인 *kick*이 NP를 그의 자매로 가지는 VP 구조 내에서 V 절점 하에 삽입되어야 한다는 것을 의미한다. 하위범주화격자가 개별 어휘항목의 특성과 관련되는 정보를 구체적으로 기술하는 것이라면, 이들은 어휘항목을 기술하는 어휘기재 속에서 포함되어야 할 것이다. 그렇게 하여 어휘항목의 적절한 사용을 위해 필수적인 어휘항목의 하위범주화특성에 관한 정보가 어휘기재에 포함되며, 이 정보는 기존의 어휘정보에 첨가되는 새로운 유형의 어휘정보가 된다. 이러한 하위범주화격자는 명사·형용사·전치사 등의 다른 범주들에도 존재한다. 여기서 동사의 예만 사용하고 있는 것은 단지 설명을 위한 목적 때문이다.

하위범주화격자들은 종단범주를 특정 어휘항목으로 확장하는 '다시쓰기' 과정을 어휘항목의 하위범주화특성에 민감하게 만들 일반적 하위범주화규칙(subcategorization rule)을 설정할 수 있는 기반을 제공한다. 다시 말하면, 이 규칙은 종단절점을 어휘항목으로 다시 쓸 때 그 어휘항목의 하위범주화격자에 맞추어 다시쓰기를 할 수 있다. 이러한 규칙을 적용하면, 결과적으로 주어진 어휘가 언제나 그것의 하위범주화 요구에 일치하는 구구조에만 삽입될 수 있다. 이 규칙은 (11)과 같은 공식으로 표현될 수 있다.

$$
\text{(11)}\quad V \rightarrow Y / \left\{ \begin{array}{l} [\_\_\ NP] \\ [\_\_\ ] \\ [\_\_\ PP] \\ [\_\_\ NP\ PP] \\ [\_\_\ S'] \\ \quad \ldots \end{array} \right\}
$$

(11)은 변항기호 Y로 나타나는 주어진 어휘가 삽입될 수 있는 다양한 환경을 기술하고 있다. 어느 격자가 선택될 것인가는 변항을 대체하는 동사의 하위범주화특성에 달려 있다. 예컨대, 만약 동사가 *rely*이라면 선택되는 하위범주화격자는 [______ PP]가 될 것이고, 만약 그 동사가 *think*라면, 선택되는 하위범주화격자는 [______ S']가 될 것이고, 기타 등등도 마찬가지다.

(11)을 문법규칙의 체제 내에 포함시키면, 동사가 부적절한 격자와 연관되어 있는 (1)이나 (2)와 같은 비문법적인 문장들을 제거할 수 있다. 동사의 하위범주화특성에 기초하여 하위범주화격자가 선택되기 때문에, 동사는 (11)에서 언급하는 일련의 격자 중에서 적절한 격자를 선택하게 된다. 이제 수정된 문법체제 내에서 (12)의 문장은 (13a-g)에 제시되는 일련의 규칙들에

의해 생성된다.

(12) The boy relied on the girl

(13) a. S → NP AUX VP
b. VP → V (NP) (PP) (S′) …
c. NP → D N
d. V → *rely* /[___ PP]
e. P → *on* / [___ NP]
f. D → *the*
g. N → *boy, girl*

동사와 관계되는 규칙 (13d)와 전치사와 관계되는 규칙 (13e)는 더욱 일반적인 규칙인 (11)에서 기술되는 가능성 중에서 두 가지를 실현한 것이다. (13d)는 그것이 생성하는 동사의 격자를 구체적으로 기술하기 때문에 그 동사가 이러한 격자와 연관되어 있음이 보장되고, 따라서 (1)과 (2)에서와 같은 비문법적인 문장이 제거될 수 있다.

(13d)와 (13e) 등으로 실현되는 규칙 (11)은 주어진 범주가 나타날 수 있는 문맥을 구체적으로 묘사한다는 점에서 문맥-민감(context-sensitive) 규칙이다. 반면에, (13a-c)의 규칙은 이러한 문맥을 기술하지 않기 때문에 문맥-자유(context-free) 규칙이다. 문맥-자유 규칙은 단순히 주어진 구범주가 포함할 수 있는 구성소들만을 나타낸다.

2.3 선택제약

이제 (6a와 b)로 돌아가서, 이들 문장 역시 어떻게 제거될 수 있는지 살펴보자. 이들이 안고 있는 문제도 마찬가지로 (어느 동사가 어느 명사와 짝지워지는가 하는) 문맥정보와 관계되므로, 이들이 제기하는 문제에 대한 해결책도 역시 '문맥-민감' 규칙을 포함할 것이다. 위에서 지적한 대로 아래 (14a와 b)로 다시 제시되는 예문 (6a와 b)의 어색한 속성은 동사 *frighten*과 *kick*이 부적절하게 추상 명사와 짝지워져 있다는 사실과 관련 있어 보인다. 이들 예문이 제기하는 문제의 해결책은 여타 동사들 중에서도 *frighten*과 *kick*은 특정의 위치에 나타나는 추상 명사와 연관되지 않는다는 사실을 보장해야 한다. 좀 더 일반적으로 말하면, 문법체제가 오직 적합한 특성을 갖는 명사만이 주어진 문맥 속에서 주어진 동사와 연관있다는 사실을 보장해주는 장치를 포함해야 한다는 것이다.

(14) a. !The boy frightens sincerity.

b. !Sincerity kicked the boy.

여러 다른 자질 중에서 [+/- abstract], [+/- animate]와 같은 자질이 본질적이며 특유한 명사의 특성이 된다. 그러므로 하위범주화특성과 같이 이들도 명사의 어휘기재에 구체적으로 명시해야 한다. 예컨대, *sincerity*의 어휘기재는 여타 특성들 중에서 [+ abstract]라는 특성을 포함하며, *boy*의 어휘기재는 여타 특성들 중에서 [+ animate]라는 특성을 포함한다. 이러한 유형의 어휘정보는 주어진 동사가 나타날 수 있는 문맥을 구체적으로 기술하는 (15)의 유형과 같은 '다시쓰기' 규칙을 설정하는데 활용될 수 있다. (15i)는 주어의 위치를 지시하고, (15ii)는 목적어위치를 지시하고 있다:

$$(15)\ [V] \rightarrow Y/ \left\{ \begin{array}{l} (\text{i})\ [+/-\ \text{abstract}]\ \text{AUX}\ \_\_ \\ (\text{ii})\ \_\_\ [+/-\ \text{animate}] \end{array} \right\}$$

(15)는 아마도 다른 범주의 경우에서도 마찬가지지만, 동사와 연관되는 특정의 선택제약을 구체적으로 기술한다는 점에서 선택규칙(selectional rule)이라 한다. (15)는 규칙이 취할 수 있는 유형에 관한 예를 단순히 보여주는 것이므로, 모든 가능한 결합을 모두 설명하는 규칙은 (15)보다 훨씬 더 복잡

한 형태를 취할 것은 분명하다.

동사 *frighten*에 관해서는, 그 관련 선택 규칙이 (16)에 제시되는 바와 같은 유형이 될 것이다. 동사 *frighten*은 *The girl frightened the boy*에서와 같이 비추상적(non-abstract) 주어를 취할 수 도 있고, 혹은 *Sincerity frightens the boy*에서와 같이 추상적(abstract) 주어를 취할 수도 있다. 그러나 이 동사는 *The girl frightened the boy*에서와 같이 목적어로는 오직 유생적(animate) 목적어만을 취할 수 있다. 결과적으로, 위의 예문 (14a)는 동사 *frighten*의 선택제약과 양립할 수 없는 비유생적(non- animate) 목적어(즉, *sincerity*)를 포함하기 때문에 제거된다:

(16) V → *frighten* / { (i) [+/− abstract] AUX ___
 (ii) ___ [+ animate] }

동사 *kick*에 관련되는 규칙은 대강 (17)에처럼 될 것이다. 동사 *kick*는 *The girl kicked the boy*에서처럼 유생적 주어만을 취하고, 그리고 *The girl kicked the boy/chair*에서처럼 비추상적인 목적어만을 취할 수 있다. 그러므로, 위의 예문 (10b)는 동사 *kick*의 선택제약과 양립할 수 없는 추상적 (즉, 비유생적) 주어(즉, *sincerity*)를 포함한다는 이유로 제거된다:

(17) V → *kick* / { (i) [+ abstract] AUX ___
 (ii) ___ [− abstract] }

하위범주화규칙과 마찬가지로, (16)이나 (17)과 같은 선택규칙도 '문맥-민감' 규칙이다. 이들 규칙은 주어진 동사가 나타날 수 있는 환경을 구체적으로 기술하고 있는데, 여기서 환경이란 주어나 목적어 위치를 말한다.

이 단계에서 혹자는 (14a와 b)와 같은 예문에 의해 제기되는 문제점이 예문 (1)과 (2)에 의해 제기되는 문제점과 같은 계열에 속하는 것이 아닌지 궁금해할지도 모른다. 예컨대, 선택제약이 하위범주화제약을 다루는 동일한 장치(규칙)에 의해 다루어져야 하는지의 문제는 분명치 않다. 주지해야 할 사실은 하위범주화제약의 위반은 문장의 문법성에 영향을 미치지만 선택제약의 위반은 문장의 문법성에 영향을 미치는 것이 아니라, 오히려 주어진 세계와 관련된 그들의 해석에 영향을 미친다는 것이다. 이런 관점에서, 혹자는 선택제약이 하위범주화에 포함되는 것과는 다른 (의미와 해석의) 언어영역을 포함한다고 주장할 수도 있다. 더 정확히 말하면, 선택제약은 문장의 문법적 특성을 취급하는 부문을 능가하거나 그 상위에 존재하는 또 다른 문법 부문을 포함한다.

그러므로 우리는 문법의 상이한 두 부문을 구별해야 할 것이다. 한 부문은 구구조와 하위범주화규칙으로 이루어지며, 오로지 문법적인 모든 문장을 생성하는 임무를 떠맡는다. 우리는 이 부문을 통사부(Syntactic Component)라 하며, 또 다른 부문은 가능한 세계와 관련하여 문장에 해석을 부여하는 일련의 규칙으로 이루어져 있는데 이 부문을 의미부(Semantic Component)라 한다. 이 두 부문의 관계는, 통사부에 의해 생성되는 문장이 그 뒤 그들에게 해석을 부여하는 의미부에 입력물의 역할을 한다는 의미에서, 입력-출력 관계로 규정할 수 있다. 두 부문 간의 이러한 관계는 예문 (10a, b)와 관련하여 앞서 언급한 내용 즉, 해석에 관한 이들 문장은 어색하지만 문법적으로는 온전하다는 말의 의미를 설명하게 된다. 이들 문장은 통사부에 의해 생성되므로 문법적으로는 온전하다.

위에서 살펴본 바에 따르면 문법은 대체로 두 가지 부문으로 이루어진다. 한 부문은 구구조규칙과 하위범주화규칙으로 이루어져 있는 통사부로 문장의 구조를 명시적으로 나타냄으로써 문장을 생성하는 기능을 담당한다. 다른 부문은 통사부에 의해 생성되는 문장에 의미해석을 부여하는 의미부이다. 이러한 문법의 체제 속에서 어휘부가 어느 위치를 점하는지 확인하는 것은 흥미로운 문제가 된다.

2.4 어휘부와 통사부의 분리

변형생성문법에서 추구하는 이론적 발전은 대부분 더 많은 문법적인 예문들을 수용하면서 가능하면 많은 비문법적인 예문을 제거하는 방향으로 이루어진다. 이러한 발전방향은 문법의 기술력을 향상시키는 것이며, 따라서 기술적 타당성(descriptive adequacy)을 성취하려는 문법기술의 목표로 한 단계씩 나아감을 말해주는 것이다. 그러나 특정 유형의 경험적 자료를 성공적으로 기술하기 위해서는 새로운 규칙들을 문법의 틀 속으로 끌어들일 수밖에 없었다. 예컨대, 어휘항목의 하위범주화특성이 적절히 반영되지 못한 문장들을 배제하기 위해서 기존해 있는 일련의 '문맥-자유(context-free)' 구구조규칙에 더하여 우리는 '문맥-민감(context-sensitive)' 규칙을 새로 도입해야만 했다. 설명적 타당성을 성취해야 한다는 요구가 규칙체제의 확산을 억제하는 것에 달려 있다면, 기술적 타당성을 성취하려는 목표로 향해 나아가는 단계 중 어떤 것은 오히려 한 단계씩 설명적 타당성(explanatory adequacy)을 성취하려는 목표에서 점점 멀어지는 결과를 낳았던 것이다.

이러한 진퇴양난을 극복하는 한 가지 가능한 방법은 우리가 지금까지 통사부의 몫으로 돌려왔던 몇몇 기능을 다른 부문에 맡기는 것이다. 예컨대, 우리는 어휘항목의 선택제약이 적절히 반영되게 보장하는 기능을 의미부, 즉 통사부에 의해 생성된 문장들에 해석을 부여하는 부문에 맡길 수도 있다는 것을 고려한 적이 있다. 그렇게 되면, 이러한 기능을 수행하기 위해 도입된 '문맥-민감' 규칙들이 통사부에서 제거될 수 있게 된다. 물론 이러한 조치가 '문맥-민감' 규칙을 전반적으로 통사부에서 제거하는 결과를 낳지는 않겠지만, 통사부가 포함하는 규칙체제의 확산을 억제하려는 목표에는 한 걸음 나아간 셈이 되는 것이다. 이러한 관점에서 보면, 남아 있는 일련의 '문맥-민감' 규칙, 즉 하위범주화규칙까지도 통사부에서 제거하는 것이 바람직하다.

하위범주화규칙의 속성이 '다시쓰기' 규칙이라면, 이 규칙은 구범주를 개별 구성소로 '다시쓰기'하는 것과 최종 기호를 하위범주화특성에 맞추어 어휘항목으로 '다시쓰기'하는 것을 동일시하는 이상한 효과를 갖게 된다. 요컨대, 하위범주화규칙이 비록 구구조규칙과 달리 어휘 정보에 의존하고 있더라도, '다시쓰기' 규칙인 이상 그들은 형태상 통사적인 것이다. 이러한 언급은, 사실이 꼭 그렇게 드러나지는 않겠지만, 통사부와 어휘부가 하나로 합쳐지는 관점도 있을 수 있음을 의미한다. 어휘부가 범주의 통사적 표현과 관련 있기는 하지만 속성상 필연적으로 어휘적일 수밖에 없는 정보를 포함하는 한, 이 어휘부를 통사부와 독립적인 것으로 생각하는 것도 가능하다. 이 시점에서 요구되는 바는 어휘부와 통사부의 연결고리 역할을 할 일반규칙, 즉 통사부의 구구조규칙에 의해 생성된 구표지의 종단절점 아래에 적합한 어휘항목을 삽입하는 규칙을 설정하는 일이다.

이 규칙을 어휘삽입규칙(Lexical Insertion Rule: LIR)이라 하고, 이는 (18)과 같이 정의된다.

(18) 어휘삽입규칙 (Ouhalla 1999):
종단절점 Y가 어휘항목 X의 범주적 특성과 일치하고, *YP*가 *X*의 하위범주화특성과 일치한다면, *X*를 *Y* 하에 삽입하라. (Insert lexical item *X* under terminal node *Y*, where *Y* corresponds to categorial properties of *X*, and *YP* corresponds to the subcategorization properties of *X*.)

어휘삽입규칙은 두 가지 조건을 충족하는 종단절점 아래에 어휘항목을 삽입하는 일을 수행한다. 첫째, 종단절점은 어휘항목의 범주적 부류와 부합해야 한다. 이 조건은 동사가 동사 절점 아래에 삽입되게 하고, 명사가 명사 절점 아래에 삽입되게 하는 등등의 어휘삽입을 보장해 준다. 두 번째 조건은 종단절점을 포함하는 구, 즉 V를 포함하는 VP, N을 포함하는 NP 등이 어휘항목의 하위범주화특성에 부합해야 한다는 것이다. 이 조건은 그 어휘항목이 NP에 대해 하위범주화되는 동사라면, V를 포함하는 VP가 NP를 내포해야 하고, 그 어휘항목이 NP 보충어에 대해 하위범주화되지 않는 동사라면, V를 포함하는 VP가 NP를 내포하지 않아야 한다는 등등을 말해 준다. 결과적으로, 어휘항목이 부적합한 하위범주화격자와 관련된 비문법적 문장이 제거된다.

이제 어휘삽입규칙이 이전의 하위범주화규칙이 수행하던 기능을 대신하게 되어 하위범주화규칙은 완전히 제거될 수 있다. 이것은 통사부가 하나의 규칙체제, 즉 '문맥-자유' 규칙만으로 이루어진다는 사실을 의미한다. 어휘삽입규칙은 구구조규칙이 단순히 구조를 생성하는 반면에 그것은 위에서 언급한 바와 같은 일을 수행한다는 점에서 구구조규칙과는 다르다. 어휘삽입규칙이 속성상 구구조규칙과 다르다는 것은 단순히 하나의 규칙체제가 다른 규칙체제로 대체된 것이라고 말할 수도 있다. 하지만 아래 논의에서 확인되는 바와 같이, 어휘삽입규칙은 구구조규칙의 필요성과는 완전히 다른 독자적인 필요성 때문에 문법 내에 요구된다. 다시 말하면, 하위범주화규칙을 어휘삽입규칙으로 대체하는 조치는 단순히 하나의 규칙체제를 다른 규칙체제로 대체하는 것이 아니라, 오히려 다른 역할을 위해 어차피 요구되는 한 규칙체제를 이용하는 것으로 보아야 한다.

이제 어휘부와 통사부는 완전히 독립적인 부문으로 구분된다. 이와 같이 구분되는 부문이 존재한다는 것은 각 부문이 독자적인 특성들을 가진다는 것을 의미한다. 예컨대, 통사부와 구분되는 의미부의 독자성은 이 의미부가 통사규칙과 속성상 다른 규칙들을 내포하기 때문이다. 따라서, 어휘부의 독자성도 이러한 이유로 정당화될 수 있다. 즉, 통사부의 규칙들과 속성상 다른 규칙들이 어휘부에 존재한다는 것이다.

3. 보편문법적 생성원리

보편문법(UG)이란 모든 인간언어(human languages)를 하나의 동일한 문법체계로 모두 기술하는 문법을 말하며, 이러한 보편문법의 가정은 1950년대 중반 Noam Avram Chomsky의 변형생성문법(Transformational Generative Grammar)이라는 새로운 현대 문법이론의 제안에 의해 최초로 주창되었다.[1] 그 이후 변형생성문법은 획기적인 발전을 거듭하였고, 그 결과 1980년대에 구체적인 보편문법의 실체를 확인하기에 이르렀다. 보편문법의 실체에 근접한 최초의 변형생성문법의 이론을 '지배결속이론(Government and Binding Theory)'이라 한다.[2] 이 이론에서는 인간의 모든 개별언어(particular languages)들이 하나의 공통된 보편원리체계에 따라 기술될 수 있고, 개별언어 사이에 나타나는 언어적 변이는 보편원리들과 상호작용(interaction)하는 매개변인들의 값이 언어경험(language experience)을 통해 언어마다 서로 달리 결정되기 때문에 나타나는 문법적 현상으로 본다. 이러한 차원에서 지배결속이론을 원리매개변인이론(Principles and Parameters Theory)의 한 부류로 분류하기도 한다.[3] 보편문법체계의 실체적 규명에 대한 전망을 가능케 한 지배결속이론은 그 뒤 Chomsky의 후속 저서 *Some Concepts and Consequences of the Theory of Government and Binding* (*SCCTGB*) (1982)을 거쳐 *Knowledge of Language: Its Nature, Origin, and Use* (*KL*) (1986a)와 Barriers(1986b)에 이르러 완성단계에 이르게 된다. 지배결속이론은 문법체계를 규칙의존체계(rule-dependent system)에서 원리의존체계(principle-dependent system)로 전환한다는 점에서 초기의 변형생성문법이론과 크게 구별된다. *LGB*에서 제안된 초

---

1) 변형생성문법의 초기 이론에 대해서는 Chomsky(1957)의 저서 *Syntactic Structures*를 참조하기 바란다.

2) '지배결속이론(Government and Binding Theory)'이란 호칭은 이 이론을 제안한 Chomsky(1981)의 저서 「지배와 결속에 관한 강의」(*Lectures on Government and Binding: LGB*)의 제목에 기인한다.

3) Chomsky(1989)에서는 *LGB* 이후 발전되어 온 지배결속이론을 원리매개변인이론이라 부르는 것이 더욱 타당하다고 주장하고 있다.

기 지배결속이론에서는 '지배'라는 새로운 문법적 개념을 도입함으로써 핵계층이론(X-bar Theory), 의미역이론(θ-Theory), 격이론(Case Theory), 한계이론(Bounding Theory), 결속이론(Binding Theory), 통제이론(Control Theory), 공범주원리(Empty Category Principle: ECP) 등으로 구성되는 보편원리의 조합체계(modular system of universal principles)를 구축하고 있다. 그리고 *SCCTGB*(1982)에서는 두 층위의 논리형태(Logical Form)--논리형태층위(LF)와 후논리형태층위(LF')--를 설정하여 통사부에서 입력되는 언어정보(linguistic information)를 의미해석 수행체계인 사고체계(systems of thought)에서 활용할 수 있는 완전한 의미정보(semantic information)로의 전환을 시도하며, *KL*(1986a) 이후에는 문장의 내면구조를 CP와 IP(혹은 TP)의 구조체계로 분석함으로써 핵계층이론의 일반화를 도모하고 있다.[4] 또한, *Barriers* (1986b)에서는 '장벽(barrier)'의 개념을 도입하여 지배의 차단범주(blocking categories)와 하위인접조건(Subjacency)의 한계절점(bounding nodes)의 개념을 통합하여 보편문법의 체계를 더욱 단순화하고 있다. 위에서 언급한 바와 같이, 지배결속이론은 모든 인간에게 유전적으로 나타나는 본유적(innate) 문법체계인 보편문법이 보편원리(universal principles)와 매개변인(parameters)의 체계로 이루어져 있는 것으로 분석하고, 개별언어의 핵심문법(core grammar) 습득은 보편문법의 체계에서 개별적 언어경험에 의한 매개변인들의 값의 확정과, 개별언어의 어휘항목(lexical items)들의 집합인 어휘부(Lexicon)의 학습으로 이루어진다고 주장한다. 즉, 지배결속이론에서는 조합체계를 이루고 있는 보편원리들의 매개변인화를 통해 자연언어에 나타나는 모든 개별언어의 문법적 현상을 기술할 수 있다고 본다.

---

4) 핵계층이론 하에서 S'를 CP(=C'')로 분석하는 주장은 *KL*(Chomsky 1986a) 이후 2000년대의 최소주의문법에 이르기까지 일관되지만, S를 IP(=I'')로 분석하는 주장은 변화가 생겨 최근 최소주의문법에서는 TP(=T'')로 분석한다. 이는 *KL*에서는 S의 핵(head)을 굴절소(inflection: INFL or I)로 보지만, 최소주의문법에서는 S의 핵을 시제소(Tense: T)로 보기 때문이다. 본서의 핵계층적 구조분석에서는 S를 TP로 분석하는 최근 최소주의문법의 주장을 따르고자 한다.

지배결속이론에서 제시하는 보편문법의 원리체계는 다음의 모형에서 보여주는 바와 같다.

(1) 보편문법의 모형

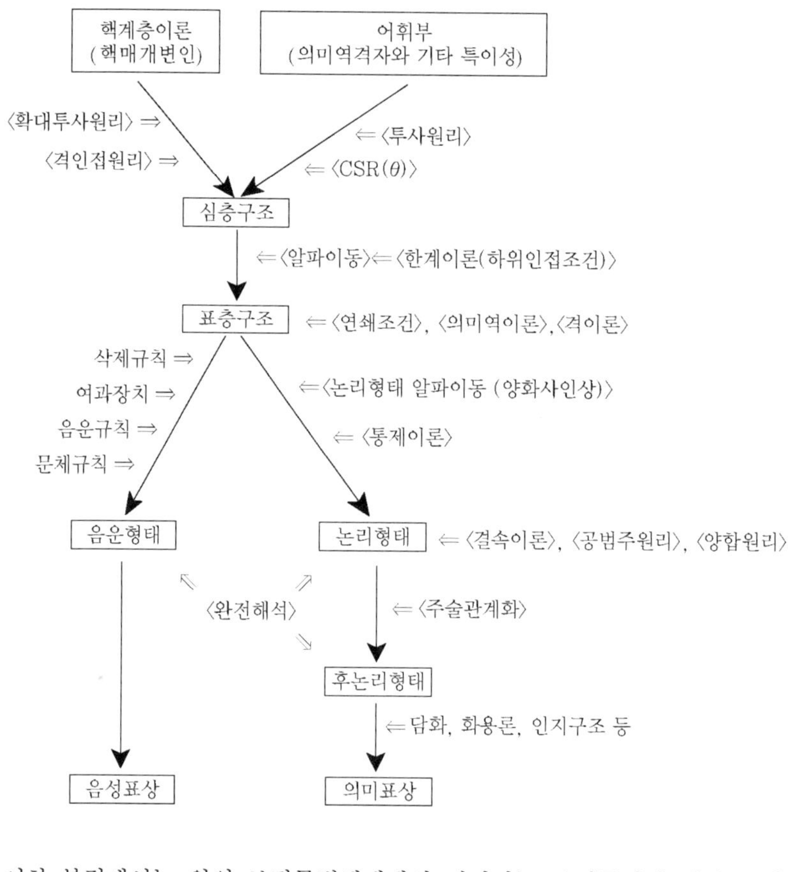

이하 본절에서는 위의 보편문법체계에서 제시되는 보편문법의 원리 중에서 구구조의 생성과 관련되는 몇몇 중요한 보편원리를 고찰하려고 한다.

3.1 핵계층이론

핵계층이론(X-bar Theory or X′-Theory)은 N. Chomsky의 논문 "Remarks on Nominalization"(1970)에서 제안된 구구조이론(phrase structure theory)으로, 이후 R.S. Jeckendoff의 저서 *X-bar Syntax: A Study of Phrase Structure*(1977)에서 보편성의 검증을 거쳐, 지배결속이론에서 조합체계의 보편원리로 채택되었다. 이 이론의 도입으로 어휘부(Lexicon)와 통사부(Syntax) 사이의 잉여성(redundancy)을 해소하게 되어 문법체계의 설명적 타당성(Explanatory Adequacy)을 크게 향상시키는 결과를 가져왔다.

먼저, 아래 예들을 고려해 보자.

(2) a. the enemy destroyed the city. <능동태 문장>
    b. the enemy's destruction of the city <능동 명사적 표현>

(3) a. the city was destroyed by the enemy. <수동태 문장>
    b. the city's destruction by the enemy <수동 명사적 표현>

위의 두 예에서 (a)와 (b)의 표현은 각기 통사적으로 문장(S)과 명사구(NP) 구조를 이루고 있는데, 이들 사이에는 긴밀한 구조적 등가관계(parallelism)가 나타난다. 즉, (2)의 예에서는 능동태 문장(active sentence)과 능동 명사적 표현(active nominal expression) 모두에 주어와 목적어의 기능을 수행하는 명사구가 나타나며, (3)의 수동태 문장(passive sentence)과 수동 명사적 표현(passive nominal expression)은 각기 (2)의 능동태 표현에 상응하는 수동태 표현으로서 두 표현 모두에 수동태의 행동주(agent) 역할을 수행하는 by-전치사구(by-prepositional phrase)가 나타나고 있다.

핵계층이론이 제안되기 이전의 생성의미론(Generative Semantics)[5]에서는

5) 생성의미론이란, 1960년대 후반부터 1970년대 중반에 이르기까지 크게 발전한 변형생성문법이론으로, 이 이론은 N. Chomsky의 저서 *Aspects of the Theory of Syntax*

이들 표현들의 관계를 다음의 도식에서와 같은 변형(transformation) 관계로 설명하였다.

(4) 능동태 문장⇨ 수동화 ⇨수동태 문장⇨ 명사화 ⇨명사적 표현

즉, 위의 생성과정에서 수동화(Passivization)와 명사화(Nominalization)는 모두 선택적 변형(optional transformation)으로 그 적용이 생략될 수도 있다. 이 두 변형이 모두 적용되지 않으면, (2a)의 능동태 문장(active sentence)이 표층구조(Surface Structure)로 도출되며, 수동화만이 적용되면 (3a)의 수동태 문장(passive sentence)이 도출되고, 만약 명사화만이 적용되면 (2b)의 능동 명사적 표현(active nominal expression)이 도출되어 나온다. 그리고 만약 수동화와 명사화 변형이 모두 적용되면, (3b)의 수동 명사적 표현(passive nominal expression)이 표층구조로 도출된다.

그러나 Chomsky(1970)에서는 이들 표현의 구조적 등가관계가 변형의 관계로만 설명되어서는 안 된다고 본다. 즉, Chomsky는 문장(S)과 명사적 표현(nominal expression) 사이의 등가관계(parallelism)는 '명사화'란 변형에 의해서가 아니라, 다음과 같은 핵계층공식(X-bar schemata)으로 구성되는 소위 핵계층이론에 포착되어야 한다고 주장한다.

(5) a. X″ → (WP) X′ (지정어규칙(specifier rule))
b. X′ → X′ YP (부가어규칙(adjunct rule) : 선택적(optional))
c. X′ → X (ZP*) (보충어규칙(complement rule))

이 공식들이 만드는 대표적인 통사구조는 다음과 같다.

(1965)에서 제안된 소위 표준이론(Standard Theory)의 한 대안(alternative)으로 제기되었다. 생성의미론을 주장하는 학자들을 추상통사론자(Abstract Syntactician) 혹은 변형론자(Transformationalist)라고도 부르기도 하는데, Emmon Bach, Jeffrey Gruber, Ceorge Lakoff, James D. McCawley, Paul M. Postal, John Ross 등이 이 계열에 속한다.

(6) a. b.

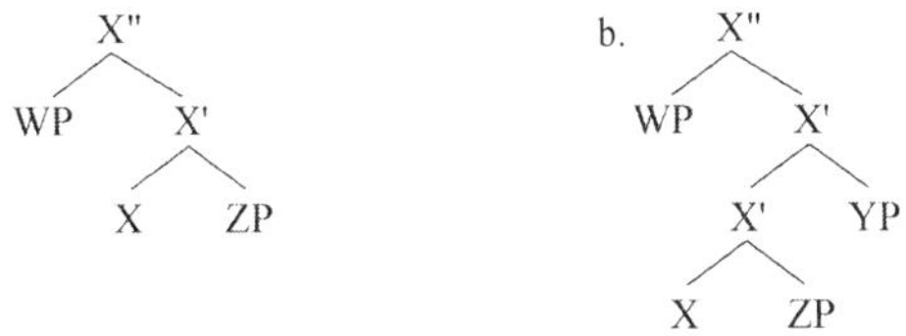

위의 핵계층공식에서 X를 우리는 '핵(head)' 혹은 '어휘핵(lexical head)'이라 부르는데, X는 어휘범주인 N(명사), V(동사), A(형용사), P(전치사) 등을 총괄하여 표현하는 변항(variable) 기호이다. 그리고 X′는 중간투사(intermediate projection), X″를 최대투사(maximal projection)라 부른다. 최대투사는 구구조규칙에 의해서 생성되는 구범주(즉, NP, VP, AP, PP 등)에 해당한다. 그리고 어휘핵 X와 동일 계층(자매관계 sisterhood)에 오는 ZP를 보충어(complement)라 하고,[6] 또한 중간투사인 X′에 관할(dominate)되는 동시에 X′와 동일 계층에 나타나는 YP를 부가어(adjunct)라 하며, 그리고 X″에 관할되면서 X′와 동일 계층에 나타나는 WP를 지정어(specifier)라 부른다. 일반적으로, 지정어는 주어(subject), 보충어는 목적어(object), 부가어는 수식어(modifier)의 기능을 수행하는 위치이다.

그러면 핵계층공식에 의해 형성되는 위와 같은 통사구조가 어떻게 문장과 명사구 표현 간의 구조적 등가관계를 포착하는지 확인해 보자.

Chomsky(1970)에서는 동사(verbs)와 그 동사에 관련되는 파생명사(derived nominals)는 모두 독립적으로 어휘부(Lexicon)에서 어휘항목(lexical items)으로 등재되며, 파생명사는 어휘부의 잉여성 규칙(Redundancy Rule)인 어휘적 명사화(lexical nominalization)에 의해 동사에서 파생된 어휘라고 주장한다.[7]

---

6) (5)에서 괄호로 표시된 요소는 선택적 요소임을 의미하고, (5c)의 보충어 규칙에서 ZP 뒤에 붙어 있는 별표 (*)는 보충어가 하나 이상 나타날 수 있음을 의미한다.

7) 잉여성 규칙(Redundancy Rules)이란 파생어휘(derivational lexical items)를 만들기 위해 어휘부에서 적용되는 단어형성규칙(word-formation rules)으로서, 어휘적 명사화(lexical nominalization)처럼 한 번의 규칙 설정으로 해당되는 모든 어휘에 적용되어 관련 파생어휘들을 모두 만들어 내는 것으로 가정되는 이른바 어휘파생규칙(lexical derivational rules)을 말한다.

따라서, 어휘부에서는 destroy와 destruction이 모두 독립적인 어휘항목으로 존재한다. 어휘부에서 표현되는 destroy와 destruction의 통사적 정보는 각기 다음과 같은 자질의 집합체(bundle of features)로 표현된다.

(7) a. destroy : [+V, + ___ NP, :, :]

b. destruction : [+N, + ___ PP, :, :]

만약, (6a)의 구조에 *destroy*가 선택되면 *destroy*의 범주는 동사(V)이고, 그것의 하위범주화자질(subcategorization feature)에 따라 그것의 보충어 위치에는 명사구(NP)가 선택되어야 하고,[8] 또한 모든 구범주(phrasal category)의 지정어(즉, 주어) 위치에는 명사구(NP)가 실현될 수 있으므로 다음과 같은 구조가 형성된다.

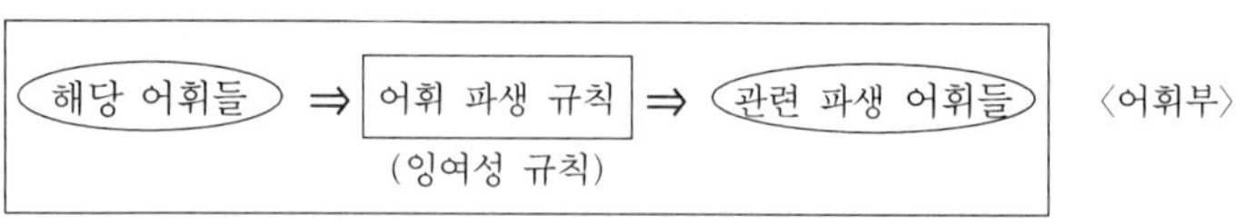

8) 어휘의 통사자질(syntactic features) 속에는 [+N], [+V], [+A], [+P] 등으로 표시되는 범주자질(categorial feature)과 [+_______NP], [+_______PP] 등으로 표시되는 하위범주화자질(subcategorial feature)이 있는데, 이 중에서 하위범주화자질은 그 어휘항목이 어떤 범주의 보충어를 취하는지를 말해주는 자질이다. 따라서 이 자질에 입각해 특정의 어휘항목이 핵으로 선택되는 통사구조에서 보충어 위치에 나타나는 범주의 종류를 규제할 수가 있는데, 이러한 통사적 규제를 엄밀하위범주화제약(Strict Subcategorization Restriction)이라 한다.

(8)

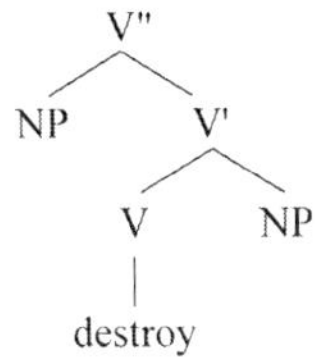

범주 변항 X, Y, Z가 구체적인 범주로 실현된 이 구조에 *destroy*의 주어와 목적어를 수행할 NP의 위치에 구체적인 명사적 표현을 삽입해 보면, 다음과 같은 구조가 된다.[9]

(9)

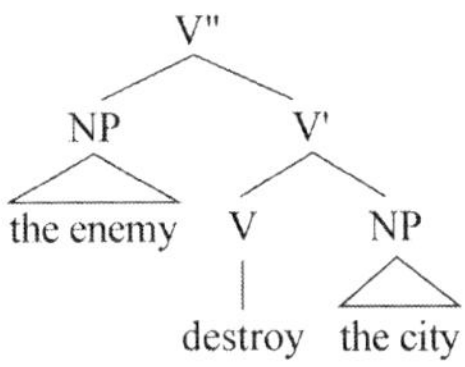

바로 이 구조가 위의 (2a)에 제시되는 능동태 문장의 핵심구조가 된다. 이 구조에 상(aspect), 시제(tense), 법(mood) 등을 나타내는 굴절소(inflection: INFL or I)가 결합하면, 기본적인 능동태 문장의 구조가 도출된다.

이제, (6a)의 구조에 (7b)에서와 같이 표현되는 *destruction*이 선택되면 어떻게 되는지 살펴보자. *Destruction*은 범주가 N이고 그것의 보충어는 PP이므로, 지정어의 위치에 주어 NP가 선택되면 다음과 같은 구조가 된다.

(10)

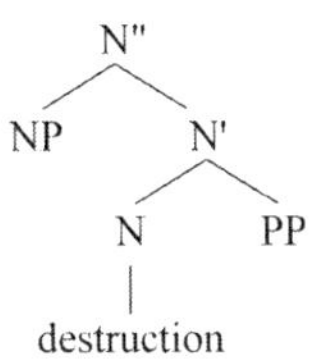

9) 아래 구조에서 삼각형 △으로 표시되는 구조표현은 그것에 해당되는 구범주(phrasal category)의 구체적인 내면구조에 대한 기술을 생략한 것을 의미한다.

범주 변항 X, Y, Z가 구체적인 범주로 실현된 이 구조에 *destruction*의 주어와 목적어의 역할을 수행할 구체적인 표현들을 삽입해 보면, 다음과 같은 구조가 된다.

(11)

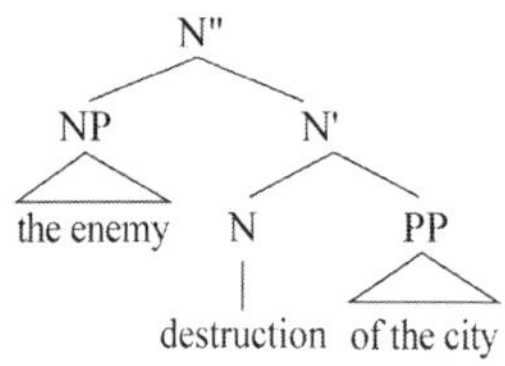

이제 위의 구조에서 지정어(즉, 주어) NP에게 격이 부여되면, (2b)의 능동 명사적 표현이 생성된다. 그러므로, (2b)의 능동 명사적 표현이 (2a)와 같은 능동태 문장과 구조적으로 등가관계를 유지하는 것이, 생성의미론자(Generative Semanticists)들이 주장하는 명사화 변형의 결과가 아니라, 핵계층이론에 기인하는 구조적 유사성으로 해석될 수 있다.

이제, (3a)에서 제시되는 수동태 문장과 이와 구조적인 등가관계에 있는 (3b)의 수동 명사적 표현의 생성과정을 살펴보자.

편의상 본서에서는 수동동사(passive verb)와 수동명사(passive noun)는 어휘부의 잉여성 어휘파생규칙(lexical derivational rules) 중의 하나인 어휘적 수동화(lexical passivization)에 의해 각기 능동동사(active verb)와 능동명사(active noun)에 수동형태소(passive morpheme) *en*을 결합하여 생성된다고 보고자 한다.[10]

---

10) 일반적으로 변형생성문법에서는 어휘적 수동화(lexical passivization)는 동사에 적용되는 어휘파생규칙으로 보므로, 사실상 수동명사(passive noun)는 어휘부에서 다음과 같은 파생과정을 거쳐 생성된다고 볼 수 있다.

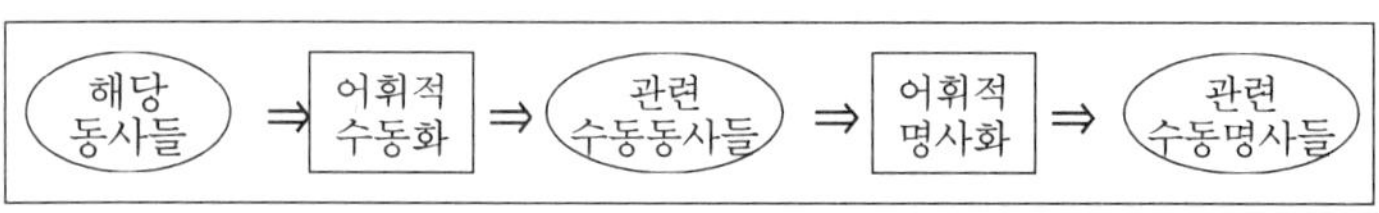

〈어휘부〉

(12) a. [V destroy + [en]] ⇒ destroyed

b. [N destruction + [en]] ⇒ destruction

수동형태소 *en*의 형태론적 기능은 어근(base)의 형태소가 주어에게 할당하는 의미적 역할(semantic role), 즉 의미역(*θ*-role)을 흡수하며,[11] 보충어 NP에게 부여하는 격(Case)을 차단한다는 것이다.[12] 따라서, 수동형태소와 결합한 수동어휘핵들은 어휘자질상 주어의 의미적 역할을 수행할 by-전치사구를 선택적으로 취하며, 통사구조상 목적어 NP가 격을 부여받기 위해 표층구조에서 주어 위치로 이동하는 결과를 유발한다.

수동분사 *destroyed*와 수동명사 *destruction*은 어휘부에서 다음과 같은 통사 자질의 구성을 갖는다.

(13) a. destroyed : [+V ; + ___ NP (PP) [by] ; :]

b. destruction : [+N ; + ___ NP (PP) [by] ; :]

보충어 이외에 부가어까지 나타나는 표현의 심층구조는 (6b)와 같은 통사적 구조를 취하게 되는데, 수동분사 *destroyed*가 어휘핵으로 선택되는 (3a)의 수동태 문장은 다음과 같은 심층구조를 갖는다.

---

11) 의미적 역할이란 어휘핵이 그들의 논항(argument)에게 할당하는 의미역(*θ*-role)을 말한다.

12) 명사구 내에 나타나는 소유격(genitive Case)의 할당 문제를 포함하여 본절에서 언급되는 모든 격 문제에 관한 구체적인 논의는 본장 3.4절의 격이론(Case Theory)을 참조하시오.

(14)

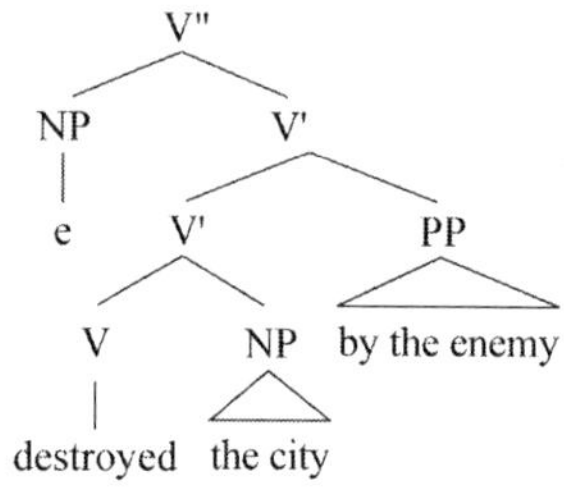

이제 위의 구조에서 보충어 NP가 격(Case)을 부여받기 위해서 지정어(즉, 주어) 위치로 이동하면, 다음과 같은 수동태 문장의 핵심구조가 도출된다.[13] 이 구조에 상(aspect), 시제(tense), 법(mood) 등을 나타내는 굴절소(INFL: I)가 결합하면, 완전한 수동태 문장의 구조가 도출된다.

(15)

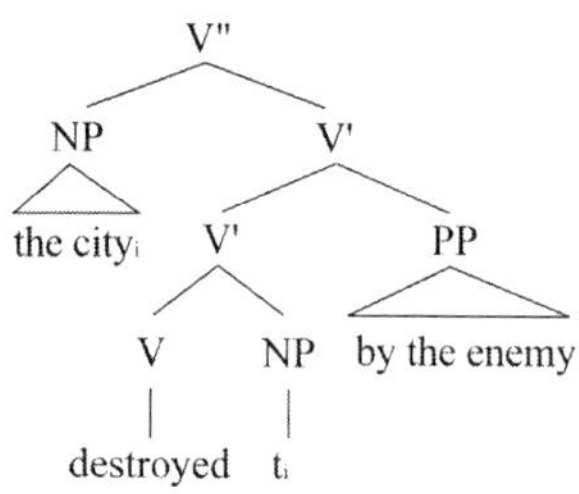

이제, 수동태 문장과 구조적 등가관계를 유지하는 (3b)의 수동 명사적 표현이 어떻게 도출되는지 살펴보자. (3b)의 수동 명사적 표현도 보충어와 부가어를 모두 가지므로 (6b)와 같은 통사적 구조를 취하게 된다. 수동명사 destruction이 어휘핵으로 선택되면, 다음과 같은 명사구의 심층구조를 갖는다.

---

13) 수정확대표준이론(Revised Extended Standard Theory) 혹은 흔적이론(Trace Theory) 이후 변형생성문법이론에서는 통사구조 속에서 한 요소가 다른 위치로 이동할 경우, 원래의 위치에 흔적(trace: t)을 남긴다고 본다. 이때 이동한 요소와 그것의 흔적에는 그들의 선행사(antecedent)와 의존요소(dependant)의 관계를 나타내는 동일한 지표(index)를 부여한다.

(16)

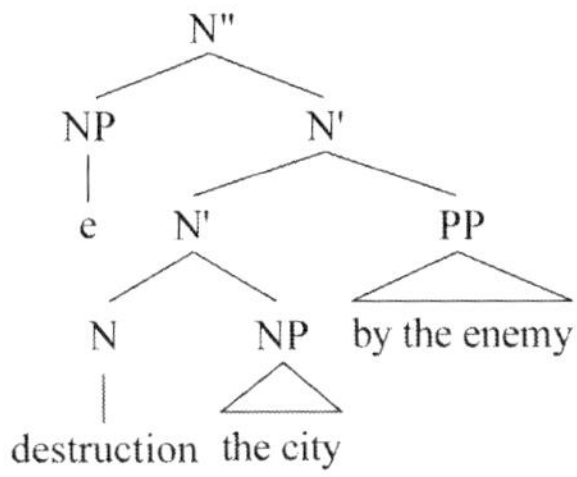

이제 위의 구조에서 보충어 NP가 격을 부여받기 위해서 지정어 위치로 이동하면, 다음과 같은 수동 명사적 표현의 핵심구조가 도출된다.

(17)

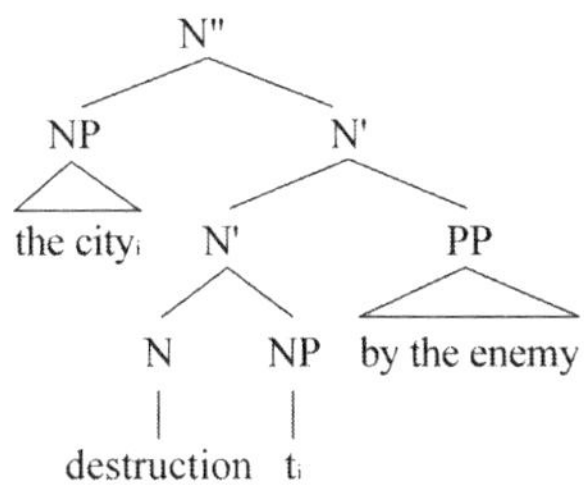

이 구조에서 지정어 위치에 나타나는 명사구 NP에게 소유격(genitive Case)이 부여되면, (3b)의 수동 명사적 표현이 도출된다.

결론적으로 (2)와 (3)에서 대비되는 문장 표현과 명사적 표현의 구조적 유사성은 통사부에 적용되는 '명사화(Nominalization)'란 변형규칙에 기인하는 것이 아니라, 모든 통사적 구범주의 내면구조를 동일한 핵계층공식에 의해 생성해 내는 핵계층이론(X'-Theory)에 기인하는 것이라고 볼 수 있다.

확대표준이론(Extended Standard Theory) 이후, 변형생성문법이론의 문법체계는 범주부(Categorial Component) 내에 기존의 구구조규칙(Phrase Structure Rules: PSR) 대신에 위에서 논의한 핵계층이론을 도입하는데, 그 결과로 얻을 수 있는 이론적 장점은 다음과 같다.

(18) 가. 설명적 타당성이 포착된다.
(Explanatory Adequacy is captured (not missed).)
나. 적절한 수의 범주 유형이 활용된다.
(The number of categorial types is relevant (not too restricted).)
다. 범주적 일반성이 포착된다.
(The categorial generalization is captured (not missed).)
라. 어휘부와 범주부 사이에 나타나는 잉여성을 해소한다.
(The redundancy disappears (not arises) between Categorial Component and Lexicon.)

(18가)는 기존의 구구조규칙체계가 규칙설정을 제어하는 아무런 제약을 갖지 않아 자연언어의 무수한 구조표현을 기술하기 위해 수많은 구구조규칙을 설정하여 언어근의 일반성을 상실하고 있으나, 핵계층이론은 모든 언어의 구조표현을 동일한 핵계층공식에 따르는 한정된 구구조규칙으로 기술하여 설명적 타당성을 지닌 보편문법의 체계를 제공하고 있음을 의미한다.

예컨대, 핵계층공식은 다음 (19)의 내심구조제약(Endocentricity Constraint)에 의해 제어됨으로써 외심구조(exocentric construction)를 생성하는 (20)과 같은 구구조규칙은 허용하지 않는다.

(19) 모든 구성소구조규칙은 다음과 같은 형태를 취해야 한다. (Radford 1988)
(All Constituent Structure Rules are of the form:)
$X^n \rightarrow \cdots X^m \cdots$ (m=n or n-1)

(20) a. NP → V VP
b. VP → N PP
c. PP → NP N

즉, 핵계층이론을 제어하는 (19)의 내심구조제약은 자연언어의 구조 기술을 위해 허용되는 구구조규칙의 수를 크게 축소함으로써 문법체계가 설명적 타당성을 확보할 수 있게 한다.

또한, 지배결속이론에서는 핵매개변인(Head Parameter)과 격인접원리(Case Adjacency Principle)[14]를 채택함으로써 핵계층이론을 더욱 일반화하고 있다. 즉, 핵 매개변인은 자연언어를 크게 핵선행언어(head-initial languages)와 핵후행언어(head-final languages)로 유형화(typology)하는 매개변인을 말하는데, 핵매개변인을 채택하면, 핵계층공식에 의해 인위적으로 핵과 보충어의 어순을 결정할 필요가 없게 된다. 요컨대, 핵매개변인을 채택하기 전에는 핵계층공식 상에서 핵과 보충어를 어순을 결정해줌으로써 핵선행언어와 핵후행언어 간의 어순상의 차이를 포착하였지만, 이 경우는 두 유형의 언어가 서로 다른 핵계층공식을 갖게 되어 보편원리로서의 일반성을 상실하게 된다. 그러나 핵매개변인을 채택하면, 핵계층공식 상에서 핵과 보충어의 어순을 결정할 필요가 없으므로 한 종류의 핵계층공식으로 두 유형의 언어에 나타나는 상이한 핵-보충어의 어순을 모두 기술할 수 있게 된다. 또한, 영어에서 두 개 이상의 보충어가 나타날 때는 항상 명사구 보충어(NP complement)가 절 보충어(S′ complement)보다 선행하게 되는데, 보충어들 간에 유지되는 이러한 어순도 기존의 핵계층이론에서는 핵계층공식 상의 인위적인 어순 설정으로 포착하지만, 지배결속이론에서는 격인접원리를 채택함으로써 명사구 보충어가 절 보충어보다 동사핵에 인접해 나타나는 현상으로 설명하게 된다. 따라서, (5c)의 핵계층공식은 다음과 같이 일반화될 수 있다(X와 ZP 사이의 콤마 (,)는 X와 ZP가 순서 없이 연결됨을 의미한다.).

(5)' c. X′ → X, (ZP*) (보충어규칙(complement rule))

결론적으로, 지배결속이론에서는 핵매개변인과 격인접원리를 채택함으로써 핵계층공식을 더욱 일반화하여 핵계층이론의 보편성을 더욱 높이고 있다.[15]

14) 격인접원리란 격을 부여받는 명사구 NP와 그 명사구에게 격을 부여하는 어휘핵은 항상 인접(adjacent)해야 한다는 조건이다. 격인접원리에 대한 자세한 설명은 본장의 3.4절 격이론(Case Theory)을 참조하기 바란다.

15) 지배결속이론에서 시도하는 핵계층공식의 일반화는 보충어 규칙에만 국한되지 않고, 모든 핵계층공식으로 확대됨으로써 (5)의 핵계층공식이 다음과 같이 일반화되

(18나)는 기존의 구구조규칙은 생성되는 범주 유형이 구범주(phrasal category)와 어휘범주(lexical category)의 두 종류밖에 없었으므로 자연언어의 구조표현을 완전히 기술할 수 없었지만, 핵계층이론이 허용하는 범주 유형은 최대투사(maximal projection), 중간투사(intermediate projection), 핵투사(X0-projection) 등 세 종류가 있으므로, 자연언어의 구조표현을 완벽하게 기술할 수 있다는 사실을 의미한다. 예컨대, 다음 예문을 고려해 보자.

(21) I love this very tall girl more than that one.

위의 문장에 나타나는 *this very tall girl*의 명사구는 기존의 구구조규칙에 의하면, 아래 (22a)처럼 표현되나, 핵계층공식에 의하면 (22b)처럼 표현된다.

(22) a.

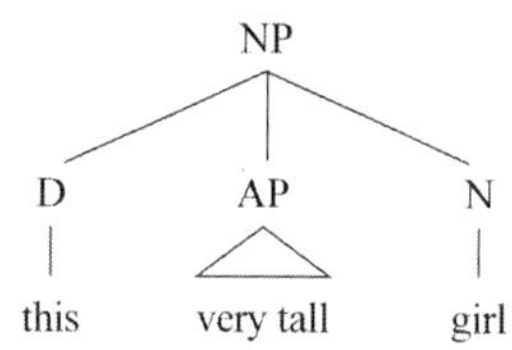

b.

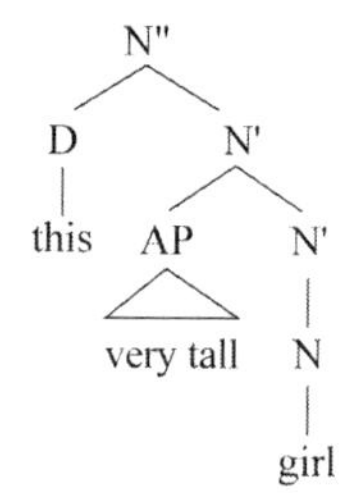

이 경우 위의 예문 (21)에서 비교의 대상이 되는 또 다른 명사구 that one의 구조표현은 어떻게 기술될 것인가? *that one*에서 대명사 *one*의 의미는 'girl'이 아니라 'very tall girl'이므로 *very tall girl*이 (22a)에서는 하나의 구성소를 이루지 못하나 (22b)에서는 N'라는 하나의 구성소를 이루므로 *that one*의 구조는 (22b)의 구조표현에 입각해 다음과 같이 기술될 수 있다.

고 있다.

(i) a. X″ → (WP), X′ (지정어규칙 (specifier rule))
b. X′ → X′, YP (부가어규칙(adjunct rule): 선택적(optional))
c. X′ → X, (ZP*) (보충어규칙(complement rule))

(23)

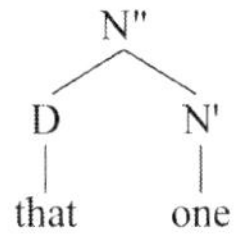

따라서 핵계층이론에 의하면, 대명사(pronoun) *one*은 사실상 pro-noun이 아니라 pro-N′임이 확인된다.

(18다)는 특정 언어에 나타나는 모든 범주가 통사적으로 유사한 내면구조를 취한다는 사실을 기존의 구구조규칙체계는 포착하지 못하지만, 핵계층이론은 이러한 일반성을 포착한다는 것을 의미한다. 즉 위의 논의에서 살펴보았듯이 *destroy*가 어휘핵으로 나타나는 동사구와 *destruction*이 어휘핵으로 나타나는 명사구가 구조적으로 매우 유사한 형태를 취한다. 이러한 구조적 유사성은 동사구와 명사구를 서로 다른 독립적인 구구조규칙에 따라 기술하는 기존의 구구조규칙체계에서는 포착하기 힘들지만, 모든 구조가 동일한 핵계층공식에 기반을 둔 구구조규칙에 의해 생성된다고 보는 핵계층이론에서는 명사화 변형과 같은 추가적인 가정을 도입하지 않더라도 매우 효과적으로 포착된다.

(18라)는 기존의 구구조규칙체계에서는 통사부와 어휘부 사이에 잉여성이 존재하나, 핵계층이론에서는 이러한 잉여성(redundancy)이 해소된다는 주장이다. 동사 *persuade*의 경우를 실례로 들어보자. 기존의 구구조규칙체계에서는 *persuade*는 어휘부에서 다음 (24a)와 같은 하위범주화자질이 부여되며, 통사부에서는 (24b)와 같은 구구조규칙에 의해 그것의 통사구조가 기술된다.

(24) a. [+______NP S′]
b. VP → V NP S′

즉, 위의 두 표현은 모두 *persuade*류의 동사는 그 뒤에 명사구 NP와 절 S′를 취하는 동사임을 말해주는데, 이렇게 기존의 구구조규칙체계에서는 동일한 정보가 어휘부에서 한 번, 구구조규칙에서 한 번, 모두 두 번 주어져

정보제공의 잉여성이 야기된다. 이러한 잉여성은 핵계층이론에서는 전혀 발생하지 않는다. 즉, 핵계층이론에서는 (24b)와 같은 구구조규칙을 설정하지 않고, 오로지 핵계층공식에 의해 생성되는 변항의 구조정보에 (24a)와 같은 어휘항목의 하위범주화자질 정보를 구현하여 다음과 같은 동사구의 완전한 통사구조를 생성하게 된다.[16)]

(25)

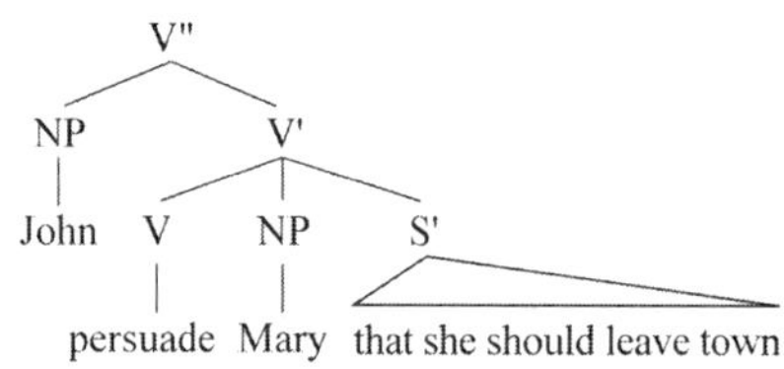

3.2 투사원리와 확대투사원리

투사원리(projection principle)는 다음과 같이 정의된다.

(26) 어휘정보는 통사적으로 투영된다(Lexical information is syntactically represented.).

이미 앞 절에서 우리는 핵계층공식에 의해 생성되는 구조적 정보에 어휘핵의 하위범주화 자질이 투영되어 완전한 통사적 구조를 형성한다는 주장을 한 바 있다. 이와 같이 어휘부에서 제공하는 어휘정보(lexical information)가 통사구조에서 실현되어야 한다는 원리가 바로 (26)의 투사원리이다. 즉 투사원리에 의하면, 어휘부 내에서 생성되는 어휘항목의 의미정보(semantic information)나 통사정보(syntactic information)가 반드시 통사구조에 반영되어야 한다는 것이다. 좀 더 강력히 말하면, 이러한 어휘정보가 바로 통사구조

16) *persuade*와 같이 보충어를 2개 취하는 어휘핵에 대한 자세한 논의는 본서 제3장 5절을 참조하시오.

를 결정한다는 것이다. 예컨대, 영어의 동사 *kill*의 경우를 생각해 보자. *kill*은 다음과 같은 어휘정보를 갖는다.

(27) kill: V

agent	theme
NP	NP

위와 같이 표현되는 *kill*의 어휘정보 중에서 윗 부분에 표시되는 정보는 의미역격자(**θ**-grid)로서 kill의 의미적 정보인데, 의미역격자가 나타내는 kill의 의미적 정보는 kill이 '행동주(agent)'와 '대상(theme)'역이란 두 가지 의미역(**θ**-role)을 갖는 동사임을 말해주고 있다.[17] 또한 아랫부분에 나타나는 정보는 *kill*의 통사적 정보인데, 이는 *kill*의 두 의미역이 모두 명사구(NP)의 범주로 실현된다는 것을 말해주고 있다. 이러한 *kill*의 어휘정보는 모두 투사원리에 의해 통사구조에 반영되어야 한다. 통사구조에 반영된다는 것은, 만약 어휘삽입규칙(lexical insertion rule)에 의해 *kill*이 어휘부에서 선택되어 통사구조에 삽입되면, *kill*의 의미역들이 그 통사구조에서 나타나야 하며, 이들 의미역들은 *kill*의 통사적 정보에 따라 NP로 실현된다는 것이다. 따라서, 다음 예문에서 (28a)는 문법적이지만, 투사원리를 위반하는 (28b)-(28d)는 모두 비문법적인 표현이 된다.

---

17) 동사, 명사, 형용사, 전치사 등의 어휘핵이 그것의 최대투사(maximal projection) 내에서 주어나 목적어 역할을 할 명사구(혹은 전치사구)에게 할당하는 의미역(**θ**-role)에는 '행동주(agent)'와 '대상(theme)' 이외에도 많은 종류의 의미역이 있는데, 이 중에서도 '행동주'와 '대상'이 가장 일반적인 의미역이다. '행동주'란 의미역을 할당하는 어휘핵이 함축하는 동작(action)을 유발하는 자를 말하고, '대상'이란 그 동작에 영향을 받아 변화를 겪는 자를 말한다. 예컨대, *kill*이라는 어휘핵은 그 것이 함축하는 '죽이는' 동작을 유발하는 '죽이는 자'(행동주 agent)와 그 동작에 영향을 받아 결과적으로 '죽게 되는' 변화를 겪는 '죽임을 당하는 자'(대상 theme)의 두 가지 의미역을 각기 주어가 되는 명사구와 목적어가 되는 명사구에게 할당한다. 이때 '대상' 의미역이 '죽임을 당하는 자'처럼 피해를 입는 자에게 주어질 경우에는 그 의미역을 특히 '피해자(patient)'라 부른다. 의미역에 관한 자세한 논의는 본장 3.3절을 참조하시오.

(28) a. [$_S$ [$_{NP}$ Mary] [$_{VP}$ killed [$_{NP}$ the burglar]]]

b. *[$_S$ [$_{NP}$ Mary] [$_{VP}$ killed]]

c. *[$_S$ [$_{VP}$ killed] [$_{NP}$ the burglar]]]

d. *[$_S$ [$_{NP}$ Mary] [$_{VP}$ killed [$_{NP}$ the burglar] [$_{NP}$ the cellar]]]

즉, 위의 통사구조에서 (28a)는 *kill*의 모든 어휘정보가 완벽하게 투영되었으나, (28b)에서는 '대상' 의미역이, (28c)에서는 '행동주' 의미역이 투영되지 못하였다. 그리고 (28d)는 *kill*이 갖는 어휘정보의 투영에 기인하지 않는 여분의(superfluous) 명사구가 나타나 투사원리를 위반하고 있다.

투사원리의 효과를 구체적으로 확인하기 위해, 실례로 앞 절에서 살펴본 *destroy*와 *destruction*의 경우를 비교해 보자. *Destroy*와 *destruction*의 어휘정보는 다음과 같이 표현된다.

(29) a. destroy: V

agent	theme
NP	NP

b. destruction: N

agent	theme
NP	NP

(26)의 투사원리에 의해 위와 같은 어휘정보가 통사부에 투영되면, *destroy*와 *destruction*은 각기 그들의 의미역이 둘 다 모두 NP로 범주실현되므로 다음과 같은 통사구조를 이룬다.

(30) a.

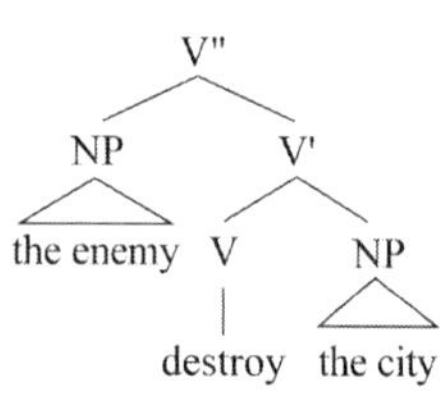

b.

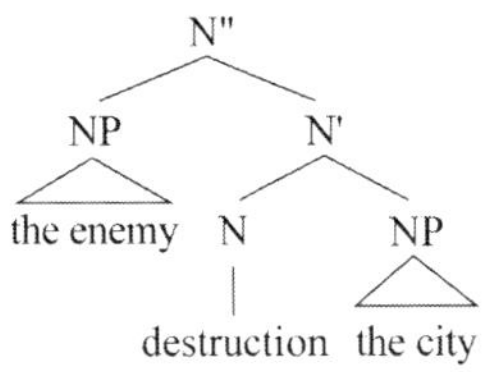

위의 두 구조표현에서 어휘핵의 의미역격자에 나타나는 '행동주(agent)'의 의미역은 모두 지정어(주어) 위치에 나타나는 *the enemy*에게 투영되어 있고, '대상(theme)'의 의미역인 보충어(목적어) 위치에 나타나는 *the city*에 투영되어 있다. 이제 위의 구조표현에서 격이론(Case Theory)의 요구에 의해 각 명사구 NP에게 관련 격이 주어지면 다음과 같은 완전한 통사구조가 생성된다.[18]

(31) a.

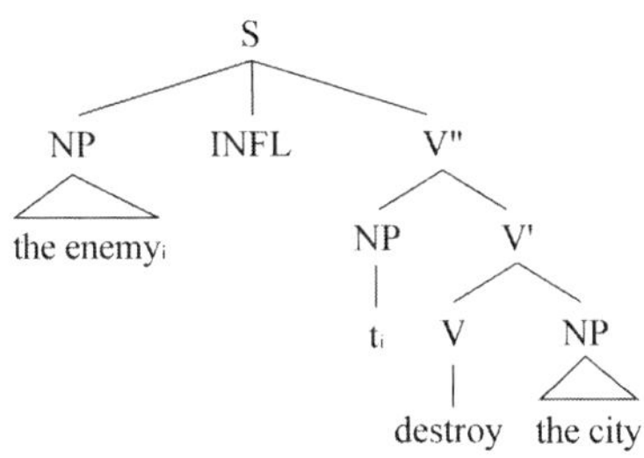

18) 격이론에 의하면, 문장의 주어 명사구는 INFL에 포함되는 시제(tense)에서 주격(Nominative Case)을 부여받으며 목적어 명사구는 동사핵에서 대격(Accusative Case)을 부여받는다. 또한, 명사구 내에서는 명사핵에서 논항 명사구들이 모두 소유격(Genitive Case)을 부여받는다. 참고로 (31b)의 구조표현에서 *the enemy*와 *the city* 등의 NP에 부가된 *'s*나 *of*는 명사핵 *destruction*에서 부여받은 소유격의 격표지(Case marker)이다. 격(Case)과 격표시(Case assignment)에 관한 자세한 논의는 본장의 3.4절 격이론(Case Theory)을 참조하기 바란다.

b.

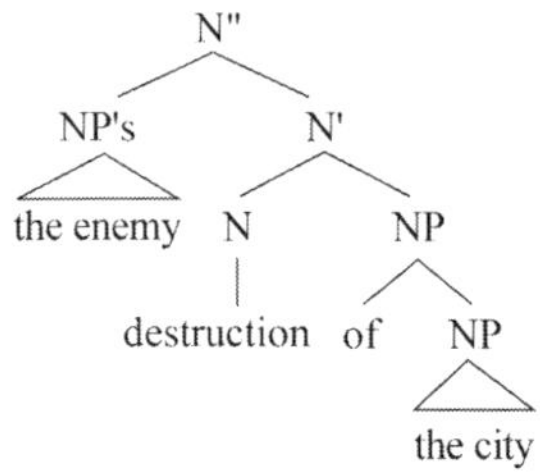

우리는 위에서 투사원리는 어휘핵의 의미적 정보뿐만 아니라 통사적 정보까지도 통사층위에 투영함으로써 지정어와 보충어 위치에 부여되는 '행동주'나 '대상'의 의미역들이 어휘부의 통사적 정보에 따라 모두 명사구 NP로 실현된다는 사실을 확인하였다. 그러나 '행동주'나 '대상'의 의미역이 *kill*이나 *destroy* 등과 같은 일부 어휘에서만 통사적 실현이 NP가 되는 것이 아니라, 이들 의미역은 사실상 모든 자연언어에서는 모든 통사표현에서 항상 NP로 실현된다. 따라서 이러한 보편적 언어현상은 모든 개별 어휘항목의 어휘정보로 일일이 나타낼 필요 없는 보편문법의 현상이므로 다음과 같은 핵심통사실현(canonical syntactic realization: CSR)이란 보편원리를 설정함으로써 어휘항목의 통사적 정보를 어휘부에서 삭제할 수 있다.

(32) CSR(θ) = XP

즉, 위의 원리는 해당 의미역의 종류에 따라 실현되는 통사범주의 유형이 달라진다는 것을 의미한다. 아래의 구체적인 실례를 확인해 보면, '행동주'나 '대상'의 의미역은 모두 NP로 실현되며, '명제(proposition)'의 의미역은 절범주(clausal category)인 S′(=CP) 혹은 S(=TP)로 실현된다.

(33) a. CSR(agent) = NP
b. CSR(theme) = NP
c. CSR(proposition) = S′ or S

의미역의 통사적 실현은 어휘항목의 유형에 따라 결정되는 것이 아니고, 의미역의 종류에 따라 보편적으로 결정된다면, 어휘부에서 결정되는 어휘항목의 어휘정보는 오직 의미적 정보인 의미역격자로만 한정될 수 있다.

이와 같이 지배결속이론은 어휘부에서 제공되는 어휘항목의 의미역격자와 통사부의 핵계층이론에 의해 제공되는 보편적 통사구조만을 이용하여 자연언어에 존재하는 모든 표현의 구조적 기술을 가능하게 하는 보편문법의 분법체계를 구현하고 있다.

한편, N. Chomsky는 그의 저서 *Knowledge of Language: Its Nature, Origin, and Use* (1986a)와 *Barriers* (1986b)에서 확대투사원리(Extended Projection Principle: EPP)를 제안하여 문장의 모든 계층구조는 오직 핵계층이론(X-bar Theory)에만 의해서도 기술될 수 있다고 주장한다. 또한, 이후 변형생성문법에서는 핵계층이론의 확대 적용으로 절구조(clausal structure)를 CP와 IP(or TP)의 구조로 분석한다.

확대투사원리는 "모든 절은 반드시 주어를 가져야 한다"라는 제약을 갖는 원리이다. 지배결속이론에서는 이러한 확대투사원리를 채택하여 종래의 변형생성문법에서 절의 구조를 생성하기 위하여 설정하고 있던 (34)와 같은 구구조규칙(phrase structure rules)을 문법체계에서 완전히 배제하고, 문장의 모든 구조를 오로지 (35)의 핵계층공식(X-bar schemata)으로만 기술한다.

(34) (i) S′ → COMP S
(ii) S → NP INFL VP

(35) (i) X″ → (WP), X′ (지정어규칙(specifier rule))
(ii) X′ → X′, (YP) (부가어규칙(adjunct rule): 선택적(optional))
(iii) X′ → X, (ZP*) (보충어규칙(complement rule))

아래 (36)의 문장에 대한 구조 기술을 (34)의 구구조규칙에 의해 기술하면 (37)과 같이 되지만, (35)의 핵계층이론에 의하면 (38)과 같이 기술된다.

(36) When will John fix the car?

(37)

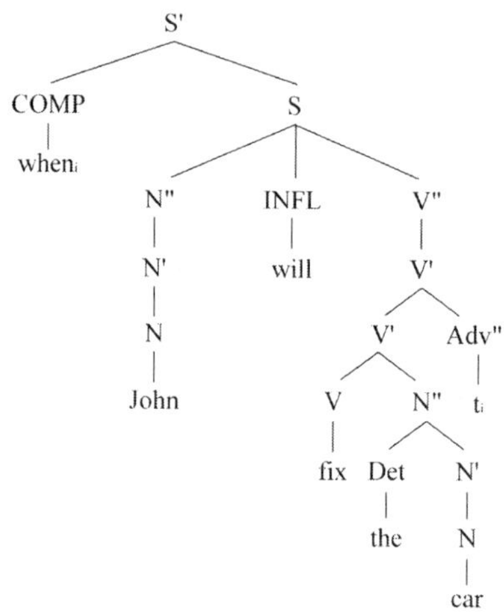

(38)

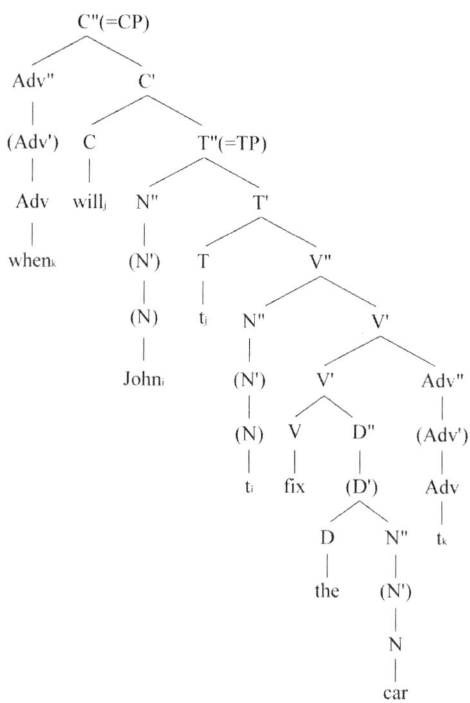

3.3 의미역이론

의미역이론(θ-Theory)에 대해서는 위에서 투사원리(projection principle)와 관련하여 간략히 언급한 바 있다. 모든 어휘범주(N, V, A, P)들은 어휘부에서 부여된 그들의 의미역격자(θ-role grid)에 따라 관련 의미역을 명사구(논항 argument)[19]에게 할당한다. 예컨대, *open*이라는 동사는 그것의 의미역격자에 '여는 주체'와 '열리는 대상'의 역할을 수행하는 두 논항에게 할당할 두 개의 의미역(θ-role)을 갖는데, 그것이 곧 '행동주(agent)'와 '대상(theme)'이라는 의미역이다.[20] 이러한 의미역할당(θ-assignment) 관계를 시각적으로 나

---

19) 어휘핵에서 의미역을 부여받은 표현--즉, *John, Mary, the book, his mother* 등등--을 논리학적 용어로 논항(argument)이라 한다. 그러나 자연언어에서는 의미역을 받지 않는 명사구-즉, 허사 *it*나 *there* 등-을 비논항(nonargument)이라 한다. 일반적으로 문장에서 논항은 의미역이 할당되는 문장의 주어나 목적어의 위치에 나타난다.

20) 의미역에는 '행동주(agent)'와 '대상(theme)' 이외에도 의미역을 부여하는 어휘항목(즉, 술어(predicate))에 따라 '피해자(patient),' '경험주(experiencer),' '수혜자(benefactive),' '목표(goal),' '원천(source),' '처소(location),' '명제(proposition)' 등등의 다양한 종류의 의미역이 존재한다. 몇 가지 간단한 실례를 들어보면 다음과 같다.

(i) a. *John* rolled *the ball* *toward Poirot.*
〈행동주〉 〈대상〉 〈목표〉

b. *Mary* read *the detective story* *to Jane.*
〈행동주〉 〈대상〉 〈수혜자〉

c. *Ms. Margaret* had been cold all day.
〈경험주〉

d. *Poirot* bought *the book* *from Marie.*
〈행동주〉 〈대상〉 〈원천〉

e. *Tomas* is *in London.*
〈대상〉 〈처소〉

f. *Mary* told *that John loved Jane.*
〈행동주〉 〈명제〉

g. *John* broke *his arm.*
〈피해자〉 〈대상〉

참고로, 위의 (ig)에서 목적어가 *the window*로 바뀌면, 주어 *John*은 '깨는 행동을 유발한 자'가 되므로 〈피해자〉가 아니라 〈행동주〉의 의미역을 할당받게 된다.
또한, 아래 예문을 고려해 보자.

(ii) *John* rolled *down the hill.*

타내면 다음과 같다.

(39) [[$_{NP}$ John] opens [$_{NP}$ the door]]

<행동주> <대상>

이때 주어에게 할당되는 의미역을 외재의미역(external θ-role)이라 하고, 주어를 외재논항(external argument)이라 한다. 또한, 목적어에게 할당되는 의미역을 내재의미역(internal θ-role)이라 하고, 목적어를 내재논항(internal argument)이라 한다. 위에서 '행동주(agent)'가 외재의미역이고 *John*이 외재논항이며, 그리고 '대상(theme)'이 내재의미역이고 *the door*가 내재논항이다.

그리고 이러한 의미역 할당을 제어하고 점검하는 이론이 바로 의미역이론(θ-Theory)인데, 이 이론에는 소위 의미역기준(θ-criterion)이라는 유일한 의미역 할당조건이 있다. 의미역기준은 다음과 같이 정의된다.

(40) 의미역기준(θ-criterion):

a. 각 논항은 하나의 의미역을 할당받아야 하되 단 하나만 할당받아야 한다. (Each argument must be assigned one and only one θ-role.)

b. 각 의미역은 하나의 논항에게 할당되어야 하되 단 하나의 논항에게만 할당되어야 한다. (Each θ-role must be assigned to one and only one argument.)

그러면, 이러한 의미역기준이 어떻게 작용하는지 살펴보자. 먼저 아래 예문을 고려해 보자.

(41) a. *John seems (that) Mary has solved the problem.

b. *John seems [$_{S'}$ (that) [$_{S}$ Mary has solved the problem]]

(ii)의 예문에서, *down the hill*은 〈처소〉의 의미역을 할당받지만, *John*의 경우는 만약 그가 의도적(intensionally)으로 언덕 아래로 굴렀다면 〈행동주〉의 의미역을 할당받으나 넘어져서 어쩔 수 없이 언덕 아래로 구르게 된 경우라면 〈대상〉의 의미역을 할당받게 된다.

이 문장에서는 내포절 동사 *solve*에 의해 *Mary*에 할당된 의미역만이 유일한 외재의미역이다. 인상동사(raising verb)[21] *seem*은 외재의미역을 할당하지 않았는데도 주절의 주어 위치가 *John*에 의해 채워졌으므로 이 문장은 비문법적인 문장이 된다. 만약 의미역 할당을 요구하지 않는 비논항인 허사(expletive) it가 이 위치에 나타나면 이 문장은 문법적인 문장이 된다(예컨대, *It seems that Mary has solved the problem.*). 그러므로 (41)의 비문법성은 의미역이 할당되지 않은 위치에 논항이 나타난다는 사실에 기인하므로, (40a)에 의해 비문법적인 문장으로 처리된다.

또한, 다음 두 예문을 고려해 보자.

(42) a. *There solved a problem.

b. *There *Tense* [$_{VP}$ solved a problem]

(43) a. *Mary solved there.

b. *Mary *Tense* [$_{VP}$ solved [there]]

이 예문들은 (41)과는 반대의 경우이다. 즉, 동사에 의해 할당될 의미역의 수가 문장에 나타나는 논항의 수보다 많은 경우이다. 즉, 동사 *solve*는 내재의미역과 외재의미역을 모두 할당하는 동사이지만 (42)와 (43)의 문장은 모두 한 개의 논항만을 가지고 있다(참고로 *there*는 순수허사(pure expletive)로서 의미역이 할당되지 않는 비논항(nonargument)임.). 그러므로, (42)와 (43)의 비문법성은 동사의 의미역격자에 나타나는 의미역 중 하나가 논항에 할당되지 않는다는 사실에 기인하므로, (40b)에 의해 비문법적인 문장으로 처리된다.

21) 인상동사(raising verb)란 주어의 위치에 의미역을 할당하지 않아 이 주어의 위치로 명사구이동을 허용하는 동사를 말한다. 이와 같이 주어에게 의미역을 할당하지 않는 술어에는 *seem, appear, happen* 등의 동사와 *certain, likely, sure* 등의 형용사가 있다.

지배결속이론의 문법체계에 의하면, 의미역기준은 표층구조(S-structure)상에 적용되는 조건이다. 만약 표층구조상에서 의미역이 할당되지 않는 논항이 있거나, 혹은 논항에 할당되지 않는 의미역이 있으면 (40)의 의미역기준에 의해 비문법적인 문장으로 처리된다.

그러면, 이제 의미역기준과 연쇄(Chain)의 관계를 살펴보자.[22] 다음 예문들을 고려해 보자.

(44) a. Mary seems to have solved the problem

b. [$_S$ Mary$_i$ *Tense* [$_{VP}$ seems [t$_i$ to have solved the problem]]

(45) a. *Mary beleives to have solved the problem

b. *[$_S$ Mary$_i$ *Tense* [$_{VP}$ believes [t$_i$ to have solved the problem]]

*Seem*과 같은 인상동사(raising verbs)는 외재의미역을 할당하지 않는다. 그러나 *believe*는 외재의미역을 할당한다는 점에서 *seem*과 다르다. (참고, *John believes Mary to have solved the problem.*) 이러한 차이는 (44)와 (45)를 비교해 보면 잘 나타난다. (44)에서 인상된 논항이 내포절의 동사에 의해 하나의 (외재)의미역만을 할당받는 데 반해 (45)에서는 인상된 논항이 내포절과 주절의 동사에 의해 각기 하나씩, 두 개의 (외재)의미역을 할당받고 있다. 그러므로 (45)의 비문법성은 인상된 논항이 두 개의 의미역을 할당받는다는 것에서 초래되므로 이 문장 역시 (40a)에 의해 비문법적인 것으로 처리된다. (40a)에 의하면 의미역할당에서 각 논항은 단 한 개의 의미역만을 할당받게 되어 있다.

22) '연쇄(Chain)'란 소위 흔적이론(Trace Theory)의 가정에 의해 이동한 요소가 원래의 자리에 흔적을 남길 때, 그 흔적과 이동한 요소 사이에 형성되는 관계를 말한다. 즉, 아래 예문에서 *John*과 그의 흔적 t는 (Johni, t$_i$)의 연쇄를 이룬다. 이 때 *John$_i$*과 t$_i$를 연쇄의 고리(link)라 한다.

(i) [John$_i$ is believed [t$_i$ to love Mary]]

(44)의 예를 좀 더 자세히 고려해 보자. 의미역 할당이 표층구조에서 이루어진다면, 엄격히 말해 내포절 동사의 외재의미역은 내포절의 주어 위치에 나타나는 흔적에 할당된다고 보아야 한다. 인상동사가 나타나는 주절의 주어 위치는 의미역이 할당되지 않는 비의미역위치(**θ**′-position)이므로, 이 자리로 인상된 논항은 사실상 의미역을 할당받지 못하게 된다. 따라서, 이 문장은 실제와는 달리 의미역기준 (40a)에 의해 비문법적인 문장으로 처리되어야 한다. 이러한 문제점을 해결하기 위해서는, 의미역위치(**θ**-position)에서 의미역을 할당받는 흔적이 비의미역위치로 인상된 그의 선행사에게 그가 할당받는 의미역을 전달(transmit)한다고 가정하여야 한다.[23] 다시 말해, 인상된 명사구와 그것의 흔적은 하나의 연쇄(Chain)를 형성하는데, 이때 인상된 명사구는 (연쇄의) 머리(head)가 되고 흔적은 (연쇄의) 꼬리(tail)가 되며, 의미역전달(**θ**-role transmission)은 연쇄의 꼬리에서 머리로 이루어진다고 본다.

결과적으로 (44)의 예문에 나타나는 의미역할당의 현상은 의미역기준이 논항뿐만 아니라 논항의 연쇄까지 확대되어야 함을 암시한다. 만약, '연쇄'의 개념에 'Mary solved the problem'의 문장에서 *Mary*나 *the problem*처럼 이동하지 않은 명사구까지 포함시키면 의미역기준은 전적으로 연쇄에 대한 조건으로 이해될 수 있다. 즉, 모든 논항은 연쇄를 이루는데, 연쇄에는 이동하지 않은 명사구가 형성하는 (Mary), (the problem) 등과 같은 한 개의 요소로 이루어지는 소위 단일원소연쇄(single-membered Chain)와, 그리고 (Mary, t)와 같이 명사구이동에 의해서 형성되는 다중원소연쇄(multi-membered Chain)의 두 종류가 있다면, (40)에서 내린 정의를 그대로 두어도 의미역기준이 논항과 논항의 연쇄에 모두 적용될 수 있게 된다. 왜냐하면, 모든 논항

23) 의미역위치(**θ**-position)란 어휘범주에 의해 의미역이 할당되는 위치를 말하고, 비의미역위치(**θ**′-position)란 의미역이 할당되지 않는 위치를 말한다. *Seem*과 같은 인상동사가 나타나는 문장의 주어 위치는 의미역이 할당되지 않는 위치이므로 비의미역위치이다. 이러한 비의미역 위치에 논항이 나타나면 이 논항은 의미역을 할당받지 못하므로 그 문장을 비문법적인 문장을 만들거나, 그러하지 않으려면 의미역 위치에 나타나는 그의 흔적에서 의미역을 전달(transmit)받아야 한다.

은 연쇄를 이루고, 연쇄를 이루는 논항은 그것이 단일원소연쇄이건 다중원소연쇄이건 각기 단 하나의 의미역을 할당받아야 한다고 말할 수 있기 때문이다.

의미역기준이 연쇄에 적용된다고 말할 수 있는 것은 바로 명사구의 이동은 언제나 (44)의 경우처럼 의미역 위치에서 비의미역 위치로 이동되는 경우만 허용되기 때문이다. 만약 (45)처럼 논항의 이동이 의미역위치에서 의미역위치로 이루어진다면, 이러한 이동은 연쇄의 형성 과정에서 두 개의 의미역을 갖게 되고, 따라서 이는 의미역기준을 어기게 된다. 즉, (45)에서는 (Mary, t)의 연쇄가 두 개의 의미역을 할당받는데 내포절 동사의 외재의미역은 t에 할당되고 주절 동사의 외재의미역은 *Mary*에 할당된다. 따라서, (45)는 하나의 논항(연쇄)이 두 개의 의미역을 할당받아 여전히 의미역기준 (40a)에 의해 비문법적인 문장으로 처리된다.

3.4 격이론

격이론(Case theory)은 문장에서 명시적 명사구(overt NP)의 분포를 결정하는 이론 중의 하나이다. 아래 예문을 고려해 보자.

(46) a. I believe [$_S$[$_{NP}$ John] to win].

b *It is likely [$_S$[$_{NP}$ John] to win].

위의 예문에서 명사구 *John*은 (46a)에서는 종속절의 주어 위치에 나타날 수 있으나, (46b)에서는 같은 위치에 나타날 수 없다. 따라서 우리는 문장 속에서 *John*과 같은 명시적 명사구들이 나타날 수 있는 위치가 특정 위치로 한정된다는 사실을 알 수 있다. 바로 이러한 명시적 명사구의 분포나 특성을 포착하는 조건이 다음과 같은 격여과장치(Case Filter)이다.

(47) 격여과장치 (Chomsky 1981):
명사구는 그것이 음성적 실체를 가졌으면서 격을 갖지 않으면 비문법적이다.
(*NP, where NP has phonetic content and has no Case.)

(47)의 격여과장치는 음성적으로 실현되는 명사구가 격을 부여받지 못하면 제거된다는 것을 의미한다. 이 조건은 간단히 다음과 같이 표현될 수 있다.

(48) 명시적 명사구는 반드시 격표시가 되어야 한다. (An overt NP must be Case-marked.)

만약, 위의 예문 (46a)에서는 부정사절의 주어 위치가 격표시(Case-marked)되는 위치이나 (46b)에서는 부정사절의 주어 위치가 격표시되지 않는 위치라면, 이제 이들 예문 간의 문법성 차이가 (48)의 격여과장치에 의해 쉽게 설명된다. 왜냐하면, (46a)에서는 음성적으로 실현되는 명시적인 *John*이 격표시되는 위치에 나타나지만, (46b)에서는 *John*이 격표시되지 않는 위치에 나타나기 때문이다.

그러면, 이제 (48)의 조건에서는 문장에서 어떤 위치가 격표시되는 위치인지가 중요한 논의의 대상이 된다. 일반적으로 지배결속이론에서는 다음과 같은 격 분류와 격표시자 격표시 위치 등을 제시하고 있다.

(49) 영어의 격과 격표시

격의 종류	구조격		고유격
	주격	대격	소유격
격표시자	AGR	[-N]	[+N]
격표시 위치	문장 주어	목적어	의미역 위치
격표시 방법	통사적 지배		의미역적 지배

또한, 지배결속이론에서는 어휘범주(lexical category)를 어휘자질(lexical feature)의 구성에 입각하여 다음과 같이 분류한다.

(50) N: [+N, −V]
V: [−N, +V]
A: [+N, +V]
P: [−N, −V]

이렇게 어휘범주의 구분을 어휘자질의 구성에 의해 분류하면, 소위 초범주적 일반화(supercategorizational generalization)를 도모할 수 있다. 즉, 명사(N)와 형용사(A)는 [+N]의 범주로 묶을 수 있고, 동사(V)와 전치사(P)는 [-N]의 범주로 묶을 수 있고, 동사(V)와 형용사(A)응 [+V]의 범주로 묶을 수 있으며, 또한 명사(N)과 전치사(P)는 [-V]의 범주로 묶을 수 있다. 이때 [-N], [+N], [+V], [-V] 등을 초범주(supercategories)라 하며, 이러한 초범주의 개념을 활용하여 특정의 언어현상을 설명할 때 우리는 초범주적 일반화를 성취하였다고 한다.

(49)의 도표에 의하면, 구조격(structural Case)은 주격(Nominative Case)과 대격(Accusative Case)으로 구분되며, 이 중에서 대격은 [-N]에 의해서 표시된다고 본다. 이는 곧 동사와 전치사만이 대격을 표시하는 어휘범주라는 것이다. 또한, 고유격(inherent Case)인 소위 소유격(Genitive Case)은 [+N]의 초범주로 표시되는 명사와 형용사에 의해 표시되는 격임을 알 수 있다. 이러한 격표시 현상은 다음과 같은 표현들에서 확인된다.

(51) a. [$_{VP}$ love Mary]
b. [$_{PP}$ about Mary]

(52) a. [$_{NP}$ admiration of Mary]
b. [$_{AP}$ proud of Mary]

즉, (51)에서는 *Mary*가 *love*(V)와 *about*(P)에서 대격을 부여받고 있고, (52)에서는 *Mary*가 *admiration*(N)과 *proud*(A)에서 소유격 *of*을 부여받는 것

이다. 이제 주격표시와 관련해서 아래 (53)에 제시되는 예문과 그 표층구조를 고려해 보자.

(53) a. John loves Mary.

b.

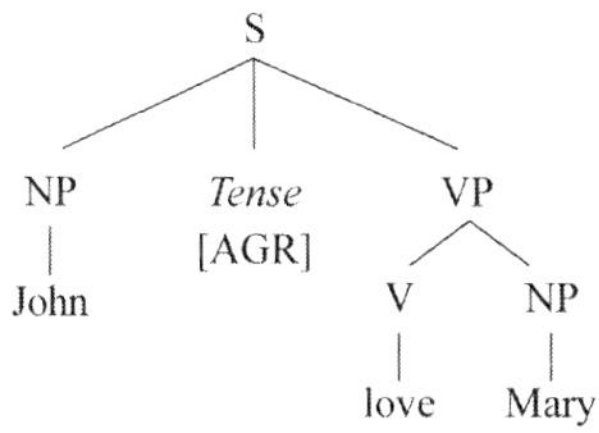

도표 (49)에 의하면, 위의 예문에서 *John*은 주격표시가 되며, 이 주격은 AGR에서 표시된다고 보아야 한다. 물론 위에서 언급한 것처럼 *Mary*는 동사 *love*로서 대격을 부여받고 있다. 주격과 대격은 구조격(structural Case)으로 분류되는데, 구조격과 고유격(inherent Case)의 중요한 차이는 격표시 방법에 있다. 다시 말하면, 구조격은 고유격과는 달리 통사적 지배(syntactic government)에 의해 표시된다는 것이다. 즉, 위의 구조에서 주어 위치에 나타나는 *John*은 AGR에 의해 통사적으로 지배됨으로써 AGR에서 주격을 부여받고 있으며, 목적어 위치에 있는 *Mary*는 동사 *love*에서 통사적으로 지배되어 *love*에게서 대격을 부여받고 있다는 것이다.

그러면 이제 (46)에 제시되는 예문들의 격표시 현상을 좀 더 자세히 살펴보자. 이들 예문의 관련 구조 표현은 각기 다음과 같다.

(54) a.

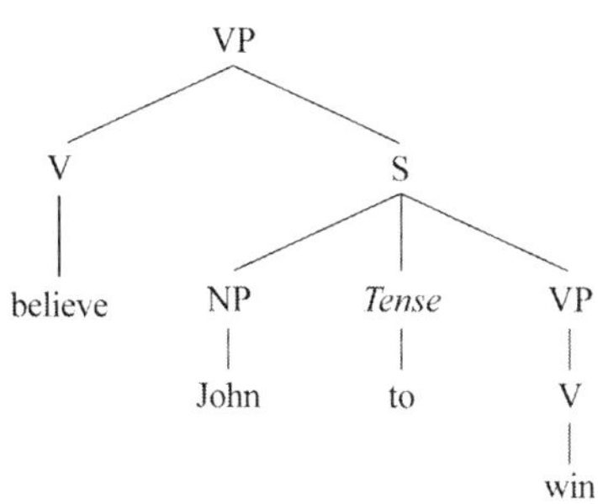

b.

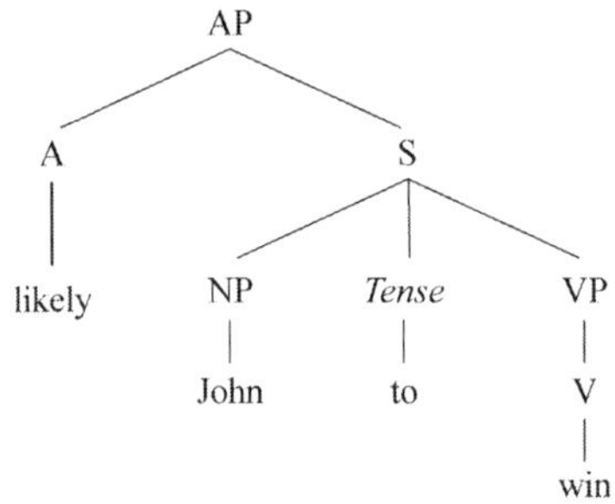

위의 두 구조에서 모두 *John*은 부정사절의 *Tense* (to)에는 AGR이 없으므로 주격을 받을 수 없다. 그러나, (54a)에서는 부정사절을 보충어절(complement clause)로 취하는 주절의 동사 *believe*가 [-N] 범주이므로 *John*은 *believe*에서 대격을 받을 수 있다. 왜냐하면, 구조격은 [-N] 범주의 지배(government)에 의해 부여될 수 있기 때문이다. 지배의 개념은 다음과 같이 수정, 정의된다.

(55) *α*가 어휘범주이거나 AGR이고, *α*가 *β*를 최대투사통어할 때, *α*와 *β* 사이에 장벽이 없으면, *α*가 *β*를 지배한다(지배를 차단하는 장벽은 최대투사범주(=S′, VP, NP, AP, PP)가 된다.).[24] (*α* governs *β* if and only if (i) *α* is a lexical category (=N, V, A, or P) or AGR; (ii) *α* m-commands *β*; and (iii) no barriers intervenes between *α* and *β*. (Maximal projections (i.e., S′, VP, NP, AP, and PP) are barriers to government.))

---

24) 장벽이론(Barriers Theory) 이후에는 지배의 정의에 활용되는 성분통어(c-command)의 개념이 사실상 최대투사통어(m-command)의 개념으로 대체된다. 이러한 개념의 변화는 S′와 S가 CP와 TP의 구조로 각기 기술되는 이론적 변화를 수용하면서, 특히 격이론에서 AGR이 주어에게 주격을 부여하는 경우를 지배의 개념에 입각해 기술할 수 있게 해 준다. 최대투사통어는 다음과 같이 정의된다.
(i) *α*를 관할하는 첫 번째 최대투사범주가 *β*를 관할하면, *α*는 *β*를 최대투사통어한다.
(*α*m-commands *β* if and only if the first maximal projection dominating *α* dominates*β*.)

(55)의 정의는 AGR과 어휘범주 N, V, A, P가 통사구조상에서 어떤 요소를 최대투사통어(m-command)할 때, 이들 사이에 S′, VP, NP, AP, PP 등의 최대투사범주가 나타나지 않으면, 최대투사통어하는 AGR, N, V, A, P가 그들에게 최대투사통어되는 요소를 지배하게 됨을 말해준다. 바로 이러한 정의에 입각하면, (54)의 두 통사구조에서 *believe*와 *likely*는 각기 부정사절의 주어 *John*을 지배한다. 왜냐하면, *believe*와 *likely*는 각기 *John*을 최대투사통어하며, 이들과 *John* 사이에 최대투사범주가 없기 때문이다(참고로, 절의 최대투사범주는 S′이지 S가 아니다.).[25] 이때 *believe*는 [-N]이므로 통사적 지배(syntactic government)를 통해 *John*에게 구조격인 대격을 부여하게 된다.[26] 그러나 *likely*는 *John*을 통사적으로는 지배하지만 [+N]의 범주로 분류되므로 *John*에게 구조격을 부여할 수 없다. 따라서, (54b)의 경우에서 부정사절의 주어 *John*이 격표시(Case-marked)되지 않으므로, 이러한 구조를 포

---

25) 절의 구조기술은 사실상 장벽이론(1986~1990) 전과 후가 다르다. 장벽이론 이전에는 아래 (i)처럼 기술되었으나, 장벽이론에서는 (ii)처럼, 최근 최소주의문법에서는 (iii)처럼 기술된다. 문장에 대한 본서의 핵계층적 분석은 (iii)에 따른다.

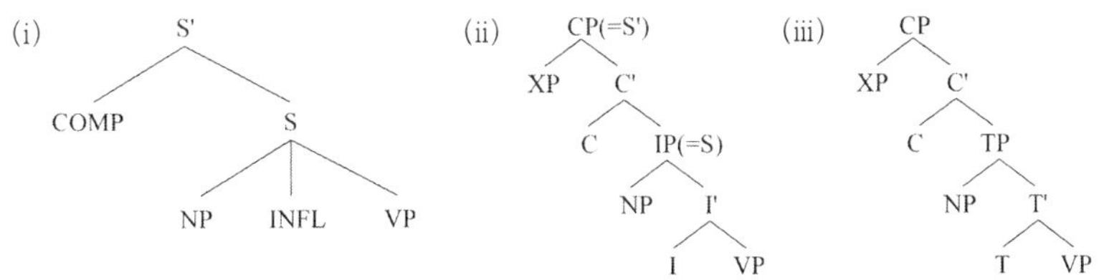

(i)의 구조기술에서는 절의 최대투사범주를 S′로 보고 있지만, (ii)와 (iii)에서는 절 속에는 두 개의 최대투사 CP와 IP(or TP)가 나타난다고 보고 있다. 장벽이론 이후의 변형생성문법에서는 IP(or TP)는 최대투사범주이나 장벽이 되지 않는 결여범주(defective category)이라고 보고 있다.

26) *believe*와 같이 문장범주 S를 넘어 종속절의 주어에게 격을 주는 동사들을 소위 예외격표시동사(Exceptional Case-Marking verb: ECM verb)라 한다. 이러한 예외격표시 동사에는 *believe* 이외에 *expect, consider, want, imagine* 등이 있다. 예외격표시동사들은 예외격표시(Exceptional Case-Marking)의 경우에 S′가 아니라 S를 보문(complement clause)으로 취한다고 하여 S′-삭제동사(S′-deletion verbs)라고도 부른다. 예외격표시 현상을 변형생성문법 초기에는 소위 주어-목적어인상(Subject-to-Object Raising)이란 변형규칙으로 설명하기도 했다. (Postal 1974 참조)

함하는 (46b)의 문장이 (48)의 격여과장치에 의해 비문법적인 문장으로 처리된다.

그러면, 이제 (51)과 (52)에서 보이는 격표시 현상은 어떻게 설명되는지 살펴보자. 이 두 경우의 통사구조는 각기 다음과 같이 표현된다.

(56) a. 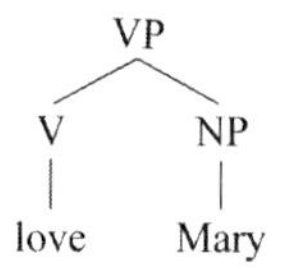

b. 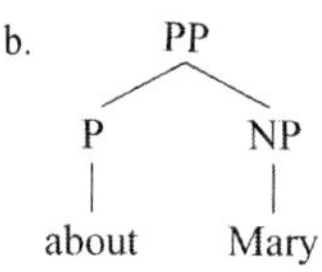

(57) a. 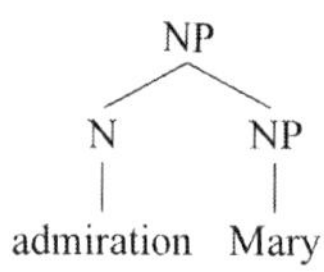

b. 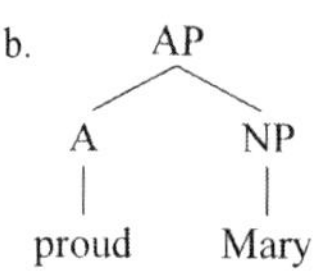

(56)과 (57)에 제시되는 모든 구조에서 각 구범주(phrasal category)의 어휘핵은 그것의 보충어(complement)를 통사적으로 지배하고 있다. 이 경우 (56)에서는 어휘핵 V와 P가 [-N] 범주이므로 그의 보충어 NP에게 구조격인 대격을 부여할 수 있다. 그러나 (57)의 경우에는 어휘핵 N과 A가 [+N] 범주이므로 통사적 지배에 의한 구조격은 부여할 수 없으나, 그들의 보충어에게 의미역을 할당하므로 의미역적 지배(**θ**-government)를 통해 고유격인 소유격은 부여할 수 있다.[27] 따라서, (57)의 구조에서 보충어 위치에 나타나는 NP들이 격여과장치를 충족하기 위하여서는 격을 부여받아야 하므로, (58)의 구조표현처럼 어휘핵 N과 A에서 소유격을 부여받아 *of*라는 소유격표지(Genitive Case-marker)를 갖게 된다.[28]

---

27) 의미역적 지배(**θ**-government)란 통사적으로 지배하는 자가 지배받는 자에게 의미역(**θ**-role)까지 부여하는 경우를 말한다.

28) Chomsky(1981)에 의하면, (58)의 구조표현에서 *of*는 전치사가 아니고 소유격을 나타내는 격표지(Case-marker)이며 이 격표지는 Chomsky식 부착(Chomsky-adjunction)을 통해 명사구에 부착되는 위치에 나타난다고 본다.

(58) a.

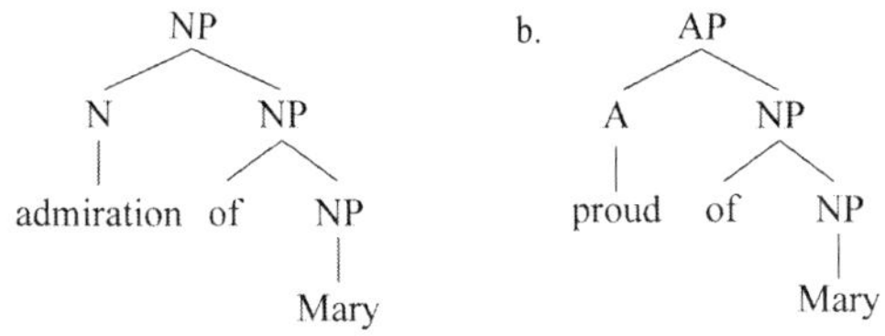

그러면, 이제 아래 예문을 고려해 보자.

(59) a. the enemy destroyed the city.

b. the enemy's destruction of the city

위의 두 표현에서 격을 부여받아야 하는 명사구는 *the enemy*와 *the city* 두 개다. (59a)의 경우는 명사구들의 격표시가 앞선 (53)의 예문에서와 동일하게 설명된다. (59b)의 경우는, 아래 구조표현에서 확인되는 바와 같이, 이들 명사구들이 모두 *destruction*의 최대투사범주인 NP 내에서 [+N] 범주인 *destruction*으로부터 의미역적 지배를 받고 있으므로 각기 고유격인 소유격 '*s*와 *of*를 부여받을 수 있다. 따라서, (59)의 두 표현은 모두 격여과장치를 충족함으로써 문법적인 표현이 된다.

(60)

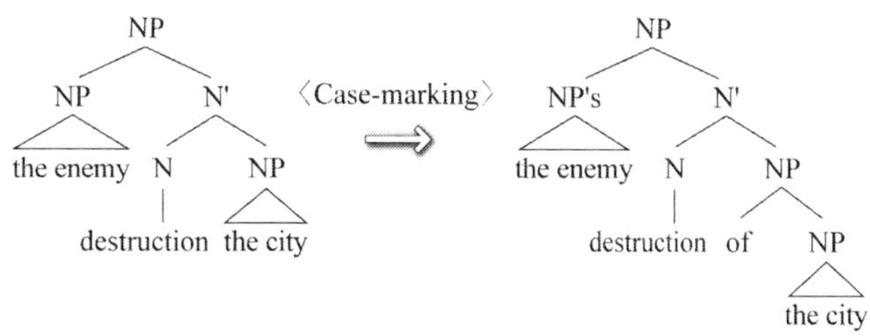

그러면, 아래 두 문장을 비교해 보자.

(61) a. John_i appears/is likely [t_i to love Mary].

b. *John's_i appearance/likelihood [t_i to love Mary]

(61)의 두 예에서 *John*은 종속절의 주어 위치에서 현재의 위치로 명사구 이동을 해왔다. 이 경우 (61a)는 문법적이지만 (61b)는 비문법적이다. 이러한 문법성의 차이도 (48)의 격여과장치에 의해서 포착될 수 있다. 즉, (61)의 *John*은 주절의 주어 위치에 나타나므로 주절의 AGR에서 주격을 부여받게 된다. 그러나 (61b)에서는 명사구의 주어(즉, SPEC) 위치로 이동한 *John*은 명사핵 *appearance*에서 소유격('s)을 부여받지만 비문법적이다. 왜냐하면, 소유격은 고유격이기 때문에 단순히 통사적 지배에 의해서 부여되지 않고, 반드시 의미역 할당(**θ**-assignment)과 함께 부여되는 격이기 때문이다. 즉, (61b)에서 *John*은 비록 명사구의 주어 위치에 나타나지만 명사핵 *appearance*에서 의미역(**θ**-role)을 할당받지 않으므로 소유격을 부여받을 수 없게 된다.

이제 다음 예문을 고려해 보자.

(62) a. John will [$_{VP}$ completely/quickly/slowly finish the assignment].

b. John will [$_{VP}$ finish the assignment completely/quickly/slowly].

c. *John will [$_{VP}$ finish completely/quickly/slowly the assignment].

위의 예문은 소위 동사구 부사(VP adverb)인 *completely, quickly, slowly* 등 동사 앞이나 목적어 뒤에 나타날 수는 있으나, 동사와 목적어 사이에는 나타날 수 없다는 사실을 보여주고 있다. 이러한 현상은 다음과 같은 격인접원리(Case Adjacency Principle)에 의해 포착된다.29)

(63) 격인접원리 (Chomsky 1981: 94)

격표시는 어순상에서 결코 한 범주를 뛰어넘을 수 없다. (Case-marking never skip a category in a string.)

---

29) 격인접원리를 쉽게 정의하면, 다음과 같이 기술된다.

(i) 어휘핵과 그들에게서 격을 부여받는 명사구는 인접해야 한다(The lexical categories and the NPs Case-marked by them must be adjacent to each other.).

즉, 위의 (62a, b)의 경우에는 부사가 동사 앞이나 목적어 NP 뒤에 나타나므로 격을 부여하는 동사와 NP가 인접해 있지만, (62c)의 경우는 부사가 이들 사이에 나타나므로 결국 (63)의 위반으로 NP인 *the assignment*가 격을 받을 수 없다. 따라서 (62c)의 경우는 (62a, b)와 달리 격여과장치 (48)에 의해 비문법적인 문장으로 판정된다.

(63)의 격인접원리에서는 다음 예문들 사이에 나타나는 문법성의 대조까지도 효과적으로 포착된다.

(64) a. They [$_{VP}$ loaded **hay** on *the cart*].

b. They [$_{VP}$ loaded **the cart** with *hay*].

(65) a. *They [$_{VP}$ loaded on *the cart* **hay**].

b. *They [$_{VP}$ loaded with *hay* **the cart**].

(64)에서는 격표시의 경우가 모두 (63)의 격인접원리를 충족하나 (65)의 경우는 그렇지 못하다. 왜냐하면, (64)의 두 예문에서는 격표시를 받아야 하는 (이탤릭체의) 명사구들이 모두 그들에게 격표시하는 동사와 전치사에 인접해 있으나, (65)의 두 예문에서는 전치사에서 격표시받는 명사구들은 여전히 격인접원리를 충족하지만 동사 *loaded*에서 격표시를 받아야 할 (볼드체의) 명사구들은 그들 사이에 끼어 있는 전치사구로 인해 격표시하는 동사와 인접하지 못하기 때문이다. 따라서, (64)의 예문들은 모두 그들 속에 나타나는 명사구들이 모두 격표시되므로 문법적이나, (65)의 두 예문은 각기 격인접원리의 위반으로 격표시되지 않은 (볼드체의) 명사구를 가지고 있으므로 (47)의 격여과장치(Case Filter)에 의해 비문법적인 문장으로 처리된다.

한편, Chomsky(1986a)에서는 소위 연쇄조건(Chain Condition)을 제안하여 의미역이론($\boldsymbol{\theta}$-Theory)과 격이론(Case Theory)의 통합을 시도하고 있다. 연쇄조건은 다음과 같이 정의된다.

(66) (i) 만약 (α_1, ⋯, α_n)이 논항연쇄이면, α_1만 단 한 번의 격표시가 되어야 하고 α_n만 단 한 번의 의미역 할당이 되어야 한다. (Only α_1 must be Case-marked exactly one time and only αn is θ-assigned exactly one time if and only if (α_1, ⋯, α_n) is an A-Chain.)

(ii) 만약 (α_1, ⋯, α_n)가 연쇄를 이루면, $1 \leq j \leq n$의 경우 모든 j가 동일지표화 되어야 하고, α_j가 α_{j+1}를 성분통어하여야 한다. (There must be an index i such that for all j, $1 \leq j \leq n$, j carries that index, and for all j, $1 \leq j \leq n$, α_j c-commands α_{j+1} if and only if (α_1, ⋯, α_n) is a Chain.)

(66i)는 소위 논항연쇄조건(A-Chain Condition)이고 (66ii)는 일반연쇄조건(General Chain Condition)이다. 일반연쇄조건 (66ii)는 (α_1, ⋯, α_n)가 연쇄를 이루고 있으면, 모든 연쇄의 원소(Chain members)들이 동일한 지표를 가져야 하며, 연쇄의 앞 원소는 바로 뒤따르는 원소를 성분통어(c-command)해야 한다는 것을 말해주고 있다. 논항연쇄조건 (66i)는 만약 (66ii)의 조건에 의해 구성되는 연쇄가 논항연쇄(모든 원소가 논항위치에 있는 연쇄)일 경우에는, 연쇄의 머리(head)에 해당되는 원소는 반드시 격(Case)을 표시받는 위치에 있어야 하고, 연쇄의 꼬리(tail)에 해당되는 원소는 반드시 의미역(θ-role)을 할당받는 위치에 있어야 한다는 것이다. 만약 명사구(논항)가 이동하지 않고 기저위치에 남아 있다면, 이러한 경우도 그 명사구 혼자만이 논항연쇄를 이룬다고 보며, 이러한 연쇄를 소위 단일원소연쇄(single-membered Chain)라 한다.[30] 단일원소연쇄일 경우에는 그 연쇄의 원소가 연쇄의 머리인 동시에 꼬리가 되므로 그 원소가 격과 의미역을 모두 부여받는 위치에 나타나야만 (66i)의 논항연쇄조건을 충족하게 된다. (66i)의 연쇄조건은 그동안 격여과장치(Case Filter)의 위반의 경우는 물론, 의미역기준(θ-criterion)을 위반하던 경우까지도 모두 처리할 수 있다.

---

30) 기저(심층)구조에서 논항위치에 나타나는 명사구가 비논항이동(A′-movement)(즉, *wh*-이동)을 할 경우에도 기저위치에 나타나는 명사구 흔적(NP-trace)은 그 혼자서 단일원소연쇄(single-membered Chain)를 이룬다고 본다.

(i) what_i did you buy t_i yesterday?

예컨대, 다음 문장들을 고려해 보자.

(67) a. $John_i$ is believed [t_i to love Mary].
     b. *$John_i$ believes [t_i to love Mary].

(68) a. $John_i$ seems [t_i to love Mary].
     b. *$John_i$ seems that [t_i loves Mary].

위의 (67)과 (68)의 예문들 속에 나타나는 연쇄 ($John_i$, t_i)는 논항연쇄를 이루는데, (67)의 경우에서 (a)와 비교해 (b)의 예문이 비문법적인 이유는 연쇄의 머리와 꼬리가 모두 의미역을 할당받는 위치에 나타나기 때문이고, 또한 (68)의 경우에서도 (a)와 달리 (b)의 예문이 비문법적인 이유는 연쇄의 머리와 꼬리 원소가 모두 격을 부여받는 위치에 나타나기 때문이다. 즉, 예문 (67b)와 (68b)는 둘 다 연쇄조건 (66i)를 위반하는 논항연쇄를 가지고 있어 비문법적인 문장으로 처리된다.

연구과제

〈과제 1〉 아래 (i)에 제시되는 구표지(P-Marker)에 대해 (ii)의 각 질문에 대답하시오.

(i)

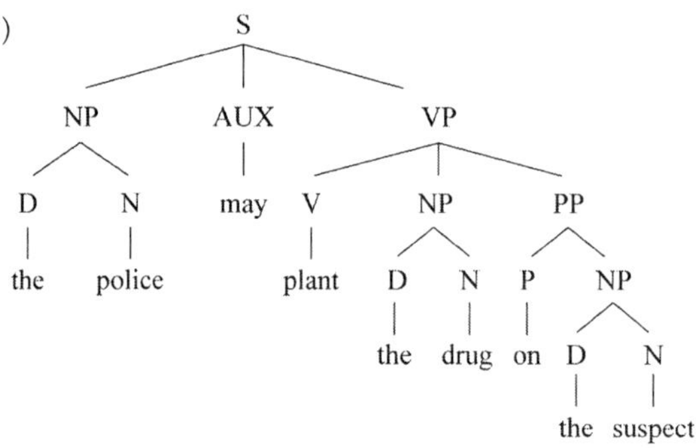

(ii) a. 인접하는 두 단어가 구성소(constituent)를 이루는 짝은 어느 것인가?

b. 위 (i)에 제시되는 수형도(tree-diagram)의 구표지를 표찰 각괄호(labelled bracket)로 나타내시오.

(iii) a. 자매관계(sisterhood)를 이루는 절점들의 집합을 기술하시오.

b. 각 명사구(NP)들의 모절점(mother node)을 말하시오.

c. 동사구(VP)의 직접 구성소(immediate constituent)를 말하시오.

d. 전치사구(PP)의 여절점(daughter node)을 말하시오.

〈과제 2〉 아래 두 예문은 각기 상이한 두 가지 구구조(phrase structure)를 갖는다. 각 문장의 두 가지 구구조를 수형도 구표지로 나타내시오.

(i) John saw a man with binoculars.

(ii) The boy called the girl from London.

〈과제 3〉 다음 (i)-(iii)의 두 예문 사이에 나타나는 문법성 차이를 구구조에 입각하여 설명하시오.

(i) (a) The team can rely completely on my support.

(b) *The team can rely certainly on my support.

(ii) (a) The soldiers might disgrace themselves.

(b) *The soldiers' behaviour might disgrace themselves.

(iii) (a) John walked and Mary ran up the hill.

(b) *John rang and Harry picked up Mary's sister.

〈과제 4〉 다음 (i)과 (ii)는 두 사람 간의 대화이다. (i)의 예에서는 (A)의 질문에 대한 (B)의 대답이 문법적이나 (ii)의 경우는 (A)의 질문에 대한 (B)의 대답이 비문법적이다. 그 이유를 구조적 제약에 입각하여 설명하시오.

(i) A: Who might be going to the cinema when?

B: John might be on Tuesday.

(ii) A: Who will put the book where?

B: *John will on the table.

〈과제 5〉 아래 예문 (i)-(v)의 구구조를 각기 수형도로 나타내고, 그러한 구구조를 생성하는 구구조규칙들을 설정하시오.

(i) John will meet the new government in the foyer of the opera.
(ii) Mary cleaned the knife carefully with a handkerchief.
(iii) Bill is quite fond of his assistant.
(iv) The announcement of the news on local radio surprised all the students of linguistics from England.
(v) She has decided that owners of big cars without children should pay tax.

〈과제 6〉 (i-v)에 있는 각 예문들의 구조를 수형도와 표찰이 붙은 각괄호를 이용한 두 가지 방법으로 기술하시오(참조: 복문은 VP → V S′와 NP → D N S′의 구구조규칙에 의해 생성되며, 보문소(COMP) that은 S′ → COMP S에 의해 생성됨.).

(i) Bill thinks that John is clumsy.
(ii) She cleverly avoided the question.
(iii) Bill donated money to the charity.
(iv) The tall building is new, obviously.
(v) The claim that John is incompetent is absurd.

〈과제 7〉 아래 (i)-(iv)에 제시된 각 단어들의 하위범주화 자질을 표현하고, 그 자질을 충족하는 관련 예들을 제시하시오.
(i) fond
(ii) declare
(iii) transport
(iv) within

〈과제 8〉 파생과정상 짝을 이루는 다음 (i-v)의 어휘항목들이 서로 유사한 하위범주화격자를 갖는지 아니면 상이한 하위범주화격자를 갖는지를 말하고 실례를 들어 설명하시오.

(i) derive/derivation

(ii) believe/belief

(iii) export/export

(iv) fond/fondness

(v) eager/eagerness

〈과제 9〉 동사 *believe*와 *wonder*는 (ia와 b)에서 나타나는 바와 같이 둘 다 절보충어 (S′)를 취하는 것으로 하위범주화된다. 그러나 이들 동사들은 (iia와 b)에서 나타나는 바와 같이 보충어로 취하는 절의 유형이 서로 다르다. (iia와 b)의 예문들이 제거될 수 있도록, 이러한 특성을 각 동사의 하위범주화격자에 반영되는 선택제약(selectional restriction)으로 나타내시오.

(i) a. Bill believes that John left early.
  b. Bill wonders if John left early.

(ii) a. *Bill believes if John left early.
  b. *Bill wonders that John left early.

〈과제 10〉 아래 예문들이 왜 비문법적인지 동사의 하위범주화제약에 의해 설명하시오.

(i) *John can't go his office.

(ii) *The Prime Minister dismissed from the cabinet.

(iii) *You can depend by my support.

(iv) *John explained Mary the problem.

(v) *John said to Mary nothing.

〈과제 11〉 아래 예문들이 왜 비문법적인지 각 문장술어의 선택제약에 의해 설명하시오.

(i) The boy may frighten sincerity.

(ii) Sincerity may admire the boy.

(iii) John amazed the injustice of the decision.

(iv) The boy elapsed.

(v) The boy was abundant.

(vi) The harvest was clever to agree.

(vii) John solve the pipe.

〈과제 12〉 주어진 그림을 참조하여:

(i) 빠져 있는 모든 절점을 채우시오.

(ii) 모든 구절점을 목록으로 작성하시오.

(iii) 모든 종단절점을 목록으로 작성하시오.

(iv) 뿌리절점을 확인하시오.

(v) 그림에 나타나는 모든 구성소를 목록으로 작성하시오.

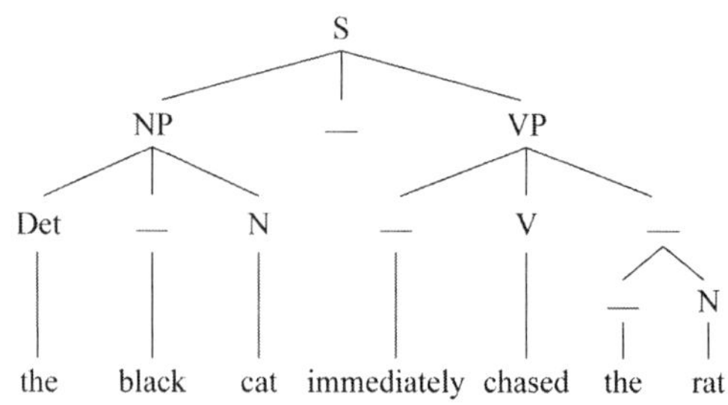

〈과제 13〉 주어진 추상적인 수형도와 관련하여, 아래 (i-vii)에서 요구하는 정보를 제시하시오.

(i) NP_2의 자매절점들을 목록으로 작성하시오.
(ii) S′의 여절점들을 목록으로 작성하시오.
(iii) S가 모절점이 되는 모든 범주를 목록으로 작성하시오.
(iv) S가 관할하는 모든 범주를 목록으로 작성하시오.
(v) S′가 직접 관할하는 모든 범주를 목록으로 작성하시오.
(vi) VP에 의해 관할되는 모든 범주를 목록으로 작성하시오.
(vii) NP_1에 의해 관할되는 모든 범주를 목록으로 작성하시오.

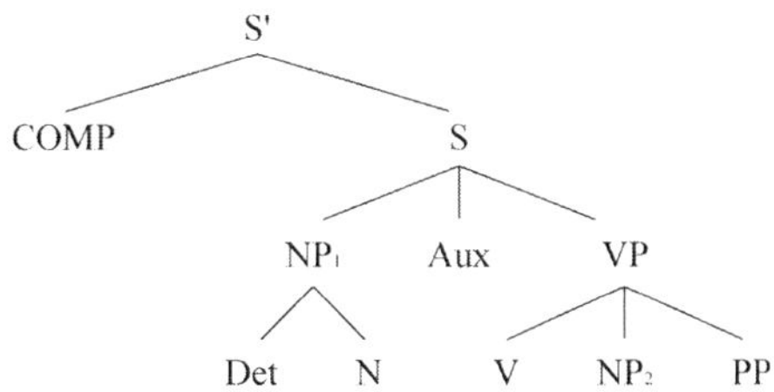

〈과제 14〉 주어진 문장 A에서 아래 (i-v)에서 기술하는 범주를 확인하시오.

A. John believes sincerely that Bill knows the answer.

(i) 문장의 주어
(ii) 동사의 목적어
(iii) 문장의 술어
(iv) 뿌리절
(v) 내포절

〈과제 15〉 등위접속은 오직 구성소들만 내포한다고 주장한다. 즉, 동일한 절점에 의해 총체적으로 관할되는 하나 혹은 일련의 범주들을 포함해야 한다는 것이다. 아래 (i)와 (ii)에 제시되는 문장들이 이러한 등위접속의 관점에 일치하는지 설명하시오.

(i) Mary sent a book to Bill and a postcard to Jane.
(ii) John repaired and Bill washed the new car.

〈과제 16〉 (i-iv)에 제시되는 문장들은 위에서 구성성분의 검증과 관련해 증거로 사용되었다. 이러한 문장들이 본장에서 논의한 구구조 규칙에 의해 생성될 수 있는지 혹은 새로운 유형의 규칙이 요구되는지 설명하시오. 만약 새로운 유형의 규칙이 요구된다면, 이들 규칙은 어떤 형태가 되어야 하는지 설명하시오.

(i) This problem, the boy can solve.
(ii) Can the boy sove the problem?
(iii) Solve the problem, I wonder whether the boy will.
(iv) I wonder which problem the boy solved.

〈과제 17〉 핵계층이론(X′-Theory)의 장점에 대해 자세히 설명하시오.

〈과제 18〉 내심구조제약(Endocentricity Constraint)에 대해 아는 대로 말하시오.

〈과제 19〉 격인접원리(Case Adjacency Principle)에 대해 아는 대로 말하시오.

〈과제 20〉 다음 표현들의 구조를 핵계층공식에 입각해 표현해 보시오.

(i) a. the police investigated the corpse after lunch
b. the police's investigation of the corpse after lunch

(ii) a. the corpse was investigated by the police after lunch
b. the corpse's investigation by the police after lunch

〈과제 21〉 다음 표현들의 구조를 핵계층공식에 입각해 표현하고, 밑줄 친 두 구성소의 어순이 어떻게 도출되었는지 설명하시오.

(i) a. Bill sent a letter to John.

b. Mary left the file on the desk.

c. The player headed the ball into the net.

d. Bill persuaded John to leave.

〈과제 22〉 (i-iv) 문장을 핵계층구조로 나타내고, VP 내부의 순서가 어떻게 도출되었는지 설명하시오.

(i) Bill sent a letter to John.

(ii) Bill persuaded John to leave.

(iii) Mary left the file on the desk.

(iv) The player headed the ball into the net.

〈과제 23〉 (i-v) 문장이 왜 비문법적인지 설명하시오. 비문법성은 문법의 요구조건을 위반해서 일어난다는 것을 염두에 두고, 위반된 원리를 알아내고 어떻게 위반이 되었는지 설명하시오.

(i) *The player headed.

(ii) *Headed the ball.

(iii) *Did in which match the player head the ball?

(iv) *I wonder the player headed the ball in which match.

(v) *Which way I wonder if the player headed the ball?

〈과제 24〉 핵심통사실현(canonical structural realization: CSR)에 대해 아는 대로 설명하시오.

〈과제 25〉 다음 각 예에 나타나는 주동사(main verb)의 어휘정보를 나타내고, 각 표현의 문법성에 대해 설명하시오(각 표현 앞의 별표 *는 그 표현이 비문법적임을 말함.).

(i) a. The player headed the ball.
b. *The player headed.
c. *Headed the ball.

(ii) a. The children are eating lunch.
b. The children are eating.
c. *Are eating lunch.

(iii) a. The children are devouring their food.
b. *The children are devouring.
c. *Are devouring their food.

(iv) a. Mary opened the door.
b. *Mary opened.
c. *Opened the door.
d. The door opened.

(v) a. John rolled the ball down the hill.
b. *John rolled down the hill.
c. John rolled the ball.
d. *Rolled the ball down the hill.
e. The ball rolled down the hill.

〈과제 26〉 동사 work는 〈행동주〉 의미역 하나만을 부여하고, destroy는 〈행동주〉와 〈대상〉 두 개의 의미역을 부여하고, give는 〈행동주〉, 〈대상〉, 〈수혜자〉 등 세 개의 의미역을 부여한다. 각 유형에 해당하는 동사를 세 개씩 더 들고, 그 동사들이 사용되는 예문을 제시하시오.

〈과제 27〉 아래 (i)에 제시되는 각 문장의 주동사가 갖는 의미역 격자(**θ**-grid)를 제시하시오.

(i) a. Mary is eating an apple.
b. John is washing the dishes.
c. The baby is drinking a glass of whisky.
d. Poirot smokes a pipe.
e. John is shaving her legs.

그런데, 다음 (ii)의 예문들도 역시 모두 문법적이다. 위의 (i)의 예문들과 비교하여 이들 예문이 의미역기준(**θ**-criterion)에 비추어 어떤 문제점이 있는지를 말하고, 이러한 문제에 대한 해결책을 제시하시오.

(ii) a. The children are eating.
b. Mary si washing.
c. John drinks.
d. Poirot is smoking.
e. John is shaving.

〈과제 28〉 'deliberately,' 혹은 'in order to annoy someone'와 같은 특정의 부가어(수식어)들은 문장의 주어가 〈행동주〉일 때만 사용된다.

다음 (i)과 (ii)의 예문들이 문법적인지 아닌지를 판정하고, 그 문법성 판정의 이유를 제시하시오.

(i) a. John bought the pigs deliberately.
b. John bought the pigs to annoy his mother.
c. John liked England deliberately.
d. John liked England to annoy his mother.

(ii) a. The enemy sank the ship deliberately.
b. The ship was sunk deliberately.
c. The ship sank deliberately.

〈과제 29〉 먼저 (i - v)에 나와 있는 연쇄의 종류를 밝히고, 각 연쇄가 논항 연쇄인지 비논항 연쇄인지를 분류하시오. 그리고 각 연쇄가 어떻게 의미역 기준을 준수하는지를 설명하시오.

(i) The match seems to have stopped.
(ii) Who appears to be likely to win the match?
(iii) Has Bill seen John?
(iv) Who was arrested?
(v) Mary placed the file into the drawer.

〈과제 30〉 (i-iii)의 각 문장이 이 장에서 논의한 내용에 비추어 어떻게 비문이 되는지를 설명하시오.

(i) *John appears that Mary will see the play.
(ii) *There thinks that the audience will like the play.
(iii) *John believes [t to have seen the play].

〈과제 31〉 의미역 기준은 (i-iii)과 같은 통제 구문에 대한 인상 분석이 배제된다. 인상 분석은 (i)(주어 통제)에서 내포절의 주어 위치에서 모문절의 주어 위치로의 이동과 (ii)(목적어 통제)에서 내포절의 주어 자리에서 모문절의 직접 목적어 자리로의 이동을 포함한다. 그러면 의미역 기준이 왜 이러한 분석을 불가능하게 만드는지를 설명하고 예문 (iii)이 어떻게 적합해지는지를 설명하시오.

(i) Bill tried to leave.
(ii) John persuaded Bill to leave.
(iii) It is difficult to leave (in these circumstances).

〈과제 32〉 (i-iv)와 같은 문장의 경우 (i)의 angry와 (ii)의 exhausted (iii)의 flat (iv)의 raw와 같은 2차 술어들을 포함하고 있다. 모든 술어처럼 2차 술어도 의미역을 할당한다. 이러한 문장들은 의미역 기준에 통합된 유일성조건을 완화시켜 논항이 하나 이상의 의미역을 받게 된다고 논의되어 왔다. 그 이유를 설명하시오. 만일 유일성조건이 완화되어서는 안된다고 생각하는 이유가 있다면 (i-iv)를 의미역 기준에 부합하게 하는 분석에 대해 생각해 보시오.

(i) John left the room angry. (cf. John is angry.)
(ii) Bill reached the finish line exhausted. (cf. Bill is exhausted.)
(iii) Mary hammered the nail flat. (cf. The nail is flat).
(iv) John ate the fish raw. (cf. The fish is raw.)

〈과제 33〉 의미역 기준에 따라 허사는 의미역이 할당되지 않는 위치에만 나타날 수 있다. 의미역이 할당되지 않는 위치에 보충어 위치는 제외된다. 이 장에서 지적한 대로 보충어 위치는 정의에 의해 의미역 할당이 되는 위치이다. 이 사실로 볼 때 다음 (i-iv)가 문제가 있는지를 설명하시오.

(i) They mentioned it to him that he was not shortlisted for the job.
(ii) John resents it very much that Bill is always late.
(iii) John would hate it for Bill to resign.
(iv) They require it of all students that they should attend regularly.

〈과제 34〉 (i-iii)에서 각 문장에 나타난 동사의 논항 구조에 대해 논의하시오. 각 쌍들 중에서 동사가 도출적으로 관련되었는지를 밝히고 그렇다면 어떻게 그러한지에 대해 논의하시오.

(i) a. The horse jumped (over the fence).
b. The rider jumped the horse (over the fence).

(ii) a. The dog walked (to the park).
b. Mary walked the dog (to the park).

(iii) a. The horse raced across the barn.
b. Mary raced the horse across the barn.

〈과제 35〉 아래 각 예문에 나타나는 명사구들이 어떻게 격(Case)을 부여받는지 설명하시오.

(i) a. John left the university at noon.
b. I expect him to have written the letter by Friday.
c. For Jane to have bought the house si rather remarkable.
d. John's picture of Mary is remarkably well preserved.

e. Miss Lee is aware of the problems.

f. The book was given to the best student in the class.

〈과제 36〉 아래 (i)와 (ii)의 예문들이 문법적인지 비문법적인지 판정하고, 그 문법성 판정을 격이론에 입각해 설명하시오.

(i) a. John preferred very much for the detectives to destroy the evidence.

b. John believed Watson to be incompetent.

c. John preferred the police to destroy the evidence.

d. John preferred very much the police to destroy the evidence.

(ii) a. Anyone to destroy the evidence would be regrettable.

b. I consider very much John to be a good candidate.

c. They consider Mary entirely incompetent.

d. It is considered Mary entirely incompetent.

〈과제 37〉 아래 예문 (i)-(iii)에서 (a)는 문법적이나 (b)는 비문법적이다. 그 이유를 설명하시오.

(i) a. They loaded hay on the cart.

b. *They loaded on the cart hay.

(ii) a. They loaded the cart with hay.

b. *They loaded with hay the cart.

(iii) a. The team can rely *completely* on my support.

b. *John will finish *completely* the assignment.

〈과제 38〉 아래 (i)-(ii)와 (iii)-(iv)의 예문 사이의 문법성 차이를 격이론에 입각해 설명하시오.

(i) John loves Mary.

(ii) John bought a present for Mary.

(iii) *John's admiration Mary.

(iv) *John is fond Mary.

〈과제 39〉 아래 (i)-(ii)에서 각기 (a)의 예문은 문법적이나 (b)-(c)는 비문법적이다. 그 문법성의 차이를 격이론에 입각해 설명하시오.

(i) a. I believe [John to be honest].

b. *my belief [John to be honest]

c. *my belief [of John to be honest]

(ii) a. Emsworth is proud [that the pig has won].

b. *Emsworth is proud [the pig to have won].

c. *Emsworth is proud [of the pig to have won].

〈과제 40〉 각 예문(i-v)에서 각 DP의 격과 그 격의 할당자, 각각의 격이 부여되는 조건, 그리고 그 격이 구조격인지 고유격인지 확인하시오:

(i) The wheel was spinning out of control

(ii) Bill wants for John to leave.

(iii) There arose a problem during the discussion.

(iv) Mary dislikes Bill's boss.

(v) Bill persuaded John to leave.

〈과제 41〉 (i-v)의 문장들이 이 장에서 설명한 격 이론의 경우에 배재되는 이유를 설명하시오:

(i) *Bill smiled John.

(ii) *John to fail to attend is surprising.

(iii) *Bill seems has lost his mind.

(iv) *John is believed Bill has seen.

(v) *There arose the problem.

〈과제 42〉 (i-iii)의 각 문장의 도출과 각 이동단계가 유발되는 방법을 설명하시오. 그 다음, (iva)의 예가 (ivb)로 바꾸도록 고려하는 분석이 적합한지 설명하시오:

(i) The temperature appears to have dropped.

(ii) Bill is believed to have lost.

(iii) Who seems to have arrived?

(iv) a. John is easy to please.

b. It is easy to please John.

〈과제 43〉 (i)과 (ii)의 문장에는 순수 명사구 부사(Bare NP Adverb)라 불리는 부사적 기능을 갖는 DP가 포함되어 있다. (iii)과 (iv)의 문장에는 어원적으로 동사와 연관되며 동사를 수식하는 기능을 하는 명사를 갖는 DP인 동족 목적어(cognate object)를 포함하고 있다. 이 장에서 설명한 격 이론이 이러한 DP의 격 속성을 설명할 수 있는지 설명하시오. 만일 격 이론이 이것을 설명할 수 있다면 그 방법을 설명하고, 그렇지 않다면 다른 방법을 생각해 보시오. 격 여과와 가시성 가설 모두를 고려해서 확인하시오.

(i) Bill arrived this morning.
(ii) John went that way.
(iii) Mary smiled a strange smile.
(iv) The athlete ran a good run.

〈과제 44〉 동사 want는 (i-iv)에서 보여주는 보충어 중 하나를 취할 수 있다. 동사 want의 격 속성을 (i-iv)에 근거하여, 여러분이 생각해 볼 수 있는 부가적 예들과 함께 논하시오.

(i) John wants to see the match.
(ii) Bill wants for John to see the match.
(iii) Bill wants John to see the match.
(iv) John wants the present.

〈과제 45〉 아래 (i)의 두 예문 사이에 나타나는 문법성의 차이를 확대투사원리에 의해 설명하시오.

(i) a. Mary accused Peter.
b. *Accused Mary Peter.

〈과제 46〉 아래 (i)의 두 예문이 왜 비문법적인지 지배결속이론 내에서 언어원리에 의해 설명하시오.

(i) a. *There accused Mary Peter.
b. *It accused Mary Peter.

제 3 장 통사구조의 핵계층적 분석

1. 명사구의 핵계층구조

먼저 아래 명사구(noun phrase: NP) 표현을 고려해 보자.

(1) the king of England

핵계층이론(X-bar Theory)이 제안되기 이전 구구조문법(Phrase Structure Grammar: PSG) 체계에서는 위의 명사구 표현은 아래 (2)와 같은 구구조규칙(Phrase Structure Rule: PSR)에 의해 (3)과 같은 구구조를 형성하는 것으로 기술되었다.

(2) NP $\rightarrow$ D N PP

(3)

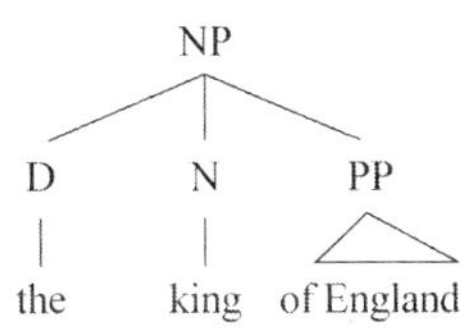

그러나 핵계층이론(X-bar Theory)에서는 핵계층공식(X-bar schemata)에서 자동적으로 도출되는 (4)의 명사구 구구조규칙(NP PSRs)에 의해 (5)의 구조로 기술된다.[1)]

---

1) 핵계층이론과 핵계층공식에 의해 생성되는 일반구구조에 대해서는 제2장 3.1절을 참조하기 바람. 구구조규칙에서 괄호 ( )의 표시는 그 요소가 선택적(optional)임을 의미한다. 핵계층공식에 의하면, 모든 구범주(phrasal category)의 내면구조에서 지정어(specifier: SPEC) 위치에는 또 다른 구범주(즉 최대투사)가 나타나야 한다. 그러나 위의 명사구 구구조규칙에서는 명사구의 지정어 위치에 핵범주(X^0-category)인 한정사(determiner: D)가 타나나는 것으로 기술되고 있다. 사실상 명사구의 지정어 위치에 나타나는 한정사까지도 핵범주 D가 아니라 독립적인 내면구조를 갖는 구범주 DP로 기술되어야 한다는 다음과 같은 증거들이 있다.

(i) a. He advocated an analysis along [$_{N''}$ [$_{DP}$ *essentially these*] lines].

(4) a. N″ → (D) N′ (지정어규칙(specifier rule))

b. N′ → N′ PP (부가어규칙(adjunct rule): 선택적(optional))

c. N′ → N (PP) (보충어규칙(complement rule))

(5)

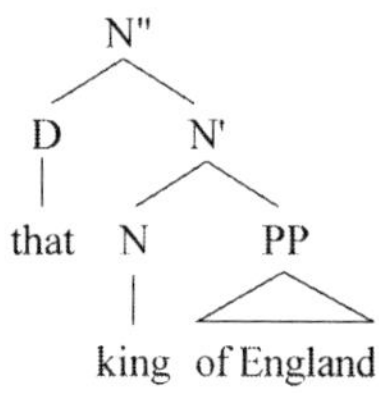

(1)의 명사구에서는 부가어(adjunct)가 나타나지 않으므로 (5)의 구조생성 과정에서 (4b)의 부가어규칙(adjunct rule)은 적용되지 않는다.

이제 (1)의 명사구 표현이 구구조문법에 의해 기술되는 (3)의 구구조가 아니라, 핵계층이론에 의해 기술되는 (5)의 구조를 취해야 한다는 사실을 입증해 보고자 한다. (3)과 (5)의 구조표현에 나타나는 중요한 차이는 *king of England*가 (3)에서는 하나의 구성소(constituent)를 이루지 못하나 (5)의 표현에서는 N′라는 하나의 구성소를 이룬다는 사실이다. N′는 명사구의 최대투사(maximal projection)인 NP(=N″)보다는 작은 구성소이나, 명사구의 핵(head)인 N보다는 더 큰 단위의 구성소이다. 요컨대, (5)의 구조표현에 대한

---

b. He made [$_{N''}$ [$_{DP}$ *precisely that*] point].

뿐만 아니라, Abney(1987) 이후에는 명사구의 구조를 N″(=NP)가 아니라 D″(=DP)의 내면구조로 분석해야 한다는 소위 DP-분석(DP-analysis) 이론까지도 대두되었다. 이 이론에 의하면, 위의 (ib)에 나타나는 목적어 명사구의 내면구조는 다음과 같이 분석된다.

(ii)

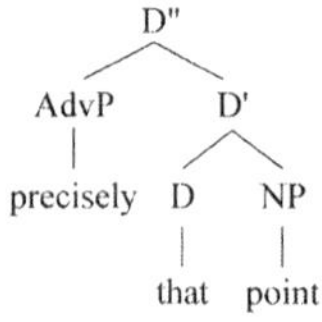

그런데도 본서에서는 논의의 번거로움을 피하기 위해 구범주의 지정어 위치에 나타나는 한정사를 관례에 따라 그냥 핵범주 D로 표현하고자 한다.

타당성의 증명은 바로 영어의 명사구 내면구조(internal structure)에 중간투사(intermediate projection)인 N′가 존재한다는 사실을 입증하는 것이다. 따라서, 영어의 명사구 표현과 관련되는 많은 문법적 현상이 N′의 존재에 의해 설명될 수 있음을 확인해 보려고 한다.

먼저, 아래 예문을 고려해 보자.

(6) He became [king of England].

위의 예문은 *king of England*가 관사(article) 없이도 사용될 수 있음을 보여준다. 이는 명사구의 내면구조에서 한정사(determiner: D)인 관사와 그 이외의 요소가 둘로 나누어질 수 있음을 의미한다. 따라서, N′의 중간투사를 인정함으로써 *the*와 *king of England*를 양분하는 (5)의 구조표현이 타당함이 입증된다.

또한, 다음 예를 고려해 보자.

(7) a. the [English king]
    b. the [king of England]

위의 두 표현은 모두 '영국왕'이라는 의미를 내포한다. 즉, 두 표현은 의미적으로 등가관계(parallelism)에 있다. 이러한 의미적 등가관계는 서로 다른 내면구조를 가지는 [English king]과 [king of England]가 동일한 의미를 지니고 있음을 뜻하고, 또한 서로 다른 구조를 가지는 두 표현이 의미적으로 동일하다는 것은 그 표현들이 상호 비교될 수 있는 '의미적 단위'를 이룬다는 말이다. 이러한 '의미적 단위'의 형성은 '구조적 단위'에 기인한다고 볼 수 있으므로 (1)의 표현에서 *king of England*는 하나의 통사단위인 N′의 구성소를 이룬다고 보아야 한다.

또한 다음 일반 접속구문(Ordinary Coordination)의 예문을 고려해 보자.

(8) Who would have dared defy the [king of England] and [ruler of the Empire]?

위의 문장은 전체 명사구에서 관사를 제외한 [*king of England*]와 [*ruler of the Empire*]가 접속하고 있음을 보여준다. 어떤 표현이 통사적 접속을 이룬다는 것은 그 표현이 하나의 통사단위를 형성한다는 의미이다. 따라서, 관사를 제외한 *king of England*가 하나의 통사단위인 N′ 구성소를 이룬다고 보는 (5)의 타당성이 입증된다.

또한 다음 예문을 고려해 보자.

(9) He was the last and the best [king of England].

위의 예문은 [*king of England*]의 표현이 접속구문을 이루는 두 피접속요소(conjunct)의 공동구성소(shared constituent)가 됨을 보여주고 있다. 공동구성소 접속구문(Shared Constituent Coordination)에서 공동구성소가 된다는 것은 그 요소가 하나의 통사단위를 이룬다는 뜻이 된다. 따라서, 관사를 제외한 *king of England*가 하나의 통사단위(syntactic unit)를 이룬다고 보는 (5)의 타당성이 다시 한 번 입증된다.

그러면, 다음 예문을 고려해 보자.

(10) a. The present [king of England] is more popular than the last *one*.

b. *The king of England defeated the *one* of Spain.

(10)의 두 예문에는 모두 명사구 대체형(pro-form)인 *one*이 나타나고 있다. (10a)에서는 *one*이 [*king of England*]를 지시(refer)하고 있는데, 대체형의 지시를 받는다는 것은 그것이 곧 하나의 통사단위를 이룬다는 것을 말한다. 따라서 전체 명사구 내부에서 한정사(D)를 제외한 *king of England*가 하나의 통사단위인 N′ 구성소를 이룬다고 보는 (5)가 타당한 구조분석임이 다시 한 번 입증된다.

그러나 (10b)는 대명사 *one*이 사용되는데도 비문법적인 문장으로 판정되고 있다. (10a)와 다른 점은 (10b)에서는 *one*이 *king of England* 전체를 지시하는 것이 아니라 *king*만을 지시한다는 점이다. (5)의 구조표현에 입각해 보면, *the king of England*의 명사구에서 *king of England*는 N′이나 *king*만은 N를 구성한다는 사실이 확인된다. 따라서 명사구 대체형 *one*을 N′을 지시하는 소위 N′-대명사구(pro-N′)로 규정한다면, (5)의 구조표현에서 (10)의 두 예문 사이에 나타나는 문법성의 차이를 포착할 수 있게 된다.

이제, 아래 두 예의 비교를 통해 명사구의 내부에 부가어(adjunct)가 나타나는 경우를 살펴보자.

(11) a. a student [*of Physics*] (=보충어)
 b. a student [*with long hair*] (=부가어)

위의 두 명사구 표현에서 (11a)의 *of Physics*는 보충어(complement)로 규정되나, (11b)의 *with long hair*는 부가어(adjunct)로 규정된다. 일반적으로 보충어는 문장 구조에서 목적어의 기능을 하나, 부가어는 수식어의 기능을 하는 것으로 구분된다.

(12) a. John is [a student *of Physics*].
 b. John is [studying *Physics*].

(13) a. John is [a student *with long hair*].
 b. ≠John is [studying *long hair*].

또한 (11)의 두 표현은 핵계층이론에 입각한 명사구 구구조규칙 (4)에 따르면, 각기 다음 (14a)와 (14b)처럼 표현된다.

(14) a.

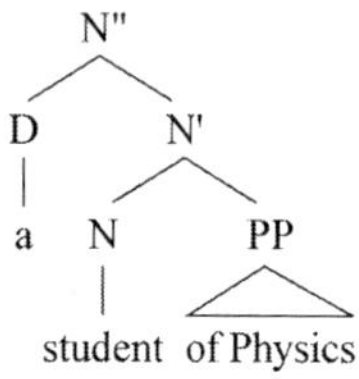

b.

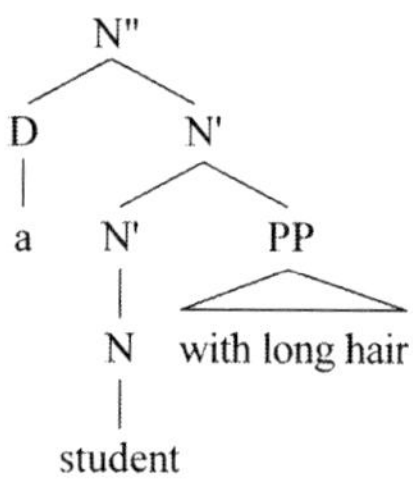

보충어 PP가 나타나지 않는 (14b)에서는 *student*가 N이면서 동시에 N′이기도 한 구성소를 이룬다. 따라서, (4)의 명사구 구구조규칙에 의하면 (14b)의 구조에서 비어 있는 보충어 위치가 또 다른 전치사구(PP)로 채워질 수 있어야 한다. 이러한 예상은 다음과 같은 명사구의 존재로 확인된다.

(15) a. the student of Physics with long hair

b.

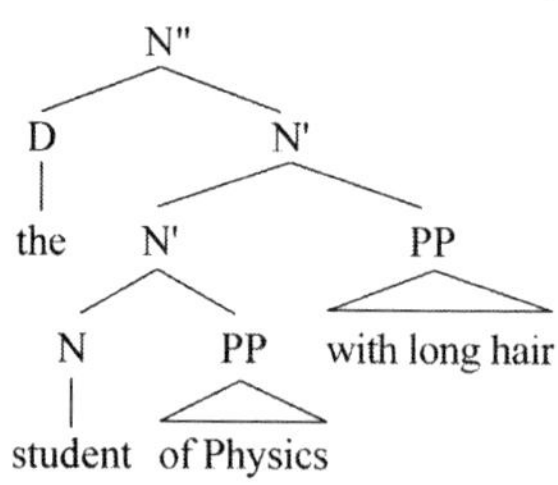

핵계층공식(X-bar schemata)에 의하면, 어휘핵(lexical head) 뒤에 나타나는 보충어(complement)와 부가어(adjunct)의 어순은 위의 (15b)의 구조표현에서와 같이 반드시 보충어가 부가어를 선행하는 어순이 되어야 한다. 이러한 예상도 아래와 같이 보충어와 부가어의 어순이 뒤바뀐 명사구가 비문법적인 표현으로 판정됨으로써 입증된다.

(16) *the student [with long hair] [of Physics]

이러한 명사구 표현의 내면구조를 핵계층구조로 나타내면 다음과 같이 수형도의 가지(branches)들이 서로 교차되는 비정상적인 구조로 표현된다.

(17)

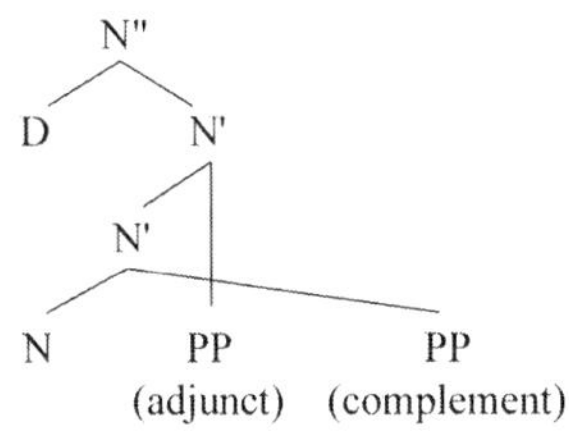

이와 같이 수형도의 가지들이 서로 교차하는 경우를 허용하지 않는 제약을 '가지교차금지제약(no crossing branches' restriction)'이라 한다. 따라서, (16)의 경우처럼 부적절한 어순(word order)을 갖는 표현들은 '가지교차금지제약'에 의해 비문법적인 표현으로 처리된다.

핵계층공식에 입각한 (4)의 명사구 구구조규칙에 의하면, 보충어와 부가어가 모두 나타나는 (15)의 표현뿐만 아니라, (9)에서와 같이 보충어와 부가어가 각기 따로 나타나는 명사구 표현도 허용되며, 또한 아래와 같이 보충어와 부가어가 모두 나타나지 않는 경우와 나아가서는 한정사(determiner: D)[2]까지도 나타나지 않는 경우가 모두 허용된다. 왜냐하면, (4b)의 부가어 규칙(adjunct rule)은 그 자체가 선택적이며, (4a)와 (4c)의 지정어규칙(specifier rule)과 보충어규칙(complement rule)에서도 한정사과 보충어가 선택적인 것으로 규정되기 때문이다.

2) 명사구의 경우에 지정어(specifier) 위치에 나타나는 한정사(determiner: D)에는 관사(*a, an, the*)를 포함하여, 소유격(*Tom's, his* 등등)과 지시사(*that, this* 등등) 등이 있다.

(18) a. 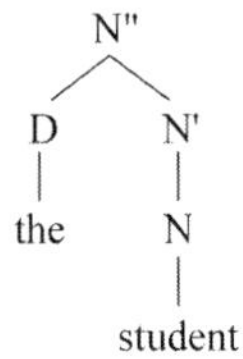

b. 

이상의 논의에서와 같이 명사구의 내면구조가 (4)의 명사구 구구조규칙에 따라 (14), (15b), (18) 등으로 설정되는데, 명사구의 내면구조에 대한 이러한 분석은 다음과 같은 영어의 경험적 자료에 의해 그 타당성이 더욱 입증된다.

(19) a. The [student] with short hair is dating the ***one*** with long hair.

b. The [student] works harder than that *one*.

즉, 위의 두 예문은 모두 대명사(pronoun) *one*이 *student*를 대신해 사용되고 있음을 보여주고 있다. (14b)와 (18a)의 구조설정에 비추어 보면 위의 예문에 나타나는 *student*는 모두 혼자서 N′의 구성소를 이루는데, *one*은 단순한 대명사가 아니라 N′를 대신하는 소위 N′-대명사구(pro-N′)이므로 위의 예문에서 *student*를 대신할 수 있게 된다.

그러나 (14a)와 (15b)에서와 같이 명사구의 내면구조에 보충어 PP가 나타나는 경우에는 *student*가 홀로 N′를 구성하지 못한다. 만약 핵계층공식에 입각한 (4)의 명사구 구구조규칙이 타당하다면, (14a)와 (15b)와 같은 명사구의 내면구조에 나타나는 *student*는 *one*으로 대신 사용될 수가 없을 것이다. 이러한 예상은 다음의 예문에 의해 사실로 입증된다.

(20) a. Which [student] were you referring to? *The ***one*** of Physics with long hair?

b. *The [student] of Chemistry was older than the ***one*** of Physics.

위의 주장에 의하면 명사구 내에서 N′를 이루는 표현은 언제나 N′-대명사구인 *one*으로 대신할 수 있다는 것인데, 이러한 주장은 다음의 예문에서 잘 확인된다.

(21) a. Which [student of Physics]? The ***one*** with long hair?
b. Which [student of Physics with long hair]? This ***one***?
c. Which [student of Physics]? That ***one***?
d. Which [student with long hair]]? This ***one***?

또한 다음 예문을 고려해 보자.

(22) a student of high moral principles

이 표현은 다음의 풀이문에서 보여주는 바와 같이 사실상 두 가지 의미로 해석된다.

(23) a. a student who studies high moral principles
b. a student who has high moral principles

(22)의 표현이 이와 같이 중의성(ambiguity)을 가지는 이유도 역시 (4)의 명사구 구구조규칙에 의하면 쉽게 설명된다. 즉, (4)의 명사구 구구조규칙에 의하면, (22)의 표현에 나타나는 전치사구 *of high moral principles*는 명사구의 다음 구조표현에서와 같이 보충어로 분석될 수도 있고, 또한 부가어로도 분석될 수 있기 때문이다.

(24) a.

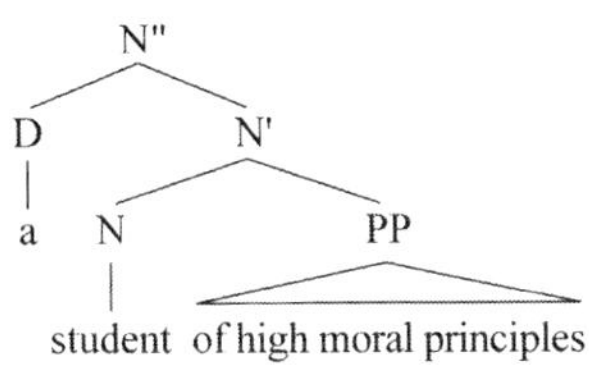

b.

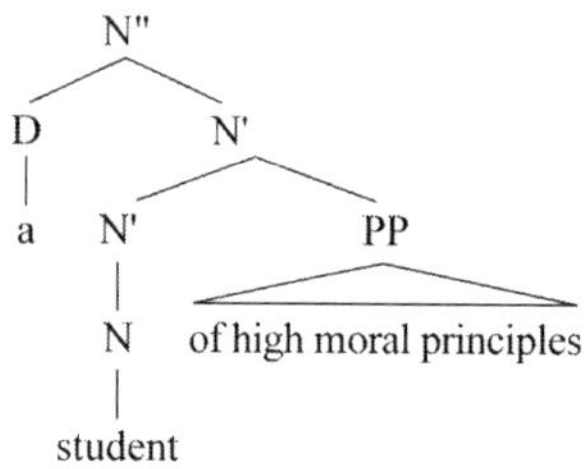

요컨대, (24a)의 분석은 (23a)의 의미로, (24b)의 분석은 (23b)의 의미로 각기 해석된다.

또한, (4)의 명사구 구구조규칙에 의하면, (4b)의 부가어규칙(adjunct rule)은 (N′→ N′…)의 형식을 취함으로써 사실상 N′가 다시 N′로 회귀하는 규칙 적용상의 반복성(recursive property)을 갖게 되므로, (4b)의 규칙은 반복적으로 여러 번 적용될 수 있다. 그 결과 (4b)는 다음과 같은 구조까지도 만들어 낼 수 있다.

(25)

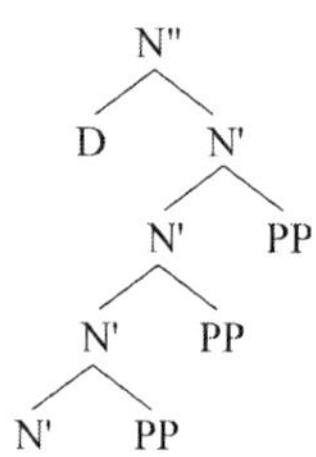

요컨대, 규칙 적용상의 반복성에 의해 한 명사구 내에는 부가어 PP가 둘 이상의 다수로 나타날 수 있다는 것이다. 이러한 구조 설정은 다음과 같은 경험적 자료에 의해 그 타당성이 입증된다.

(26) a. the student [with long hair] [with short arms]

b. the student [with long hair] [with short arms] [in the corner]

그러나 명사구 내면구조 상에서 보충어 PP는 언제나 하나밖에 나타날 수가 없다. 왜냐하면 (4c)의 보충어규칙(Complement Rule)은 반복성이 없기 때문이다. 따라서 영어의 명사구 표현에는 다음과 같이 보충어 PP가 둘 이상 나타나는 경우는 허용되지 않는다.

(27) *the student [of Physics] [of Chemistry]

영어에서 '물리학'과 '화학'을 복수 전공하는 학생의 경우는 다음과 같이 표현된다.

(28) the student [of Physics] ***and*** [of Chemistry]

즉, 복수 전공을 하는 학생을 표현할 경우는 보충어 PP를 접속사(conjunctive) and을 사용해 접속구문(conjunction)으로 표현한다. 접속구문을 갖는 (28)의 명사구는 다음과 같이 표현된다.

(29)
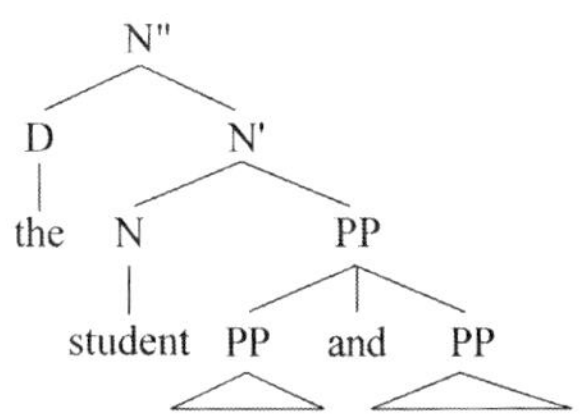

위의 구조표현에 의하면, 명사핵 *student*의 보충어 PP는 하나이나 그 보충어 PP가 접속구문을 이룸으로써, 복수 전공 학생의 의미를 구조적으로 표현할 수 있게 된다.

전치사구 PP가 접속구문으로 표현될 수 있다면, 부가어 PP의 경우에도 (26)의 표현 이외에 접속사 *and*를 사용한 접속구문의 표현이 가능하리라고 예상할 수 있는데, 과연 아래 예문은 이러한 예상을 뒤받침해 준다.

(30) a. the student [with long hair] *and* [with short arms]
b. the student [with long hair], [with short arms] *and* [in the corner]

그러나, 보충어 PP와 부가어 PP는 핵계층상의 위치가 서로 다르므로 이들 PP가 함께 접속한 접속구조를 내포하는 명사구는 아래 예문의 보기에서와 같이 허용되지 않는다.

(31) a. *a student *of Physics and with long hair*
b. *a student *with long hair and of Physics*

명사구 속에 나타나는 보충어 PP와 부가어 PP는 서로 다른 많은 통사상의 특성을 가지는데, 아래 예문들에서 확인되는 문법성의 차이도 바로 이러한 특성상 차이를 반영해 주고 있다.

(32) a. A student came to see me yesterday [with long hair].
b. *A student came to see me yesterday [of Physics].

(33) a. [What branch of Physics] are you a student of?
b. *[What kind of hair] are you a student with?

(32)의 경우는 전치사구가 문장 뒤로 이동하는 소위 외치변형(Extraposition)이 적용된 경우이고, (33)은 전치사의 보충어 명사구가 *wh*-이동(*wh*-movement)에 의해 문두로 이동한 경우이다. 이들 예문의 문법성에 대한 이론적인 설명은 여기서는 생략하려고 한다.[3)]

영어의 명사구 표현에는 그 명사핵에 따라 다양한 보충어 PP와 부가어 PP가 나타나는데, 대표적으로 몇몇 예를 살펴보면 다음과 같다. (34)는 보충어 PP가 나타나는 경우이고, (35)는 부가어 PP가 나타나는 경우이다.

---

3) *wh*-이동이나 외치변형과 관계되는 문법성의 구체적인 논의에 대해서는 김용석(2001, 2003)을 참조하시오.

(34) a. your reply [to my letter]
 b. the attack [on the Prime Minister]
 c. the loss [of the ship]
 d. her disgust [at his behaviour]
 e. his disillusionment [with Syntax]

(35) a. the book [on the table]
 b. the advertisement [on the television]
 c. the fight [after the match]
 d. his resignation [because of the scandal]
 e. a cup [with a broken handle]

그러면, 다음 예문을 고려해 보자.

(36) a woman with three daughters with brown eyes

위의 명사구 표현은 두 가지 의미를 가진다. 즉, '갈색눈'을 가진 사람이 '여인'일 수도 있고 '딸들'일 수 있다. 이러한 중의성(ambiguity)의 문제도 핵계층이론에 입각한 (4)의 명사구 구구조규칙에 의하면 쉽게 포착된다. 즉, (36)의 예문은 다음과 같은 두 가지 구조로 표현될 수 있다.

(37) a.

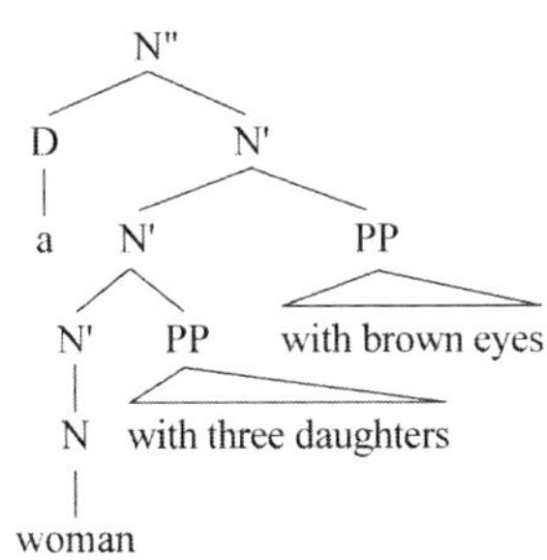

b.

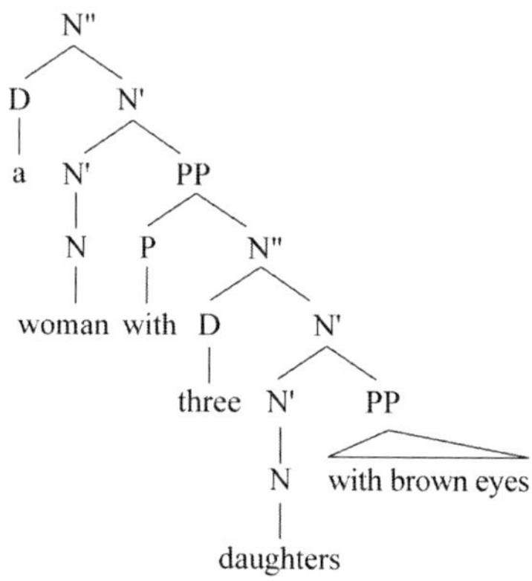

(37a)의 경우는 '갈색눈을 가진 사람이 여인'이란 의미를 나타내며, (37b)는 '갈색눈을 가진 사람이 딸들'이란 의미를 나타낸다.

이제 명사구의 내면구조에서 보충어와 부가어가 명사핵(nominal head) 앞에 나타나는 선명사적 수식어(prenominal modifiers)의 경우를 살펴보자. 먼저, 아래 예문을 고려해 보자.

(38) a [Cambridge] [Physics] student

위의 표현은 '캠브리지에서 물리학을 전공하는 학생'이란 의미를 가졌다. 이 표현에 대응하는 보충어와 부가어가 모두 전치사구 PP로 나타나는 후명사적 수식어(postnominal modifiers)의 경우를 보면 다음과 같다.

(39) a student of Physics at Cambridge

일반핵계층공식(generalized X-bar shemata)에 의하면,[4] (4)의 규칙이외에

4) 핵계층공식을 일반화하면 다음과 같이 구성소 간에 어순이 결정되지 않은 일반핵계층공식이 도출된다.

(i) a. X″ → (WP), X′ (지정어규칙(specifier rule))
b. X′ → X′, YP (부가어규칙(adjunct rule): 선택적(optional))
c. X′ → X, (ZP*) (보충어규칙(complement rule))

선명사적 수식어를 갖는 (38)과 같은 명사구의 내면구조를 위해 다음과 같은 명사구 구구조규칙(NP PSRs)을 설정할 수 있다.

(40) a. N″ → (D) N′ (지정어규칙(specifier rule))
b. N′ → NP N′ (한정어규칙(attribute rule): 선택적(optional))
c. N′ → (NP) N (보충어규칙(complement rule))

(4)의 규칙과 (40)의 규칙에 의하면, (39)와 (38)의 내면구조는 각기 다음 (41)의 (a)와 (b)에서와 같이 표현된다.

(41) a.
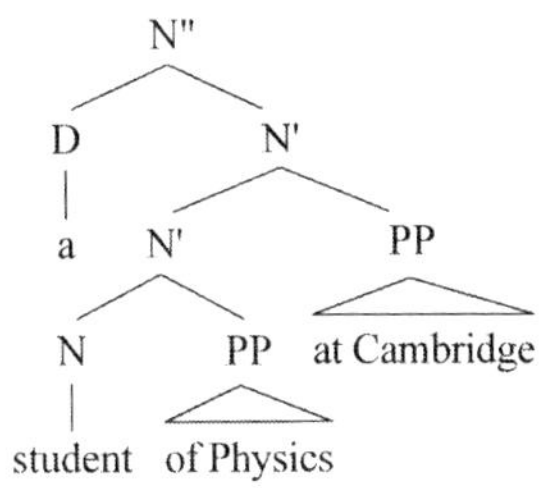

b.
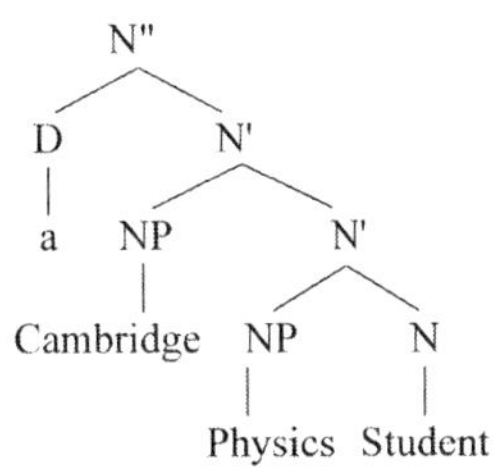

요컨대, 위의 두 구조표현을 비교하면, 명사핵 뒤에 위치하는 보충어와 부가어는 PP로 나타나지만, 이들 보충어와 부가어가 명사핵 앞에 위치하면 모두 NP로 나타난다는 사실이 확인된다. 보충어의 경우는 두 경우 모두 보충어(complement)라 부르지만, 부가어의 경우에는 선명사적 수식어(prenominal modifier) 위치에 나타나면 한정어(attribute)라 한다. 선명사적 수식어의 경우에도 (40)의 명사구 구구조규칙에 의하면, (41b)의 보기에서와 같이 언제나 한정어가 보충어보다 계층적으로 높은 위치에 나타나며, 그 결과 어순상 보충어를 선행하게 된다. 이러한 현상은 다음의 예를 통해 확인된다.

(42) a. a [Cambridge] [Physics] student
b. *a [Physics] [Cambridge] student

(42b)의 경우는 다음 구조표현에서와 같이 가지교차금지제약(no crossing branches' restriction)을 위반하고 있다.

(43)

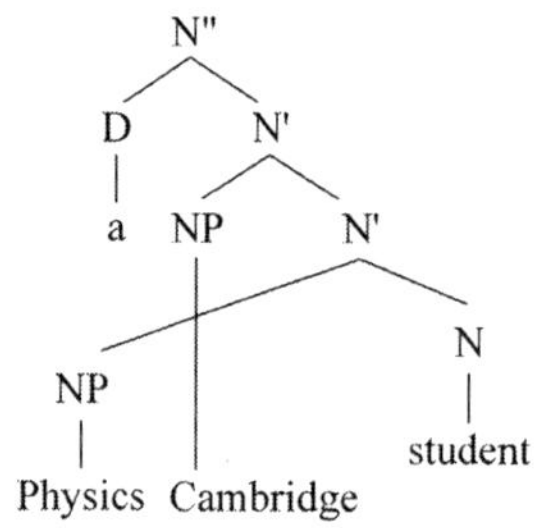

그러면, 이제 N′-대명사구(pro-N′)인 *one*을 활용해 (41b)의 구조표현의 타당성을 입증해 보자. (41b)에 입각해 보면, *a Cambridge Physics student*에서 student는 N으로 분석되지만, *Physics student*와 *Cambridge Physics student*는 N′로 분석된다. 따라서, *student*만을 *one*으로 대신할 수 없지만, *Physics student*와 *Cambridge Physics student*는 *one*으로 대신할 수 있어야 한다. 과연 이러한 예상은 아래의 예문에서 확인되는 경험적 증거에 의해 입증된다.

(44) a. Which [Physics student]? The Cambridge *one*?
b. Which [Cambridge Physics student]? This *one*?
c. Which [student]? *The Cambridge Physics *one*?

즉, (44)는 *the Cambridge Physics student*에서 *one*은 *student*만은 대신할

수 없으나 *Physics student*와 *Cambridge Physics student*는 대신할 수 있음을 보여주고 있다.

또한, (40)의 명사구 구구조규칙에 의하면, 한정어규칙(attribute rule) 역시 N′가 다시 N′로 회귀하는 규칙 적용의 반복성(recursive property)을 가지므로, 한 명사구에 두 개 이상의 한정어가 나타날 수 있으리라 예상된다. 이러한 예상도 다음의 예문에 나타나는 경험적 증거에 의해 입증된다.

(45) a [Cambridge] [high quality] [middle class] student

(45)의 내면구조는 다음과 같이 표현된다.

(46)

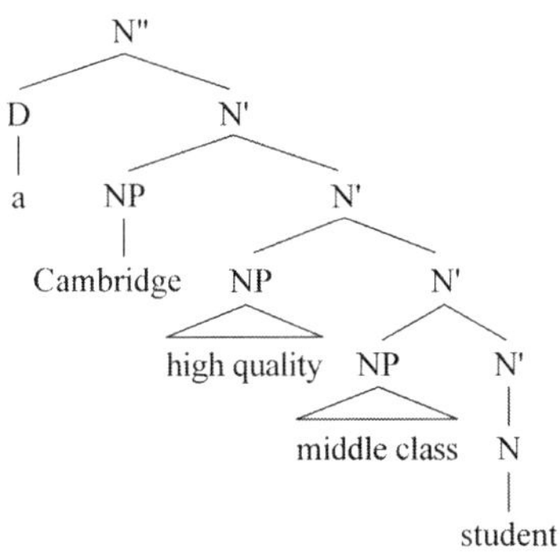

그러나, 보충어규칙(complement rule)은 반복성이 없기 때문에 선명사적 위치(prenominal position)에서 보충어는 둘 이상 결코 나타날 수가 없다. 이러한 특성도 다음 예문에서 확인된다.

(47) *a [Physics] [Economics] [Agriculture] student

또한 영어의 선명사적 한정어 위치(prenominal Attribute position)에는 명사구(NP)뿐만 아니라 형용구(AP)도 나타날 수 있음이 확인된다.

(48) a. a [really excellent] film
b. a [most entertaining] evening
c. a [patently obvious] lie

많은 경우에 한정어 위치에서는 형용사구가 명사구와 교체되어 나타날 수 있음이 확인된다.

(49) a. the [England] football player
b. the [English] football player

(50) a. a [Paris] nightclub
b. a [Parisian] nightclub

(51) a. a [metal] handle
b. a [metalic] handle

(52) a. a [prestige] project
b. a [prestigious] project

따라서, 선명사적 한정어 위치에 형용사구와 명사구가 함께 사용될 수 있음을 포착하기 위하여, (40b)의 한정어규칙(attribute rule)을 다음과 같이 수정해야 한다.

(53) N′ → [+N]P N′ (한정어규칙(attribute rule): 선택적(optional))

[+N]은 명사([+N, -V])와 형용사([+N, +V])를 모두 나타내는 초범주(supercategory)이다. 그러므로, (53)에서의 [+N]P는 명사구(NP)와 형용사구(AP)를 모두 나타내는 초구범주(super-phrasal category)가 된다. 만약, (53)의 한정어규칙이 타당하다면, 선명사적 한정어 위치에는 명사구뿐만 아니라 형용사구도 두 개 이상 다중으로 나타날 수 있으며, 또한 명사구와 형용사구

가 상호 순서 없이 섞여 나올 수도 있을 것이라고 예상할 수 있다. 이러한 예상은 다음의 예들에 의해 입증된다.

(54) an [$_{AP}$ intelligent] [$_{AP}$ tall] [$_{AP}$ dark] [$_{AP}$ handsome] stranger

(55) a. a [$_{AP}$ Japanese] [$_{AP}$ toy] [$_{AP}$ plastic] duck

b. a [$_{AP}$ Japanese] [$_{AP}$ plastic] [$_{AP}$ toy] duck

c. a [$_{AP}$ plastic] [$_{AP}$ Japanese] [$_{AP}$ toy] duck, etc.

이제 다음의 예를 고려해 보자.

(56) an English teacher

이 명사구는 '영어 선생님'과 '영국 출신의 선생님'이란 두 가지 의미를 지닌다. 이러한 중의성(ambiguity)은 *English*라는 단어가 '영어'의 의미를 갖는 명사(noun) N으로도 사용될 수 있고, '영국 (출신)의'라는 의미를 갖는 형용사(adjective) A로도 사용될 수 있는 형태론적 특성(morphological property)에 기인한다고 주장할 수 있다. 그러나 이러한 주장은 설명의 전부가 될 수는 없다. 왜냐하면, 형태론적 특성에만 의존할 때는 다음의 예가 왜 '프랑스 출신의 영어 선생님'이라는 의미만 갖는지를 설명할 수 없기 때문이다.

(57) a French English teacher

요컨대, 형태론적 특성에 입각한 설명에 의하면, 위 (57)의 표현에서도 *French*가 '불어'의 의미를 갖는 명사이고 *English*가 '영국 (출신)의'라는 의미를 갖는 형용사일 경우, '영국 출신의 불어 선생님'과 같은 의미도 나올 수 있어야 한다. 그러나 이러한 예상과는 달리 위의 표현은 언제나 '프랑스 출신의 영어 선생님'의 의미만 갖는다.[5)] 이러한 의미적 특성은 바로 핵계층이론에 입각한 (40)의 명사구 구구조규칙에 의하면 쉽게 설명된다. 명사구 구구조규칙에 의하면, (57)의 내면구조는 다음과 같이 표현된다.

(58)

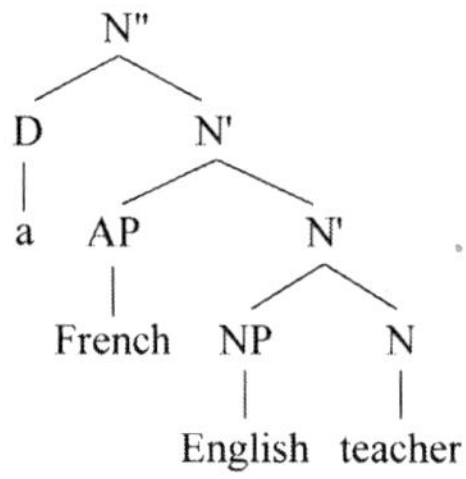

즉, (40)의 명사구 구구조규칙에 의하면 선명사적 수식어(prenominal modifier) 위치에서는 언제나 한정어가 보충어보다 선행하기 때문에 (57)의 명사구 표현에서 *French*는 한정어, *English*는 보충어로의 역할만 할 수 있다. 따라서, (57)의 표현은 '프랑스 출신의 영어 선생님'의 의미만 갖게 되는 것이다.

이러한 견지에서 보면, (56)의 경우도 의미적인 중의성(ambiguity)을 *English*라는 단어의 형태론적 특성에 의존하여 설명하기보다는 (56)의 명사구가 다음과 같이 두 가지 구조로 표현될 수 있는 통사적 특성에 기인하는 것으로 설명해야 한다.

(59) a.

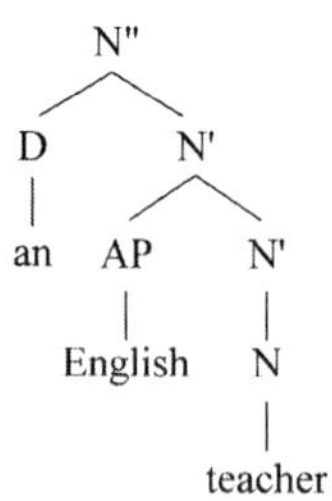

---

5) 이 이외 몇 가지 의미를 더 고려해 볼 수는 있겠으나, 의미와 관계되는 더 이상의 문제에 대해서는 아래 계속되는 논의를 참고하기 바란다.

b.

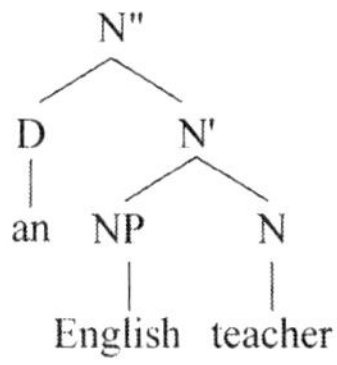

(59a)는 '영국 출신의 선생님'의 의미를 나타내고, (59b)는 '영어 선생님'의 의미를 나타낸다.

한편, (57)의 *a French English teacher*와 관련하여, 우리는 두 가지 질문을 던져볼 수 있다. 첫 번째 질문은 '왜 이 표현은 *French*와 *English*가 모두 한정어로 나타나는 아래 (60)과 같은 구조분석이 불가능한가?'라는 것이다.

(60)

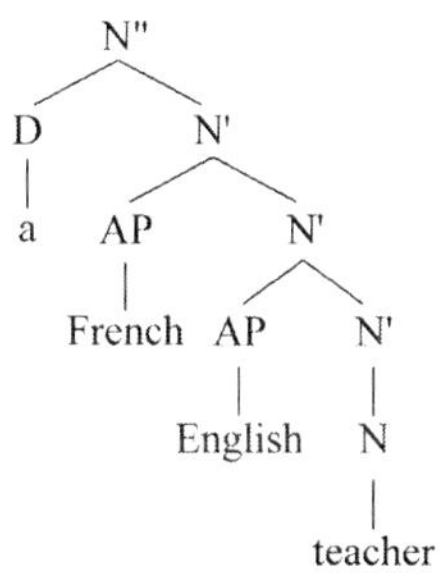

두 번째 질문은 '왜 이 표현은 '불어와 영어를 동시에 가르치는 선생님'의 의미로는 사용되지 않는가?'의 질문이다.

첫 번째 질문에 대해선 간단하게 대답할 수 있다. 즉, (60)의 구조표현은 통사적으로는 아무런 문제가 없지만, 의미 해석상 용인불가(unaccep- table)한 표현이 된다. 즉, (60)의 구조에서 해석될 수 있는 의미는 '프랑스 출신이면서 동시에 영국 출신의 선생님'인데, 언어 현실적으로 볼 때 '동시에 두 국가 출신'이란 뜻은 의미적으로 모순(contradiction)을 일으키기 때문이다.[6)]

---

6) '한국출신의 미국인'을 *a Korean American*이라고 표현하는데, 이 표현의 구구조표지(phrase marker)는 다음과 같다.

두 번째 질문의 대답은 명사구 구구조규칙 (40c)의 보충어규칙(Complement Rule)에 근거해야 한다. 즉, (40c)에 의하면, 한 명사구의 보충어는 단 하나밖에 나타날 수가 없다. 따라서 (57)의 표현이 '불어와 영어를 동시에 가르치는 선생님'의 의미로 해석되려면 *French*와 *English*가 모두 보충어 위치에 나타나야 하는데, 이러한 구구조는 명사구 구구조규칙 (40)에 의해 결코 생성될 수가 없다.

참고적으로, '불어와 영어를 동시에 가르치는 선생님'의 의미를 갖는 표현은 다음과 같이 두 개의 보충어가 접속사 *and*로 연결되는 다음 (61)에서와 같은 접속구문으로 표현되어야 한다.

(i)

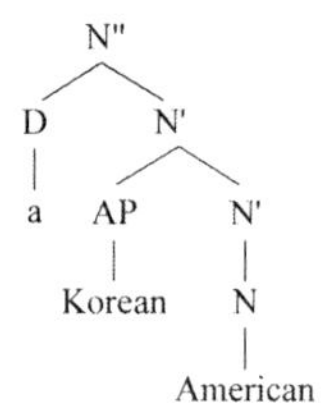

따라서 '한국 출신의 미국인 교수'의 의미를 나타내는 표현은 다음과 같은 구조로 표현될 수 있다.

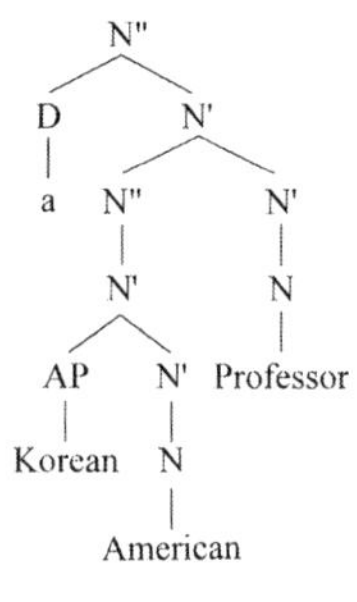

그러나, (57)의 *a French English teacher*의 표현은 (ii)와 동일한 구조로 분석될 수 없다. 왜냐하면, '프랑스 출신의 영국인 선생님'의 경우, *teacher*를 수식하는 한정어(attribute)가 명사구여야 하므로, '프랑스 출신의 영국인 선생님'의 의미는 *a French Englishman teacher*로 표현되어야 할 것이다.

(61)

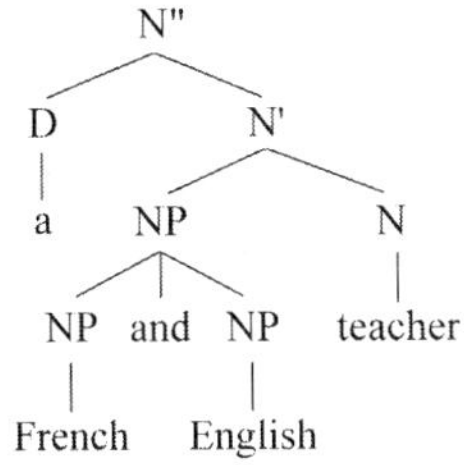

2. 동사구의 핵계층구조

핵계층이론(X-bar Theory)의 핵계층공식(X-bar schemata)에서 자동적으로 도출되는 영어의 동사구 구구조규칙(VP PSRs)은 다음과 같다.

(1) a. V″ → (WP) V′ (지정어규칙(specifier rule))
  b. V′ → V′ YP (부가어규칙(adjunct rule): 선택적(optional))
  c. V′ → V (ZP*) (보충어규칙(complement rule))

위의 '동사구 구구조규칙'이 만들어 내는 대표적인 구조들은 다음과 같다.

(2)

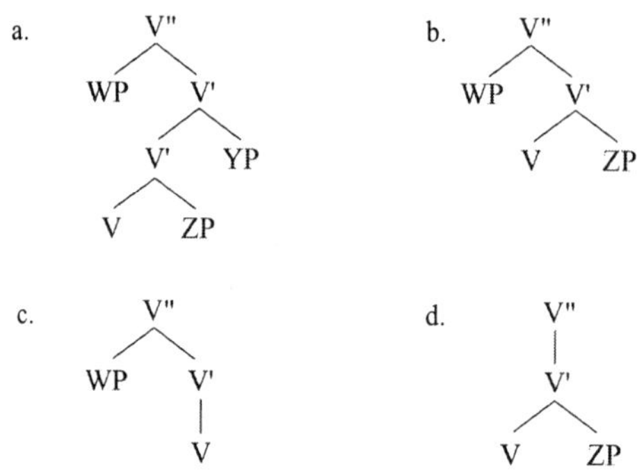

영어의 동사구는 위 네 가지 유형의 구조로 모두 실현된다. (2a)는 타동사구문(transitive construction)에 부가어까지 나타나는 경우이고, (2b)는 부가어가 나타나지 않는 단순 타동사 구문이며, (2c)는 보충어를 취하지 않는 일반 자동사 구문(intransitive construction)이다. 또한, (2d)는 외재논항(external argument)을 취하지 않는 소위 비대격동사 구문(unaccusative construction)이다.[1]

---

1) '비대격동사구문'을 일반적으로 '비대격구문'이라 부른다. '비대격구문'과 대응되는 구문을 '대격구문(accusative construction)'이라 하는데, 바로 타동사구문(transitive construction)이 대격구문에 해당된다. 또한, 자동사구문(intransitive construction)을 '비능격구문(unergative construction)'이라 하는데, 이는 자동사구문이 '능격구문(ergative

동사구의 지정어(specifier: SPEC) 위치에 나타나는 VP는 핵계층이론에 입각하여 설정되는 요소이지만, 최근 Speas(1986), Fukui(1986), 김용석(1986), Larson(1988), Koopman & Sportiche(1988) 등에 의해 제안되는 동사구내부주어가설(VP-Internal Subject Hypothesis)에 의하면, 이 VP는 앞으로 문장의 주어가 될 동사의 외재논항이라고 가정되고 있다. 초기(Chomsky 1981)의 지배결속이론(GB-Theory)에서는 동사의 외재논항이 INFL(or *Tense*)의 지정어(SPEC)인 문장의 주어 위치(subject position)에 기저생성된다고 보았지만, 동사구내부주어가설에 의하면 문장의 주어가 될 동사의 외재논항이 동사구의 지정어 위치에 기저생성된다고 본다. 동사구내부주어가설에 의하면, 동사구 내부에 기저생성된 동사의 외재논항은 표층구조(S-structure)에서 *Tense*(AGR)로부터 격(Case)을 부여받기 위해 문장의 주어 위치로 이동하는데, 이러한 이동은 명사구이동(NP movement)의 한 사례가 된다. 이러한 과정을 타동사구문의 실례를 통해 살펴보면 아래 (3)에서 보여주는 바와 같다.

(3) a. Tom loves Mary.

b.

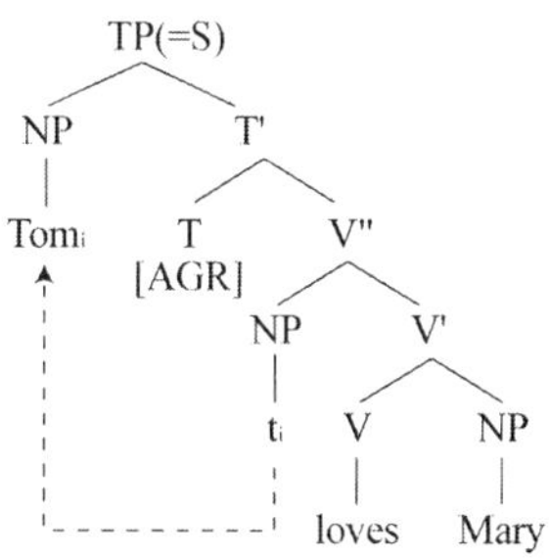

construction)'과 대응된다는 의미이다. 능격구문은 비대격구문과 마찬가지로 기본적으로 (2d)의 구조를 그것의 심층구조로 갖는다. 동사구의 기본 구조와 관련되는 이러한 구문 분류는 변형생성문법에서 동사의 유형을 대격동사(accusative verbs), 비대격동사(unaccusative verbs), 능격동사(ergative verbs), 비능격동사(unergative verbs) 등 4가지 부류로 분류하고 있음에 기인한다. 변형생성문법 이전의 문법이론에서는 동사의 기본적 유형을 단순히 타동사(transitive verbs)와 자동사(intransitive verbs)로 나누고 있는데, 타동사는 대격동사, 자동사는 비능격동사에 해당된다고 볼 수 있다. 동사의 유형분류와 그 구문들의 특징에 관한 자세한 논의는 김용석(2001, 2003)을 참조하시오.

자동사 구문의 경우를 실례를 통해 살펴보면 아래와 같다.

(4) a. Tom works in the office.

b.

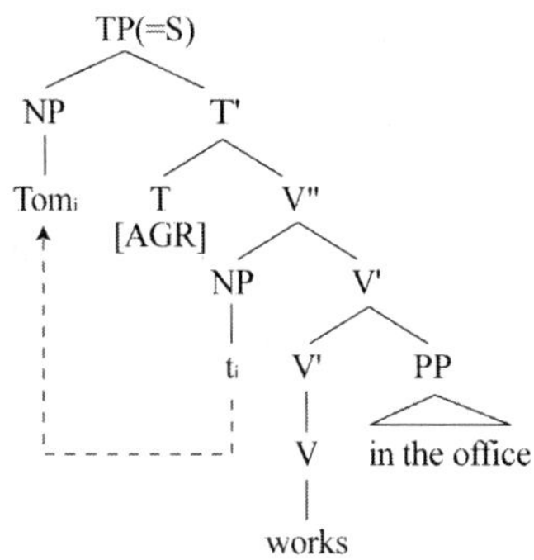

비대격동사 구문의 경우를 실례로 들면 다음과 같다.

(5) a. Tom arrived from New York.

b.

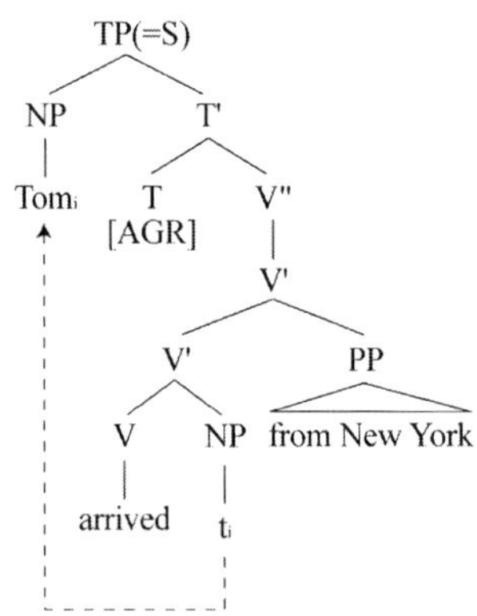

비대격동사(unaccusative verbs)는 의미역(θ-role)을 할당하는 논항을 하나만 취한다는 측면에서 타동사(transitive verbs)와 구분되며, 또한 유일한 논항이 지정어가 아니라 보충어라는 점에서 자동사(intransitive verbs)와도 구분된다. 지정어와 보충어의 구분은 단순한 위치상의 구분이 아니라 그들에

게 주어지는 의미역상의 구분이다. 요컨대, 일반적으로 지정어 위치에 주어지는 의미역은 '행동주(agent)'이며, 보충어에게 주어지는 의미역은 '대상(theme)'이다. 타동사는 이 두 의미역을 모두 할당하지만, 자동사는 '행동주' 의미역만, 비대격동사는 '대상' 의미역만을 할당한다. M. Baker(1988)의 의미역할당획일성가설(Uniformity of θ-role Assignment Hypothesis: UTAH)에 의하면 특정의 의미역은 항상 특정의 통사적 위치에만 할당되어야 하는데, 이에 따라 '행동주'는 지정어 위치에, '대상'은 모충어 위치에 할당된다. 따라서, '행동주'의 의미역만을 할당하는 자동사의 경우는 그 의미역을 지정어 위치에 할당해야 하며, '대상'의 의미역만을 할당하는 비대격동사는 그 의미역을 보충어 위치에 할당해야 한다. 그 결과 이들은 각기 지정어와 보충어를 유일한 논항으로 취하는 (2c)와 (2d)의 동사구 구조를 그들의 기본적 구조로 취하는 것이다.

위의 (5b)처럼 비대격동사의 경우는 보충어가 문장의 주어 위치로 이동하는데, 그 이유는 비대격동사는 타동사와 달리 그것의 보충어에게 대격(accusative Case)을 부여하지 못하기 때문이다. 따라서, 보충어 NP가 격을 부여받기 위해서는 자동사와 타동사의 지정어 NP의 경우와 마찬가지로 문장의 주어 위치로 이동해야 한다.[2)]

핵계층이론에 입각한 동사구 구구조규칙 (1)가 기존의 변형생성문법에서 채택하던 구구조규칙(PSR)과 다른 점은 동사구 내부에 V′라는 중간투사(intermediate projection)를 설정한다는 점이다. 따라서, 동사구 내부에 V′의

---

2) 능격동사(ergative verbs)의 경우에도 비대격동사와 마찬가지로 '대상'의 의미역만 할당하면서도 보충어 명사구에게 격을 부여하지 못한다. 따라서, 능격동사도 (2d)의 동사구 구조를 심층구조로 취하나, 그것의 보충어 명사구가 격을 부여받기 위해 문장의 주어 위치로 이동하는 명사구 이동을 겪게 된다. 그러나 능격동사와 비대격동사의 차이는 비대격동사는 (i)처럼 *there*-구문(*there*-construction)을 취할 수 있으나, 능격구문은 (ii)처럼 *there*-구문을 취할 수 없다는 점이다.

(i) a. A gentleman arrived from New York.
b. There arrived a gentleman from New York.

(ii) a. A flower grows in the garden.
b. *There grows a flower in the garden.

중간투사가 실제로 존재한다는 사실을 입증하면, 이는 곧 핵계층이론의 타당성을 입증하는 셈이 된다. 본절에서는 동사구 구조와 관계되는 영어의 다양한 문법적 현상을 기초로 V′의 실존을 입증해 보고자 한다.

먼저, 아래 예문을 고려해 보자.

(6) a. He will [$_{\text{VP}}$ work [at the job]].
　　b. He will [$_{\text{VP}}$ work [at the office]].

이들 예문들의 동사구 속에 나타나는 전치사구는 (6a)에서는 보충어 PP 이나 (6b)에서는 부가어 PP이다.[3] 그럼에도 불구하고 V′의 중간투사를 인정하지 않는 기존의 구구조규칙에서는 이들 예문의 동사구가 다음과 같이 동일한 구조로 표현될 수밖에 없다.

(7) a.
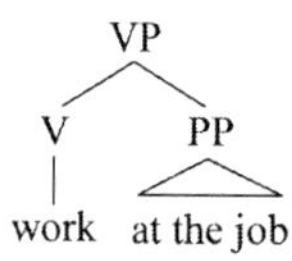

b.
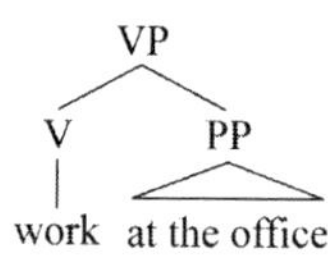

그러나 핵계층이론의 동사구 구구조규칙 (1)에 의하면 이들 동사구는 중간투사 V′에 입각해 각기 그 구조가 아래 (8a)와 (8b)처럼 표현될 수 있다. (편의상 주어 NP의 이동과 관계되는 부분은 표시하지 않는다.)

---

3) (6a)의 *work at the job*은 '그 일에 종사하다'의 의미이고, (6b)의 *work at the office*는 '그 사무실에서 일하다'의 의미이다. 주어에 의해 이루어지는 행위가 발생하는 '처소(location),' '시간(time),' '양태(manner)' 등을 나타내는 전치사구는 모두 부가어로 취급된다.

(8) a.

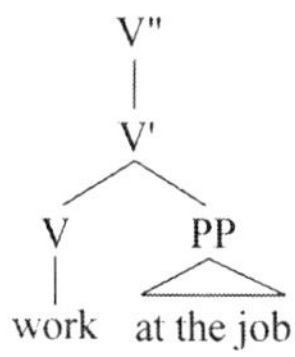

b.

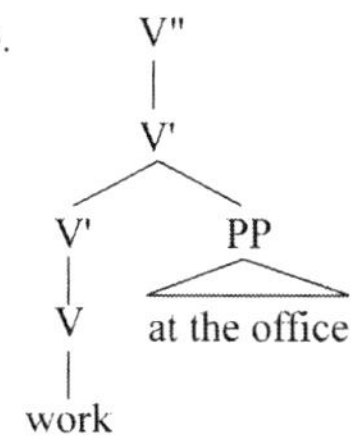

즉, 핵계층이론에서는 보충어와 부가어가 계층적으로 서로 다른 위치에 설정된다. (6a)의 전치사구 *at the job*은 보충어로서 동사핵(verbal head)와 동일한 계층적 위치에 타나나고, (6b)의 전치사구 *at the office*는 부가어로서 V′와 동일한 계층적 위치에 나타난다. 이제, (6)의 예문에 나타나는 동사구들이 (7)과 같은 구조가 아니라 각기 (8)에서와 같은 계층적 구조를 취한다는 사실을 밝혀보자.

먼저, 다음 예문을 고려해 보자.

(9) a. He worked [at the job] [at the office].

b. *He worked [at the office] [at the job].

위의 예문은 보충어 PP와 부가어 PP가 어순상 차이가 있음을 보여주고 있다. 이러한 어순상의 차이는 기존의 구구조규칙에서는 통사적으로 포착할 수 없다. 왜냐하면, 기존의 구구조규칙에서는 보충어 PP와 부가어 PP가 통사적으로 구분되지 않기 때문이다. 그러나 동사구 구구조규칙 (1)에 의하면 이러한 어순상의 문제는 매우 간단하게 설명된다. 즉, (1)에 따르면 보충어 PP가 언제나 부가어 PP를 선행하는 위치에 생성된다. 따라서 (9a)의 경우는 (10a)로 표현되지만, (9b)의 경우는 (10b)에서와 같이 표현되므로 '가지교차금지제약(no crossing branches' restriction)'의 위반을 초래한다.

(10) a.

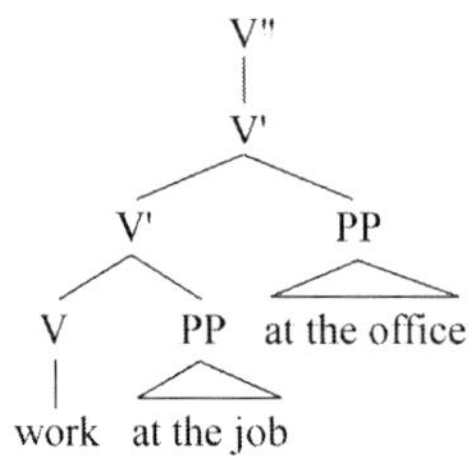

b.

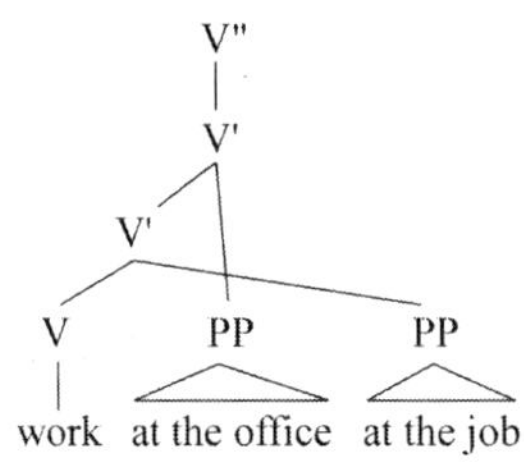

또한 (8)의 구조표현은 V′의 설정으로 동사구에 내포되는 보충어와 부가어를 사실상 통사적으로 구분하게 되는데, 이러한 통사적 구분의 타당성은 다음의 수동구문에서 확인되는 보충어와 부가어가 상이한 통사적 특성에 의해서도 입증된다.

(11) a. This job_i should be worked at t_i by an expert.

b. *This $office_i$ can be worked at t_i by a lot of people.

위의 예문은 동사구의 보충어 PP 속에 나타나는 명사구는 수동태의 주어가 될 수 있으나, 부가어 PP 속에 나타나는 명사구는 수동태의 주어 위치로 이동될 수 없음을 보여주고 있다.

이 이외에도 동사구 내부에 V′의 중간투사가 존재한다는 사실을 입증해주는 다양한 통사적 증거가 있는데 이 중 몇 가지 흥미로운 증거를 살펴보자.

먼저, 다음 예문을 고려해 보자.

(12) They decided on the boat.

위의 문장은 두 가지 의미를 지닌다. 즉, '그 배로 결정했다'와 '그 배 위에서 결정했다'의 두 의미를 가지고 있다. 기존의 구구조규칙에서는 이러한 중의성(ambiguity)의 문제를 통사적으로 포착할 수 없지만, 핵계층이론에서는 매우 간단하게 포착된다. 즉, (1)의 동사구 구구조규칙에 의하면, (12)의 예문에 나타나는 동사구는 다음과 같이 두 가지 상이한 구조로 표현된다.

(13) a.

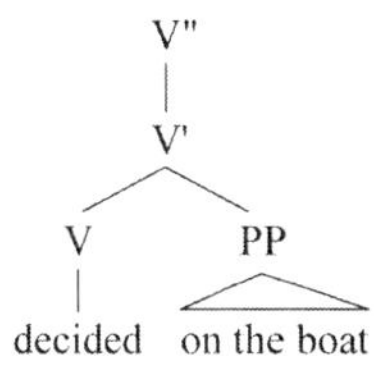

b.

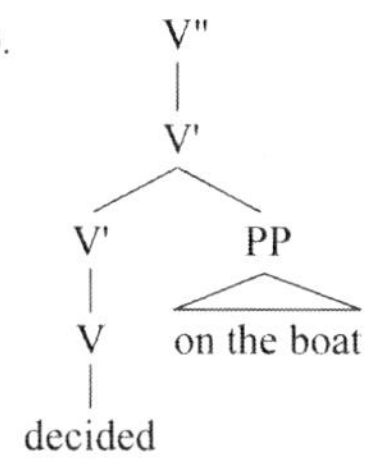

즉, (13a)에서는 *on the boat*가 보충어의 위치에 나타나며, (13b)에서는 부가어 위치에 나타난다. (13a)의 구조표현에서는 '그 배로 결정했다'의 의미 해석이 나오며, (13b)에서는 '그 배 위에서 결정했다'의 의미가 나온다.

또 다음 예문을 고려해 보자.

(14) a. Tom will [$_{VP}$ buy [$_{NP}$ the book] [$_{PP}$ on Tuesday]].

b. Tom will [$_{VP}$ put [$_{NP}$ the book] [$_{PP}$ on the table]].

위의 예문에 나타나는 동사구를 (1)의 동사구 구구조규칙에 의해 표현하면, 각기 다음과 같다.

(15) a.

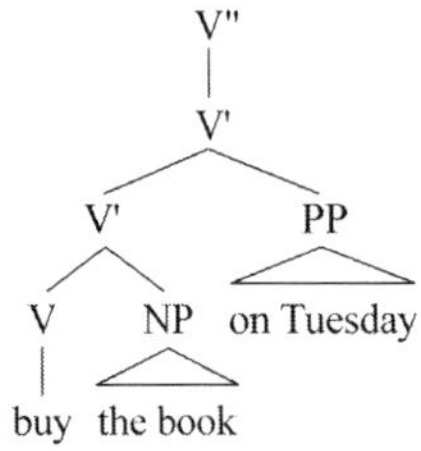

b.

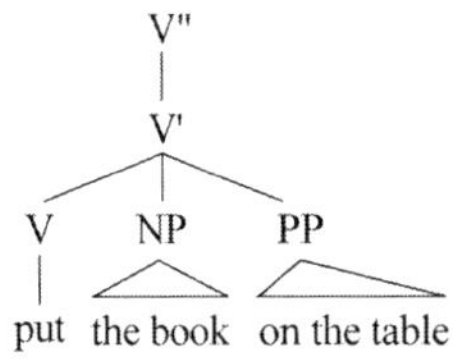

Jackendoff(1977: 58)에 의하면, 영어의 *do so*는 V′를 대신하는 소위 V′-대동사구(pro-V′)로 규정된다. 만약 (1)의 동사구 구구조규칙이 타당하다면, (15a)에서는 *buy the book on Tuesday*뿐만 아니라 *buy the book*까지도 *do so*로 대신할 수 있으나, (15b)에서는 *put the book on the table*는 *do so*로 대신할 수 있으나 *put the book*만은 *do so*로 대신할 수 없을 것이라고 예상할 수 있다. 왜냐하면, (15b)에서는 *put the book*만이 단독으로 V′를 형성할 수 없기 때문이다. 과연 이런 예상은 아래 예문에서 확인되는 바와 같이 사실로 판명된다.

(16) a. Tom will [buy the book on Tuesday], and Paul will do so as well.
　　b. Tom will [buy the book] on Tuesday, and Paul will do so on Thursday.

(17) a. Tom will [put the book on the table], and Paul will do so as well.
　　b. *Tom will [put the book] on the table, and Paul will do so on the chair.

또한 다음 두 대화를 고려해 보자.

(18) Q: Who will buy the book when?
A: Tom will (buy the book) on Tuesday.

(19) Q: Who will put the book where?
A: Tom will *(put the book) on the table.

위의 예문은 소위 '동사구생략(VP-Deletion or Ellipsis)'에 관련된 예들로서, (18)의 대화에서는 대답의 예문에서 동사와 목적어 *buy the book*이 동사구생략에 의해 생략될 수 있으나, (19)의 대화에서는 대답의 예문 속에서 동사와 목적어 *put the book*이 생략될 수 없다. 이는 위의 (15)의 구조에 입각하면, 쉽게 설명된다. 즉, (15a)의 구조에서 *buy the book*가 단독으로 하나의 구성소를 이루나, (15b)에서는 *put the book*만이 하나의 구성소를 이루지 못한다. 따라서 동사구 생략에 의한 동사구의 삭제(deletion)는 구성소 단위로 이루어진다고 보면, (18)과 (19)의 두 대화에 확인되는 문법성의 대조가 (15)의 통사구조에 의해 설명된다.

또한 다음 예문들에서 확인되는 문법성의 대조도 V′의 설정으로 보충어 PP와 부가어 PP를 구분하는 핵계층이론에 입각하면, 모두 통사적인 설명이 가능해진다.

(20) a. Tom sells cows on Tuesday, and John (sells) pigs on Thursday.
b. Tom put the bag on the desk, and Mary *(put) the sack on the chair.

(21) a. Tom will buy [the cake] *himself* [for his birthday].
b. *Tom will put [the candles] *himself* [on the cake].

(20)은 한 문장의 동사가 선행하는 문장의 동사와 동일할 때 생략되는 소위 공간화(Gapping) 현상이 일어난 문장의 예이고, (21)은 주어를 강조하는 소위 강조재귀사(emphatic reflexive)의 표류(floating) 현상을 보여주는 예이다. 이러한 현상들은 모두 V′의 설정으로 동사구 내부에 나타나는 전치사구

를 보충어와 부가어로 구분하여 설명될 수 있다. 즉, 동사의 공간화는 다음 (22)와 같은 제약에 의해 포착될 수 있으며, 표류강조재귀사(floating emphatic reflexive)는 (23)의 제약에 의해 포착될 수 있다.

(22) 동사의 공간화는 V′에 포함되는 동사의 보충어가 하나보다 많으면 일어날 수 없다. (Gapping of a V may not leave more than one complement of V within the containing V′.)

(23) 강조재귀사는 V′와는 자매관계를 이룰 수 있지만, V와는 자매관계를 이룰 수 없다.[4] (Emphatic reflexives cannot occur as sisters to V though can occur as sisters of V′.)

또한, 영어는 핵선행언어(head-initial language)이므로[5] 동사구 내에서 보충어는 항상 동사핵(verbal head) 뒤의 소위 후동사적 위치(postverbal position)에 나타나지만, 부가어의 경우에는 후행동사적 위치에뿐만 아니라 선동사적 위치(perverbal position)에도 나타날 수 있다. 선동사적 위치에 나타나는 부가어를 명사구의 경우처럼 한정어(attribute)라 부르는데, 한정어는 명사구의 경우에는 형용사구(adjectival phrase: AP)의 형태로 나타나지만, 동사구의 경우에는 부사구(adverbial phrase: AdvP)의 형태로 사용된다.

(24) a. his [$_{NP}$ [$_{AP}$ desperate] search for her]

b. He [$_{VP}$ [$_{AdvP}$ desperately] searched for her].

---

4) '자매관계를 이룬다(occur as sisters)'라는 표현은 '계층구조상 동일한 계층 위치에 나타난다'라는 의미를 갖는다.

5) Huang(1982)은 자연언어(natural languages)의 유형(typology)을 핵선행언어(head-initial languages)와 핵후행언어(head-final languages)로 분류하고 있다. 핵선행언어란 어휘핵(lexical head)이 보충어보다 어순상 먼저 나타나는 언어이며, 핵후행언어란 어휘핵이 보충어보다 어순상 뒤에 나타나는 언어를 말한다.

(25) a. his [$_{NP}$ [$_{AP}$ complete] adoration of her]

b. He [$_{VP}$ [$_{AdvP}$ completely] adores her].

영어에서 한정어로 사용되는 부사적 표현(adverbials)은 부가어의 위치에도 나타날 수 있는데, 이들의 계층적 위치는 V′와 자매관계를 이루는 위치이다.

(26) a. John will have completely read the book.

b. John will have read the book completely.

c. *John will have read completely the book.

따라서, (1)의 동사구 구구조규칙에 다음과 같은 한정어규칙(attribute rule)을 첨가해야 한다.

(1) b′. V′ → AdvP V′ (한정어규칙(attribute rule): 선택적(optional))

3. 형용사구와 부사구의 핵계층구조

형용사구(adjectival phrase: AP)의 내면구조도 핵계층이론(X-bar Theory)의 핵계층공식(X-bar schemata)에서 자동적으로 도출되는 다음과 같은 형용사구 구구조규칙에 의해 생성된다고 가정된다.

(1) a. A″ → (D) A′ (지정어규칙(specifier rule))
   b. A′ → A′ PP (부가어규칙(adjunct rule): 선택적(optional))
   c. A′ → A (PP) (보충어규칙(complement rule))

이러한 형용사구 구구조규칙(AP PSRs)에 의하면 다음 (2a)의 문장에 나타나는 형용사구(adjectival phrase: AP)는 아래 (2b)의 구구조로 기술된다.[1]

(2) a. Tom is [$_{AP}$ *very fond of Mary*].

b.

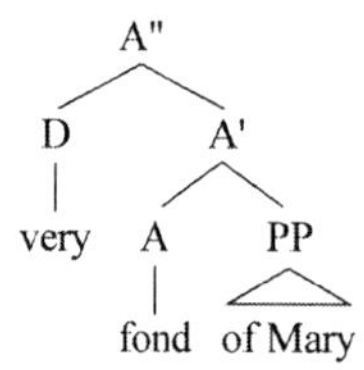

위에서 논의한 명사구와 동사구의 경우와 마찬가지로 형용사구의 내부구조에도 중간투사 A′가 존재한다는 사실을 규명하면, 그것이 곧 핵계층이론의 타당성을 입증하는 것이 된다.

---

1) A. Radford(1988)에서는 형용사구의 지정어 위치에 나타나는 *very*를 한정사(determiner: D)로 분류하는데, 그 이유는 아래 (i)에서와 같이 형용사의 지정어 위치에 전형적인 한정사인 *that*나 *this*가 나타날 수 있기 때문이다.

(i) a. Tom isn't [$_{AP}$ *that* fond of Mary].
   b. It was [$_{AP}$ *this* big].

본서에서는 *very* 이외에 형용사의 지정어 위치에 나타나는 *so, too, quite, rather, less, more* 등도 모두 한정사로 규정한다.

그러면, 다음 예문을 고려해 보자.

(3) Tom is [$_{A''}$ very [$_{A'}$ [$_{A'}$ fond of his mother] and [$_{A'}$ proud of his father]]].

위의 예문은 형용사구의 내부에서 A′가 접속구문(conjunction)을 이루고 있음을 보여주고 있다. 접속을 이루는 피접속 요소(conjucts)들은 동일한 종류의 구성소여야 하므로, 형용사구의 내부에서 A′를 하나의 독립적인 구성소로 분석하고 있는 (2)가 타당한 구조분석임이 입증된다.

또한, 다음 예문을 고려해 보자.

(4) Tom used to be very [$_{A'}$ fond of Mary], but now he is much less so.

위의 문장은 so라는 대형용사(pro-adjective)가 *fond of Mary*를 대신하여 사용되고 있음을 보여주고 있다. 한 표현이 대체형(pro-form)으로 사용될 수 있다는 것은 그 표현이 통사구조상 하나의 구성소를 이룬다는 것을 의미한다. 따라서, 위의 문장은 *very fond of Mary*라는 전체 형용사구 내부에서 *fond of Mary*가 하나의 구성소를 이룬다는 것을 입증해 주고 있다. 이러한 관찰이 옳다면, 대형용사 so는 단순한 대형용사가 아니라 A′ 구성소를 대신하는 A′-대형용사구(pro-A′)로 규정될 수 있다.

다음 예문을 고려해 보자.

(5) Tom is [$_{AP}$ very fond [$_{PP}$ of Mary] [$_{PP}$ in some ways]].

위의 문장은 형용사구 내부에 보충어뿐만 아니라 부가어가 나타나고 있는 경우를 보여주고 있다. 이러한 형용사구의 내부구조는 (1)의 형용사구 구구조규칙에 의하면, 다음과 같이 표현된다.

(6) 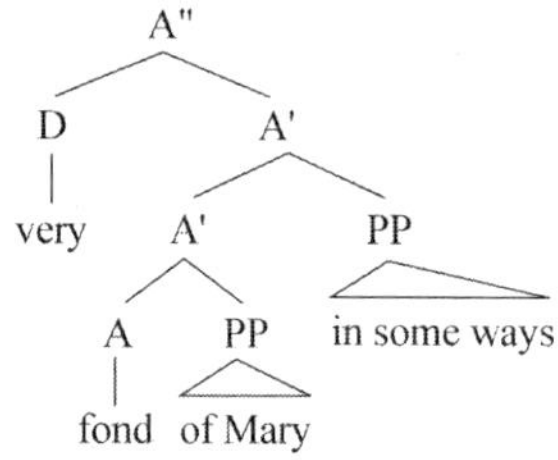

위의 구조표현에 대한 타당성의 입증은 바로 (1)의 형용사구 구구조규칙에 대한 타당성의 입증으로 연결된다. 위의 표현에서 *of Mary*는 보충어이고 *in some ways*는 부가어로 표현되고 있는데, 먼저 이러한 보충어와 부가어를 구별하는 타당성을 밝혀 보자. 아래 표현들을 고려해 보자.

(7) a. *very fond [$_{PP}$ in some ways]

b. very fond [$_{PP}$ of Mary]

(8) a. very fond [$_{PP}$ of Mary] [$_{PP}$ in some ways]

b. *very fond [$_{PP}$ in some ways] [$_{PP}$ of Mary]

(7)은 (6)의 형용사구 내부구조에서 *in some ways*는 선택적 요소이나 *of Mary*는 의무적인 요소임을 보여주고 있는데, 어떤 구성소가 통사구조상에서 의무적인 요소가 된다는 것은 그 요소가 어휘핵에 의해 의미역($\boldsymbol{\theta}$-role)이 할당된다는 뜻이고, 의미역이 할당되는 요소는 그 어휘핵에 의해 의미선택(s-selection)되는 논항이며, 보충어는 그 논항 중의 하나이다. 부가어는 의무적인 요소가 아니므로 어휘핵에서 의미선택된다고 볼 수 없다. 이러한 어휘핵의 의미선택적인 차원에서 부가어와 보충어가 구분되는데, (6)은 바로 이러한 구분을 통사적으로 표현하는 구조분석이 된다.

또한, (2)의 형용사구 구조분석에 의하면, 형용사구의 내부구조에서는 언제나 보충어가 부가어를 선행하게 되는데, (8)은 바로 이러한 보충어와 부가어의 어순상 차이를 입증해 주고 있다. (8b)의 비문법성은 바로 가지교차금지제약(no crossing branches' restriction)의 위반에 기인한다.

즉, (8b)의 구조표현은 다음과 같이 기술된다.

(8) b′.

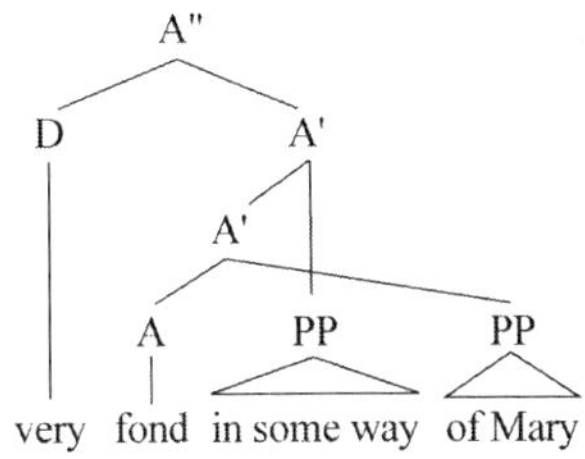

또한, (6)의 구조분석에 입각하면, 전체 형용사구 *very fond of Mary in some ways* 내부에서 *fond of Mary*뿐만 아니라 fond of Mary in some ways가 모두 A′로 분석되는데, 이러한 분석이 타당하다면, *fond of Mary*와 *fond of Mary in some ways*가 모두 A′-대형용사구인 *so*로 대신할 수 있을 것이다. 이러한 예상은 아래 예문에서 사실로 입증된다.

(9) a. Tom is [$_{A''}$ very [$_{A'}$ [$_{A'}$ fond of Mary] in some ways]], but is [$_{A''}$ less [$_{A'}$ [$_{A'}$ so] in other ways]].

b. Tom is [$_{A''}$ very [$_{A'}$ [$_{A'}$ fond of Mary] in some ways]], but is [$_{A''}$ less [$_{A'}$ so]] than he used to be.

한편, 형용사구의 경우에도 형용사핵(adjectival head)을 앞서는 선형용사적 위치(preadjectival position)에 부가어와 동일한 계층적 높이를 갖는 한정어(attribute)가 나타날 수 있다. 형용사구의 한정어는 동사구의 경우와 마찬가지로 부사구의 형태로 나타난다.

(10) a. [$_{A''}$ so [$_{A'}$ [$_{AdvP}$ completely] foolish]]

b. [$_{A''}$ so [$_{A'}$ [$_{AdvP}$ utterly] incompetent]]

따라서 우리는 (1)의 형용사구 구구조규칙에 다음과 같은 한정어규칙(attribute rule)을 추가하여야 한다.

(1) b.' A′ → AdvP A′ (한정어규칙(attribute rule): 선택적(optional))

(1b′)의 규칙은 A′가 다시 A′로 회귀하는 규칙 적용의 반복성(recursive property)을 가지므로, 이 규칙이 타당한 규칙이라면 한 형용사구 내에 다수의 한정어가 나타날 수 있으리라 예상할 수 있다. 아래의 예문은 바로 이러한 예상이 사실임을 확인해 준다.

(11) Senator Smith is *severely directly personally* [$_{A'}$ critical of the President]].

한편, (1)의 형용사구 구구조규칙에 의하면, 한정어는 형용사핵(adjectival head)보다는 앞서지만 지정어(specifier) 위치에 나타나는 한정사(determiner: D)보다는 뒤에 나타나야 하는데, 이러한 예상도 아래 예문에서 입증된다.[2)]

(12) a. so utterly incompetent

b. *utterly so incompetent

---

2) 핵계층이론에 의하면 표현의 기본적 어순(word order)은 핵계층공식에 의해 결정되는데, 핵계층공식에 따르지 않는 부적절한 어순은 모두가 '가지교차금지제약'의 위반을 초래해 비문법적인 표현으로 판정된다. (12b)의 경우도 아래 구조표현에서처럼 '가지교차금지제약'을 위반하고 있다.

(i)

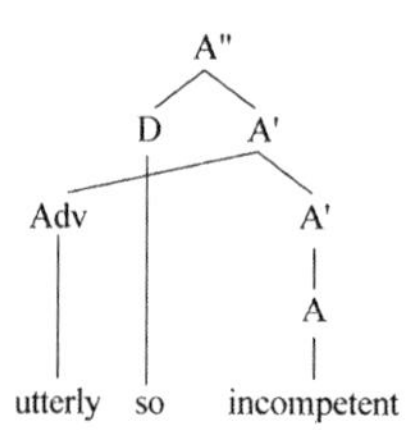

영어에서는 부사구(adverbial phrase: AdvP)의 경우도 핵계층공식(X-bar schemata)에 부합하는 내부구조를 취하고 있음이 확인된다.

(13) John made up his mind [$_{\text{AdvP}}$ *quite independently of Tom*]

(13)에 나타나는 부사구는 다음과 같은 구조로 분석될 수 있다.

(14)

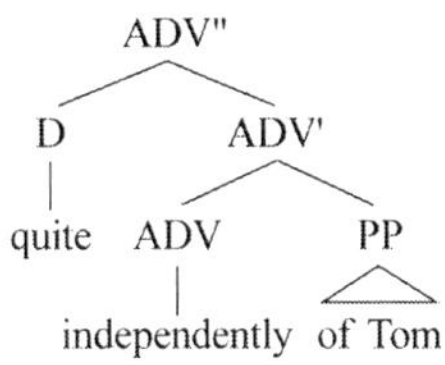

부사구가 위와 같은 구조로 분석된다면, 위의 (12a)는 의미적으로 중의성(ambiguity)을 가져야 하며, 이러한 중의성은 다음과 같은 구조표현으로 포착될 수 있다.

(15) a.

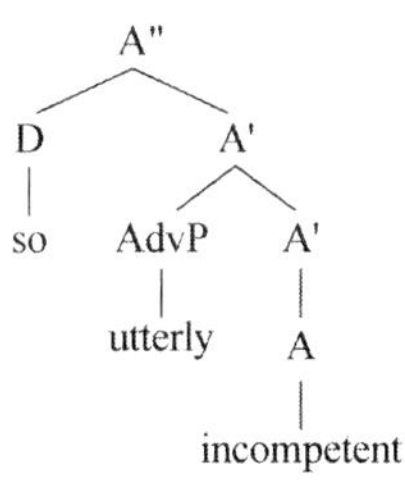

b.

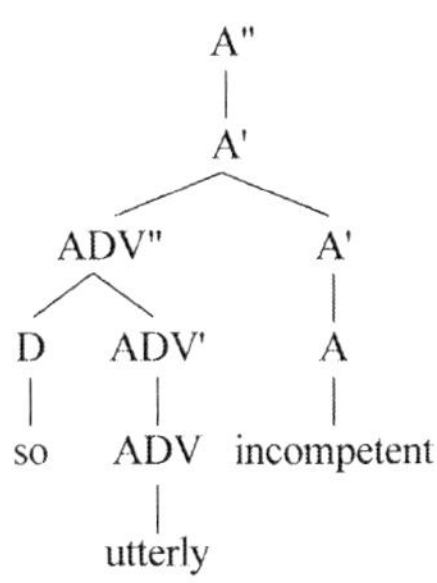

요컨대, (12a)의 표현은 (15a)처럼 so가 [$_{A'}$ *utterly incompetent*]을 수식함으로써 '순전히 무능함이 아주 그렇다'의 의미와, (15b)처럼 *so*가 *utterly*의 지정어 위치에 나타나 이제 [$_{ADV''}$ *so utterly*]가 함께 *incompetent*를 수식함으로써 '무능함이 아주 순전하다'의 의미를 갖게 된다.[3)]

---

3) 사실 (12a)의 표현은 우리말로 직역하면 '아주 순전히 무능한'으로 표현되는데, 이 때 우리말 '아주 순전히 무능한'의 경우도 (15a)와 (15b)의 구조로 모두 표현될 수 있기 때문에 (12a)와 마찬가지로 두 가지 의미의 중의성을 갖게 된다. 이러한 두 가지 의미를 소위 직접구성소 자르기(IC-cut)로 나타내어 보면 각기 다음과 같다.

(i) a. 아주 | 순전히 | 무능한

b. 아주 | 순전히 | 무능한

4. 전치사구의 핵계층구조

먼저 아래 예문을 고려해 보자.

(1) Put the book [PP *right on the top shelf*].

위의 전치사구(prepositional phrase: PP)도 핵계층공식(X-bar schemata)에 부합하는 다음과 같은 구조로 분석될 수 있다.

(2)

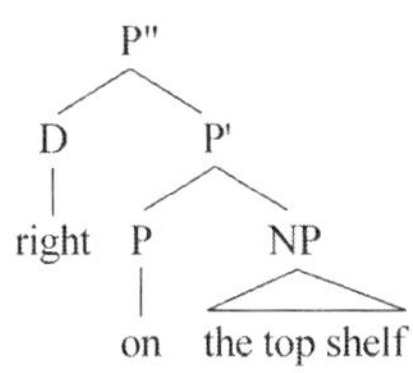

위 구조분석의 타당성도 역시 전치사구의 중간투사(intermediate projection) P′가 실제로 존재한다는 증거에 의해 입증될 수 있다. (1)의 내포되는 전체 전치사구 *right on the top shelf* 내부에서 *right*를 제외한 나머지 부분인 *on the top shelf*가 하나의 구성소를 이룬다는 사실은 아래에서 논의되는 다양한 통사적 현상에 의해 입증된다. 먼저 다음 예문을 살펴보자.

(3) Put the book [right *there*].

(3)의 예문은 (1)에 나타나는 전체 전치사구 *right on the top shelf*에서 *on the top shelf*만이 *there*라는 대체형(pro-form)으로 교체될 수 있음을 보여주고 있다. 하나의 대체형에 의해 교체될 수 있다는 것은 *on the top shelf*가 하나의 구성소를 이룬다는 의미이다. 또한, 이 경우 *there*는 P′를 대신하는 소위 P′-대전치사구(pro-P′)로 규정된다.

또한 다음 예문을 고려해 보자.

(4) The book fell [P″ right [P′ off the top shelf] and [P′ onto the floor]].

위의 예문도 전체 전치사구 내부에서 P′의 단위가 접속구문(conjunction)을 이룬다는 사실을 보여주고 있다. 접속구문에서 피접속요소(conjunct)가 되는 단위는 하나의 통사적 구성소를 이뤄야 하기 때문에 (4)에 내포되는 전치사구의 표현에서 *off the top shelf* 와 *onto the floor*가 P′라는 중간투사로 규정되어야 한다.

또한 전치사구도 핵계층공식에 입각해 생성된다면, 부가어와 한정어의 어순상의 대칭성(symmetry)이 나타나야 하는데, 이러한 예상도 다음 예문에서 사실로 확인된다.

(5) a. John was [P″ *completely* in the wrong].

b. John was [P″ in the wrong *completely*].

위의 예문에 나타나는 전치사구 내부에서 *in the wrong*만이 중간투사 P′를 이룬다는 사실은 다음의 예문에서 다시 한 번 확인된다.

(6) John used to be [P″ partly in the wrong], but now he is [P″ completely so].

위의 예문은 대체형(pro-form) *so*가 전체 전치사구 내부에서 *in the wrong*만을 대신하고 있음을 보여주고 있다. 이러한 현상은 전치사구 내부에서 *in the wrong*이 P′ 중간투사의 구성소를 이룬다는 핵계층이론의 주장을 다시 한 번 입증한다. 이 경우 *so*는 P′-대전치사구(pro-P′)로 규정된다.

또한 아래 예문을 고려해 보자.

(7) John was [P″ *so completely in the wrong*].

이 예문은 두 가지 의미를 갖는다. 이러한 의미적인 중의성(ambiguity)도

(7)에 내포되어 있는 전치사구가 핵계층공식에 입각해 다음과 같은 두 가지 구조로 분석될 수 있음에 기인한다.

(8) a.

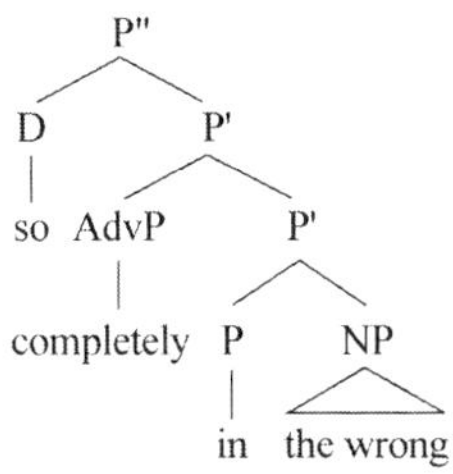

b.

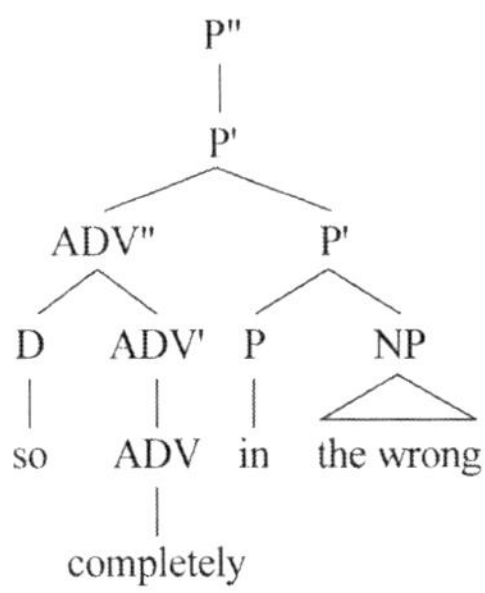

요컨대, (7)의 표현에 나타나는 전치사구는 (8a)에서처럼 *so*가 전치사구의 지정어 위치에서 [$_{P'}$ *completely in the wrong*]을 수식함으로써 '완전히 틀림이 아주 그렇다'의 의미와, (8b)에서처럼 *so*가 부사구의 지정어 위치에 나타나 이제 [$_{ADV''}$ *so completely*]가 함께 *in the wrong*을 수식함으로써 '틀림이 아주 완전하다'의 의미를 갖게 된다.[1)]

---

1) 사실 (8a)의 표현은 우리말로 직역하면 '아주 완전히 틀린'으로 표현되는데, 이 때 우리말 '아주 완전히 틀린'의 경우도 (8a)와 (8b)의 구조로 모두 표현될 수 있기 때문에 (7)의 영어 표현과 마찬가지로 두 가지 의미의 중의성을 갖게 된다. 이러한 두 가지 의미를 소위 직접구성소 자르기(IC-cut)로 나타내면 각기 다음과 같다.

(i) a. 아주 | 완전히 | 틀린

b. 아주 | 완전히 | 틀린

또한 다음 예문을 고려해 보자.

(9) John is [P″ less at odds with Mary] now.

위의 문장에 나타나는 전치사구는 그 내면구조가 다음과 같이 표현된다.

(10)

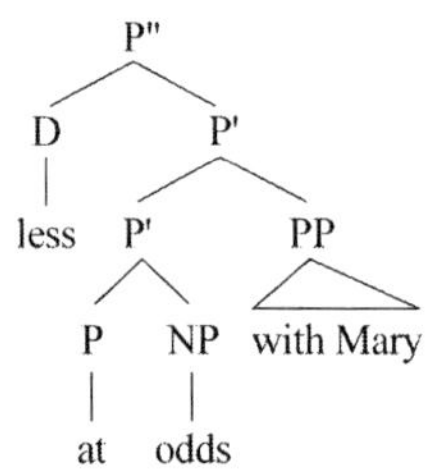

위의 구조표현이 타당하다면, 전체 전치사구 내에서 *at odds*와 *at odds with Mary*가 동일하게 P′의 구성소를 이루기 때문에 P′-대전치사구(pro-P′)인 *so*가 at odds뿐만 아니라 *at odds with Mary*를 대신해 사용될 수 있을 것이다. 이러한 예상은 다음과 같은 예문에 의해 사실로 확인된다.

(11) a. I know that John is [*at odds*] with Jane, but he's less so with Mary.
b. I know that John always used to be [*at odds with Mary*], but he's less so these days.

또한, (10)의 구조표현이 타당하다면, 전치사구 내부에 나타나는 *completely*와 같은 부사구는 P′를 수식하는 부가어와 한정어 위치에 모두 나타날 수 있게 되는데, 이러한 예상도 다음과 같은 예문에 의해 사실로 입증된다.

(12) a. John is [P″ *completely* at odds with Mary].
b. John is [P″ at odds *completely* with Mary].
c. John is [P″ at odds with Mary *completely*].

또한 일부 전치사는 명사구뿐만 아니라 다른 전치사구(PP)를 보충어로 취하기도 한다.

(13) a. John stayed at home [$_{P''}$ because [$_{PP}$ of his illness]].
b. Smoke poured [$_{P''}$ out [$_{PP}$ of the window]].
c. The campaign dates [$_{P''}$ from [$_{PP}$ before World War II]].

위의 예문에 나타나는 전치사구의 내면구조는 다음과 같이 표현된다. (13c)의 경우를 대표적으로 살펴본다.

(14)

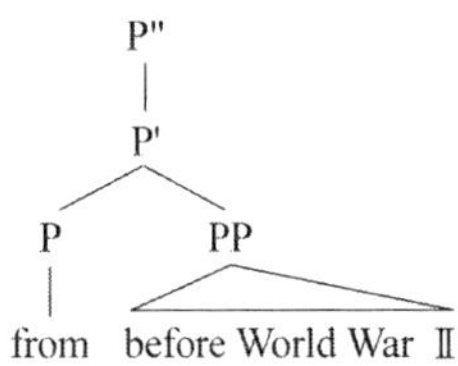

위의 논의에 비추어보면 전치사구들은 다른 전치사구의 내부에서 보충어의 역할과 부가어의 역할을 모두 할 수 있음을 알 수 있으며, 보충어 PP와 부가어 PP가 모두 나타나는 전치사구의 경우를 실례로 들어보면 다음과 같다.

(15) a. John is [$_{P''}$ so out *of touch* **in some ways**].
b.

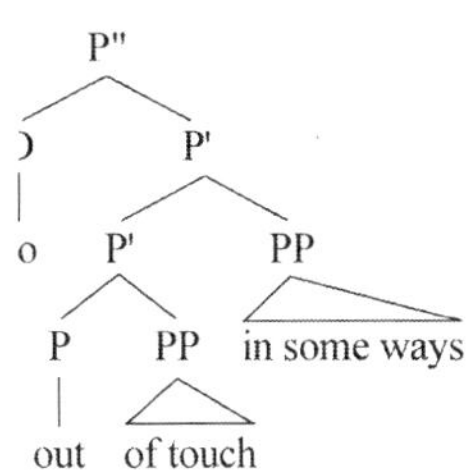

위의 전치사구의 경우도 보충어와 부가어의 어순이 바뀌면, 가지교차금지

제약(no crossing branches' restriction)에 의해 비문법적인 표현으로 판정된다.

(16) a. *John is [$_{P''}$ so out **in some ways** *of touch*].

b.

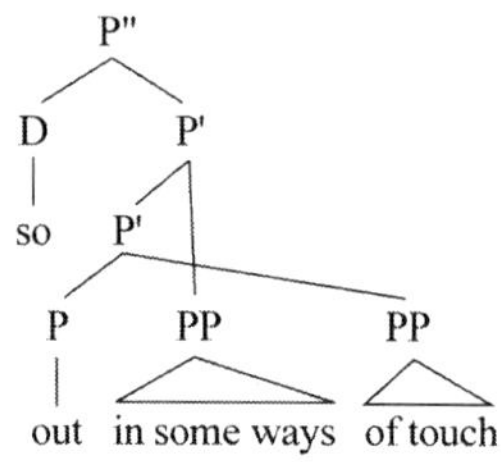

또한 다음 예문을 고려해 보자.

(17) a. John left the boxes [$_{P''}$ down in the cellar].

b. John put the books [$_{P''}$ up in the attic].

위의 문장에 나타나는 전치사구들은 전치사핵(prepositional head)이 다른 전치사구를 보충어로 취하는 (14)의 경우와 달리, 선행하는 전치사가 전치사핵(head)이 아니라 전치사구의 지정어로 나타난다. 따라서, 위들 전치사구들은 다음과 같이 표현된다.

(18) a.

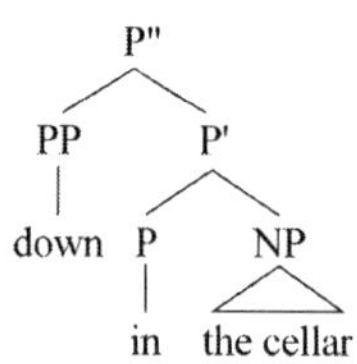

b.

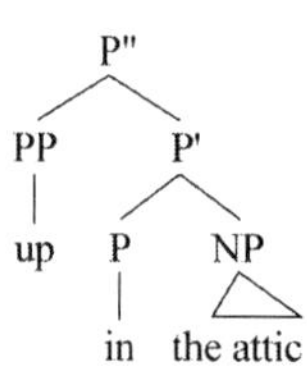

(17)의 예문 속에 내포되어 있는 전치사구가 (13)의 예문에 나타나는 전치사구와 달리 그 내면구조가 (18)처럼 표현되는 이유는 무엇인가?

첫째, (13)에 나타나는 전치사구의 경우에서는 선행하는 전치사가 전치사구의 핵이기 때문에 의무적인 요소이나, (17)의 전치사구에서는 선행하는 전치사가 전치사구의 지정어이므로 선택적인 요소가 된다.

(19) a. *The campaign dates before World War II.

b. John left the boxes in the cellar.

또한 (13)의 경우에는 전체 전치사구의 보충어인 전치사구가 지정어가 없으므로 새로운 지정어를 첨가할 수 있지만, (17)의 경우에는 전체 전치사구의 지정어 위치에 이미 지정어 PP가 선택되어 있으므로 새로운 지정어를 첨가할 수 없다.

(20) a. The campaign dates from right before World War II.

b. *John left the boxes down right in the cellar.

그러면, 전치사구의 지정어 위치에 한정사(D)가 아닌 또 다른 전치사구가 어떻게 나타날 수가 있는가? 이 질문에 대해 우리의 대답은 이론적인 해명보다는 전치사의 지정어 위치에는 기타의 다른 구범주들도 다양하게 나타날 수 있음을 보여주는 것이다.

(21) a. They met [$_{P''}$ [$_{NP}$ twenty years] [$_{P'}$ after the war]].

b. The bodyguards stood [$_{P''}$ [$_{AP}$ really close] [$_{P'}$ behind the President]].

c. His mother died [$_{P''}$ [$_{AdvP}$ immediately] [$_{P'}$ after the operation]].

이상의 논의에서 살펴본 바와 같이 전치사구의 경우에도 핵계층이론에 입각한 구구조분석이 타당하다는 사실이 입증되었다. 따라서, 전치사구의 내면구조도 핵계층이론의 핵계층공식에서 자동적으로 도출되는 다음과 같은 전치사구 구구조규칙(PP PSRs)에 의해 생성된다고 주장할 수 있다.

(22) a. P″ → (WP) P′ (지정어규칙(specifier rule))
b. P′ → P′ YP (부가어규칙(adjunct rule): 선택적(optional))
c. P′ → YP P′ (한정어규칙(attribute rule): 선택적(optional))
d. P′ → P (ZP) (보충어규칙(complement rule))

위의 전치사구 구구조규칙의 표현에서 확인되어야 하는 남은 하나의 문제는 과연 (22d)의 보충어규칙에서 표현되는 바와 같이 전치사구의 보충어가 선택적인 요소인가 하는 사실이다. 즉, 한 전치사가 단독으로 전치사구를 형성할 수 있는가 하는 질문이다. 이 질문에 대해 우리는 다음과 같은 실례로 긍정적인 대답을 주고자 한다.

(23) a. He put his hat [$_{PP}$ *on his head*].
b. He put his hat [$_{PP}$ *on*].

(24) a. T'd never met her [$_{PP}$ *before the party*].
b. T'd never met her [$_{PP}$ *before*].

5. 절의 핵계층구조

5.1 절 구조의 생성

앞에서 살펴본 바와 같이, 구범주(phrasal categories)의 내면구조는 핵계층이론(X-bar Theory)의 핵계층공식(X-bar schemata)에 의해 만들어지는 일반구구조(generalized phrase structures) 상으로 투사원리(Projection Principle)를 통해 핵범주의 어휘정보를 투영하여 생성된다고 주장되어 왔다. 요컨대, 모든 구범주의 내면구조는 아래 (1)의 핵계층공식(X-bar schemata)과 (2)의 투사원리의 상호작용에 의해 결정된다고 본다.

(1) a. X″ → (WP), X′ (지정어규칙(specifier rule))
  b. X′ → X′, YP (부가어규칙(adjunct rule): 선택적(optional))
  c. X′ → X, (ZP) (보충어규칙(complement rule))

(2) 어휘정보는 통사적으로 투영된다(Lexical information is syntactically represented.).

그러나 절(clause)의 내면구조 분석에 대해서는 지배결속이론(GB-Theory) 초기(1981-1986)와 후기(1986-1990)의 주장이 다르다. 즉, 초기의 주장은 절은 언제나 주어(subject) 명사구(NP)가 필요한데, 이러한 문법적 현상은 어휘정보에 의해 전적으로 결정되지 않으므로, 절의 경우는 핵계층공식과 투사원리에 의해 내면구조가 결정될 수 없다는 것이다. 소위 허사구문(expletive construction)의 경우는 주어 명사구에게 할당되는 의미역(θ-role)이 없는데도 절의 주어 위치에 명사구가 나타난다.

(3) a. *There* are four men killed in the garden.
  b. *It* seems that John loves Mary.

뿐만 아니라, 투사원리는 어휘핵의 어휘정보를 통사구조에 투영하는 원리이기 때문에 그 어휘핵의 지배영역(government domain)인 최대투사(maximal projection) 내부의 구조, 즉 구범주의 내부구조를 결정하는 데 기여하지만, 그 어휘핵의 최대투사 바깥의 통사구조에 대해서는 아무런 영향도 미치지 못한다. 따라서, 초기 지배결속이론에서는 절의 내면구조는 핵계층공식과 투사원리에 의하지 않고, 다음과 같은 구구조규칙에 의해 생성된다고 보았다.

(4) S → NP *Tense* VP

이 규칙에 의해 (3)의 문장은 다음과 같이 기술된다(대표적으로 (3b)의 경우를 살펴본다.).

(5)

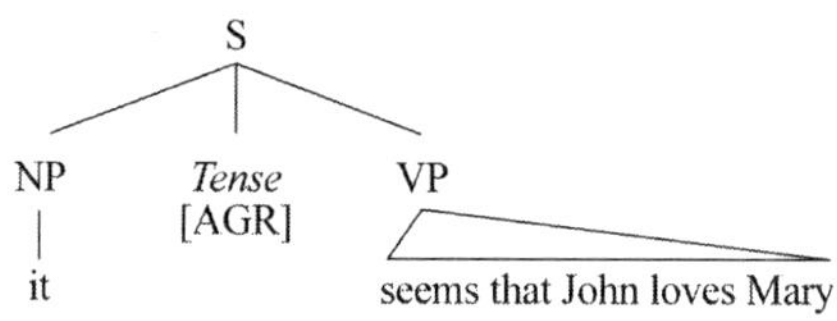

요컨대, 절의 주어 명사구는 동사의 하위범주화특성(subcategorizational property)이나 의미역구조(θ-structure) 등과 같은 어휘정보와 상관없이 (4)의 규칙에 의해 생성된다는 것이다. 따라서 절에는 언제나 주어 명사구가 의무적으로 나타나게 되고, 이 경우 절의 동사가 외재논항(external argument)에게 할당할 외재의미역(external θ-role)을 갖지 않으면, 절의 주어 위치에는 비논항(non-argument)인 소위 허사(expletive)가 나타난다. 그러나 절의 동사가 외재의미역을 갖는 경우는 주어의 위치에 반드시 논항이 나타난다.

(6) a. *It believes that John loves Mary.

b. *Tom* believes that John loves Mary.

또한 특정의 내포절(embedded sentence)에는 문두에 소위 보문소(complementizer)가 나타나는데, 보문소의 위치는 다음과 같은 구구조규칙에 의해 생성된다고 보았다.

(7) S′ → COMP S

이러한 규칙에 의해 다음 예문들에 내포되는 내포절 내면구조가 결정된다.

(8) a. I think [*that* John abandoned the investigation].
 b. I expect [*for* John to abandon the investigation].
 c. Jane wonder [*whether* John abandoned the investigation].

(9)

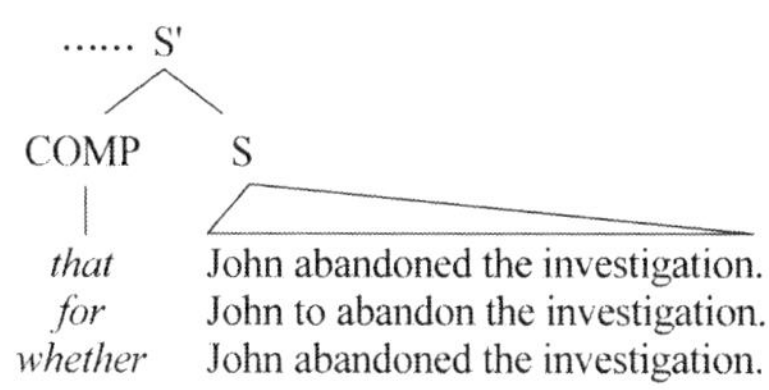

또한 보문소 위치는 내포 절에서만 요구되는 것이 아니라 의문문(question)의 경우에는 주절에도 필요하므로, 절의 내면구조는 다음과 같은 절 구구조규칙(S PSRs) 체계에 의해 생성된다고 본다.

(10) a. S′ → (COMP) S
 b. S → NP *Tense* VP

이러한 절 구구조규칙에 의하면 다음 예문 (11a)의 내면구조는 (11b)에서처럼 표현된다.

(11) a. Will John abandon the investigation after lunch?

b.

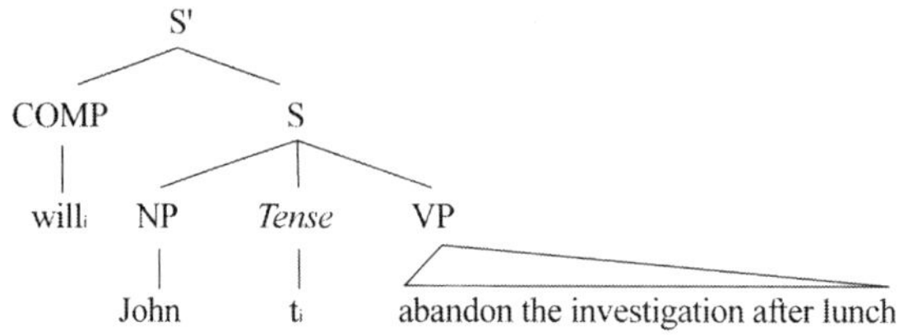

그러나 (10)의 절 구구조규칙은 몇 가지 심각한 문제점을 내포하고 있다. 먼저 이론적인 문제점을 제기해 보기로 하자.

첫째, (10b)의 규칙은 다음과 같은 내심구조제약(Endocentricity Constraint)을 위반하고 있다.

(12) 내심구조제약 (Radford 1988):

모든 구성소구조규칙은 다음과 같은 형태를 취해야 한다.

$X^n \rightarrow \cdots X^m \cdots$ (m=n or n-1)

요컨대, 특정의 문법규칙체계가 설명적 타당성(Explanatory Adequacy)을 확보하여 보편문법(universal grammar: UG)으로 발전하기 위해서는 반드시 규칙의 수를 줄이는 노력이 필요한데, 규칙의 수를 줄이는 방법 중의 하나가 규칙설정에 제약을 가하는 것이다. 위의 내심구조제약은 구구조규칙의 수를 줄이기 위해 변형생성문법이론에서 채택하는 제약인데, 이 내심구조제약에 의하면 구구조규칙이 만들어내는 통사구조상에서 상위 범주는 그가 직접 관할(immediate domination)하는 하위 범주 중의 하나와 반드시 동일 유형의 범주이어야 한다는 것이다. 즉, 상위 범주는 직접 관할하는 하위 범주 중의 하나에서 투사되는 구범주이어야 한다는 것이다. 따라서, (10b)가 만들어내는 다음과 같은 절의 내면구조는 S가 직접 관할하는 범주 중에서 S와 동일 유형의 하위 범주가 전혀 없으므로 (12)의 내심구조제약을 충족하지 못한다.

(13)
```
          S
   _______|_______
  |       |       |
  NP    Tense     VP
```

둘째, (10)의 절 구구조규칙에 의하면, 절의 최대투사는 S″가 아니라 S′가 되는데, 이는 모든 구범주의 최대투사가 모두 X″로 구성되는 것에 비해 일반성이 결여된다.

셋째, 통사구조에서 투사되지 않는 범주(non-projection), 즉 비핵요소(non-head term)는 다음과 같은 수식어 최대성제약(Modifier Maximality Constraint)에 의해 최대투사가 되어야 하는데, (10)에 의해 생성되는 절의 내면구조에서 COMP와 *Tense*는 투사되지 않는 범주인데도 핵투사(X^0-projection)로 남아 있다.

(14) 수식어 최대성 제약 (Stowell 1981):
구구조규칙의 확장 속에 나타나는 모든 비핵요소는 그 자체로 어떤 한 범주의 최대투사가 되어야 한다. (Every non-head term in the expansion of a rule must itself be a maximal projection of some category.

이상에서 지적하는 이론적인 문제점 이외에도, (10)의 절 구구조규칙은 두 가지 중요한 경험적 문제점을 야기한다.

먼저, 다음의 예문을 고려해 보자.

(15) When will John abandon the investigation?

이 문장은 아래의 구조표현에서 확인되는 바처럼 (10)의 절 구구조규칙에 의해 완전히 기술되지 못한다.

(16)

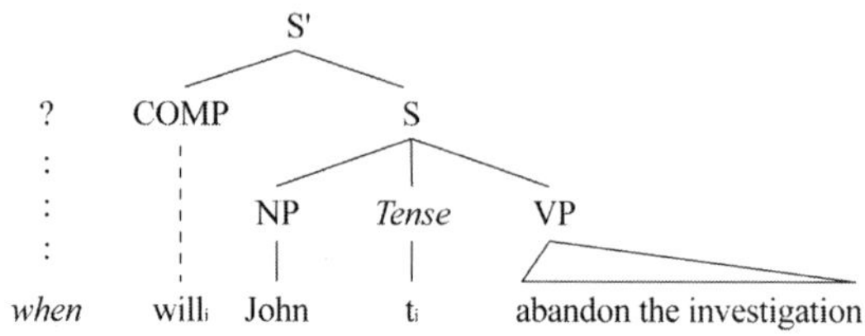

또한 다음 예문을 고려해 보자.

(17) Why$_i$ do [$_S$ you guess [$_{S'}$ that [$_S$ John will abandon the investigation t$_i$]]] ?

(10)의 절 구구조규칙에서는, (17)의 문장처럼 내포절의 COMP 위치에 보문소가 나타날 경우는 소위 이중보문소 여과장치(doubly filled COMP Filter)에 의해 의문사의 이동시 의문사가 내포절의 COMP를 경유하지 못하고 직접 주절의 COMP로 이동하게 된다. 이와 같은 이동은 (17)에서 확인되는 바처럼 하위인접조건(Subjacency)뿐만 아니라 공범주원리(ECP)까지도 위반하게 된다.

(10)의 절 구구조규칙에 관련되는 문제점들을 일시에 해결하면서, 절의 내면구조까지도 핵계층이론(X-bar Theory)의 핵계층공식(X-bar schemata)에 의해 기술될 수 있다는 주장이 Chomsky(1986a, b)에서 제안되었다. Chomsky(1986a)는 '모든 술어(predicate)는 언제나 그것이 서술할 대상(즉, 주어)을 필요로 한다' 소위 Rothstein(1983)의 주술연결규칙(Rule of Predicate- Linking)[1]를 채택하여, 이를 투사원리(Projection Principle)에 접목함으로써 다음과 같은 확대투사원리(Extended Projection Principle: EPP)를 제안하고 있다.

1) Rothstein(1983)에서 제안하고 있는 술어연결규칙(Rule of Predicate-Linking)은 다음과 같이 정의된다.

(i) 모든 술어는 표층구조에서 그가 직접 성분통어하고, 또한 그를 직접 성분통어하는 논항위치에 연결되어야 한다. (Every non-θ-marked XP must be linked at S-structure to an argument which it immediately c-commands and which immediately c-commands it.)

(18) (i) 투사원리(=(2))

(ii) 모든 문장은 주어를 갖는다.

(all sentences must have subjects.)

(18i)는 핵계층공식(X-bar schemata)과 상호작용으로 구범주들(즉, NP, VP, AP, PP)의 내면구조를 결정하며, (18ii)는 절의 내면구조를 절 구구조규칙 (10)에 의존하지 않고도 핵계층공식에 의존해서 생성할 수 있는 기초를 제공하고 있다. 절의 내면구조와 관련하여 결과적으로 (18i)는 동사구내부주어 가설(VP-Internal Subject Hypothesis)을 낳게 하였으며, (18ii)는 동사구내부주어가설을 기초로 한 명사구이동(NP movement)이나 허사삽입(Expletive Insertion)을 통하여 완전한 절구조를 도출한다.

핵계층이론(X-bar Theory)의 핵계층공식에서 자동적으로 도출되는 영어 절(S′와 S)의 핵심적인 내면구조를 생성하는 절 구구조규칙은 각기 다음과 같다. (19)는 S′의 내면구조를 생성하는 절 구구조규칙이며, (20)은 S의 내면구조를 생성하는 절 구구조규칙이다.

(19) a. C″ → (WP) C' (지정어규칙(specifier rule))

b. C' → C TP (보충어규칙(complement rule))

(20) a. T″ → NP T' (지정어규칙(specifier rule))

b. T' → T VP (보충어규칙(complement rule))

위의 절 구구조규칙이 만들어 내는 핵심적인 절구조는 각기 다음과 같다. (21a)는 S'의 내면구조이며, (21b)는 S의 내면구조이다.

(21) a.

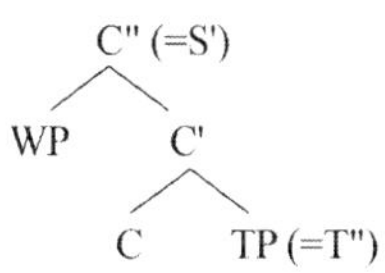

b.

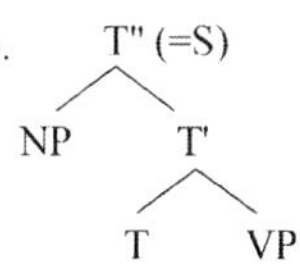

(21a)는 S′의 내면구조를 핵계층공식에 입각해 내심구조(endocentric structure)로 표현한 것이고, (21b)는 S의 내면구조를 핵계층공식에 입각해 내심구조로 표현한 것이다. 즉, (21a)의 표현은 S′의 경우에는 COMP(=C)가 내심구조의 핵(head)이고, S에서는 Tense(=T)가 내심구조의 핵이하는 것이다. 이들 핵은 핵계층이론에 입각해 상위 범주로 투사(project)되어 각기 C′와 T′의 중간투사(intermediate projection)를 거쳐 C″(=CP)와 T″(=TP)의 최대투사(maximal projection)로 투사된다고 본다.[2)]

(19)-(20)의 절 구구조규칙을 포함하여 핵계층공식에서 도출되는 일반 구구조규칙에 입각해 예문 (15)의 내면구조를 표현해 보면 다음과 같다.

(22)

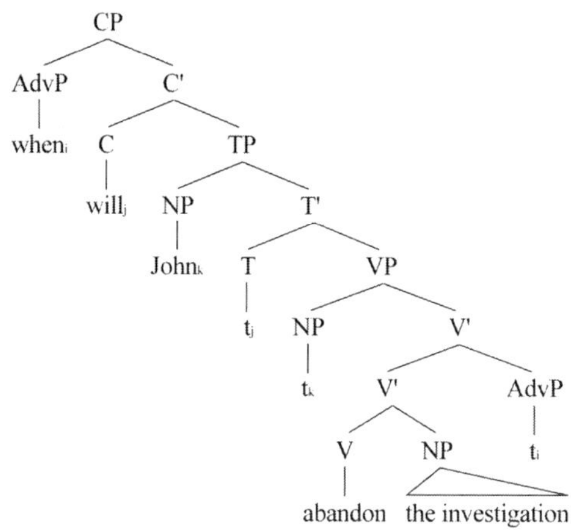

2) 핵계층이론(X-bar Theory)에서 최대투사(maximal projection)는 X″로 표현되는데, 최대투사를 과거의 구구조문법(PSG)의 표기에 따라 그냥 XP로 표현하기도 한다. 즉, N″를 NP로 V″를 VP로 A″를 AP로 P″를 PP로 표현할 수 있으며, 이러한 방향에서 S′인 C″를 CP로, S인 T″를 TP로 표기하기도 한다. 따라서, 표기상의 순서에 입각해 보면, 절의 경우는 다음과 같은 표기의 등식이 성립된다.

(i) a. S′=C″=CP

b. S=T″=TP

또한, 의미역을 할당받지 않는 비논항인 허사(expletive)가 절의 주어 위치에 나타나는 소위 허사구문(expletive construction)을 핵계층이론 하에서 표현해 보자. (3b)의 경우을 실례로 살펴본다.

(23)

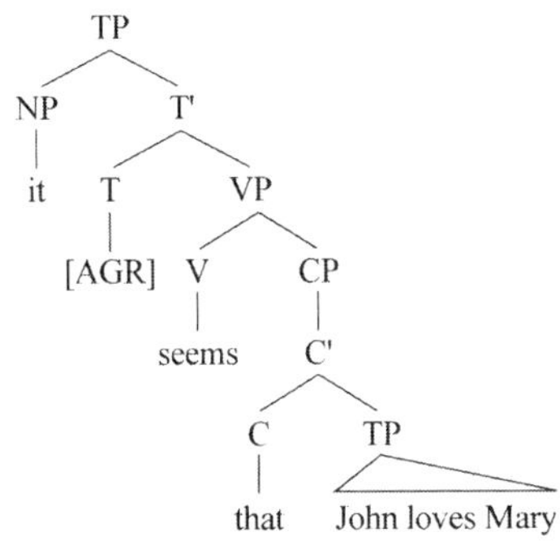

위의 절구조분석을 통해 살펴보면, 절의 주어 위치(즉, TP의 지정어 위치)는 명사구이동(NP movement)에 의해 논항으로 채워지거나 아니면 허사삽입(expletive insertion)에 의해 허사로 채워짐으로써 언제나 확대투사원리(18ii)를 충족하고 있음을 확인할 수 있다.

명사구이동에 의해 확대투사원리가 충족되는 경우는 명사구가 격을 부여받기 위한 수단으로 확대투사원리를 활용하는 경우라고 해석할 수 있다. 즉, 절의 술어 동사구 내부에 격을 부여받지 못하는 명사구가 있으면, 이 명사구는 격여과장치(Case Filter)을 만족하기 위하여 절의 주어 위치로 이동하게 되고,[3] 이러한 명사구이동의 결과로 확대투사원리가 충족된다. 술어 동사구 내부에 격을 부여받기 위해 이동해야 하는 명사구가 없을 때는 절의 주어 위치에 허사가 삽입됨으로써 확대투사원리가 충족된다.

---

3) Chomsky(1981: 49)에서 제안된 격여과장치는 다음과 같이 간단히 표현할 수 있다.
   (i) 명시적 명사구는 반드시 격표시가 되어야 한다.
   (An overt NP must be Case-marked.)

그러면, 다음 예문을 고려해 보자.

(24) John seems to love Mary.

위의 예문을 (3b)의 예문과 비교해 보면, (3b)에서 허사가 삽입되던 주절의 주어 위치에 내포절의 주어 NP인 *John*이 나타나고 있다. 이는 *John*이 격을 부여받기 위해 주절의 주어 위치로 명사구이동하여 확대투사원리를 충족하는 경우로 볼 수 있다. (3b)와 (24)의 비교에서 확인되는 두 절의 차이는 내포절이 (3b)의 경우는 시제절(tensed clause)이고 (24)의 경우는 시제가 없는 부정사절(infinitival clause)이라는 점이다. 일반적으로 시제절의 경우는 주어 위치가 시제절의 핵인 T에 포함되는 소위 일치소(AGR)에 의해 주격(Nominative Case)을 부여받지만, 부정사절 등 시제가 나타나지 않는 절은 절의 핵인 T에 일치소가 포함되지 않기 때문에 주어 위치에 격이 부여되지 않는다.[4] 따라서, (24)의 경우는 내포절의 주어인 *John*이 격여과장치를 충족하기 위하여 주절의 주어 위치로 이동함으로써 확대투사원리가 충족되는 경우이다. 이렇게 내포절의 주어 명사구가 주절의 주어 위치로 인상하는 현상을 주어-주어인상(subject-to-subject raising)이라 하고, 이러한 주어-주어인상을 야기하는 주절의 술어를 인상술어(raising predicate)라 한다.[5] (24)의 표층구조(S-structure)는 다음과 같다.

---

4) 구체적인 격표시의 문제에 관해서는 본서 제2장 3.4절의 격이론(Case Theory)을 참조하시오.

5) 인상술어(raising predicate)에는 *seem, appear, happen* 등의 동사와 *certain, likely, sure* 등의 형용사가 있다. 이러한 인상술어는 보충어위치에 절을 취하게 되는데, 시제절을 보충어 내포절로 취할 경우에는 그 내포절이 CP가 되고 부정사절을 취할 경우에는 그 내포절이 TP가 된다.

(25) a. $[_{TP}$ John$_i$ $[_{T'}$ T(=AGR) $[_{VP}$ seems $[_{TP}$ t$_i$' $[_{T'}$ to $[_{VP}$ t$_i$ $[_{V'}$ love Mary]]]]]]

b.

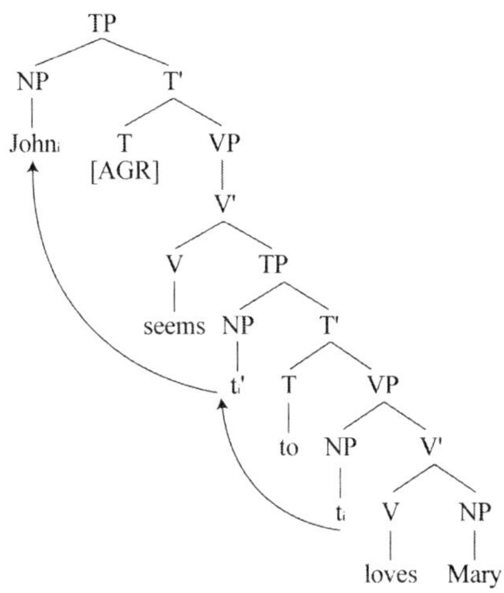

참고로, 위의 구조표현에서 t$_i$에서 t$_i$'으로의 이동은 내포절의 확대투사원리를 만족하기 위한 이동이고, t$_i$'에서 주절의 주어 위치까지 *John*$_i$의 이동은 주절의 확대투사원리를 만족함과 동시에 NP인 *John*의 격여과장치를 충족하기 위한 이동이다.

5.2 절의 유형분류

먼저 다음 예문을 고려해 보자.

(26) a. Tom believes $[_{TP}$ *John* to love Mary].

b. I've never known $[_{TP}$ *the Prime Minister* to lie].

c. They reported $[_{TP}$ *the patient* to be in great pain].

d. I consider $[_{TP}$ *my students* to be conscientious].

위의 예문들과 같은 구조를 갖는 절을 예외격표시구문(Exceptional Case-Marking Construction: ECM Construction)이라 한다. 또한 예외격표시구문을 이루는 주절동사(matrix verb)를 예외격표시동사(ECM verb)라 하고, 예외격표시동사에 의해 보문(complement clause)으로 선택되는 내포절은 아래 (27)의 실례에서처럼 CP의 구조를 취하지 않고 (26)처럼 예외적으로 TP의 구조를 취한다 하여 예외절(exceptional clause)이라 부른다.

(27) a. *Tom believes [$_{CP}$ for [$_{TP}$ *John* to love Mary]].
b. *I've never known [$_{CP}$ for [$_{TP}$ *the Prime Minister* to lie]].
c. *They reported [$_{CP}$ for [$_{TP}$ *the patient* to be in great pain]].
d. *I consider [$_{CP}$ for [$_{TP}$ *my students* to be conscientious]].

예외절인 내포절의 주어 위치에 나타나는 NP는 주절동사인 예외격표시동사에서 TP의 절경계를 넘어 대격(accusative Case)을 부여받으므로[6] 더 이상 격여과장치나 확대투사원리를 충족하기 위하여 명사구이동할 필요가 없다. (25)와 비교하여 (26)의 표층구조(S-structure)를 관찰해 보자. (26a)의 경우를 대표적으로 살펴본다.

(28) a. [$_{TP}$ Tom$_i$ [$_{T'}$ T(=AGR) [$_{VP}$ t$_i$ [$_{V'}$ believes [$_{TP}$ *John*$_j$ [$_{T'}$ to [$_{VP}$ t$_j$ love Mary]]]]]]].

6) 대격은 구조격 중의 하나인데, 구조격은 격부여자(Case-assigner)가 격수여자(Case-assignee)를 통사적으로 지배함으로써 부여된다. Chomsky(1986b)에 의하면, TP는 지배를 차단하는 장벽(barrier)이 되지 못하므로, 주절의 예외격표시동사는 TP를 넘어 내포절의 주어 NP를 통사적으로 지배할 수 있게 된다. 따라서 예외격표시동사는 TP를 넘어 언제나 내포절의 주어 NP에게 대격을 부여한다.

b.

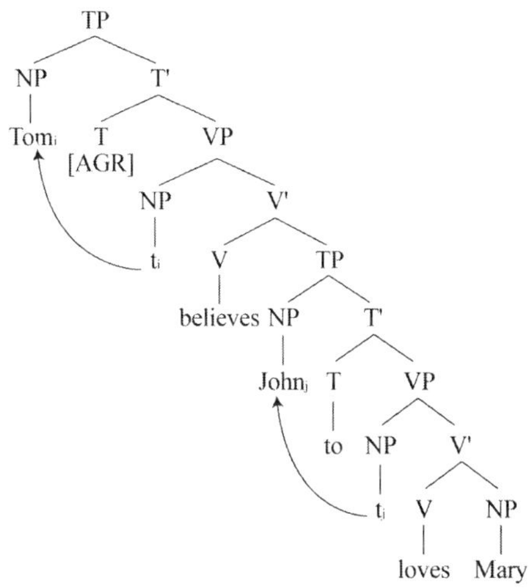

그러면, 다음 예문들을 고려해 보자.

(29) a. *John*$_i$ is believed [$_{TP}$ t$_i$ to love Mary].

b. *The Prime Minister*$_i$ has never been known [$_{TP}$ t$_i$ to lie].

c. *The patient*$_i$ was reported [$_{TP}$ t$_i$ to be in great pain].

d. *My students*$_i$ are considered [$_{TP}$ t$_i$ to be conscientious].

예외격표시구문에서 주절이 수동태가 되면, 예외격표시동사는 수동분사(passive participle)가 되므로 내포절의 주어 NP에게 대격(accusative Case)을 부여할 수 없다. 따라서, 이러한 경우는 내포절의 주어 NP가 격여과장치를 충족하기 위해 다시 한 번 주절의 주어 NP로 이동해야 한다. 이러한 실례를 보여주는 예가 바로 (29)의 예문들이다.

그러면, 다음 예문을 고려해 보자.

(30) *John*$_i$ seems [$_{TP}$ t$_i$' to be believed [$_{TP}$ t$_i$ to love Mary].

위의 예문은 예외격표시구문의 주절이 부정사절이므로 주어 NP에게 주격(Nominative Case)을 부여할 수 없는 경우, 주어 NP는 격여과장치를 충족하기 위해 또 다시 상위절의 주어 위치로 인상해야 한다는 사실을 보여주고 있다.

이제 다음의 두 예문을 비교해 보자.

(31) a. We believed Mary to resign.
 b. We persuaded Mary to resign.

위의 두 예문은 표면상 매우 유사한 구조를 가진 것처럼 보인다. (31a)의 경우는 위의 논의에서 확인한 바와 같이 예외격표시구문을 이루는 절이다. 따라서, (31a)와 (31b)를 모두 다음과 같이 분석할 수 있을 것이다.

(32) a. We believed [$_{TP}$ *Mary*$_j$ [$_{T'}$ to [$_{VP}$ t_j resign]]].
 b. We persuaded [$_{TP}$ *Mary*$_j$ [$_{T'}$ to [$_{VP}$ t_j resign]]].

즉, 위와 같이 예외격표시구문으로의 절분석은 (31)의 두 절에서 *Mary*가 모두 내포절의 주어임을 보여주고 있다.

그러면, 다음과 같은 문장 관용구(sentence idiom)의 예문들을 고려해 보자.

(33) a. The chips are down. (진퇴양난이다.)
 b. The cat is out of the bag. (비밀이 누설된다.)
 c. The shit hit the fan. (설상가상이다.)
 d. The fur will fly. (큰 소동이 일어날 것이다.)
 e. The jig is up. (다 틀렸다./끝장났다.)
 f. The shoe is on the other foot. (형세가 역전되었다.)
 g. All hell broke loose. (큰 혼란이 일어났다.)

관용구(idiom) 속에 나타나는 명사구를 우리는 관용구뭉치(idiom chunk)라

하는데, 문장 관용구의 특징은 문장의 주어가 관용구뭉치로 나타난다는 것이다. 즉 문장 관용구는 주어인 관용구뭉치를 반드시 특정의 술어와 결합할 때만이 관용적 의미(idiomatic meaning)를 띠게 된다는 것이다.

그러면 다음 예문의 비교에서 나타나는 문법성의 대조를 살펴보자.

(34) a. I believed [the cat to be out of the bag].
[the shit to hit the fan]
[the fur to fly].
[the shoe to be on the other foot].
etc.

b. *I persuaded [the cat to be out of the bag].[7)]
[the shit to hit the fan]
[the fur to fly].
[the shoe to be on the other foot].
etc.

(34a)의 경우는 모두 종속절이 관용적 의미로 사용될 수 있으나, (34b)의 경우는 종속절이 전혀 관용적 의미로 사용될 수가 없다. 이러한 현상은 (34b)의 경우에서 관용구뭉치로 나타나야 하는 명사구가 종속절의 주어 명사구가 아님을 말해준다.

또한 다음 예문들을 비교해 보자.

(35) a. I believe [*it* to be unlikely that he'll come].
[*there* to be no alternative].

---

7) 이 예문은 종속절이 '비밀이 누설되다'라는 관용적 의미(idiomatic meaning)가 아닌 '고양이가 가방 밖에 있다'는 문자적 의미(literal meaning)로 사용될 경우는 문법적인 문장이 된다. 즉, (34b)가 문법적일 경우 그것의 의미는 이상한 의미이긴 하지만 '나는 고양이를 설득하여 가방 밖에 있게 했다'이다.

b. *I persuade [*it* to be unlikely that he'll come].
[*there* to be no alternative].

(35)에서도 (a)와 (b)의 대조를 통해 확인되는 바는 주어 위치에 허사(expletive)가 나타나는 절의 경우 예외격동사 *believe*의 보문(complement clause)으로는 사용될 수 있으나, *persuade*의 보문으로는 사용될 수 없음을 보여준다. 일반적으로 허사는 확대투사원리가 논항 명사구에 의해 충족되지 않는 절의 주어 위치에 나타나는데,[8)] (35b)가 비문법적인 문장으로 판정되는 것은 동사 *persuade*에 후속하는 허사의 위치가 내포절의 주어 위치가 아님을 말해 준다.

(34)와 (35)의 증거를 통해 확인할 수 있는 것은 *persuade*의 경우는, *believe*와 달리, 예외격표시구문이 아니라 목적어통제구문(Object-control construction)으로 분석되어야 한다는 것이다. 요컨대, *believe*의 경우는 (32a)의 분석처럼 *believe*에서 대격(accusative Case)을 부여받는 명사구가 *believe*의 목적어가 아니고 내포절의 주어이지만, *persuade*의 경우는 그에게서 대격을

---

8) 허사 *it*의 경우는 날씨, 시간 등을 나타내는 술어의 주어 위치나 *seem, appear, likely, certain, sure* 등의 인상술어의 주어 위치에 나타나나, *there*의 경우는 *be, exist, arise, ensue, result, arrive* 등의 존재동사(existential verb)가 비한정적 명사구(non-definite NP)를 논항으로 취하는 문장의 주어 위치에 나타난다.

(i) a. *It* does not *snow* in summer.
b. *It seems* that he will resign.
c. *It* is *certain* that John will win.
c. *It* is *time* to leave.

(ii) a. *There* was *a mouse* in the bathtub.
b. *There* exists *a good argument* for that.
c. *There* arose *a controversy* on that subject.
d. *There* ensued *a wild melee*.
e. *There* resulted *a big discrepancy* between their testmony and ours.
f. *There* arrived *a man* from New York.

일반적으로 (ii)의 구문에 나타나는 존재동사는 비대격동사(unaccusative verb)이므로, 주어 위치에 허사 *there* 대신에 보충어 논항 명사구가 이동하여 확대투사원리(EPP)를 충족할 수도 있다.

부여받는 명사구가 바로 그의 목적어라는 것이다. 이러한 논의를 정리하면, 결론적으로 (32)의 분석은 (36)으로 교체되어야 한다.

(36) a. We believed [$_{TP}$ *Mary*$_j$ [$_{T'}$ to [$_{VP}$ t_j resign]]].

b. We persuaded Mary$_i$ [$_{CP}$ [$_{TP}$ PRO$_i$ [$_{T'}$ to [$_{VP}$ resign]]]].

즉, (36)의 표현에서는 예외격표시동사인 *believe*의 경우는 *Mary*가 내포절의 동사 *resign*에서 외재의미역(external θ-role)을 할당받는 *resign*의 외재논항(external argument)으로서 격여과장치(Case Filter)를 충족하기 위해 내포절의 주어 위치로 이동한 것으로 분석되나, *persuade*의 경우는 *Mary*가 기저에서 주절의 동사인 *persuade*에서 내재의미역(internal θ-role)을 할당받는 *persuade*의 내재논항(internal argument)으로 분석되고 있다. 이 경우, 모든 문장은 주어를 가져야 한다는 확대투사원리(EPP)에 입각해 보면, persuade의 경우에는 (36b)처럼 내포절의 주어 위치에 비명시적 명사구인 PRO가 설정되어야 한다. Persuade의 경우에는 PRO가 주절의 목적어에게 통제(control)되어야 하는데 이러한 통제를 목적어통제(Object-control)라 하고, persuade와 같이 목적어통제를 유발하는 주절동사를 목적어통제동사(Object-control Verb)라 한다.

(36)의 분석의 타당성은 다음과 같은 예문을 통해 입증된다.

(37) a. John persuaded *Mary* [$_{CP}$ that she should resign].

b. John believed [$_{CP}$ that *Mary* would resign].

(37)의 두 문장의 비교에서 확인되는 바는 동사 *persuade*의 경우는 내재논항(internal arguement)으로 명사구와 절을 모두 취하지만 동사 *believe*는 절만을 내재논항으로 취하고 있음을 보여준다.

또한 다음 두 예문의 문법성의 차이를 고려해 보자.

(38) a. John persuaded Mary *firmly* to resign.
b. *John believed Mary *firmly* to resign.

위의 두 예문에 나타나는 부사 *firmly*는 주절 동사구를 수식하는 동사구 부가어(VP adjunct)이다. 따라서 *firmly*는 주절 동사구 속에 직접 내포되는 위치에 나타나야 하는데, (39)에 제시되는 바와 같이 (36b)의 구조로 분석되는 *persuade*의 경우에는 이러한 구조설정이 가능하게 되나 (32a)처럼 분석되는 *believe*의 경우는 이러한 구조설정이 불가능하게 된다.

(39) a. John [$_{VP}$ persuaded Mary *firmly* [$_{CP}$ PRO to resign]].
b. *John [$_{VP}$ believed [$_{TP}$ Mary *firmly* to resign]].

또한 다음 예문의 문법성 대조를 고려해 보자.

(40) a. John persuaded Mary *himself* [$_{CP}$ PRO to resign]].
b. *John believed [$_{TP}$ Mary *himself* to resign]].

위의 예문에 나타나는 *himself*는 주어 *John*을 강조하는 소위 표류강조재귀사(floating emphatic reflexive). 표류강조재귀사는 항상 그것이 강조(emphasize)하는 주어 명사구와 동일한 절 내에 나타나야 한다. (40)에서 확인되는 바와 같이, (36)의 구조로 분석되는 *persuade*의 경우에는 이러한 구조설정이 가능하게 되나 (32a)처럼 분석되는 *believe*의 경우는 이러한 구조설정이 불가능하게 된다. 따라서, (40a)는 문법적인 문장이나 (40b)는 비문법적인 문장으로 판정된다.

또한, 아래 예문들의 비교에서 나타나는 능동태와 수동태의 의미를 고려해 보자.

(41) a. I believed the doctor to have examined John.
b. = I believed John to have been examined by the doctor.

(42) a. I persuaded the doctor to examine John.
b. ≠ I persuaded John to be examined by the doctor.

위의 (41)과 (42)의 비교에서 확인되는 바는 *believe*의 경우는 뒤따르는 보문절(complement clause)이 능동태일 때와 수동태일 때 전체 문장의 의미가 변함이 없으나, *persuade*의 경우는 보문절이 능동태에서 수동태로 교체되면 의미의 변화가 야기된다. 이러한 의미상의 차이는 *persuade*가 나타나는 문장의 구조를 *believe*와 같이 예외격표시구문으로 분석하는 (32)의 주장에서는 도저히 설명될 수 없지만, *persuade*의 문장구조를 *believe*와 달리 통제구문으로 분석하는 (36)의 분석에서는 쉽게 포착된다. 즉, (32)의 분석에서는 위의 (41)과 (42)에서 모두 (a)와 (b)의 문장이 동일한 심층구조를 가지는 것으로 해석되나, (36)의 분석에 의하면 (42)의 경우는 아래 보기에서와 같이 (a)와 (b)의 문장이 상이한 심층구조에서 도출되는 것으로 해석된다.

(43) a. I persuaded the doctor [$_{TP}$ PRO to examine John].
b. I persuaded John [$_{TP}$ PRO$_i$ to be examined t_i by the doctor].

의미보존가설(Meaning Preserving Hypothesis)에 의하면[9] 변형은 의미를 변화시키지 않으므로, 동일한 심층구조에서 도출되는 모든 표층구조는 동일한 의미를 가지며, 상이한 심층구조에서 도출되는 표층구조들은 언제나 상이한

9) 의미보존가설이란 "Transformations are meaning preserving operation."으로 정의되는 가설로 Jerrold J. Katz와 Paul M. Postal의 저서 *An Integrated Theory of Linguistic Descriptions* (704)에서 제안되었다. 즉, 이 가설은 '변형규칙이 문장의 구조적 변화는 유발하지만 의미는 변화시키지 않는다'라는 내용으로 요약된다. 이 가설에 의하면, 심층구조와 그 심층구조에서 도출되는 표층구조는 구조적으로는 상이하지만 의미적으로는 동일하다는 결론이 나온다. Chomsky(705)의 표준이론(Standard Theory)에서는 이 가설을 채택함으로써 소위 심층구조 의미해석론을 주장하게 된다.

의미를 갖게 된다. 따라서, (43)의 구조분석에서는 (42)의 (a)와 (b)의 의미 관계가 쉽게 포착된다. 결과적으로 (41)과 (42)의 대조는 *believe*의 경우는 (32)처럼 예외격표시구문으로 분석되어야 하며, *persuade*의 경우는 (36)처럼 통제구문으로 분석되어야 함을 다시 한 번 입증한다.

또한 다음 예문에 나타나는 문법성의 대조를 고려해 보자.

(44) a. John believed everyone to take advantage of their inexperience.
b. John believed advantage to be taken of their inexperience by everyone.

(45) a. John persuaded everyone to take advantage of their inexperience.
b. *John persuaded advantage to be taken of their inexperience by everyone.

위의 비교에서 확인되는 바는 *take advantage of*라는 복합동사(complex verb)가 보문의 동사로 사용될 때, *believe*의 경우는 보문이 능동태와 수동태일 때 변함없이 문법적이나, *persuade*의 경우는 *advantage*가 주어로 나타나는 수동태일 경우 비문법적인 문장으로 판정된다. 이러한 문법성의 차이도 (32)의 분석에서는 설명이 불가능하나, (36)의 분석에서는 쉽게 설명된다. 즉, 관사나 수식어 없이 사용되는 advantage라는 관용구뭉치(idiom chunk)는 항상 동사 take의 목적어 위치에만 기저생성되어야 한다는 소위 동반출현제약(cooccurrence restriction)에 의해 제어된다.

(46) a. *The other team has *advantage*.
b. **Advantage* is significant.

*advantage*의 동반출현제약에 입각하면, (32)의 분석에서는 (44)와 (45)의 (a)와 (b) 문장 모두 심층구조상에서 동반출현제약이 준수되나, (36)의 분석에서는 (45b)의 경우에서 아래 (47b)의 보기에서와 같이 *advantage*가 *persuade*의 목적어 위치에 기저생성되므로 동반출현제약을 위반하게 된다.

(47) a. John persuaded everyone [$_{TP}$ PRO to take *advantage* of their inexperience].
b. *John persuaded advantage [$_{TP}$ PRO$_i$ to be taken t_i of their inexperience by everyone].

결과적으로, (44)와 (45)의 대조도 *believe*의 경우는 (32)에서처럼 예외격표시구문으로 분석되어야 하며, *persuade*의 경우는 (36)에서처럼 통제구문으로 분석되어야 함을 입증한다.

또한 다음 두 예문의 문법성의 대조를 고려해 보자.

(48) a. I believed the earthquake to destroy the city.
b. *I persuaded the earthquake to destroy the city.

위의 예문들의 문법성의 대조도 (32)의 분석에서는 포착되지 않으나, (36)의 분석에서는 쉽게 포착된다. 즉, (32)의 분석에 의하면, 위의 두 문장에서 모두 *the earthquake*은 종속절의 주어로 분석되므로 종속절의 동사 *destroy*에서 '행동주(agent)'의 의미역(θ-role)을 할당받게 되어 그 의미역을 수행하는 데 아무런 차질이 없어야 한다. 그런데도 (48b)는 비문법적이다. 그러나 (36)의 분석에서는 (48b)의 경우는 아래 보기의 예문처럼 *the earthquake*가 *persuade*의 내부논항으로 분석되므로, *persuade*에서 '대상(theme)'의 의미역을 할당받아 그 역할을 수행해야 하는데, *the earthquake*은 그 역할을 수행하기에 합당한 논항이 되지 못한다. 요컨대, 특정의 어휘핵에서 의미역을 할당받는 논항은 그 의미역을 수행하기에 합당한 논항이어야 한다는 조건을 선택제약(selectional restriction)이라 하는데, (36)의 분석에서는 (48b)는 *the earthquake*이 선택제약을 위반함으로써 비문법적인 문장으로 판정되게 된다. 결과적으로, (48)에 제시되는 문법성의 대조도 *believe*의 경우는 (32)처럼 예외격표시구문으로 분석되어야 하며, *persuade*의 경우는 (36)처럼 통제구문으로 분석되어야 함을 입증한다.

이상의 논의에서와 같이, 통사론에서는 한 가지 주장을 입증하면서도 다양한 논증을 펼치는데, 그 이유를 Soames & Perlmutter(719)에서는 다음과 같이 언급하고 있다. 첫째, 많은 논거의 제시는 입증하려는 바의 주장을 더욱 공고히 해준다. 만약, 그 주장과 경쟁관계에 있는 어떤 대안이 제시될 경우 그 대안은 그 주장이 논거로 삼고 있는 많은 자료를 모두 설명할 수 있을 때 진정한 대안으로 인정될 수 있다. 둘째, 통사적인 주장들은 대부분 아직 입증되지 않은 많은 가정을 기초로 이루어지므로, 그 주장이 기초로 삼고 있는 가정의 유동성에 따라 그 주장이 유동적일 수밖에 없다. 따라서, 주장의 논거를 다양하게 제시하면 할수록 그러한 주장은 기초가정의 유동성을 극복하고 그만큼 오래 유지될 수 있다. 셋째, 많은 논거의 제시는 그러한 논거를 통해 특정의 논증을 펼쳐 나가는 학자나 학생들에게 그만큼 통사론에 능숙하게 만들어 준다. 언어학(통사론)을 좋아하는 사람은 논증하기를 즐기는데, 따라서 다양한 논증을 펼치는 네 번째 이유는 단순히 논증하는 일이 흥미롭기 때문이다.

이제 다음 예문을 고려해 보자.

(49) John promised Mary to resign.

(49)의 문장도 주절동사 *promised* 뒤에 나오는 명사구 *Mary*가 *persuade*의 경우처럼 주절의 목적어인지, 아니면 *believe*의 경우처럼 내포절의 주어인지를 다양한 논증을 통해 입증해야 한다. 그러나 편의상 반복적인 동일한 논증의 과정을 생략하고, 변형생성문법학자들의 일반적인 주장에 따르면, *promise*의 경우는 다음 (50)의 구조표현에서와 같이 *persuade*와 마찬가지로 통제구문으로 분석된다.

(50) John promised Mary [$_{CP}$ [$_{TP}$ PRO to resign]].

그러나 (50)의 *promise*의 경우가 (36b)의 *persuade*의 경우와 다른 점은, promise의 경우는 내포절의 주어인 PRO가 주절의 목적어인 *Mary*에게 통제되는 것이 아니라 주절의 주어 *John*에게 통제된다는 점이다. 이러한 통제상의 차이는 일반적으로 주절동사의 특성에 기인한다고 보는데, *promise*와 같이 주절의 주어가 종속절의 주어 PRO를 통제하게 하는 동사를 주어통제동사(Subject-control Verb)라 하고, 그러한 유형의 통제를 주어통제(Subject-control)라 한다. 또한 persuade의 경우와 같이 주절의 목적어가 종속절의 주어 PRO를 통제하는 것을 목적어통제(Object- control)라 하고, 이때 주절의 동사를 목적어통제동사(Object-control Verb)라 한다.

주절동사에서 대격을 부여받는 명사구의 자격에 대한 확인 이외에 예외격표시구문과 통제구문 사이에서 나타나는 또 하나의 중요한 구조적 차이는 내포절의 절유형에 관한 차이다. 즉, 예외격표시구문에서는 내포절이 예외절(Exceptional Clause) 형태인 TP로 분석되지만, 통제구문에서는 내포절이 일반절(Ordinary Clause)인 CP의 절형태를 취한다. 이러한 구조적 차이는 지배(government)에 대한 장벽(barrier)의 설정과 직접적인 관련이 있다. 다시 말하면, 예외격표시구문에서는 내포절의 주어가 주절의 동사에서 대격(accusative Case)을 부여받기 위해서는 주절동사에게 절경계(clausal boundary)를 넘어 지배받아야 하는데, 이 경우 넘어야 하는 절의 경계가 $[_{CP}\ [_{TP}$이면 CP가 장벽으로 규정되므로[10] 주절동사가 내포절의 주어를 지배할 수 없게 된다. 따라서 예외격표시구문에서는 내포절이 예외절인 TP로 기술되어야만 이 내포절의 주어 명사구가 주절동사로부터 지배를 받게 된다. 또한, 통제구문에서는 확대투사원리의 요구에 따라 내포절의 주어 위치에 비명시적 명사구인 PRO를 설정하게 되는데, PRO는 결속이론과 관련하여 사실상 지배되는 위치에 나타날 수가 없다.[11] 따라서, 통제구문에서는 PRO를 주절동사

---

10) Chomsky(1986b)의 장벽이론에 의하면, 장벽(barriers)은 의미역지배(θ-government)되지 않는 최대투사(maximal projection)로 간단히 정의될 수 있지만, 지배는 사실상 두 개 이상의 최대투사를 건너서 이루어질 수 없다. 따라서 두 개 이상의 최대투사를 건널 때는 언제나 맨 위의 최대투사가 지배를 차단하는 장벽으로 규정된다.

11) PRO가 지배되는 위치에 나타나면, PRO의 지배범주(governing category)가 설정되므로 PRO가 결속원리의 적용을 받아야 하는데, 이 경우 [+anaphor, +pronominal]로 분석되는 PRO는 서로 상반관계에 있는 결속원리 (A)와 (B)를 모두 충족시켜

의 지배에서 보호하기 위하여 내포절의 절경계를 일반절의 구조인 [$_{CP}$ [$_{TP}$로 설정해야 한다.

이러한 절의 특성이 동기가 없는 단순한 이론내적(therory-internal)인 주장이 아니라, 경험적인 증거에 의해 확인되는 이론외적(theory-external)인 주장임이 다음과 같은 실례로 밝혀진다.

(51) a. *We believe [PRO to have left].
  b. *We believe [for John to have left].
  c. We believe [John to have left]].

(52) a. *We persuaded Mary [John to leave].
  b. *We persuaded Mary [for John to leave].
  c. We persuaded Mary$_i$ [PRO$_i$ to have won].

(53) a. *We promised Mary [John to leave].
  b. *We promised Mary [for John to leave].
  c. We$_i$ promised Mary [PRO$_i$ to leave].

즉, 주절동사에서 선택되는 내포절이 부정사절로 나타날 때, (51)에서 확인되는 바와 같이 *believe*의 경우에는 내포절의 절경계가 TP이므로 내포절의 주어 위치에 PRO가 나타날 수 없을 뿐만 아니라 내포절에 보문소 *for*가 나타날 수 없고, *persuade*와 *promise*의 경우에는 각기 (52)와 (53)에서 확인되는 바와 같이 내포절의 절경계가 CP이므로 명시적 명사구가 내포절의 주어로 나타날 수 없을 뿐만 아니라 이들은 의무적 통제(obligatory control)를 유발하는 동사이기 때문에 보문소 *for*가 나타나는 절의 형태도 허용하지 않

야 하므로 결속이론상의 모순을 야기한다. 따라서 PRO는 항상 지배되지 않는 위치에 나타나야 하는데, 지배결속이론에서는 이러한 PRO의 분포특성을 포착하기 위하여 다음과 같은 PRO-공준(PRO-theorem)을 설정하고 있다.

(i) PRO는 지배되지 않는다. (PRO is ungoverned.)

는다. 요컨대, 내포절이 부정사절일 때,[12] 예외격표시동사인 *believe*의 경우에는 내포절의 주어 위치에 오로지 명시적 명사구만을 허용하고, 통제동사인 *persuade*와 *promise*의 경우에는 오로지 PRO만을 허용한다.

내포절의 유형을 입증하기 위한 (51)-(53)의 논거는 주절동사의 하위분류를 위해 자주 사용되는데, 이러한 논거에 입각하여 몇몇 중요한 동사들의 하위분류를 시도해 보면, 그 결과는 다음과 같다.

(54) a. *We tried [John to win].
b. *We tried [for John to win].
c. We_i tried [PRO_i to win].

(55) a. *We would prefer [John to win].
b. We would prefer [for John to win].
c. We_i would prefer [PRO_i to win].

(56) a. We want [John to win].
b. We want very much [for John to win].
c. We_i want [PRO_i to win].

(57) a. We expect [John to win].
b. *We expect [for John to win].
c. We_i expect [PRO_i to win].

---

12) 이들 동사들이 부정사절을 내포절로 취하지 않을 때는 전혀 이러한 논의가 논의가 적용되지 않는다. 다시 말해 *believe, persuade, promise* 등은 모두 그들이 선택하는 내포절로 정상적인 시제절은 that-절을 취할 수도 있다.

(i) a. John believes that Mary left.
b. John persuaded Mary that she should leave.
c. John promised Mary that he should leave.

(58) a. We imagine [John to win].

b. *We imagine [for John to win].

c. *We_i imagine [PRO_i to win].

위의 논증에 입각하면, 논증의 대상이 되는 동사 중에서 오직 try만이 *persuade*와 *promise*와 같은 의무적 통제동사로 분류되며, *imagine*만이 *believe*와 동일한 예외격표시동사(ECM verb)로 분류된다. 그 이외의 동사들은 각기 독자적인 특성을 갖는데, *want*와 *expect*의 경우는 예외격표시와 통제를 모두 허용하는 동사이면서도 *want*는 내포절에 보문소 *for*를 허용하나 expect는 그렇지 않다. 또한 *prefer*의 경우는 통제와 보문소 *for*는 허용하지만 결코 예외격표시는 허용하지 않는다. 이러한 관찰에 입각해 보면, *want*와 *expect*는 내포절로 CP를 취하기도 하고 TP를 취하기도 하지만, CP를 취할 경우에 *expect*는 *want*와 달리 반드시 의무적 통제동사로 규정된다고 해석할 수 있다. 또한 *prefer*의 경우에는 내포절로 반드시 CP만을 취하나 의무적인 통제동사는 아닌 것으로 규정된다.

한편, *persuade*와 *promise*는 둘 다 CP를 보문으로 취하는 의무적 통제동사로 분류되나 다시 목적어통제(Object-control)와 주어통제(Subject- control)라는 측면에서 하위분류되는데, 영어의 동사 중에서 *persuade*와 함께 목적어통제동사로 분류되는 동사로는 *force, encourage, tell, advise, ask* 등이 있으며, *promise*와 함께 주어통제동사로 분류되는 동사로는 *try*를 포함하여 *intend, consent* 등이 있다.

위에서 우리는 CP의 내면구조를 갖는 일반절(Ordinary Clause)과 항상 TP의 내면구조로 분석되는 소위 예외절(Exceptional Clause)을 고찰하였다.

이제 또 다른 유형의 절인 소위 소절(Small Clause)의 경우를 다음의 예문들을 통해 살펴보자.

(59) a. I believe [*the President* incapable of deception].

b. I consider [*John* extremely intelligent].

c. They want [*Chang* out of the team].

d. Could you let [*the cat* into the house]?

e. Most people find [*Syntax* a real drag].

f. Why not let [*everyone* go home]?

위의 예문들에서 각괄호 친 부분이 과연 절로 분석될 수 있는가? 이러한 질문을 다른 각도에서 제기하면, '각괄호 친 부분의 선두에 나오는 이탤릭체의 명사구들이 과연 절의 주어로 분석될 수 있는가?'로 질문의 범위를 좁혀 볼 수 있다. 이러한 질문에 대한 긍정적인 대답을 다음 예문들을 근거로 제시할 수 있다.

(60) a. I believe [*it* inevitable that war will break out].

b. I consider [*it* time to leave].

c. Why did you let [*the cat* out of the bag].

d. I find [*it* inconceivable that he should have gone].

e. Let [*there* be light].

즉, (60)의 예문들은 각괄호 친 부분의 선두 명사구의 위치에 절의 주어 위치에만 나타날 수 있는 허사(expletive)와 관용구뭉치(idiom chunk)가 나타나고 있음을 보여주고 있다. 따라서 각괄호 친 부분을 절로 볼 수 있고, 이러한 논의에 입각하면, (59)의 경우에도 각괄호 친 부분을 모두 절로, 각괄호 친 부분의 선두에 나오는 이탤릭체의 명사구들을 모두 절 주어로 분석할 수 있게 된다.

또한 다음 예문을 고려해 보자.

(61) I consider [the president entirely responsible *himself*].

(61)에 나타나는 *himself*는 *the president*를 강조하는 표류강조재귀사(floating emphatic reflexive)이다. 일반적으로 표류강조재귀사는 주어를 강조

할 경우에만 사용될 수 있다.

(62) a. *The president* is coming **himself**.

b. *We put *the president* in our car **himself**.

따라서, (61)에서 표류강조재귀사 *himself*에서 강조를 받는 *the president*를 절의 주어로 분석해야 하고, 그 결과 각괄호 친 부분을 절로 규정해야 한다. 이러한 주장에 입각하면, (59)의 경우에도 각괄호 친 부분을 모두 절로, 각괄호 친 부분의 선두에 나오는 이탤릭체의 명사구들을 모두 절의 주어로 분석할 수 있다.

또한 다음 예문을 고려해 보자.

(63) a. Not many chimpanzees have learned to tapdance.

b. *John kissed not many actresses.

c. *Mary talked to John about not many issues.

위의 예문은 *not many*가 수식하는 명사구는 절의 주어로만 사용될 수 있음을 보여준다. 이러한 관찰에 입각하여 다음 예문을 고려해 보자.

(64) John considers [*not many people* suitable for the post].

요컨대, 위의 문장에서 *not many people*은 주어이어야 하므로 *not many people*을 포함하는 각괄호 친 부분은 당연히 절로 분석되어야 한다. 이러한 주장에 입각하면, (59)의 경우에도 각괄호 친 부분을 모두 절로, 각괄호 친 부분의 선두에 위치하는 이탤릭체의 명사구들을 모두 절의 주어로 분석하게 된다.

또한 다음 예문을 고려해 보자.

(65) a. Prof. Kim *alone* can help the students.

b. *Call Prof. Kim *alone*.

c. *John talked to Prof. Kim *alone* about that problems.

위의 예문은 명사구 부가어(NP adjunct) *alone*은 주어 명사구만을 수식할 수 있음을 보여준다. 이러한 관찰을 염두에 두고 다음 예문을 고려해 보자.

(66) I consider [Prof. Chomsky *alone* responsible for the collapse of GB-Theory]

위의 예문에서 *alone*의 수식을 받는 명사구 *Prof. Chomsky*는 절의 주어로 분석되어야 한다. 따라서, *Prof. Chomsky*를 포함하는 각괄호 친 부분은 절로 취급되어야 한다. 이러한 주장에 입각하면, (59)의 경우에도 각괄호 친 부분은 모두 절로, 각괄호 친 부분의 선두에 나오는 이탤릭체의 명사구들은 모두 절의 주어로 취급되어야 한다.

이상의 논의에 입각하면, (59)에서 각괄호 친 부분이 모두 절로 분석되어야 한다는 결론에 이르게 된다. 그러나 이들 각괄호 친 부분에는 일반절(Ordinary Clause)의 구조분석에 필수적인 시제(tense)나 조동사(auxiliary verb)가 나타나지 않으며, 또한 예외절(Exceptional Clause)의 핵인 T에 설정되는 부정사절 요소(infinitival element) *to*도 나타나지 않는다. 그러면서도 한편 절의 주어로 분석되는 명사구는 주절의 동사에서 대격을 부여받고 있음이 확인된다. 따라서, 우리는 다음과 같은 또 다른 유형의 절이 존재한다고 보아야 한다.

(67)

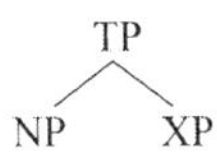

즉, 위와 같은 절의 구조는 절 TP의 핵인 T가 존재하지 않는다. 이러한 절을 소위 소절(Small Clause)이라 부른다. 소절 분석에 입각하여 (59)의 예문 중 대표적인 소절의 내면구조를 살펴보면 다음과 같다.

(68) a. I consider [$_{TP}$ John extremely intelligent].

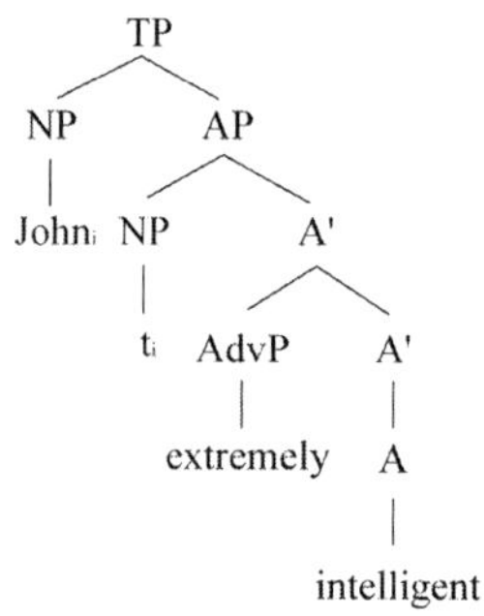

b. They want [$_{TP}$ Chang out of the team].

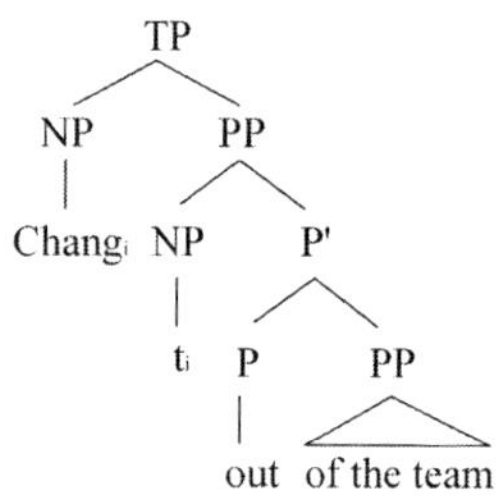

c. Most people find [$_{TP}$ Syntax a real drag].

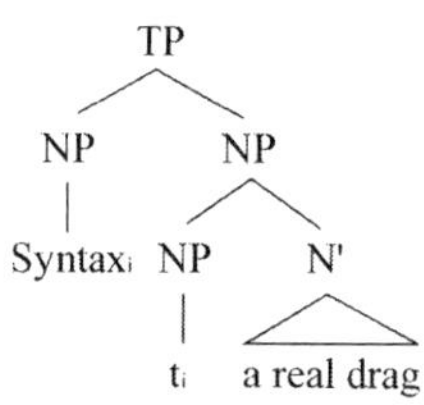

d. Why not let [$_{TP}$ everyone go home].

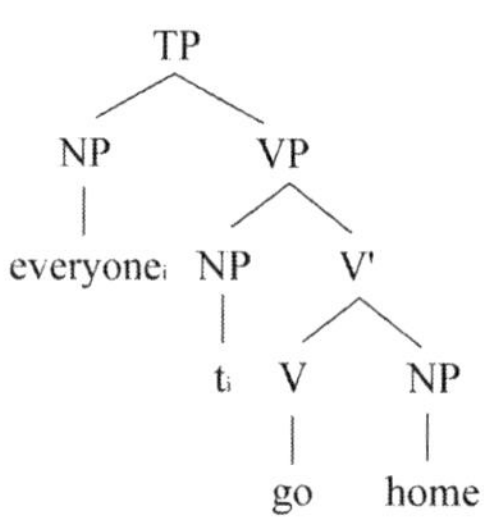

위의 소절분석에서도 확대투사원리를 만족하기 위해 소절의 술어 내부에서 격을 부여받지 못하는 명사구가 소절의 주어 위치로 이동한다는 사실이 확인된다. 만약 소절의 술어 내부에서 이동할 마땅한 명사구가 없다면, (60)에서 확인되는 바와 같이 소절의 주어 위치에 허사가 삽입됨으로써 확대투사원리를 충족하게 된다.

소절은 (59)에서처럼 주로 동사의 보문으로 사용되나, 다음에서 확인되는 바처럼 소위 절대전치사구(Absolute Prepositional Phrase)의 보충어위치에도 나타난다.

(69) a. With [$_{TP}$ *Dick Cavett on television*], what's the point in going out?

b. John doesn't want Mary to prepare food with [$_{TP}$ *her hands dirty*].

또한 소절은 다음 예문들에서와 같이 반향문장(echoic sentence)으로도 사용된다.

(70) A: I don't know how to tell you this, but I think Mary's taking valium …

B: Oh my God--*Mary take valium*? Please say it isn't true.

(71) A: I think Bronsky is such a clever author.

B: What! *Bronsky clever*? Ha!

(72) A: Do you suppose Larry is a doctor by now?

B: *Larry a doctor*? What a laugh!

(73) A: T'm furious that Mary joined the army.

B: What! *Mary in the army*?! It can't be.

이제 다음의 예문을 고려해 보자.

(74) John doesn't like *women in jeans*.

위의 문장은 중의성(ambiguity)을 갖는다. 즉, 'John은 청바지를 입은 여자들을 좋아하지 않는다'의 의미와 'John은 여자들이 청바지를 입는 것을 좋아하지 않는다'의 의미가 있다. 이러한 중의성은 위의 문장의 내면구조가 각기 다음 (75a)와 (75b)로 분석될 수 있음에 기인한다.

(75) a.

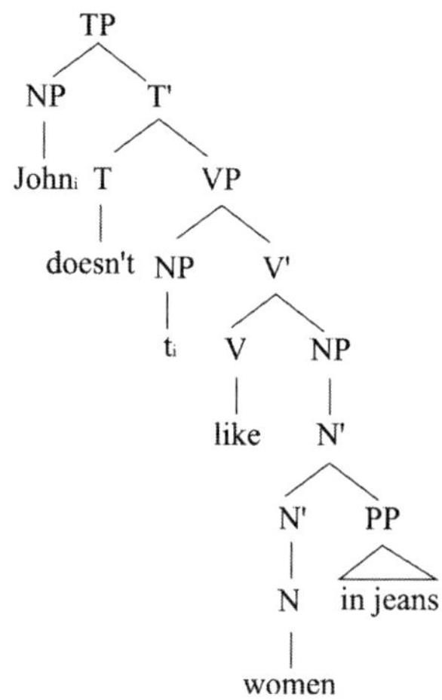

b.

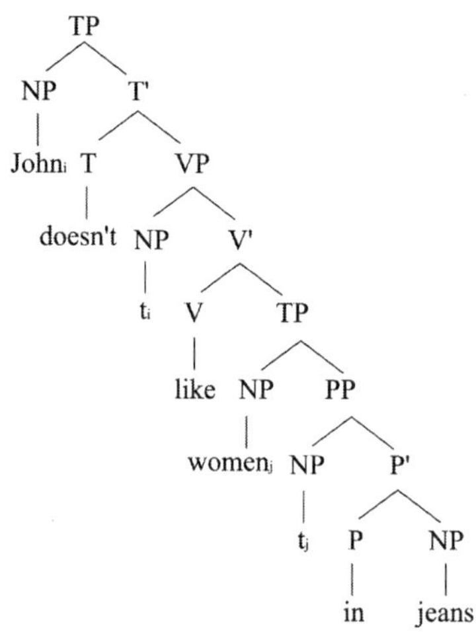

즉, (74)의 *women in jeans*의 부분이 (75a)에서는 명사구 NP로 분석되나, (75b)에서는 소절 TP로 분석되고 있다. (75a)의 경우는 'John은 청바지를 입은 여자들을 좋아하지 않는다'의 의미이고 (75b)의 경우는 'John은 여자들이 청바지를 입는 것을 좋아하지 않는다'의 의미이다.

이상의 논의에서와 같이 소절은 (67)의 구조를 취함으로써, 소절이 타동사의 보문(complement clause)으로 나타날 경우에는 언제나 소절의 주어가 주절의 동사에서 지배를 받게 되므로 명시적 명사구가 항상 소절의 주어 위치에 나타나야 한다. 즉, 소절은 지배를 차단하지 않는 TP의 절경계를 가지므로 소절의 주어는 마치 예외격표시구문에서와 같이 주절동사에서 대격을 부여받게 된다는 것이다. 그러나, 만약 소절이 주절동사에 의해 선택되는 보문이 아니라 부가어의 위치에 나타난다면, 소절의 TP 절경계가 의미역지배($\boldsymbol{\theta}$-government)되지 않으므로 장벽으로 규정될 수 있고, 그 결과 소절의 주어 위치는 지배받지 않는 위치가 되므로 이 위치에는 비명시적 명사구인 PRO가 나타나야 한다. 소절의 주어 위치에 PRO가 나타나는 경우는 영어에서 세 가지 유형으로 분류되는데, 그 실례는 각기 다음의 예문에서 나타나는 바와 같다.

(76) a. John left the room [$_{TP}$ PRO *angry*].
 b. John drank the beer [$_{TP}$ PRO *flat*].
 c. John hammered the metal [$_{TP}$ PRO *flat*].

요컨대, 위의 예문에서 소절로 나타나는 구성소는 모두 부가어의 위치에 나타남으로써 주어 위치에 PRO를 갖게 되는데, 소절의 위치와 역할에 따라 각기 (76a)의 소절을 상황소절(circumstantial small clause), (76b)의 소절을 묘사소절(depictive small clause), (76c)의 소절을 결과소절(resultative small clause)이라 부른다. 상황소절은 주절의 VP가 아니라 TP의 부가어 위치에 나타나며, 따라서 소절의 주어인 PRO를 성분통어하는 가장 가까운 명사구가 주절의 주어이므로 PRO는 주절의 주어에게 통제된다. 그러나 묘사소절과 결과

소절은 모두 주절 동사구의 부가어 위치에 타나나므로 소절의 주어인 PRO는 그를 성분통어하는 가장 가까운 명사구인 주절의 목적어에서 통제를 받는다. 이때, 묘사소절은 주절의 목적어를 단순히 서술하는 술어의 역할을 하나, 결과소절은 주절동사의 행위적 결과로 생겨난 상황을 기술하는 보어의 역할을 하게 된다.

이들 소절을 포함하는 (76)의 예문들을 분석하면, 그 내면구조는 각기 다음과 같다.

(77) a.

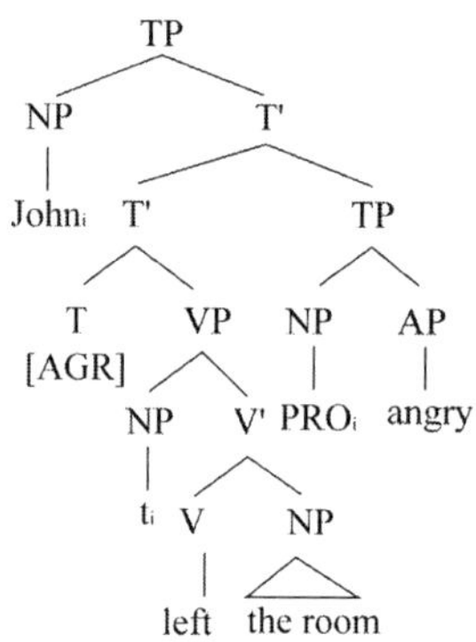

b.

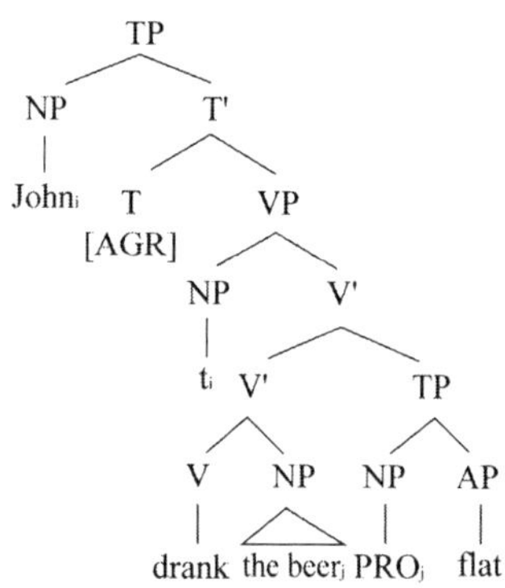

c.

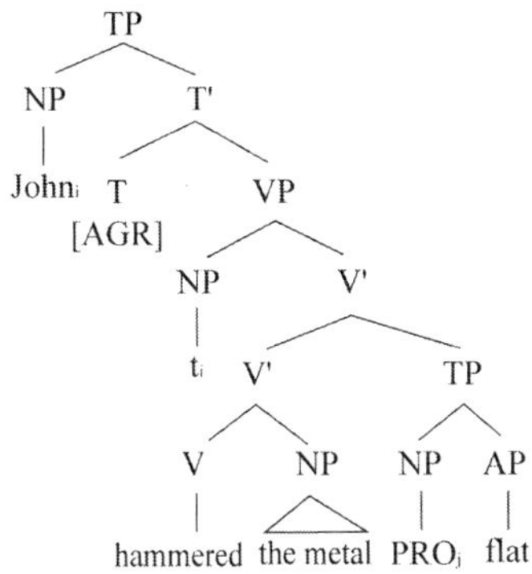
TP
NP
T'
John_i
T
[AGR]
VP
NP
V'
t_i
V'
TP
V
NP
NP
AP
hammered
the metal
PRO_j
flat

연구과제

〈과제 1〉 아래 (i)-(v)에 제시되는 예문들 간에 나타나는 문법성의 차이를 설명하시오.

(i) a. *The discussion of the match was more animated than the one of the riots.
b. The discussion at the match was more animated than the one in the bar.

(ii) a. The discussion of the riots and of their implications was full and frank.
b. The discussion at the match and in the bar was full and frank.
c. *The discussion of the riots and in the bar was full and frank.

(iii) a. The discussion of the riots in the bar was full and frank.
b. *The discussion in the bar of the riots was full and frank.

(iv) a. The discussion was rather misleading in the document.
b. *The discussion was rather misleading of the document.

(v) a. Which document did they ban the discussion of?
b. *Which document did they ban the discussion in?

〈과제 2〉 아래 (i)-(v)의 예문에서 각괄호로 표시된 명사구의 구구조를 수형도로 나타내시오.

(i) I met [*a specialist in fiberoptics from Paris*].

(ii) [*The girl on the stage in jeans*] is a friend of mine.

(iii) [*The journey from Paris to Rome on Sunday*] was tiring.

(iv) [*The ban on belts with studs in the school*] has caused a lot of resentment.

(v) [*The girl at the disco last week*] rang me up yesterday.

〈과제 3〉 아래 (i)의 표현은 (ii)에서 나타내는 바와 같은 의미의 중의성(ambiguity)을 갖는다. (iii)의 두 예문에 나타나는 (i)의 표현이 각기 (ii)의 어느 의미인지 말하고, 그 의미를 나타내는 구구조를 수형도로 표현하시오.

(i) the tall girl in jeans

(ii) a. the girl in jeans who is tall

b. the tall girl who is wearing jeans

(iii) a. Were you talking to [the tall girl in jeans], or the short one?

b. Were you talking to [the tall girl in jeans], or the one in a miniskirt?

〈과제 4〉 아래 (i)-(iv)의 명사구들은 어순의 차이가 있는데도 모두 문법적이다. 그 이유를 설명하시오.

(i) a [$_{AP}$ Japanese][$_{NP}$ toy][$_{NP}$ plastic] duck

(ii) a [$_{NP}$ toy][$_{AP}$ Japanese][$_{NP}$ plastic] duck

(iii) a [$_{NP}$ toy][$_{NP}$ plastic][$_{AP}$ Japanese] duck

(iv) a [$_{NP}$ plastic][$_{AP}$ Japanese][$_{NP}$ toy] duck

〈과제 5〉 아래 (i)의 표현은 (ii)와 같은 두 가지 의미(중의성)를 갖는다. 그 의미를 나타내는 구구조를 수형도로 나타내시오.

(i) the English king

(ii) a. the king who is English (영국 출신의 왕, 즉 영국인 왕)
b. the king of England (영국을 다스리는 왕, 즉 영국왕)

〈과제 6〉 다음 (i)-(iii) 표현의 의미(들)와 거기에 상응하는 구구조(들)를 제시하시오. (10점)

(i) an English teacher
(ii) a French English teacher
(iii) a student of high moral principle
(iv) a Korean American professor

〈과제 7〉 아래 (i)-(iv)의 예문에서 각괄호 속에 나타나는 동사구(VP)의 구구조를 수형도로 표현하시오.

(i) He may [*have turned against his wife*].
(ii) I don't [*completely agree with you over this*].
(iii) T'll [*send some flowers to Mary for you*].
(iv) He might [*run after Mary*].

〈과제 8〉 아래 예문 (i)의 각괄호 속에 나타나는 동사구의 의미(들)를 제시하고, 그 의미(들)와 관련되는 구구조(들)를 수형도로 나타내시오.

(i) They [$_{V''}$ decided on the boat].

〈과제 9〉 z다음 (i)에 제시되는 밑줄 친 부분의 구구조를 수형도로 제시하고, 두 문장의 문법성 차이를 설명하시오.

(i) a. John will bake <u>the cake himself for the party.</u>
b. *John will put <u>the candles himself on the cake.</u>

〈과제 10〉 아래 (i)-(iv)에서 (a)와 (b)의 예문 사이에 나타나는 문법성의 차이를 설명하시오.

(i) a. John sells trucks on Thursdays, and Mary cars on Fridays.
b. *John put Fido in the doghouse, and Sam Spot in the yard.

(ii) a. This job needs to be worked at by an expert.
b. *This office is worked at by a lot of people.

(iii) a. The clown was laughed at by everyone.
b. *Ten o'clock was laughed at by everyone.

(iv) a. John will buy the book on Thursday, and Paul will do so as well.
b. *John put the book on the table, and Paul will do so on the chair.

〈과제 11〉 아래 (i)-(iv)의 예문에 나타나는 동사구 [VP read the letters in the garden shed this afternoon]의 내면구조를 제시하고, 왜 (i)-(iii)은 문법적이나 (iv)가 비문법적인지 설명하시오.

(i) Miss Marple will read the letters in the garden shed this afternoon and

Hercule Poirot will *do so* too.

(ii) Miss Marple will read the letters in the garden shed this afternoon and Hercule Poirot will *do so*tonight.

(iii) Miss Marple will read the letters in the garden shed this afternoon and Hercule Poirot will *do so* in the garage tonight.

(iv) *Miss Marple will read the letters in the garden shed this afternoon and Hercule Poirot will *do so* the diaries in the garage tonight.

〈과제 12〉 아래 (i)-(v)의 예문에서 각괄호로 표시되어 있는 형용사구 (AP) 혹은 부사구(AdvP)의 구구조를 수형도로 나타내시오.

(i) She is [*extremely good at chess*].

(ii) Madonna makes me go [*all weak at the knees*].

(iii) We're [*short of funds for the disco*].

(iv) The affair could end [*disastrously for you*].

(v) I got [*so cross with her about the key*].

〈과제 13〉 다음 (i)에 제시되는 밑줄 친 부분의 구구조를 수형도로 제시하고, 두 문장의 문법성 차이를 설명하시오.

(i) a. <u>so utterly incompetent</u>

b. <u>*utterly so incompetent</u>

〈과제 14〉 아래 예문 (i)-(viii)의 각괄호 속에 나타나는 전치사구(PP)의 구구조를 수형도로 나타내시오.

(i) I'm saving the cognac [*for after dinner*].

(ii) I'll meet you [*round by the bank*].

(iii) Few CIA agents escape [*from behind the Iron Curtain*].

(iv) She is [*outside in the garden*].

(v) You looked pretty tough [*the morning after the party*].

(vi) [*Out from under the bed*] crawled a naked man.

(vii) People are much the same [t*he whole world over*].

(viii) He left home [*several weeks ago*].

〈과제 15〉 아래 예문 (i)-(ii)의 각괄호 속에 나타나는 전치사구의 구구조를 수형도로 나타내시오.

(i) The campaign dates [$_{PP}$ from before World War II].

(ii) John left the boxes [$_{PP}$ down in the cellar].

〈과제 16〉 아래 예문 (i)의 각괄호 속에 나타나는 전치사구의 가능한 두 가지 구구조를 수형도로 나타내시오.

(i) John was [$_{P''}$ so completely in the wrong].

〈과제 17〉 아래 예문 (i)-(iii)의 각괄호 속에 나타나는 전치사구의 구구조를 수형도로 나타내시오.

(i) John is [$_{P''}$ less at odds with Mary].

(ii) John put the books [$_{P''}$ up in the attic].

(iii) John is [$_{P''}$ so out of touch in some ways].

〈과제 18〉 다음 (i)에 제시되는 밑줄 친 부분의 구구조를 수형도로 제시하고, 두 문장의 문법성 차이를 설명하시오.

(i) a. The dispute dates from right before the war.

b. *I've put your books over right in the corner.

〈과제 19〉 아래 (i)-(vi)의 예문에서 각괄호로 표시되는 절(clause)의 내면 구성소구조(internal constituent structure)를 핵계층구조(X-bar structure)로 나타내 보시오.

(i) I wonder [*if she can speak Spanish*].

(ii) They're anxious [*for you to help them*].

(iii) I'm almost sure [*nobody will do the assignment*].

(iv) I wonder [*whether to go to the party*].

(v) [*Could you pass me the salt*]?

(vi) [*John hates Linguistics*].

〈과제 20〉 아래 예문 (i)-(ii)의 내부구조에 대한 수형도를 제시하고, 표현한 구조를 설명하시오.

(i) I believed Mary to resign.

(ii) I persuaded Mary to resign.

〈과제 21〉 다음 (i)-(vii)의 예문에서 각괄호 속에 나타나는 동사구의 내부구조를 수형도로 나타내시오.

(i) I don't [*expect you to win*].

(ii) I can't [*force you to help me*].

(iii) Why don't you [*get Mary to cook the food*]?

(iv) The courts may [*declare Syntax to be unconstitutional*].

(v) Nobody will [*tell you to work harder*].

(vi) I can't [*imagine Mary to be entirely blameless*].

(vii) They may [*ask (for) the chairman to resign*].

〈과제 22〉 다음 (i)-(iv)의 예문에서 각괄호 속에 나타나는 표현의 내면구조를 수형도로 나타내시오.

(i) He may [*consider John (to be) utterly imcompetent*].

(ii) I think I can [*compel John to tell the truth*].

(iii) What! [*John resign his post*]! Impossible!

(iv) T'm hopeless [*without you by my side*].

〈과제 23〉 다음 (i)의 예문에서 각괄호 속에 나타나는 표현은 '청바지를 입은 여자들'과 '여자들이 청바지를 입는 것'이란 두 가지의 의미를 갖는다. 각 의미에 해당되는 구구조 표현을 수형도로 나타내시오.

(i) I don't like [*women in jeans*].

〈과제 24〉 (i-v)의 문장을 핵계층구조로 나타내 보시오.

(i) Bill remembers the unhappy experience.

(ii) Incidentally, Bill left early.

(iii) John genuinely believe that Bill should resign.

(iv) Bill went to London to see his parents.

(v) Bill arrived after John had left.

〈과제 25〉 (i-iv) 문장에는 절이 주어이고 (v)는 부사가 주어이다. 이러한 문장들은 문장 구조가 구구조 규칙이 아니라 핵계층이론으로 결정된다고 주장하는데 경험적인 증거가 되었다고 한다. 이러한 주장을 설명하시오.

(i) That John should leave suddenly is puzzling.
(ii) To start with the simple exercises seems reasonable.
(iii) Blaming others is not the solution.
(iv) Bill believes that watching football is boring.
(v) Now is the time to do it.

〈과제 26〉 (i) 예문은 NP가 소절의 술어가 될 수 있음을 보여준다. 이 예문이 본장에서 논의한 소절분석과 일치하는지 설명하시오. (ii), (iii) 예문은 very와 rather를 수식어로 취하고, 이들은 AP의 Spec 자리에 위치한다. 이러한 주장이 본장의 소절분석과 일치하는지 살펴보시오.

(i) Bill considers John a genius.
(ii) John considers Bill very intelligent.
(iii) Bill finds John rather suspicious.

〈과제 27〉 (i-v)의 명사구에서 PP 요소인 *of Physics*와 *with long hair*의 구조적 신분을 결정하고, (ii)와 (v)가 비문인 이유를 설명하시오.

(i) The student of Physics with long hair
(ii) *The student with long hair of Physics
(iii) The student of Physics and Chemistry
(iv) The student with long hair and (with) a big moustache
(v) *The student of Physics and with long hair

제 4 장 필수구구조이론의 도입

1. 필수구구조의 도출

핵계층이론(X-bar Theory)은 구구조규칙의 증가를 억제하려는 시도로서 제안되었다. 핵계층공식(X-bar schemata)은 구구조규칙의 핵심적인 특성들을 본질적으로 추상화한 것으로 범주들을 포괄하여 일반화한 것이다. 최소주의 문법(Minimalist Grammar) 이전의 생성언어학에서 핵계층공식은 종종 통사적 표상에 적용되는 어휘항목의 투사에 대한 제약으로서의 역할을 해왔다. 최소주의 프로그램(Minimalist Program: MP)에서 제안하는 최소주의문법은 표상적 접근(representational approach)이라기보다는 도출적 접근(derivational approach)이라는 점에서 이전의 문법체계와 차이가 있다. 이러한 체계에 적합한 구구조이론도 역시 본질적으로는 도출적이라야 한다. Chomsky(1994)에서는 도출적 접근을 시도하는 최소주의문법에 부합되는 필수구구조(Bare Phrase Structure)라는 새로운 통사구조를 제안하며, 이러한 통사구조의 특성에 대해 자세히 언급하고 있다. 본장에서는 필수구구조에 대한 Chomsky (1994)의 논의를 자세히 소개하고자 한다.

앞장에서 소개한 최소주의 프로그램에서는 어휘항목들은 일반화변형(generalized transformation: GT)의 작용에 의해 통사 대상으로 선발(Select)되고, 기존의 통사대상에 병합(Merge)된다고 보았다. 이와 같이 일반화변형은 하나 이상의 작용을 내포하는 복합적 작용이다. Chomsky (1994)는 일반화변형을 두 개의 개별적 주요 작용인 선택과 병합으로 분해함으로써 수정한다. 선택과 병합은 새로운 항목들을 도출에 도입하는 것이다.

또한 알파이동은 대치(substitution)에 의해 병합작용을 일으킨다고 가정한다. 이동이 특히 복사로서 간주된다면, 알파이동 역시 복합적 작용으로 한 범주를 목표로 하여 확장조건에 따라 이동된 범주를 목표범주에 병합한다.

선택작용은 자질의 복합체인 어휘항목을 어휘부에서 선택한다. 선택된 항목들은 병합이라는 작용에 의해 더 큰 통사대상으로 병합된다. 병합은 α와 β라는 두 가지 통사대상을 취하여, $\{\alpha\ \{\alpha, \beta\}\}$라는 새로운 형태의 대상을 형성하기 위해 이들을 병합한다. $\{\alpha\ \{\alpha, \beta\}\}$에서 앞의 α는 새로이 형성된 통사대상이 *α*와 동일한 특성을 취한다는 점을 나타낸다는 견지에서 '표찰(label)' 이라고 지칭된다. 어휘항목들이 본질적으로 자질의 집합이라고 볼 때, 새로운 통사대상은 표찰로 투사되는 어휘항목의 자질집합을 그대로 취한다고 본다. 이 경우 복합자질의 형태인 두 개의 항목이 병합될 때 새로이 형성되는 통사대상의 표찰은 그 통사대상의 성격을 결정하는 핵범주의 자질이 된다. Chomsky는 새로이 형성된 범주가 병합된 항목들의 공통자질이거나 그들의 자질을 합친 것으로 투사될 수 없다고 본다.

*α*를 한정사 the로, *β*를 명사 *boy*로 택할 경우, 병합이 일어나면 대강 (1a) 처럼 필수 구조를 취하는 {the {the boy}}이라는 새로운 대상이 도출된다. (1b)는 범주명칭을 취하는 (1a)의 다른 표현이며, (2)는 기존의 핵계층이론에 의해 *the boy*에 부여되는 핵계층구조이다.

(1) a. b.

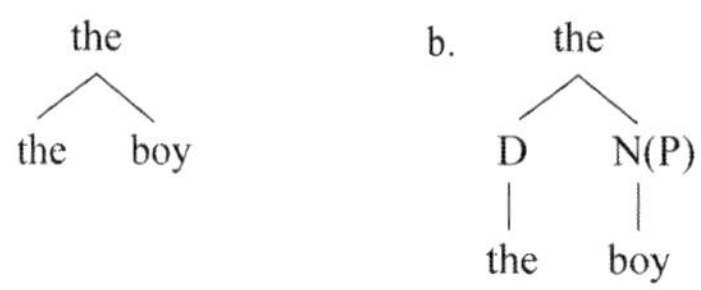

(2)

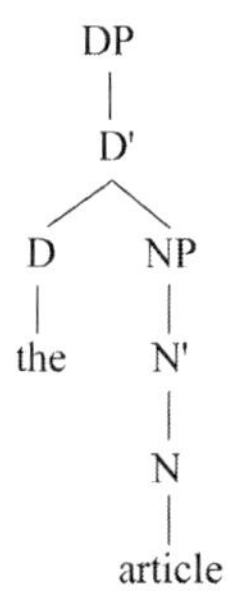

(1a-b)는 여러 가지 면에서 (2)와 차이가 있는데 그 중 어휘항목의 최소, 중간, 최대투사가 없다는 점에서 차이가 있다. 핵계층이론은 어휘항목의 투사를 어느 정도 절대적인 방법으로 결정한다. 어휘항목 X는 XP→(YP) X′와 X′→X(ZP)라는 공식에서 명시되는 투사를 취한다. 핵계층공식에서는 X가

보충어이거나 지정어이거나 무관하게 X에 대하여 [$_{XP}$ (YP) [$_{X'}$ X (ZP)]]라는 구조를 나타낸다. Chomsky(1994)는 어휘항목의 투사가 범주의 내재적 특성이라기보다 상대적인 특성이 된다는 Muysken(1982)의 견해를 따른다. 즉, 어휘항목 투사의 존재는 어휘항목이 위치하는 구조나 문맥에 의해 결정된다는 것이다. *the*와 *boy*는 독립적으로 존재할 때는 최소투사 D/N이면서 최대투사 DP/NP이다. *the*와 *boy*가 병합될 때, 두 항목에 대해서 새로운 구조가 창출된다. *the*가 투사하는 경우 투사된 the는 최대투사가 되며, 원래의 *the*는 최소투사로 남는다. 반면에 명사 *boy*는 투사되지 않는 요소이므로 여전히 동시에 최소투사와 최대투사가 될 수 있다.

이러한 의견에 따라 *The boy saw it*이라는 문장이 도출되는 경우를 조사해 보자. 도출은 가장 깊이 내포된 항목에서 출발하여 아래에서 이루어짐을 상기하라. 그러므로 선택이 이루어질 때 먼저 대명사 *it*이 선택된다. *it*은 고립되었으므로 최소투사(D)도 최대투사(DP)도 될 수 있음을 상기하라. 동사 *saw* 역시 고립되었으므로 최소투사(V)도 최대투사(VP)도 될 수 있다. 병합이 일어날 경우 *saw*와 *it*을 병합하며, *saw*가 투사하여 새로운 최대 대상인 {saw {saw it}}을 형성한다. 결과적으로 saw는 새로이 형성된 통사대상과 관련하여 최대투사가 되며 원래의 *saw*는 최소투사가 된다. 반면에 *it*은 투사하지 않는다는 점에서 미루어볼 때 여전히 최소투사도 최대투사도 될 수 있다. 지금까지 도출된 구조는 대강 (3)에서 보여주는 바와 같다:

(3) a. b.

다음 단계는 동사구내주어가설(VP-internal subject hypothesis)에 의하며 (3)과 주어 *the boy*를 병합하는 것이다. DP인 *the boy*는 위에서 설명한 방식으로 형성된다. 한정사 *the*는 *boy*와 병합되며, *the*가 투사하여 최대투사 대상인 [$_{DP}$ the [$_{N(P)}$ boy]]를 형성한다. [$_{DP}$ the [$_{N(P)}$ boy]]는 (3)에서 VP와

병합되어 (4)에서처럼 새로운 대상을 형성한다. (3)과 달리 (4)는 VP에 지정어를 도입한 결과로서 형성되는 중간투사인 V′를 포함한다.

(4) a. 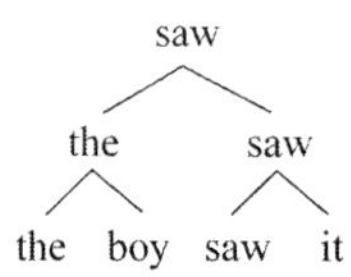

b. 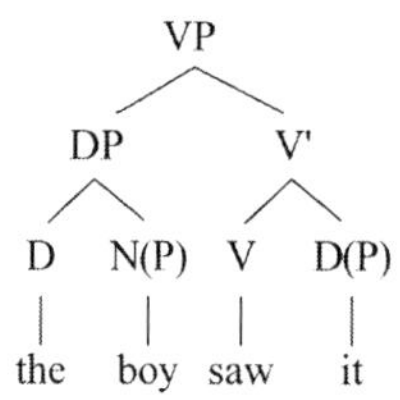

도출상의 다음 단계는 (4)에 굴절범주를 병합하는 것이다. 굴절범주인 Agrs, T 그리고 Agro 등이 있지만, 간략히 이들의 복합적 형태인 T로 나타내어 보자. (4)에 T가 병합될 때, T가 투사하여 대강 (5)와 같은 구조를 형성한다. (기술의 간편성을 위해 이후 필수구구조를 범주표찰을 붙인 형태로만 나타내겠다.)

(5) 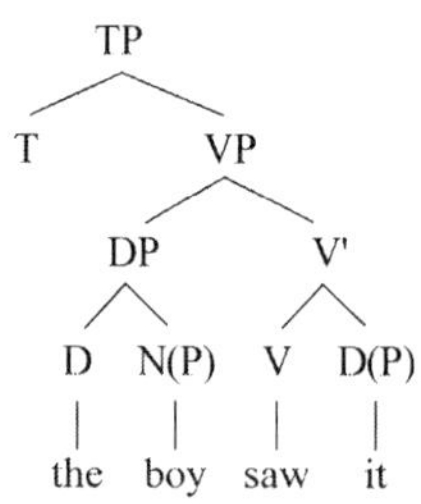

이 단계의 도출에서, (5)에서의 주어를 병합하기 위한 알파이동이 적용되며, 흔적이나 복사를 뒤에 남긴다. 이것은 T의 단일-바 투사를 포함하는 (6)과 같은 구조를 도출한다.

(6)

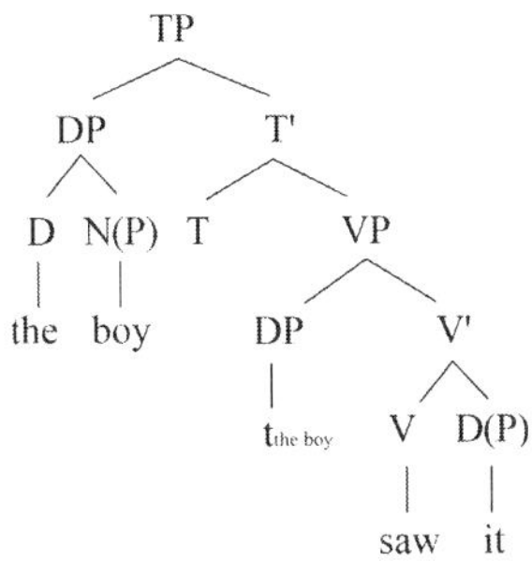

지금까지의 논의는 이전에 핵심적 핵계층구조라 지칭되는 핵-보충어 구조와 지정어-핵 구조인 경우에 제한되어 왔다. 핵-보충어 구조를 형성하는 작용은 설명한 것처럼 새로운 대상을 형성하며, 지정어-핵 구조를 형성하는 작용도 마찬가지다. 부가구조는 어떠한가? 앞장에서 부가는 확장조건과 연관되지 않으며 그 결과 비순환적으로 도입될 수 있음을 살펴보았다. 이러한 특성상 부가는 이미 보충어와 지정어와는 분리되는 것으로 설정하였다. Chomsky(1994)는 부가구조가 (아마는 관련된) 다른 면에서 차이가 있다고 제안한다. 부가구조를 도입하는 작용은 핵-보충어 구조와 지정어-핵 구조를 형성하는 작용과 달리 새로운 대상을 형성하지 않는다. 오히려 부가구조는 최대투사범주(최대투사로의 부가)이건 핵(핵으로의 부가)이건 존재하는 범주에 새로운 조각을 첨가할 뿐이다. 따라서 필수구구조는 지정어와 부가어 간의 명백한 차이점을 유지한다. 이 둘은 모두 존재하지만 서로 다른 특성을 취한다.

한편, Chomsky(1994)에서 제안되는 필수구구조이론은 여러 장점을 지니지만, 이 중 몇 가지 문제를 고려해 보면 다음과 같다.

일반적으로 자동사는 논항을 하나만 취하는 일항술어(one place predicate)로 분류되며, 이러한 자동사는 두 종류의 하위범주로 분리된다. 즉, 첫 번째는 논항이 그 동사의 내재논항으로 설정되는 경우인데, 이 경우의 동사는 내재논항에 대격이 부여되지 않는다는 점에서 비대격동사(unaccusative verbs)라 불린다. 비대격동사의 경우에는 내재논항이 명시통사부에서 주어 위치로 이동함으로써 격을 부여받는다. 비대격동사 *break*의 경우를 고려해 보면, (7a)는 원리매개변인이론의 틀 내에서 (7b-c)의 구조표상을 갖는다고 본다. 내재논항인 *the window*는 V′ 내에 기저생성(base-generated)되어 격을 부여받기 위해 TP의 지정어 위치로 이동한다.

(7) a The window broke.
   b. DS: $[_{TP}$ [e] T $[_{VP}$ [e] $[_{V'}$ broke [the window]]]]
   c. SS: $[_{TP}$ [the window] T $[_{VP}$ [e] $[_{V'}$ broke $[t_{the\ window}]]]]$

자동사의 또 다른 하위범주는 논항이 동사의 외재논항으로 구성되는 경우이다. 이러한 동사를 비능격동사(unergative verb)라 한다. 비능격동사의 논항은 통사부에서 VP의 지정어에 기저생성되어 TP의 지정어로 이동한다. 비능격동사 *sleep*의 경우를 살펴보면 다음 (8)과 같다.

(8) a Jane slept.
   b. DS: $[_{TP}$ [e] T $[_{VP}$ [Jane $[_{V'}$ slept]]]]
   c. SS: $[_{TP}$ [Jane] T $[_{VP}$ $[t_{Jane}]$ $[_{V'}$ slept]]]]

필수구구조이론의 관점에서 보면, 비대격동사를 취하는 동사구는 외재논항이 나타나지 않는다는 점만 제외하면, 대격동사(accusative verbs)(즉, 타동사)를 취하는 동사구와 구조상 동일한 도출과정을 갖는다. (7a)는 (9)와 같은 도출과정을 취한다. 동사 *broke*는 *the window*와 병합되어 (9c)와 같은 구조를 형성한다. 마지막으로 *the window*는 알파이동에 의해 TP의 지정어로 병합되어 (9d)의 구조를 형성한다:

(9) a. The window broke.
   b. $[_{VP}$ $[_{V}$ broke] $[_{DP}$ the window]]
   c. $[_{TP}$ T $[_{VP}$ $[_{V}$ broke] $[_{DP}$ the window]]]
   d. $[_{TP}$ $[_{DP}$ the window] T $[_{VP}$ $[_{V}$ broke] $[t_{the\ window}]]]$

(8a)도 필수구구조이론에서 (10b-d)와 같은 도출을 갖게 된다. 필수구구조이론에서는 VP 내에서 동사와 그 동사의 논항인 DP의 어순은 명시통사부에서 결정되지 않음을 유의하라. 따라서 동사와 DP의 병합은 [$_{VP}$ Jane slept]의 구조로 설정되어도 무방하다.

(10) a. Jane slept.

b. [$_{VP}$ [$_{V}$ slept] [$_{DP}$ Jane]]

c. [$_{TP}$ T [$_{VP}$ [$_{V}$ slept] [$_{DP}$ Jane]]]

d. [$_{TP}$ [$_{DP}$ Jane] T [$_{VP}$ [$_{V}$ slept] [t_{Jane}]]]

만약, 필수구구조이론에서 비능격구문의 도출과정이 (10)처럼 설정된다면, 이는 (9)에서 보여주는 바와 같은 비대격동사와 동일한 도출로 해석되므로, (10)에서 도출된 표상들은 능격동사의 특성을 나타내기에 적합하지 않다. 왜냐하면, 비능격동사의 논항은 비대격동사의 논항과 달리 내재논항이 아니라 외재논항이기 때문이다. 외재논항은 직접목적어 위치가 아니라 VP의 지정어 위치에 병합되어야 한다. 그러나 (10)에서 논항이 필수구구조이론상 VP의 지정어로 직접 병합될 수 있는 방법이 없다. 필수구구조는 비대격동사와 비능격동사 사이의 차이점을 단순히 기술적으로 밝힐 수 없다. 만일 DP가 동사와 직접적으로 결합된다면 그것은 항상 내재논항이 될 것이고, 이렇게 형성된 동사구에 다시 DP가 병합된다면 이제 그 DP는 그 동사구의 외재논항이 될 것이다. 이렇게 필수구구조이론에서는 병합의 순서에 따라 내재논항과 외재논항이 상대적으로 정의되는 것이다.

Chomsky(1994)에서는 비능격동사를 포함하여 모든 동사가 내재논항을 취한다는 Hale과 Keyser(1993)의 주장을 받아들임으로써 이러한 문제의 해결책을 제시한다. Hale과 Keyser에 의하면, *sleep, laugh, sneeze, neigh, dance*와 같은 비능격동사들은 명사적 파생동사로서 보충어 N을 추상적 V로 융합(incorporation)함으로써 도출된 복합동사로 본다. 추상적 동사는 *make trouble*과 *have puppies*와 같은 표현의 *make*와 *have*와 같은 '경동사(light verbs)'와 유사하므로, 비능격동사 *sleep*는 대강 'HAVE +SLEEP'라는 복합어휘의 문자화이다. 복합동사의 도출에서 포함되는 N-융합의 과정은 Baker (1988)가 명시적 명사융합 구조를 도출한 것처럼 통사적 과정으로 본다. 이러한 분석 하에, 비능격동사 *sleep*를 포함하는 동사구의 경우를 필수구구조이론적 도출과정을 살펴보면 다음 (11)과 같다:

(11)

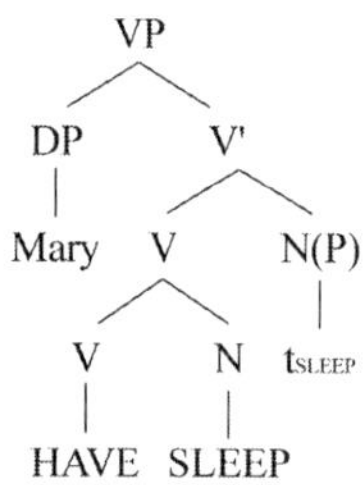

(11)의 구조에서는 DP인 *Jane*은 동사와 직접 병합되지 않고 직접목적어를 취하는 동사구의 외재논항으로 병합된다. 결과적으로 비능격동사의 도출을 일종의 명사융합(noun-incorporation)의 결과로 본다면, 필수구구조이론 하에서도 비능격동사의 외재논항인 DP는 동사의 직접목적어가 아니라 동사구의 지정어 위치에 직접 병합할 수 있게 된다. 따라서 (10a)는 (12)와 같은 도출과정을 취한다.

(12) a. Jane slept.
b. [$_{VP}$ [$_{V}$ HAD] [$_{N}$ SLEEP]] (동사와 내재논항 병합)
c. [$_{VP}$ [$_{V}$ [$_{V}$ HAD] [$_{N}$ SLEEP]](=slept) [N t_{SLEEP}]] (명사융합)
d. [$_{VP}$ [$_{DP}$ Jane] [$_{V'}$ [$_{V}$ slept] [$_{N}$ t_{SLEEP}]]] (외재논항 병합)
e. [$_{TP}$ T [$_{VP}$ [$_{DP}$ Jane] [$_{V'}$ [$_{V}$ slept] [$_{N}$ t_{SLEEP}]]]] (굴절소 병합)
f. [$_{TP}$ [$_{DP}$ Jane] T [$_{VP}$ [t_{Jane}] [$_{V'}$ [$_{V}$ slept] [[$_{N}$ t_{SLEEP}]]]] (외재논항 인상)

이제 접어의 범주적 특성과 관련하여 필수구구조의 장점을 고려해 보자. 위에서 살펴본 바에 따르면, 필수구구조이론에서는 특정의 범주가 최소투사인 동시에 최대투사로 분석될 수 있다. Chomsky(1994)는 접어(clitic: CL)가 이러한 범주들의 좋은 예가 된다고 지적한다. 즉, 접어는 접어상승 문맥에서는 DP의 특성을 지니며 장거리 이동을 할 수 있고, 또한 동시에 핵에 부가될 수 있으며 이동 부정어 *not*과 보문소 *if*와 같은 핵범주에 의해 차단된다는 점에서 핵의 특성을 지닌다. 이탈리아어의 접어상승의 경우를 살펴보자.

(13) a. Gianni li vuole vedere.
Gianni them wants to-see
b. *Gianni li vuole non vedere.
Gianni them wants not to-see
c. *Non li so se fare.
not them know-1S if to-do

필수구구조이론에서 접어는 이동 전에 (14)와 같은 표상을 취한다. 접어는 위에서 논의한 영어의 직접 목적어 대명사의 경우처럼, 집합에서 투사하지 않는 구성원이기 때문에 최소투사일 수도 최대투사일 수도 있다:

(14)
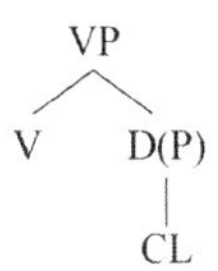

접어의 중의적 성격은 구조상의 불일치를 일으키지 않고 이동 후에 핵에 부가될 수 있다는 점이다. 접어화가 접어의 핵이동인지, XP-이동인지의 문제는 매우 흥미로운 질문으로 남아 있다. 접어가 장거리 이동을 한다는 사실은 XP로서 이동했다는 것을 의미하며, 또한 부정어 *not*과 보문소 *if*와 같은 핵범주는 그 지정어 위치에서 추상적 운용자를 가지기 때문에 상대최소성조건(Relativized Minimality)의 차원(Rizzi 1990, 1991 참조)에서 접어화를 차단하는 것이라고 주장한다면 여전히 접어화가 XP-이동으로 취급할 수 있다.

이러한 접어의 XP로서의 특성이 있는데도, 이동 후에 접어가 핵에 부가된다는 사실은 이제 접어가 (14)의 분석에서와 같이 통사적으로 양면성을 갖는다고 보는 필수구구조이론에서는 전혀 문제가 되지 않는다.

2. 선형대응공리와 어순

원리매개변인이론에서 핵계층이론에 의해 결정되는 구조들은 계층과 어순간의 연관성을 설정하지 않는다. 계층관계를 이루는 범주들의 집합은 하나 이상의 어순으로 결정될 수 있다. 이러한 핵계층이론의 특성은 실제로 핵선행(head-initial)/핵후행(head-final)과 같은 핵 매개변인으로 어순을 결정하게 한다. 예컨대, 동사와 그 목적어는 동사구 내에서 서로 계층적 관계를 공유하지만 두 범주들은 핵매개변인에 의해 VO 어순이나 OV 어순 중 하나를 선택한다. 이러한 이론에서는 'X보다 더 상위의', 'X보다 더 하위의'라는 계층적 개념은 'X를 선행'한다거나 'X를 후행'한다는 선형적 관계로 변환될 필요는 없다. 예를 들어 TP에 우측 부가된 범주는 TP의 지정어 위치에 나타나는 주어보다 상위에 있지만 반드시 주어를 선행해야 한다고 주장되지는 않는다.

그러나 Kayne(1994)은 계층적 관계가 '항상 완전하게 선형적 어순을 결정한다(always completely determines linear order)'고 주장한다. 그래서 다른 선형적 어순은 다른 계층적 관계에 기인한다는 새로운 이론을 제안한다. 반대칭성(anti-symmetry)으로 지칭되는 Kayne(1994) 이론의 핵심은 (1)과 같은 소위 선형대응공리(linear correspondence axiom: LCA)이다.

(1) 선형대응공리(LCA):
    d(A)는 T의 선형적 순서에 있다. (d(A) is a linear ordering of T.)

선형대응공리는 (2)와 같이 정의되는 성분통어의 특정한 개념인 '비대칭적 성분통어(asymmetric c-command)'를 전제로 한다.[1]

---

1) 참고로, Kayne(1994)에서 성분통어의 정의에 사용되는 절점의 개념은 '첫 번째 상위가지절점'이 아니라 '첫 번째 상위절점'임을 유의하기 바람.

(2) α가 β를 성분통어하고 β는 α를 성분통어하지 않으면, α는 β를 비대칭적으로 성분통어한다. (α asymmetrically β iff α c-commands β and β does not c-command β.)

요컨대, (1)의 선형대응공리는 통사구조상에서 두 개의 범주 α와 β가 주어질 경우, α가 β를 비대칭적으로 성분통어하면 α가 β를 선행한다는 것으로 해석된다. 비대칭적 관계는 종단범주들 사이에서도 종단범주와 최대투사 사이에서도 이루어질 수 있다. 더욱이 비대칭적 성분통어와 어순은 타동적이다. 만일 α가 {$\alpha\beta$}라는 어순에서 β를 비대칭적으로 성분통어하고 β는 {$\beta\Upsilon'$}라는 순서에서 Υ를 비반대칭적 성분통어를 하면, α는 {$\alpha\beta\Upsilon'$}라는 순서에서 Υ를 비대칭적으로 성분통어한다. 어순은 또한 '한 표상에 나타나는 모든 범주를 포괄해야 한다'는 차원에서 '전체적(total)'이라고 여겨진다.

Kayne은 선형대응공리에서 핵계층이론의 몇 가지 특성 중의 하나는 핵의 보충어가 단순한 종단범주(terminal category)가 될 수 없고 종단범주를 관할(dominate)하는 최대투사여야 한다는 것이다. 따라서, 동사구 see Tom은 (3a)에서와 같은 구조를 취하며, (3b)에서와 같이 종단범주 N이 NP에 의해 관할되지 않는 구조는 허용되지 않는다고 본다.

(3) a.

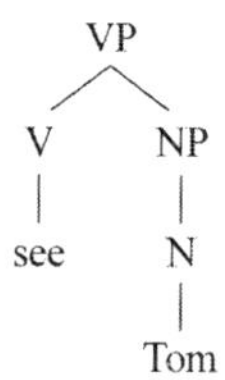

b.

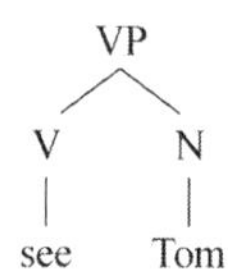

(3a)에서는 V가 N을 반대칭적으로 성분통어하기 때문에 선형대응공리에 따라 {see Tom}의 어순이 결정될 수 있다. 그러나 (3b)는 선형대응공리에 부합되지 않으므로 제거된다. 즉, (3b)에서 V는 N을 비대칭적으로 성분통어하지 않기 때문에 어순이 결정될 수 없고, 어순의 결정이 전체적인 범주를 포괄하지 못하므로 비문법적인 표현이 된다.

따라서 선형대응공리에서는 XP가 하나 이상의 핵을 취할 수 없게 된다. 두 개의 핵을 취하는 XP는 언제나 (3b)의 구조를 취함으로써 제거된다. 또한, 두 개의 최대투사를 관할하는 XP를 금지하는 핵계층이론의 특성도 역시 선형대응공리에 기인한다고 볼 수 있다. (4)는 최대투사가 두 개의 다른 최대투사 YP와 ZP가 서로 성분통어하며 그 투사 바깥으로 Y나 Z도 성분통어하지 못하므로, 어순이 전체적으로 결정되지 못하므로 제거된다.

(4)

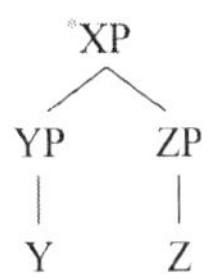

요컨대, 선형대응공리는 핵과 비핵이 짝을 이루는 (3a)와 같은 구조만을 허용한다. (3b)에서처럼 두 개의 핵이 짝을 이루는 구조나 (4)과 같이 두 개의 최대투사가 짝을 이루는 구조는 제거된다.

비핵들이 짝을 이루는 구조가 허가되지 않는다는 것은 (5a)에서 YP와 같은 지정어와 (5b)에서 부가어인 YP의 경우에는 이론상 허용되지 않음을 의미한다. 두 구조 중 어느 것도 범주 간에 비대칭적 성분통어를 이루지 않으므로 전체적으로 어순이 결정되지 못한다.

(5) a.

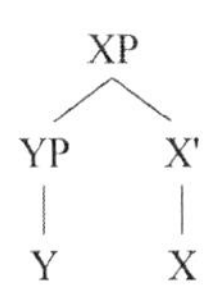

b.

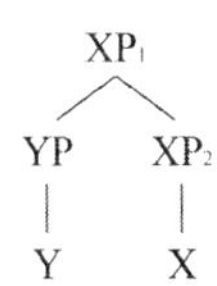

그러나 Kayne(1994)에 의하면 (5a)는 결코 수용될 수 없으나, (5b)의 구조는 간단한 가정으로 수용될 수 있다고 본다. 즉, 주어의 위치는 (5b)와 같은 부가어 구조로 표현되어야 한다고 보고, 주어와 부가어간의 핵계층적 구별을 없앤다. 이러한 가정 하에 Kayne은 부가구조에 대한 May(1985)의 주장을 수용하여 부가구조에서 조각(segment)과 범주(category)의 개념을 구별하고, 어떠한 조각에도 관할되지 않는다는 배제의 개념으로 성분통어를 정의함으로써 부가구조도 선형대형공리에 의해 수용되는 구조임을 주장한다. Kayne (1994)의 성분통어 정의는 (6)과 같다.

(6) α와 β가 범주이고 α가 β를 배제하며 α를 관할하는 모든 범주가 β를 관할하면 α는 β를 성분통어한다.

부가구조는 하나 이상의 조각을 지닌 범주를 생성하는 것이라 볼 수 있다. (5b)에서 XP_1과 XP_2는 범주 XP의 조각들이다. α의 어떠한 조각도 β를 관할하지 않으면, α는 β를 배제한다. (5b)에서, YP가 XP의 조각에 의해 관할되므로 XP는 YP를 배제하지 않지만, YP는 XP를 배제한다. (6)에서의 성분통어 정의에 의해, (5b)에서 XP2는 Y를 성분통어하지 않지만, YP는 X를 성분통어하여 어순에 필요한 비대칭적 성분통어 관계를 도출한다.

(6)은 또한 (7)에서와 같은 다중부가구조(multiple adjunction)를 허용하지 않는다.

(7)

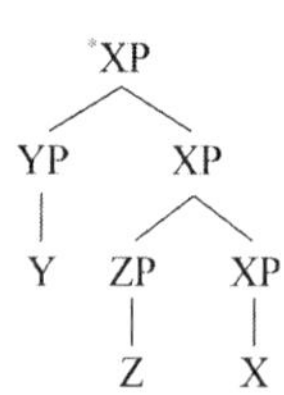

(7)에서 ZP는 Y를 성분통어하고 YP는 Z를 성분통어한다. YP나 ZP 어느 것도 XP에 의해 관할되지 않기 때문에 상호적으로 성분통어를 하는 결과가 된다. 따라서 YP와 ZP 간에는 어순이 결정될 수 없으므로 (7)과 같은 다중부가구조는 선형대응공리에 의해 제거된다. 지정어위치를 부가어와 같이 부가구조로 표현한다면, 하나의 구는 반드시 하나의 지정어만을 취할 수 있다는 결론이 도출된다. 선형대응공리에 의하면 최대투사에는 하나의 부가어만

이 허용되기 때문이다.

Kayne은 최대투사의 부가어 제한은 '통사구조에서 핵의 침투'를 이끈다고 지적한다. 그 방법을 살펴보기 위해, (8a)에서 주제화의 예를 고려해 보자:

(8) a. This (article), I don't love.

지배결속이론 이후 기존의 생성언어학(Generative Linguistics)이론에서는 (8a)의 예문은 (8b)와 같은 구조가 부여되었다. 이 구조는 지정어가 부가어 구조로 표현되지 않으므로 선형대응공리에 수용되지 않는다. (8c)도 TP에 다중부가가 일어난 구조이기 때문에 역시 허용되지 않는다. 선형대응공리에 부합되는 (8a)의 유일한 구조는 (8d)로서, 주제화된 범주가 T/TP 상위에 존재하는 공범주핵(empty head)의 최대투사에 부가된 구조이다. (8d)의 구조에서 문제의 공범주핵은 변항 X로 표현되어 있다.

(8) b.

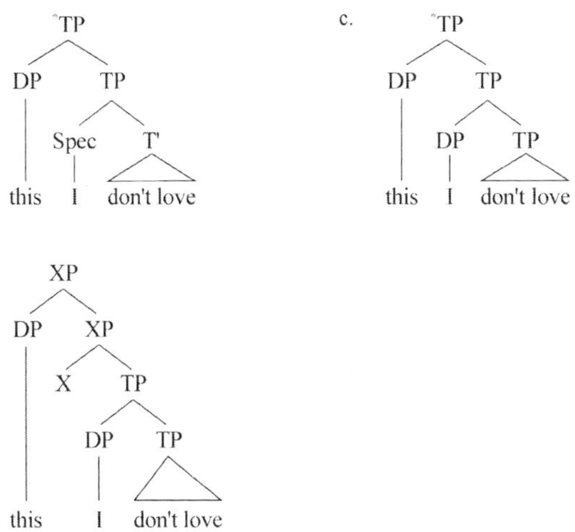

TP-부사를 포함하는 문장의 경우, 예컨대, *Presumably, Tom left*와 같은 문장도 역시 (8d)와 같은 구조에 부여될 수 있으며, 부사는 특정한 공범주

핵의 최대투사에 부가된다.[2)]

이제 핵의 부가구조가 선형대응공리 하에서 어떻게 수용될 수 있는지 고려해 보자.

핵부가구조는 접어화(cliticization)와 핵인상(head raising)의 경우에 나타난다. 먼저, 아래 불어의 접어화 경우를 살펴보자.

(9) a. Jean **vous** donnera le livre.
Jean you-DAT will-give the article

b.

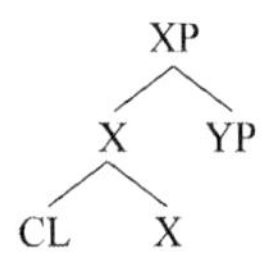

(9b)에서 X는 CL을 배제하지 않기 때문에 CL을 성분통어하지 않고, CL은 X의 부가어가 된다. 그러나 CL은 X를 배제하고 CL을 관할하는 모든 범주가 역시 X를 관할하므로 CL은 X를 성분통어한다. 그러므로, CL은 (94b)에서 X를 비대칭적으로 성분통어한다. 따라서 단일핵부가구조는 선형대응공리 하에서 허용된다.

이제 (10)과 같은 불어의 다중접어화(multiple cliticization)의 경우를 살펴보자.

(10) Jean **vous** le donnera.
Jean you-DAT it-ACC will-give

위와 같은 다중접어화구문은 아래와 같은 (11a)나 혹은 (11b)와 같은 구조를 취할 것이라고 가정해 볼 수 있다.

---

2) 부사구가 특정한 기능핵의 지정어라는 견해는 Cinque(1997)에서 주장하고 있다.

(11) a.

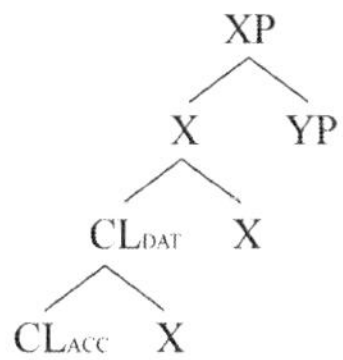

b.

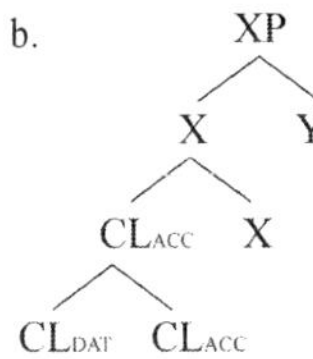

(11a)는 접어가 한 핵범주에 다중부가된 경우로 선형대응공리 하에서 XP에 다중부가된 구조와 동일한 결과가 도출된다. 즉, (11a)에서 CL_{DAT}와 CL_{ACC}는 서로 성분통어하므로 선형대응공리를 위반한다. 따라서 핵으로의 다중부가는 XP로의 다중부가와 마찬가지로 제거된다. 선형대응공리에 의하면 핵으로의 부가도 하나의 부가만을 허용하므로, (11a)에 대한 구조는 (11b)에서처럼 CL_{ACC}는 핵 X에 부가되고 CL_{DAT}는 X가 아닌 CL_{ACC}에 부가되는 구조가 되어야 할 것이다. 즉, (11b)에서 핵 X와 핵 CL_{ACC} 각기 하나의 부가만을 허용하고 있다. 또한 (11b)의 분석은 인접한 다중접어들이 하나의 '덩어리'를 형성한다는 전통적 견해에도 부합된다.

이제, 선형대응공리에 기초가 되는 반대칭성이론(Theory of Anti-Symmetry)이 언어 간에 나타나는 어순상의 차이를 어떻게 포착하는지 살펴보자. V-O와 O-V의 구별과 T-VP와 VP-T의 구별 등은 원리매개변인이론의 틀에서는 단순히 핵계층이론에 적용되는 소위 핵매개변인(즉, 핵선행/핵후행)에 의해 처리되었다. 즉, 독일어와 같은 언어들은 핵후행언어로 분류되며, 따라서 VP 내에서는 V가 O의 우측에 위치하며, TP 내에서는 T가 VP의 우측에 위치하는 구조를 생성한다. 아래 독일어의 예를 고려해 보자.

(12) a. … das Hans den Ball gekauft hat.
… that Hans the ball bought has
'… that Hans has bought the ball.'
b. [$_{CP}$ das [$_{TP}$ Hans [$_{T'}$ [$_{VP}$ [$_{DP}$ den Ball] gekauft] hat]]]

(12b)의 구조는 주어가 부가구조를 취하지 않는다는 사실 이외에도 여러

가지 점에서 선형대응공리에 부합되지 않는다. 즉, 동사(V)는 VP 내의 직접 목적어를 반대칭적으로 성분통어하지만, 목적어(O) 뒤에 위치하며, 또한 T의 위치에 나타나는 조동사는 VP 내의 동사를 반대칭적으로 성분통어하지만 동사 뒤에 위치한다. 비대칭적 성분통어는 요소가 선형적 순서에서 성분통어되는 요소를 반드시 선행한다는 선형대응공리의 차원에서 보면, (12a)의 독일어 예문은 (13)과 같은 구조를 취하는 것으로 분석되어야 한다:

(13) [$_{CP}$ das [$_{TP}$ Hans [$_{XP}$ den Ball [$_{YP}$ gekauft [$_{ZP}$ hat …

위의 구조에서는 분사가 조동사보다 상위의 위치로 이동하고, 목적어가 도출된 분사보다 상위의 위치로 이동함으로써 도출될 수 있는 구조이다.

Kayne은 (13)에서 보여주는 독일어 순서는 영어처럼 V가 O의 좌측에, T가 VP의 좌측에 위치하는 기저구조에서 도출된 것이라고 주장한다. 즉, Kayne에 의하면, 모든 언어는 지정어-핵-보충어(S-V-O)의 기저어순을 취함으로써 기저구조 표상에서는 주어선행/핵선행의 구조를 취한다고 본다. 따라서, 어순에서 언어간에 나타나는 표면상의 변이형은 표층구조로 사상되는 이동작용의 결과로 본다. 요컨대, VSO 어순은 S의 상위로 동사(V)가 이동하여 도출된 것으로 본다. C와 TP의 경우에도, 모든 언어에서 기저구조가 [C [TP]]의 순서를 취한다고 보므로, 영어와 독일어는 이 기저어순에 부합된다. 그러나 핵후행언어인 일본어의 경우는 그렇지 않다. 즉 Q-요소가 절의 맨뒤에 나타나는 (14)의 예문을 살펴보면, 일본어의 경우는 표면상 어순에서 [[TP] C]의 구조를 취하는 언어임이 확인된다.

(14) a. Tom-wa nani-o kaimasita ka?
Tom-top what-ACC bought Q
'What did Tom buy?'

b. DS: [$_{CP}$ ka [$_{TP}$ Tom-wa nani-o kaimasita]]

c. SS: [$_{CP}$ [$_{TP}$ Tom-wa nani-o kaimasita] ka [$_{TP}$ t_{TP}] ...

Kayne은 (14c)에서 제시되는 바와 같은 [[TP] C]의 어순은 (14b)의 [C [TP]]의 기저어순에서 이동의 결과로 도출된 것이라고 주장한다. 즉, (14c)의 구조는 TP가 이동하여 CP의 지정어 위치에 부가된 것이다. Kayne의 이러한 주장은 일본어와 같은 핵후행언어들이 명시적 *Wh*-이동이 결여되는 경향이 있는 현상에 의해 입증된다고 본다. 왜냐하면, 명시적 *Wh*-이동은 의문사구를 핵후행언어에서 전치된 TP가 차지하는 CP의 지정어로의 대치 이동이기 때문이다.

또한, 전치사(P)와 전치사의 목적어(O) 간의 어순에서는, 모든 언어는 기저에서 P-O의 순서를 취한다고 본다. 즉, Kayne(1994)에 의하면, 어떤 언어에서 나타나는 O-P의 순서를 취하는 후치사구(postpositional phrase)의 경우는 (15)에서 대략적으로 보여주는 바와 같이 전치사의 목적어 DP가 이동하여 전치사의 상위 위치인 AgrP에 부가되는 지정어 위치에 나타나는 것이라고 본다.

(15) a. DS: $[_{AgrP}$ $_{Agr}$ $[_{PP}$ P $[_{DP}]$ ...

b. SS: $[_{AgrP}$ $[_{DP}]$ $[_{AgrP}$ Agr $[_{PP}$ P t_{DP} ...

Kayne은 (15b)에서 P는 제자리에 남아 있을 수도 Agr에 부가될 수도 있다고 봄으로써, P와 그 목적어 사이의 일치가 전치사구를 취하는 언어에서보다 후치사구를 취하는 언어에서 자주 나타나는 이유를 설명할 수 있다고 주장한다.

이제 원리매개변인이론에서 주장되어 왔던 외치(extraposition), 중량명사구전이(heavy NP shift) 등의 우측부가의 경우를 고려해 보자. 우측부가는 단적으로 말해 선형대응공리에 부합되지 않는다. 부가된 요소들은 그 부가가 우측이든 좌측이든 언제나 그것이 부가된 범주의 투사 내에서 다른 요소들을 비대칭적으로 성분통어하기 때문에 선형적 어순상 부가된 범주의 투사 내에 나타나는 요소들의 좌측에 나타날 수밖에 없다. 그런데도 우측부가의 경우에는 부가된 요소들이 선형적 어순상 부가된 범주의 투사 내에 있는 요소들보다 뒤에 나타나는 것으로 기술되어 왔다. 따라서 이동에 의해 도출되었든지 기저생성되었든지 간에 지금까지 우측부가로 여겨졌던 모든 구문은 선형대응공리의 반대칭성이론에 부합되는 방식으로 재분석되어야 한다.

(16)의 중명사구전이의 경우를 고려해 보자.

(16) a. Tom gave to Bill all his old linguistics articles.

b. Tom gave [[to Bill] [X^0 [[all his old linguistics articles] [Y^0 t_{to} Bill …

기존의 원리매개변인이론에서는 중명사구전이는 (16a)에서와 같이 중량이 나가는 긴 목적어가 동사구의 우측으로 이동하여 도출되며, 그 위치는 VP (혹은 TP)에 부가되는 위치라고 주장되었다. 그러나 반대칭성이론에 의하면 (16a)의 어순에서 PP는 중량명사구 DP보다 하위가 아닌 상위에 있다고 보아야 한다. 후행하는 DP는 사실상 가장 깊이 내포된 구성성분으로 분석되어야 한다. 이것은 오히려 PP가 DP보다 상위 위치로 좌측 이동함으로써 (16a)가 도출되었음을 의미한다.[3] 따라서, Kayne은 (16a)의 순서는 (16b)에서 보여주는 것처럼 PP가 DP의 상위 위치로 좌측 이동함으로써 도출된 것이라고 본다.

이동에 의해 도출되는 또 다른 우측부가구조인 외치의 경우를 고려해 보자. Kayne에 의하면, (17)에서 보여주는 바와 같은 관계절의 외치는 기존의 분석에서와 같이 관계절의 우측이동으로 도출되는 구조(외치)가 아니라, 오히려 (17b)에서 보여주는 것처럼 관계명사구의 핵이 좌측으로 이동하여 도출될 수 있다고 본다. (17b)의 분석에 따라, (16a)의 경우는 이제 관계절의 '외치'가 아니라 '좌초(stranding)'의 예가 된다:

(17) a. Something just happened that you should know about.

b. Something just happened [$t_{something}$ that you should know about …

3) 이러한 분석은 Larson(1988, 1990)에서도 제안된 바 있으며, 구성성분인 [gave to Bill]의 연결체(string)가 DP의 좌측으로 이동함으로써 (16a)의 순서가 도출된다고 본다. 그러나 Larson의 분석은 역시 선형대응공리에 부합되지 않는다.

이제 기저생성된 부가구조의 경우를 고려해 보자. 기저부가가 이루어지는 전형적인 경우는 관계사구조이다. 핵계층이론에서는 영어에 나타나는 [Det N CP]의 관계사구조는 (18b)의 구조를 취하며, 이때 관계절 CP는 NP에 우측부가되어 있다.

(18) a. The picture of his mother that Bill saw

b. [$_{DP}$ the [$_{NP}$ [$_{N'}$ picture of his mother] [$_{CP}$ that Bill saw] …

(18b)의 분석은 선형대응공리에 부합되지 않는다. Kayne은 관계사구문을 위한 분석으로 Smith(1969)와 Vergnaud(1974)의 제안을 받아들여 관계사구문의 기저구조가 다음 (19b)에서와 같이 분석되어야 한다고 본다.

(19) a. The picture of his mother that Bill saw

b. [$_{DP}$ the [$_{CP}$ [that [$_{TP}$ Bill saw [picture of his mother] …

c. [$_{DP}$ the [$_{CP}$ [picture of his mother] [that [$_{TP}$ Bill saw t$_{picture\ of\ his\ mother}$ …

(19b)에서 관계절 CP는 정관사가 위치하는 D의 보충어이며, 관계사구문의 핵명사는 관계절의 목적어로 기저생성된 명사구이다. 따라서 (19a)의 어순은 목적어 명사구 *picture of his mother*가 CP의 지정어로 이동하여 도출된 표면상의 구조라고 본다.

또한 Kayne은 (20a)에서처럼 *wh*-관계사를 갖는 관계절구문은 (20b-d)에서와 같은 도출과정을 통해 생성된다고 본다.

(20) a. The picture of his mother which Bill saw

b. [$_{DP}$ the [$_{CP}$ [e [$_{TP}$ Bill saw [$_{DP}$ which picture of his mother] ...

c. [$_{DP}$ the [$_{CP}$ [$_{DP}$ which picture of his mother] [e [$_{TP}$ Bill saw [$_{DP}$ t$_{which\ picture\ of\ his\ mother}$] …

d. [$_{DP}$ the [$_{CP}$ [$_{DP}$ [$_{NP}$ picture of his mother] [which t$_{picture\ of\ his\ mother}$]] [e [Bill saw t$_{which\ picture\ of\ his\ mother}$] …

Kayne에 의하면, 관계사 *which*와 *picture of his mother*는 (20b)의 기저구조에서와 같이 함께 DP의 구성성분을 이룬다고 보며, [$_{DP}$ which [$_{NP}$ picture of his mother]]는 (20세기)에서처럼 CP의 지정어로 이동되며, 그 뒤 [$_{NP}$ picture of his mother]는 (20d)에서처럼 관계사 *which*의 좌측으로 이동하여 DP에 부가된다.

위에서 살펴본 바와 같이 영어의 관계절구문은 핵선행구조(head-initial structure)로 [N [CP]]의 어순을 취하지만, [[CP] N]]의 어순을 취하는 핵후행구조(head-final structure)의 관계절구문을 갖는 언어들도 있다. 즉, 암하라어(이디오피아-셈어)의 예는 (21a)와 같다. 암하라어는 목적어가 동사를 선행하는 핵후행언어이다. (21b-d)의 도출과정은 표현의 편의상 영어 상당어귀로 나타내었다.

(21) a. Kassa-n yä- fällägä-w lej
Kassa-ACC SM-wanted-the child
'The child who looked for Kassa'
b. [$_{DP}$ the [$_{CP}$ [e [$_{TP}$ [child] [Kassa wanted]] ...
c. [$_{DP}$ the [$_{CP}$ [child] [e [$_{TP}$ t_{child} [Kassa wanted]] ...
d. [$_{DP}$ [$_{TP}$ t_{child} [Kassa wanted]] [the [$_{CP}$ [child] [e t_{TP} ...

Kayne은 핵후행언어의 관계절구문도 (21b)에서 보여주는 바와 같이 핵선행언어의 관계절구문과 동일한 기저구조에서 도출된다고 제안한다. 먼저, 그 도출은 (21c)에서처럼 CP의 지정어로 명사구 *child*가 이동하며, 그 다음 (21d)에서처럼 TP가 DP의 외곽지정어로 부가적 이동을 한다는 것이다. 이러한 이동으로 TP가 정관사 앞에 위치하며, 정관사는 관계절구문의 핵명사구인 *child*앞에 위치하는 어순이 도출된다.

3. 필수구구조이론과 반대칭성

Kayne(1994)의 선형대응공리는 비대칭적 성분통어를 비롯하여 핵계층이론의 모든 효과가 한 통사구조에 내포되는 종단절점(terminal nodes)들의 선형적 어순을 결정짓는다고 본다. 그러나 Kayne의 선형대응공리는 그 자체로 Chomsky(1994)에서 제안하는 필수구구조에 수용되지는 못한다. 그 이유는 필수구구조의 구구조는 선형대응공리에 부합되지 않기 때문이다. 필수구구조이론에서는 구구조가 종단절점들의 선형적 어순과 상관없는 별개의 연산체계, 즉 선발과 병합 등에 의해서 결정된다. 따라서 Chomsky(1944)의 주장처럼 필수구구조이론에서 선형대응공리는 PF에서 적용되는 어순원리로 가정하는 것이 타당하다.

그러나 필수구구조이론에서 선형대응공리를 채택하기 위해서는 몇 가지 고려해야 할 점이 있다. 다만 본절에서는 (36a)에서와 같이 문장 후미에 나타나는 목적어와 관련된 문제를 고려해 보자. (36a)는 (36b)에서 표현되는 바와 같은 필수구구조를 내포한다.

(36) a. The boy saw it.

b.

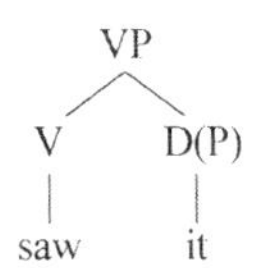

(36a)는 V와 D(P)가 상호 성분통어하기 때문에, 앞에서 살펴본 것처럼 선형대응공리의 반대칭성이론에서 허용되지 않는 구조이다. 따라서 선형대응공리가 PF-층위에서 적용된다면, (36b)와 같은 필수구구조의 구조표현은 PF에서 그대로 유지될 수 없다. 왜냐하면 V와 D(P) 사이에는 선형적 어순이 부여될 수 없기 때문이다. Chomsky(1994)에서는 이러한 문제를 해결하기 위하여 명시통사부에서 D가 핵이동을 통해 V로 융합(incorporation)된다고 제

안한다.[4] 이러한 융합과정은 아래 예문에서 입증된다.

(37) a. *The boy picked up it.

b. The boy picked it up.

즉 pick up에서처럼 불변화사(particle)를 취하는 동사구에서 대명사적 목적어인 it는 (37b)에서와 같이 동사와 불변화사 사이에 위치해야 한다. Chomsky에 의하면, 이러한 어순은 (37a)의 기저구조에서 D인 대명사 it이 핵이동을 통해 V인 picked로 융합된 결과로 본다. 따라서 (37a)는 비문법적이나 (37b)는 문법적 표현이 된다.

4) 이러한 과정은 Chomsky(1994)에서는 일종의 접어화(cliticization)로 본다.

연구과제

〈과제 1〉 필수구구조와 핵계층구조의 차이점을 말하시오.

〈과제 2〉 필수구구조이론의 장점을 열거하시오.

〈과제 3〉 선형대응공리와 그것의 반대칭성 문제에 관해 아는 대로 설명하시오.

〈과제 4〉 다음 각 표현의 구조를 핵계층구조와 필수구구조로 표현해 보시오.

(i) Bill remembers the unhappy experience.
(ii) Incidentally, Bill left early.
(iii) John genuinely believe that Bill should resign.
(iv) Bill went to London to see his parents.
(v) Bill arrived after John had left.

〈과제 5〉 아래 두 예문의 문법성 차이를 선형대응공리와 핵융합의 결과로 설명해 보시오.

(i) a. *The boy picked up it.
b. The boy picked it up.

제 5 장 최소주의문법과 문장의 도출

1. 자질유인이론의 문법체계

Chomsky(1995)의 자질유인이론(Attract-F Theory)에서는, 본서 제1장 3.3절에서도 언급하였듯이, 인간의 언어활동은 언어(혹은 언어정보)를 생성하는 인지체계와 언어정보를 해석하는 수행체계의 상호작용에 의해서 이루어진다고 보는데, 인지체계는 어휘를 제공하는 어휘부(Lexicon)와 이러한 어휘를 활용하여 언어표현(음성형태표상(PF representation) **π**와 논리형태표상(LF representation) **λ**)을 도출하는 연산체계(computational system: CHL)로 이루어져 있고, 수행체계는 음성형태표상을 소리로 해석하는 조음청취체계(articulatory-perceptual system: A-P System) (즉, 감각운동체계(sensori-motor system))와 논리형태표상을 의미로 해석하는 개념의도체계(conceptual-intensional system: C-I System) (즉, 사고체계(system of thoughts))로 구성된다. 따라서, 수행체계의 요구를 반영하고 있는 필수출력조건에 의하면, 언어정보를 전달하는 표현은 오직 음성형태표상(PF representation) **π**와 논리형태표상(LF representation) **λ**만으로 충분하다는 것이다.

인지체계 내에는 그것의 한 부분인 연산체계(computational system: CHL)가 있는데, 이 연산체계는 선택(Choice), 선발(Select), 병합(Merge), 자질유인(Attract-F) 등의 연산(computations)들로 구성된다. 인지체계에서는 이러한 연산이 반복적으로 적용(recursively operate)되며, 연산의 반복적 적용은 어휘부(Lexicon)에서 유입(input)되는 어휘정보(즉, 언어정보)를 여러 단계의 도출과정을 통해 마침내 음성형태표상(PF repre- sentation) **π**와 논리형태표상(LF representation) **λ**의 언어표현을 출력(output)한다. 언어표현의 도출과정에서 외현통사부(overt syntax)와 내현통사부(covert syntax)의 경계에 소위 문자화(Spell-Out)라는 문법작용이 일어나는데, 문자화는 그때까지 도출된 언어정보를 음운부(Phonological)와 논리형태부(LF component)에 필요한 정보(자질)들로 구분하여 각기 음운부와 논리형태부로 전달하는 기능을 담당한다. Chomsky (1995)에 의하면, 음운부로 유입되는 정보에는 음성정보(음운자질)는 물론이고 구조정보(structural information)를 비롯하여 형식정보(형식자질)와 의미정보(의미자질) 등 그 단계의 도출(Σ)에 내포되는 모든 정보가 포함된다는 것이다. 즉, 그 단계까지의 모든 언어정보를 내포하는 도출 Σ 자체가 음운부로 유입된다는 것이다. 논리형태부로 유입되는 언어정보에는 Σ에서 음성정보만을 제외한 모든 정보가 된다. 따라서 문자화의 역할은 그 단계에 이르기까지의 언어정보가 음운부와 논리형태부로 유입될 때 음운자질이 논리형태부로는 유입되지 못하도록 막는 것이라 할 수 있다. 문자화 이후 음운부와 논리형태부에서는 유입된 언어정보에 완전해석원리(full interpretation: FI)가 적용되어 해석 가능한(interpretable) 합법적 대상(legitimate objects)들로 구성되는 소위 합치도출(convergent derivations)만을 남기고, 나머지 도출들은 파산(crash)한다. 이 경우 논리형태부에서는 동일한 배번집합에서 파생된 경합관계의 합치도출들에 다시 최소연결조건(minimal link condition), 최소단계조건(minimal step condition), 지연성조건(Procrastinate), 자살적 이기성조건(Suicidal Greed), 최후수단조건(Last Resort) 등의 경제성조건(economy conditions)들을 적용하여 가장 경제적인 최적도출(optimal derivation)을 선별해 냄으로써, 마침내 한 문장의 논리형태표상(LF representation) λ에 이르게 된다. 한편 음운부로 유입된 언어정보는 먼저 형태부(Morphology)로 전달되는데, 형태부에서는 외현통사부에서 도출된 구조 Σ의 종단범주(terminal categories)를 형성하는 모든 X^0, 즉 어휘부에서 선발된 어휘항목 H나 어휘항목에 여러 다른 요소가 부착되어 형성되는 H^0들을 단어로 해석한다. 이때 단어의 형태로 해석되는 X^0는 다음 (1)의 조건에 의해 반드시 그 내부에 X^0의 범주나 그들의 자질만을 포함해야 한다.

(1) 형태부는 X^0 범주와 그들의 자질들만을 취급한다. (Morphology deals with X^0 categories and their features.)

위의 조건에 의하면, 외현통사부에서 이동에 의해 X^0 핵 범주에 부착되는 요소는 반드시 또 다른 핵 범주이어야 한다. 즉 아래 부착의 구조에서 (a)의 형태는 형태부에서 단어로 해석되는 합법적인 구조가 될 수 있으나, (b)

의 형태는 $\underline{X}^0$ 내에 YP를 포함하기 때문에 (1)의 조건에 의해 단어로 해석되지 못하고 형태부에서 제거된다.

(2) a. 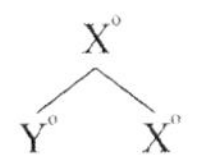

b. 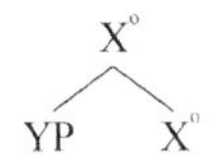

음운부로 유입된 언어정보는 형태부를 거쳐 음성형태층위(PF level)로 전달된다. 음성형태층위에서는 먼저 음운자질 이외의 도출 **Σ**에 포함되는 해석이 불가능한 정보들(의미자질, 형태자질, 흔적 등)을 삭제(elimination)한다. 이때 구조적 정보는 제거되지 않으며, 구조적 정보는 음성형태층위에서 선형대응공리(linear correspondence axiom: LCA)에 의해 문장의 어순을 결정하는 데 활용된다. 또한, 음성형태층위에서는 문장의 음성형태표상(PF representation)에 강세(stress)나 성조(intonation) 등의 언어정보가 첨가(addition)되기도 한다. 이와 같이, 음성형태층위에서는 논리형태층위와 달리 삭제(elimination)나 첨가(addition) 등 소위 일률성조건(uniformity condition)과 내포성조건(inclusiveness condition)을 준수하지 않는 예외적 언어작용이 일어나는데, 이러한 현상은 조음청취체계(articulatory-perceptual system: A-P System)란 수행체계의 요구에 의한 것이라 본다. 이러한 삭제와 첨가의 과정을 거쳐 음성형태층위에서 해석 가능한 정보들로만 구성되는 언어표현을 음성형태표상(PF representation) **π**라 한다.

논리형태표상 **λ**와 음성형태표상 **π**의 생성이 바로 인지체계(즉, 언어)의 목표가 된다. 인지체계에 의해 생성된 **λ**와 **π**는 각기 논리형태층위와 음성형태층위에서 조음청취체계(A-P System)와 개념의도체계(C-I System)에서 소리와 의미로 해석된다. 이와 같이 논리형태층위와 음성형태층위는 인지체계가 생성한 **λ**와 **π**를 조음청취체계와 개념의도체계란 수행체계가 활용하는 층위라 하여, 이들 층위를 (인지체계와 수행체계가 접속되는) 접합부(interface)라 한다.

최소주의문법체계의 중요한 특징은 배번집합(Numeration)의 설정과, 병합

(Merge)과 자질유인(Attract-F)과 같은 연산작용의 도입, 이기성조건(Greed), 지연성조건(Procrastinate), 최소연결조건(minimal link condition: MLC), 최소단계조건(minimal step condition: MSC) 등의 경제성조건 적용, 그리고 필수구구조(Bare Phrase Structure) 이론의 채택으로 기존의 핵계층이론(X-bar Theory)을 문법체계에서 제거한다는 점이다. 이러한 최소주의문법중 Chomsky(1995)에서 제안되는 소유 '자질유인이론(Attract-F Theory)'의 문법체계를 도식으로 나타내면 다음과 같은 모형이 된다.

(3) 자질유인이론의 문법체계

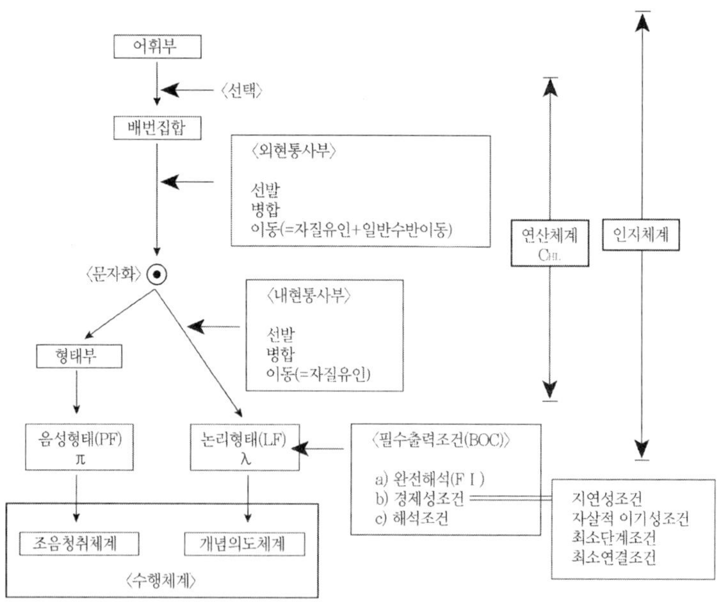

2. 배번집합과 도출의 경제성

Chomsky(1995)에 의하면, 한 문장의 표상(representation)을 도출하는 연산과정은 그 문장을 구성하는 어휘항목들(lexical items)을 한데 묶어놓은 소위 배번집합(Numeration: N)을 기초로 해 시작된다고 본다. 즉, 배번집합은 한 문장을 구성하는 어휘항목(lexical item)의 집합체로서, 이 집합체는 언어외적인 수행체계의 요구, 즉 필수출력조건(bare output conditions: BOC)에 따라 선택(Choice)이라는 연산(computation)에 의해 어휘부(Lexicon)에서 선택되는 어휘항목(lexical items)들로 구성된다.[1] 이 배번집합에 속한 어휘항목들은 그 선택된 회수에 해당하는 숫자가 부여되며, 이후 선발(Select)이라는 연산에 의해 통사부(Syntax)로 유입되어 구구조(phrase structure)를 형성하는 구성소인 통사대상(syntactic object)이 된다. 이때 선발의 연산이 적용될 때마다 어휘항목에 부여된 숫자가 하나씩 줄어든다. 통사대상으로 선발된 어휘항목들은 다시 병합(Merge)과 자질유인(Attract-F)의 연산을 통해 더 큰 단위의 통사대상으로 발전되어 나가며, 연산작용들의 반복적 운용(recursive operation)으로 배번집합 속의 어휘항목들에 부여된 숫자가 모두 영 "0"이 될

---

1) Chomsky(1995, 1998))에 의하면, 언어를 생성하는 인지체계(congnitive system)는 수행체계(performance system)의 요구에 의해 인간의 진화과정에서 자연발생적으로 생겨난 소위 인간의 생득적(innate) 언어능력(language faculty)이라 본다. 이러한 생득적 언어능력은 기본적으로 언어정보의 기초가 되는 자질들을 모아놓은 자질의 창고(pool of features)와 통사대상(syntactic objects)을 생성하는 연산체계(system of computations: CHL)로 구성된다. 따라서, 자질의 창고와 연산체계가 바로 보편문법(universal grammar)을 구성하는 요소가 되는 것이다. 인간 언어(인지체계)가 수행체계의 요구에 의해 생겨난 것이므로, 언어정보의 기초가 되는 자질의 창고와 연산체계도 물론 수행체계의 요구에 의해 생겨난 것이라고 볼 수 있다. 이런 관점에서 보면, 보편문법에서 개별문법으로 전환되는 언어습득(language acquisition) 과정은 실제로 생득적인 자질의 창고에서 선택된 적절한 자질들을 결합하여 한 언어의 어휘들을 형성하는 과정이라 말할 수 있다. 즉, 개별언어의 경험을 통해 그 언어의 어휘부를 형성해 나가는 과정이 언어습득의 과정이 된다는 것이다. 그러므로, 근본적으로는 어휘부의 형성과 어휘부에서 선택(Choice)의 연산을 통해 구성되는 배번집합 또한 수행체계의 요구에 의한 것이라 할 수 있다.

때까지 연산이 계속된다. 마침내 가장 큰 통사대상인 문장 단위의 논리형태표상(LF representation)이 도출된다. 배번집합은 합법적 표현(legitimate representation)으로 해석될 최적도출(optimal derivation)의 선택을 위한 경제성 비교의 판정 기준인 소위 참고사항집합(reference set)을 결정해 주므로, 최적도출을 위한 경제성의 비교는 반드시 동일한 배번집합에서 생성되는 도출들 간에만 이루어져야 한다. 요컨대, 서로 다른 배번집합에서 파생된 도출들은 경제성조건에 의한 비교대상이 될 수 없다. 또한 하나의 배번집합에서 파생될 수 있는 가능한 도출들은 많으나, 완전해석조건(FI)과 경제성조건을 거쳐 최종 합법적 표현으로 선택되는 최적도출은 단 하나뿐이다. 바로 이러한 최적도출이 그 문장의 표현(특히, 논리형태표상)이 된다.

한편, 최근 Chris Collins(1997)의 국부적 경제성(local economy) 이론에서는, Chomsky(1995, 1996, 1997, 1998)의 비국부적 경제성(global economy)이론에서와는 달리, 배번집합의 존재를 인정하지 않는다. 따라서, 통사대상이 될 어휘항목이 병합(Merge) 작용에 의해 직접 어휘부에서 통사부로 유입된다고 봄으로써 동일 어휘항목들로 구성되지 않은 도출들 간의 경제성 비교도 가능하다고 본다.

예컨대, 다음 예문들을 고려해 보자.

(1) There is someone in the room.

(2) Someone is in the room.

Collins(1997)에서는 Chomsky(1995)에서와는 달리, 병합이 자질유인(Attract-F)과 경제적 측면에서 등가를 이룬다고 봄으로써 위의 두 표현이 경제성 측면에서 등가를 이루므로 모두 합법적인 도출로 판정된다. 그러나 Chomsky (1995, 1998)에서는 어휘적 구성이 다른 두 표현은 근원적으로 서로 다른 별개의 배번집합에서 파생된 도출이므로 최적도출의 선택을 위한 경제성 측면의 비교가 불가능하다고 본다. 왜냐하면, 최적도출의 판정기준이 되는 참고사항집합이 바로 배번집합의 구성에 의해 결정되기 때문이다. 따라서, 위의 표현들은 경제성 비교를 통해 상대방의 도출을 막는 관계에 있지 않으므로, 결국 두 표현 모두 독자적으로 영어의 최적도출로서 존재하게 된다.

한편, 배번집합을 인정하는 Chomsky(1995)에서는 최적도출을 위한 경제성 비교의 판정 기준이 되는 참고사항집합이 배번집합의 구성에 의해 결정되므로, 이러한 참고사항집합에 입각한 경제성의 비교를 도출의 마지막 단계인 논리형태층위(LF level)에서 시도해야 하는데, 이러한 차원에서 Chomsky(1995)의 경제성 이론을 비국부적 경제성 이론이라 한다. 비국부적 경제성 이론에서는 한 배번집합에서 파생될 수 있는 가능한 도출의 수가 막대하므로 사실상 용이한 경제성 비교가 어렵게 되는 소위 연산의 복잡성(computational complexity)을 유발한다.

또한 Collins(1997)의 국부적 경제성 이론에서는 배번집합을 인정하지 않음으로써 도출 간의 경제성 비교를 도출의 각 단계에서 파악되는 어휘정보나 구조적인 정보에 입각해 그 다음 단계에 적용될 연산에 적용하므로, 도출이 진행되는 과정에서 가능한 도출의 수를 크게 줄일 수 있어 논리형태층위에서 연산의 복잡성을 피할 수 있게 된다. 그러나 Chomsky(1998, 1999)의 주장에 의하면, 배번집합을 인정하지 않는 국부적 경제성이론에서는 논리형태층위에서 직면하는 연산의 복잡성은 피할 수 있으나, 연산과정에서 항상 막대한 수의 어휘들를 수록하는 어휘부를 대동하면서, 어휘선택 시 그 어휘부 내에서 적정의 어휘에 접근해야 하므로, 사실상 연산의 적용 상 또 다른 형태의 복잡성을 야기한다는 것이다.[2)]

---

2) 여기서 국부적 경제성 이론과 비국부적 경제성 이론을 좀 더 자세히 비교하여 보면, 비국부적 경제성이란 '도출의 경제성 비교는 오로지 논리형태층위에서 이루어진다'는 Noam Chomsky(1995)의 경제성 이론을 일컫는 말이고, 이에 비해 국부적 경제성이란 '도출의 경제성 비교는 논리형태층위에 이르기까지의 도출 과정에서 각 도출 단계에서 이루어진다'는 Chris Collins(1997)의 경제성 이론을 일컫는 말이다. Collins에 의하면, 비국부적 경제성은 예상적용의 비국부성("look-ahead" global complexity)이나 연산의 복잡성(computational complexity) 문제를 야기한다고 본다. 요컨대, Chomsky(1995)의 최소주의문법(Minimalist Grammar)의 틀 내에서는 특정의 배번집합에서 도출되는 가장 경제적인 최적도출의 판정은 논리형태층위(LF level)에서 적용되는 경

제성조건(economy condition)들에 의해서 가려진다고 보므로, 사실상 논리형태층위에 이르기까지 한 배번집합에서 연산과정을 통해 파생될 수 있는 가능한 도출(derivations)은 그 배번집합에 속한 어휘항목들이 무작위로(randomly) 결합할 수 있는 가능한 방법의 수만큼이나 많을 수 있고, 경제성조건들은 이들 모든 도출의 경제성을 상호 비교하여 최적도출 하나를 선택해야 하므로, 이 경우 연산의 복잡성이 야기된다. 이러한 연산의 복잡성을 피하기 위해서는 논리형태층위에서 적용되는 경제성조건들을 미리 도출과정에 적용하여 가능한 도출의 수를 줄여 나가야 하는데, 이 경우는 연산작용이 미리 논리형태층위의 경제성조건들의 요구를 예상하는 소위 예상적용의 비국부성("look-ahead" global complexity)을 야기하게 된다. 예컨대, 강성자질을 포함하는 도출이 음성형태층위(PF level)에서 파산될 것이라는 것을 예상하여 지연성조건(Procrastinate)을 외현통사부에서 적용할 경우에 예상적용의 비국부성이 야기된다. 또한 Chomsky(1995)에서는 최소연결조건(minimal link condition: MLC)에 대한 예상적용의 비국부성 문제를 해소하기 위한 조치로, 최소연결조건을 논리형태층위의 경제성조건으로 규정하지 않고, 아예 이 개념을 최소이동(shortest move) 개념으로 교체하여 자질유인(Attract-F)의 정의에 포함시키기도 한다. 한편, Collins (1997)의 국부적 경제성 이론에서는, 연산의 비국부적 예상적용("look-ahead" global complexity)이나 연산의 복잡성(computational complexity)을 방지하기 위해서 국부적 경제성(local economy)의 개념을 "(최적의) 도출과정 D의 한 단계에서 통사대상들의 집합인 Σ가 주어지면, 특정의 연산작용 OP가 Σ에 적용될 수 있는지의 결정은 오로지 Σ에서 얻을 수 있는 정보에만 기초해서 내려져야 한다(Given a set of syntactic objects Σ which is part of derivation D, the decision about whether an operation OP may apply to Σ (as part of an optimal derivation) is made only on the basis of information available in Σ)"로 정의하고 있다. 요컨대, Chomsky(1995)에서는 최적도출(optimal derivation)을 판정하는 경제성조건(economy condition)들이 논리형태층위(LF level)에서 적용되므로, 사실상 한 배번집합(numeration: N)에서 연산과정을 통해 획득할 수 있는 가능한 도출(derivations)은 그 배번집합에 속한 어휘항목의 수를 계승(factorial)한 수만큼 많을 수 있고, 경제성조건들은 이들 도출의 경제성을 상호 비교하여 가장 경제적인 최적도출(optimal derivation) 하나를 선택해야 하므로 사실상 엄청난 연산의 복잡성이 야기된다. 이러한 연산의 복잡성을 피하기 위해서는 논리형태층위의 경제성조건들을 논리형태층위에 도달하기 전의 연산과정에서 미리 적용하여 가능한 도출의 수를 줄려 나가야 하는데, 이 경우는 연산이 미리 논리형태층위의 경제성조건들의 요구를 예상해서 적용되어야 하는 소위 비국부적 예상적용("look-ahead" global complexity)을 야기하게 된다. Collins(1997)는 바로 비국부적 경제성이 야기하는 이러한 비국부적 예상적용의 문제점을 해결하기 위해서 논리형태층위의 경제성조건 대신에 연산과정의 모든 도출단계에서 각 단계마다 그 단계에서 확인되는 정보에 입각해서 가장 경제적인 다음 도출을 유도하는 방향으로 연산을 진행해 나감으로써 논리형태층위에서 연산의 복잡성을 야기하지 않고 최적도출을 얻으려는 경제성조건의 새로운 운용체제를 제안한다. 바로 이러한 체제를 국부적 경

3. 연산과 필수구구조의 생성

연산체계(computational system: CHL)는 어휘부와 함께 인지체계(cognitive system)를 구성하는 부서로서, 배번집합(Numeration)의 구성에서 논리형태표상(LF representation)과 음성형태표상(PF representation)에 이르기까지의 도출과정을 담당하는 문법체계이다. 이 체계에 포함되는 연산(computation)에는 어휘부에서 어휘항목들(lexical items)을 취합하여 배번집합을 구성하는 선택(Choice), 배번집합에서 어휘항목을 채택해 통사대상(syntactic object: SO)으로 활용하는 선발(Select)과, 또한 두 개의 통사대상을 결합하여 더 큰 단위의 통사대상을 도출하는 병합(Merge), 한 통사대상의 내부에서 구성소의 자질을 유인(attract)함으로써 범주(category)나 자질(feature)(특히, 형식자질(formal features))의 전위(dislocation)를 유발하는 자질유인(Attract-F) 등이 있다. 이들 연산의 반복적 운용(recursive operation)에 의해 음성형태표상과 논리형태표상이 도출된다. 요컨대, 배번집합에서 논리형태표상으로 이어지는 연산의 반복적 운용과정에서 어느 특정 단계의 도출에 이르면 소위 문자화(Spell-Out)라는 연산이 적용되는데, 이 문자화에 의해서 음성형태표상의 도출에 필요한 언어정보가 축출(strip away)되어 음운부로 유입된다. 문자화는 그것이 적용되는 도출단계에서 음운자질(phonological features)을 더 이상 논리형태부로 유입되지 않도록 차단하는 효과를 가지나, 실질적으로는 통사대상에 나타나는 모든 언어정보, 즉 음운자질뿐만 아니라, 형식자질과 의미자질, 그리고 구조적 정보까지도 음운부로 유입시키게 된다.

문자화에서 논리형태표상으로 이어지는 논리형태부, 즉, 내현통사부(covert syntax)에서는 선발, 병합, 자질유인 등의 인지체계의 연산이 계속된다. 즉,

---

제성(local economy)이라 한다. Collins(1997)의 국부적 경제성 이론에서는 배번집합(Numeration)의 존재를 인정하지 않고, 도출의 통사대상을 이루는 어휘항목이 연산과정에서 병합(Merge)에 의해 직접 어휘부(Lexicon)에서 도출로 유입된다고 본다. 따라서, Chomsky(1995)에서와는 달리 병합이 자질유인(Attract-F)과 경제적 측면에서 등가를 이룬다고 본다.

배번집합에서 논리형태표상에 이르는 도출과정에서는 연산체계에 속하는 동일한 연산들이 계속적으로 적용되는데, 이러한 연산의 일률적 적용은 바로 일률성조건(Uniformity Condition)이라는 경제성조건에 기인한다.[1] 한편, 문자화에 의해서 음운부로 유입된 언어정보는 형태부(Morphology)를 거쳐 음성형태표상으로 사상된다. 문자화에서 음성형태표상으로 이어지는 음운부에서는 형태부의 단어 형성뿐만 아니라 의미자질과 형태자질 등과 같은 음

---

1) 일률성조건(uniformity condition²)이란 연산체계(computational system: C_{HL})의 운용이 외현통사부(overt syntax)에서와 마찬가지로 내현통사부(covert syntax)에서도 동일하게 적용된다는 조건으로, "연산과정은 도출의 전 과정을 통해 일률적이다: 어떠한 연산도 도출과정의 어느 시점에서나 적용될 수 있다.(Computational procedures are uniform throughout: any operation can apply at any point.)"로 정의된다. 이 조건은 일관성조건(uniformity condition¹), 획일성조건(uniformity condition³) 등과 구분하기 위하여 일률성조건(uniformity condition²)으로 번역되며, 변별성을 높이기 위해 연산일률성조건(uniformity condition on CHL)이라 일컫는다. 일률성조건(uniformity condition²)에 의하면, 연산체계의 운용은 문자화(Spell-Out) 시점에 영향을 받지 않고 배번집합(numeration: N)에서 논리형태표상(LF representation) **λ**에 이르기까지 원칙적으로 선발(Select), 병합(Merge), 자질유인(Attract-F) 등의 연산만이 반복적으로 적용된다. 만약, N→**λ**의 연산과정에서 범주의 삭제(elimination)나 이동(movement), 강세(stress)와 억양(intonation)의 첨가 등과 같은 문법적 운용이 일어나면, 그 도출은 일률성조건의 위반으로 제거된다. 따라서, 선발・병합・자질유인 등의 연산체계의 운용이 아닌 범주의 삭제나 이동, 음소와 운율의 첨가 등의 문법적 운용은 음성형태층위(PF level)에서 일어난다. 한편, 일률성조건인데도 외현통사부와 내현통사부에서 발생하는 연산작용의 차이는 모두 연산체계 외부의 요구에 기인하는 것으로 본다. 즉, 강성자질(strong feature)의 점검을 위한 자질유인은 반드시 문자화 이전의 내현통사부에서 일어나야 하는데, 이는 조음청취체계(articulatory -perceptual system: A-P system)의 요구에 따라 음성형태층위(PF level)에서의 도출의 합치(convergence)를 이끌어 내기 위한 운용이며, 비강성자질(weak feature)의 점검을 위한 자질유인은 오직 문자화 이전의 내현통사부에서만 적용되는데, 이는 지연성조건(Procrastinate)의 요구를 충족시키기 위한 운용인 것이다. 일률성조건을 엄격히 적용함으로써, 최근 일률성조건을 위반하는 V-to-T 인상(V-to-T raising), T-to-C 인상(T-to-C raising), N-to-D 인상(N-to-D raising) 등의 핵이동(head movement) 현상이 더 이상 문자화 이전의 외현통사부의 운용이 아니라 음성형태층위의 문법적 운용으로 보아야 한다는 사실이 확인되었다. 또한, 일률성조건은 지배결속이론(GB Theory)에서 제안되어 온 양화사인상(QR)도 범주의 이동이 아니라, 사실상 상위의 관련 주관기능범주(host functional category)에 의한 양화사의 양화자질 [Quant]의 자질유인으로 재해석되어야 함을 암시해 준다.

운 해석상 불필요한 자질의 삭제, 복사흔적(copied trace)의 삭제, 그리고 강세(stress)와 음조(intonation)의 첨가 등 일률성조건(Uniformity Condition)에 부합되지 않는 예외적이며 파격적인 연산이 적용된다. 논리형태표상의 도출과 달리 음성형태표상의 도출 과정에서 발생하는 이러한 비완벽성(imperfections)은 조음청취체계(articulatory-perceptual(A-P) system)란 언어-외적 수행체계(language-external performance system)의 요구에 의한 것이다.

이제, 연산체계의 중심적인 역할을 하는 병합과 자질유인에 의해 통사대상이 어떻게 확대되어 합법적인 언어표현을 생성하는지 그 도출과정을 살펴보기로 하자.

병합(Merge)은 두 개의 통사대상을 결합하여 더 큰 단위의 통사대상을 도출하는 연산과정으로 두 유형이 있다. 첫째는 배번집합에서 선발(Select)된 어휘항목을 이미 선발과 병합의 연산작용을 통해 만들어진 다른 통사대상(syntactic object: SO)과 결합하는 것이고, 또 다른 하나는 한 통사대상 내에서 특정 요소를 상위의 위치로 이동하여 병합시키는 경우는데, 이는 사실상 이동(Move)을 자질유인(Attract-F)과 그에 후속되는 병합(Merge)으로 분석하는 경우(Move = Attract-F + Merge)이다. 전자의 경우는 선택자(Selector)의 선택자질(selectional feature)을 충족하기 위해 이루어지며, 후자의 경우는 유인자(Attractor)의 유인자질(attracting feature)을 충족하기 위해 이루어진다. 또한, 전자의 경우는 한 배번집합에서 선발에 의해 구성되는 모든 통사대상이 선택자(Selector)의 선택자질(Selectional Feature)에 의해 순차적으로 결합하여 하나의 가장 큰 통사대상을 도출할 때까지 반복적으로 적용된다. 예컨대, NP는 V의 선택자질에 의해 V에 병합되어 VP를 이루며, VP는 다시 T의 선택자질에 의해 T에 병합되어 TP를 형성하게 된다. 병합은 자질유인(Attract-F)과 함께 사실상 원리매개변인이론(Principles and Parameters theory)의 핵계층이론(X-bar theory)을 대신하여 문장의 통사구조를 결정해 나가는 연산체계(computational system: CHL)의 핵심적 통사운용체계이다.

한편, 어휘부에서 제공되는 어휘적 정보(lexical information)를 기초로 진행되는 연산체계의 운용은 새로운 언어정보인 구조적 정보(structural information)

를 추가적으로 생성하게 된다. 최소주의문법에서 제안하고 있는 필수구구조이론(Bare Phrase Structure Theory)에 의하면, 두 통사대상이 병합의 과정을 거쳐 더 큰 단위의 통사대상을 이루며, 이렇게 병합된 통사범주를 대표하는 표찰(label)은 병합되는 두 범주 중 반드시 선택자(selector)나 유인자(attractor)에 해당되는 범주가 된다고 본다.[2] 이러한 형태를 취하는 통사구조를 필수구구조(bare phrase structure)라 일컫는데, 필수구구조란 Chomsky(1994, 1995)에서 기존의 핵계층이론(X-bar theory)에 의존하지 않고 어휘부(Lexicon)에서 주어지는 어휘적 정보와 연산체계(computational system)의 운용에만 의존해서 도출하는 통사대상(syntactic object), 즉 범주(category)의 구조표현을 일컫는 말이다. 예컨대, 두 개의 통사대상 α와 β가 병합(Merge)에 의해 결합하여 새로운 통사대상 K를 도출하면 K는 $\{\gamma, \{\alpha, \beta\}\}$의 구조로 표현되는데, 이때 γ를 K의 표찰(label)이라 한다. 특정 통사대상의 표찰은 그 통사대상의 핵범주의 투사로 결정되므로, 위에서 K의 핵이 α라 하면, K의 구조표현은 구체적으로 $\{\alpha, \{\alpha, \beta\}\}$로 표현된다. Chomsky(1994, 1995)의 최소주의문법의

---

2) 필수구구조이론(Bare Phrase Structure Theory)이란 소위 개념적 필연성(conceptual necessity)에 입각해 Chomsky(1991) 이후 추진되어 온 최소주의문법(Minimalist Grammar)의 문법체제를 더욱 축소해 보려는 시도로 Chomsky(1994)에서 제안된 언어이론을 말한다. 필수출력조건(Bare Out-Put Condition)의 요구에 의해서가 아니라 단순히 이론 내적인 요구에 의해서 설정된 잉여적이며 불필요한 개념을 배제함으로써 완전한 문법체계의 구축을 지향하고 있다. 즉, 자연성(naturalness), 간결성(simplicity), 경제성(economy), 균형성(symmetry), 비잉여성(nonredundancy) 등의 개념적 필연성에 입각해 핵계층이론(X-bar theory)을 없애고, 이동에 대한 제약의 한 부분인 구조보존가설(structure preserving hypothesis)과, 심층구조(D-structure), 표층구조(S-structure) 등의 불필요한 표현에 대한 개념을 제거한다. 또한, α이동(Move-α)에 대해 구범주이동과 핵이동을 구분하고 논항이동과 비논항이동을 구분하는 기존의 이론과 달리 α에 대한 이동의 차별화를 폐지하고, 부적절한 이동이 이루어진 도출은 제약이나 원리에 의해 자동적으로 파산(crash)에 이르게 한다. 이 이론을 필수구구조이론이라 호칭하는 이유는 이 이론을 처음으로 제안한 Chomsky (1994)의 논문 제목이 "Bare Phrase Structure"이며, 또한 이 이론에서 최초로 통사적 구구조의 생성을 핵계층이론(X-bar theory)에 의존하지 않고 어휘부(Lexicon)에서 주어지는 어휘적 정보와 연산체계(computational system)의 운용에만 의존해서 도출하는 소위 필수구구조(Bare Phrase Structure)를 제안했기 때문이다.

가정에 입각하면, 핵계층이론은 그것이 안고 있는 여러 가지 불필요한 가정과 개념 예컨대, 바(bar) 개념의 계층적 투사, 범주자질에 의존한 투사, 핵계층공식(X-bar schemata)에 의한 비분지(nonbranching) 투사 등등 때문에 문법체제의 최소화에 역행하는 실체로 판정된다. 이러한 문제점을 극복하기 위해서 최소주의문법에서는 소위 내포성조건(Inclusiveness Condition)을 제안하게 되는데, 이 조건에 의하면 통사구조는 오로지 어휘부에서 제공되는 어휘적 정보--즉, 어휘자질과 어휘항목--만으로 구성되어야 하고, 도출의 과정에서 어떠한 추가적인 정보도 허용되어서는 안 된다는 것이다.[3] 따라서, 통사구조는 어휘자질들(lexical features)의 복합체(complex)로 이루어진 어휘항

---

3) 내포성조건(Inclusiveness Condition)은 Chomsky(1994, 1995)에서 제안된 경제성조건으로 필수구구조(Bare Phrase Structure) 개념과 함께 문장의 구구조 생성의 문법 운용을 최소화하기 위해 제안된 조건으로, 배번집합(numeration: N)으로부터 연산체계(computational system: CHL)에 도입되는 어휘항목과 그것의 자질 이외에 어떠한 요소도 연산과정에서 첨가될 수 없다는 것이다. 이 조건은 "출력은 어휘부에서 생성되는 어휘항목의 특성(어휘자질)으로만 구성된다. 즉, 접속층위는 어휘자질들의 배치로써만 이루어진다(Outputs consist of nothing beyond properties of items of the lexicon (lexical features): i.e., the interface levels consist of nothing more than arrangements of lexical features.)"로 정의된다. 즉, 배번집합에서 연산체계(computational system: CHL)에 도입되는 어휘항목은 형식자질(formal feature), 음운자질(phonetic feature), 의미자질(semantic feature) 등의 자질로 구성된 복합체인데, 연산체계는 오로지 이들 어휘항목의 자질들만으로 도출을 진행해야 한다는 것이다. 이 조건에 의해 종래의 지배결속이론(GB-Theory)에서처럼 NP, VP, N, V 등과 같은 범주절점(categorial node)과 핵계층(bar level), 지표(index) 등등의 요소가 연산체계의 도출과정에서 도입되는 것이 금지된다. 그러나 일반적으로 내포성조건은 문자화(Spell-Out) 이후 음성형태로 사상되는 음운부(phonological component)의 도출과정에서는 적용되지 않는 것으로 주장된다. 따라서 음운부에서는 배번집합에서 도입되는 어휘항목의 음운자질 이외에 억양(intonation), 음조(pitch), 강세(stress), 휴지(pause), 성조(tone) 등의 새로운 음운자질이 첨부될 수 있다. 한편, 연산체계의 운용으로 생겨나는 필수구구조가 나타내는 구조적 정보도 언어의 도출과정에서 추가적으로 생겨난 언어정보이므로, 엄격히 보면 필수구구조 자체도 사실상 내포성조건을 위반한다고 말할 수 있다. 이 점에 대해 Chomsky(1994, 1995)에서는 두 통사대상이 만나 하나로 결합하는 병합의 연산은 가장 기초적인 언어작용이므로, 이러한 병합에 의해 자동적으로 발생하는 구조적 정보는 수행체계에서 불필요한 인위적 정보가 아니기 때문에 내포성조건에 적용되지 않는다고 주장한다.

목(lexical item)들이 병합(Merge)과 자질유인(Attract-F)의 연산작용에 의해 결합하여 더 큰 단위의 통사대상(syntactic object; SO)을 이루고, 이때 선택자(selector)나 유인자(attractor)의 핵이 직접 투사되어 이른바 필수구구조(bare phrase structure)를 형성한다고 본다.

예컨대, 아래 (1a)의 한정사구(DP)의 내면구조를 필수구구조로 나타내면 다음 (1b)나 (1c)처럼 표시된다.

(1) a. [$_{DP}$ the girl] b. 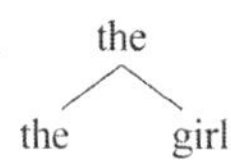 c. {the, {the, girl}}

필수구구조상에서 *the, girl* 등으로 표시되는 어휘항목들은 단순한 어휘가 아니라 형식자질, 음운자질, 의미자질 등과 같은 여러 자질의 복합체로 이해되어야 한다. 배번집합 속에 나타나는 어휘항목들 중 두 어휘항목이 통사대상으로 선발되어 병합에 의해 결합될 때 한 어휘항목은 선택자(selector)가 되고 다른 어휘항목은 피선택자(selectee)가 되는데, 이 경우 항상 선택자의 핵이 투사(project)되어 더 큰 단위의 새로운 통사대상(범주)을 형성하므로, 한정사 *the*와 명사 *girl*이 결합하여 한정사구(DP)를 이룰 때 한정사 *the*가 선택자이므로 *the*의 핵인 *the*가 투사되므로 그 범주의 필수구구조는 위의 (1b)나 (1c)로 표현된다. 이때 투사된 선택자(K)의 핵(H(K))을 새로 형성된 구범주(KP)의 표찰(label)이라 한다. 즉, 상위(혹은 외부)의 *the*가 새로 형성된 한정사구(DP)의 표찰이다. (1b)와 (1c)는 동일한 구조에 대한 표기상의 차이일 뿐이다.

또한, (1)의 내면구조를 갖는 한정사구(DP)가 되풀이되는 병합의 연산작용에 의해 동사 *love*와 병합한다면, 동사 *love*가 선택자가 되므로 새로 형성되는 동사구 [$_{VP}$ love [$_{DP}$ the girl]]의 표찰은 선택자의 핵인 *love*가 된다. 이때 *love*와 병합되는 통사대상인 한정사구를 P라 하면, 새로 형성되는 동사구의 필수구구조는 다음과 같이 표현된다.

(2) a. 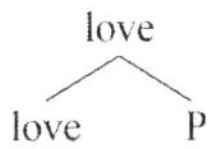

b. {love, {love, P}} cf. P= {the, {the, girl}}

만약, 이제 (2)로 표현되는 동사구에 부사 *really*가 병합의 연산작용에 의해 부착(adjunction)된다면, 부착은 위의 (1)과 (2)에서 살펴본 대치(substitution)의 경우와 달리 병합되는 두 통사대상이 선택의 관계에 있지 않으므로, 동사구의 핵인 love가 투사되는 것이 아니라 단순히 동사구의 표찰인 love가 양분되는 새로운 통사대상을 형성한다. 이때 양분된 표찰 중의 하나를 통사절편(segment)이라 한다. (2)의 내면구조를 갖는 동사구를 L이라 하고 그 동사구의 핵을 H(L)라 할 때, 부착에 의해 새로 형성되는 동사구의 필수구구조는 다음과 같이 표현된다.4)

(3) a. 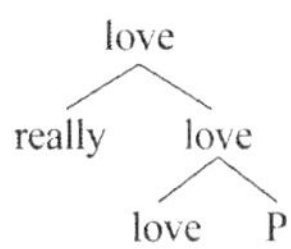

b. {<H(L), H(L)>, {really, L}} cf. L= {love, {love, P}}

한편, 자질유인(Attract-F)은 병합(Merge)과 더불어 표상(representation)을 도출해 나가는 연산체계의 핵심적 문법장치로서, 도출의 특정 단계에서 통사대상의 내부에 있는 유인자의 비해석성 자질(주로 기능범주의 자질임)을 점검하기 위해 그에 상응하는 어휘자질을 유인함으로써 범주의 이동이나 자질의 이동을 유발하는 연산을 말한다. 자질유인은 근원적으로 유인자가 내포하는 자질의 형태론적 특성에 의해 촉발된다. 요컨대, 기능범주(functional

---

4) 참고로 (3)의 구조를 전체적으로 상세히 풀면, 다음과 같이 표현된다.

(i) a. 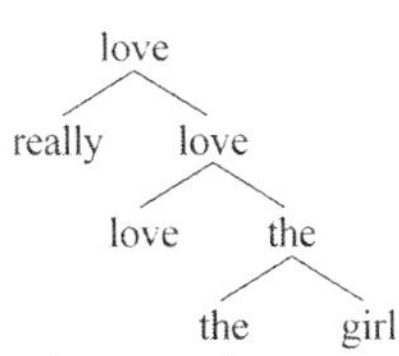

b. {⟨love, love⟩ {really, {love {love, {the {the, girl}}}}}} category)의 비해석성([-interpretable]) 자질은 자질점검(feature checking)에 의해 제거(delete)되어야 하고, 비해석성 자질의 자질점검은 비해석성 자질이 자질유인에 의해 유인되어 온 자질과 점검관계(checking relation)를 형성함으로써 이루어진다. 점검관계는 점검을 받아야 할 한 자질이 그의 점검영역(checking domain) 속에 그를 점검할 자질을 포함하게 될 때 이루어진다. Chomsky(1993)에 의하면 한 자질의 점검영역은 점검을 위해 피점검자가 이동해 가는 점검자의 "가까운 위치"를 점검자의 점검영역이라고 하는데, 정확히 말하면 점검자의 최소잔여영역(minimal residue)을 말한다.[5)]

일반적으로 말하면, 주어 명사구, 목적어 명사구, 의문사구와 같은 최대투사(maximal projection)가 유인되어 기능범주와 자질점검을 위한 점검관계를 맺을 경우 기능범주의 점검영역은 그것의 지정어 위치가 된다. 이 때, 이동한 최대투사와 기능범주는 지정어-핵 관계(SPEC-head relation)를 이루며, 이러한 지정어-핵 관계가 바로 점검관계가 된다. 이와 같이 지정어-핵 관계의 점검관계는 피유인자인 최대투사가 유인자인 기능범주의 지정어 자리에 들어감으로써 형성되지만, 한편 동사·명사 등과 같은 핵범주의 자질점검을 위한 점검관계는 지정어-핵 관계가 아니라 핵-핵 관계(head-head relation)로 이루어져야 하는데, 이 관계는 피유인자인 핵범주가 유인자인 기능범주 핵에 부가됨으로써 형성된다. 즉, 다음 두 구조에서 X^0와 YP 혹은 Y^0는 점검관계에 있다. 이때 주로 X는 기능범주이고, Y는 어휘범주이다.

---

5) 최소잔여 영역은 다음과 같이 정의된다. 즉, 어떤 핵 α의 최소영역은 α의 최대투사(maximal projection)인 α의 영역 $\delta(\alpha)$에 내포된 모든 절점의 집합 중에서 다른 절점에 의해 관할되지 않는 절점들의 집합을 말할 때 (The minimal domain of S is the smallest subset K of S such that for any $\gamma \in$S, some $\beta \in$K reflexively dominates γ), 최소잔여영역은 다음과 같이 정의된다.

(i) α의 최소잔여영역은 α의 최소영역 중에서 α의 보충어영역(complement domain)을 뺀 나머지 영역이다.

여기서 보충어 영역이란 다음과 같이 정의된다.

(ii) 어떤 핵 α의 보충어 영역은 α의 보충어에 관할(dominate)되는 모든 절점의 집합이다.

(4) a. 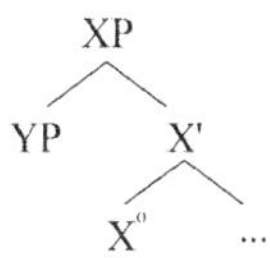

b. 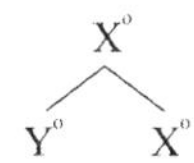

일반적으로 자질유인은 지연성조건에 의해 내현통사부(covert syntax)(즉, LF-층위)에서 이루어져야 하나, 유인자의 비해석성 자질이 강성자질(참고로, 강성자질은 언제나 비해석성 자질로 규정됨)이면, 외현통사부(overt syntax)에서 점검되어야 한다. 만약 강성자질이 외현통사부에서 점검되지 않고 문자화(Spell-Out) 이후까지 남아 있으면 강성자질은 조음청취체계(articulatory-perceptual system)에 의해 해독될 수 없어 음성형태층위(PF level)의 완전해석원리(FI)를 위반하게 되어 그 도출이 파산(crash)된다. 그러므로 강성자질은 도출의 합치(convergence)를 위해서 언제나 문자화 이전의 외현통사부에서 제거되어야 한다. 그러므로, 강성자질을 갖는 기능범주는 언제나 문자화 이전에 관련 어휘자질을 유인하여 점검관계를 이룸으로써 그의 강성자질을 제거해야 한다. 즉, 강성자질의 점검은 언제나 지연성조건을 위반하는데, 지연성조건의 위반은 다음 표현에서와 같이 오직 음성형태표상의 합치를 위해서만 허용된다.

(5) 합치는 지연성조건에 우선한다. (Convergence overrides Procrastinate.)

한편, 유인의 연산에 참여하는 자질을 형식자질(formal features)이라 하는데, 형식자질에는 범주자질(categorial features), 격자질(Case features), 그리고 성, 수, 인칭의 파이자질(φ-features) 등이 있다. 영어에서는 이러한 형식자질 중에서 격자질과 동사나 시제소 T가 갖는 파이자질은 비해석성 자질이며, 특히 시제소 T에 나타나는 범주자질 D는 강성자질이므로 언제나 문자화 이전에 관련 어휘의 범주자질을 유인하여 점검받아야 한다. 강성자질이 아닌 비해석성 자질은 지연성조건에 의해 문자화 이후 내현통사부에서 점검이 이루어진다. 외현통사부의 자질유인은 관련 형식자질만을 유인하는 것이 아니라 그 자질을 갖는 어휘항목에 내포되는 모든 형식자질을 함께 유인하는 소위 일반수반이동(generalized pied-piping: GPP)을 야기하므로, 결과적으로 범주의 이동이 일어난다. 문자화 이전 외현통사부에서 적용되는 자질유인이 일반수반이동을 야기하는 이유는 음성형태층위(PF level)의 합치(convergence)나 형태부(Morphology)의 형태론적 요구(morphological requirement)(즉, 한 어휘항목을 형성하는 모든 자질들은 그 어휘항목의 내부에 함께 모여 있어야 한다(Features of a lexical item are X^0-internal)는 요구)를 충족하기 위해 피유인자의 형식자질들 뿐만 아니라 의미자질과 음운자질들까지도 함께 모여 있어야 하기 때문이다.[6] 일반수반이동은 다음과 같이 정의된다.

(6) (자질 F가 유인될 때) 자질 F는 PF-합치나 형태론적 요구를 충족하기에 충분한 대상을 대동하여야 한다. (F carries along just enough material for PF-convergence or morphological requirement.)

따라서 외현통사부의 자질유인은 피유인자 자질을 포함하는 범주 전체를 명시적으로 이동(overt movement)하는 결과를 낳는다. 이때 이동하는 범주가 최대투사(maximal projection)이면 이동의 목표지(target)는 유인자 범주의 지정어(SPEC) 위치가 되고, 핵투사(X^0-projection)이면 유인자 범주의 핵(X^0 head)에 부착(adjoined)하는 위치가 된다. 전자의 경우를 구이동(phrase movement)이라 하고, 후자의 경우를 핵이동(head movement)이라 한다. 위의 (4)에서와 같이 구이동은 항상 지정어 위치에 대치(substitution)만을 허용하며, 핵이동은 핵범주에 부착(adjunction)만을 허용한다고 본다.

(6)의 정의에 따라 일반수반이동을 하는 최대투사의 경우를 확인하기 위해, 아래 (7)로 표현되는 의문사구 [$_{DP}$ whose books]를 실례로 들어보자.

---

6) 유인에 직접 관계하는 형식자질을 피유인자(atractee)라고 하고, 그와 함께 수반이동하는 자질들을 무임승차자(free riders)라 부른다.

(7) 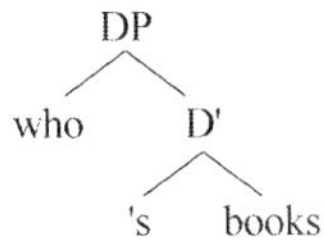

이 의문사구는 의문문 CP의 핵 C가 비해석성의 강성 Q의 자질을 가질 때 이를 점검하기 위해 CP의 지정어 위치로 이동하게 된다. 이때 Q에 의해 유인되는 피유인자 자질은 *who*에 내포되는 범주자질 FQ인데, FQ는 형태론적 요구에 의해 *who*에 포함되는 자질 전체를 수반이동하게 된다. 한편, 이 경우 DP의 핵인 's는 또한 형태론적 요구에 의해 *who*와 함께 이동하여 형태부에서 소유격 *whose*로 단어 해석을 받아야 한다. 그러나 *whose*의 이동은 내면구조상 구성소(constituent)의 이동이 아니므로 PF에서 합치되지 못한다. 따라서, 외현통사부에서 F_Q의 유인은 (6)의 일반수반이동의 조건에 의해 결과적으로 [$_{DP}$ whose books] 전체의 구범주 이동을 야기하는 결과를 낳게 된다.

한편, 문자화 이후 내현통사부에서 적용되는 자질유인은 형식자질들의 수반이동만을 야기한다. 따라서, 내현통사부의 자질유인은 범주의 이동이 아니라 그 범주에 내포되는 형식자질들만의 이동이므로 언제나 유인자 핵에 부착하는 비명시적인 이동(covert movement)이 된다.[7] 수반이동을 야기하는 어휘 L의 형식자질(formal feature)을 FF(L)이라 할 경우, FF(L)의 점검을 위한 유인자 핵(X^0)의 점검영역은 다음의 표현에서와 같이 그 유인자 핵과 핵-핵 관계를 이루는 부착 위치가 된다.

(8) 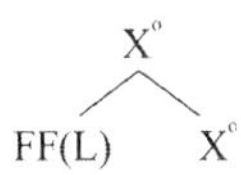

7) 명시적 이동(overt movement)과 비명시적 이동(covert movement)의 차이는 범주(category)의 이동과 자질(feature)의 이동이라는 차이 이외에 명시적 이동은 음운자질이 함께 수반함으로써 음성적으로 확인되는 외현통사부(overt syntax)의 이동을 말하며, 비명시적 이동은 음운자질이 수반되지 않으므로 음성적으로 확인되지 않는 내현통사부(covert syntax)의 이동을 말한다.

4. 도출과정의 실례

그러면 병합과 자질유인의 연산작용이 실제로 어떻게 작용하는지 확인하기 위하여 다음과 같은 영어의 의문문을 대상으로 배번집합에서 논리형태 표상까지의 도출과정을 살펴보자.

(1) Who bought the book?

위 (1)의 문장은 영어의 어휘부에서 선택(Choice)의 연산에 의해 선택되는 기능범주와 어휘범주로 구성되는 다음과 같은 배번집합에서 표현의 도출과정이 시작된다.[1)]

(2) 배번집합(N): (C, T, v, who, bought, the, book)[2)]

이러한 배번집합이 구성되면 선발(Select)과 병합(Merge)의 연산에 의해 통사대상이 형성되어 나간다. 어휘항목의 선발에는 사실상 순서가 없지만, 여기서는 편의상 먼저 *book*부터 선발이 되는 경우를 고려해 보겠다. *book*이 선발되면 자동적으로 다음과 같은 통사대상, 즉 통사단위를 이룬다.[3)]

---

1) Chomsky(1995)에 의하면, 이러한 배번집합의 구성 역시 수행체계의 요구에 의한 것이라 본다.

2) 배번집합은 요소들 간에 일정한 순서 없이 어휘부에서 무작위로 선택되는 어휘항목들의 집합이다. 그러므로, 왜 선택의 연산이 하필이면 (2)의 배번집합을 구성함으로써 (1)의 문장을 도출하게 되는가를 질문하게 된다. 이러한 질문에 대해 Chomsky(1995)에서는 배번집합의 구성은 기본적으로 수행체계의 요구에 의해 이루어지는 것이므로, 배번집합의 구성 이유에 대한 질문은 언어학적인 질문이 아니라고 본다. 언어학은 배번집합에 포함되는 각 구성성분의 어휘적 정보들이 어떤 이유에서 연산과정을 통해 특정한 표현으로 도출되는지를 정확하게 설명하는 것이라고 본다.

3) 선발(Select)은 배번집합에 포함되는 어휘항목(즉, 어휘정보)을 통사부에서 작용하는 통사단위로 격상시키는 연산이다. 따라서, 배번집합에 내포되는 각 어휘항목은 도출과정에서 모두 선발에 의해 다음과 같이 통사대상(syntactic object: {SO})으로 격상한다.

(3) {book} / [N book]

그 다음 어휘항목 *the*의 선발에 의해 이루어진 {the}의 통사대상은 *the*의 선택자질(selectional feature)에 의해 또 다른 통사대상인 NP 범주와 병합(Merge)의 연산에 의해 결합된다. 즉, 병합의 작용으로 다음과 같은 더 큰 단위의 통사대상(통사단위)이 도출된다.[4)]

(4) a. [DP [D the] [N book]]:

b.

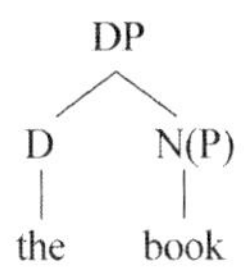

c.

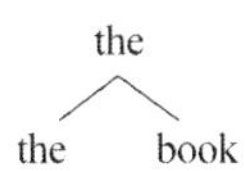

d. {the, {the, book}}

위의 표현에서 (a)와 (b)는 기존의 통사이론에 입각한 구조표현이고, (c)와 (d)는 최소주의문법에 입각해 표현된 필수구구조(bare phrase structure)이다.

(i) (a) [N book]: syntactic object (SO_1) selected from N: {SO_1}
(b) [D the]: syntactic object (SO_2) selected from N: {SO_1, SO_2}
(c) [D bought]: syntactic object (SO_3) selected from N: {SO_1, SO_2, SO_3}
(d) etc.: {SO_1, SO_2, SO_3, ……}
이러한 통사대상들은 이 뒤 병합과 유인의 연산에 의해 더 큰 단위의 통사대상으로 결합되어 간다.

4) 병합의 경우 상위로 투사되는 범주는 선택자(selector)이거나 유인자(atractor)의 범주가 된다. 또한 최소주의문법에서는 최대투사(maximal projection)와 핵투사(X^0-projection)가 범주표시상 차이가 없다고 본다. 다만 개념상 더 이상 투사하지 않는 범주는 최대투사로 보며, 한 번도 투사되지 않은 범주를 핵투사로 보며, 투사하는 범주를 중간투사(intermediate projection)로 본다. 따라서, 최소주의문법에서는 한 범주가 최대투사도 되며 동시에 최소투사도 되는 경우가 발생한다.

그 다음 *bought*가 선발되어 {bought}/[$_V$ bought]의 통사대상을 이루고 *bought*의 선택자질은 DP와의 병합을 요구하며, 이러한 요구에 따라 병합의 연산이 일어나면 다음과 같은 더 큰 단위의 통사대상이 만들어진다.

(5) a. [$_{VP}$ [$_V$ bought] [$_{DP}$ [$_D$ the] [$_N$ book]]]: {$SO_{\{1+2\}+3}$, …}

b.

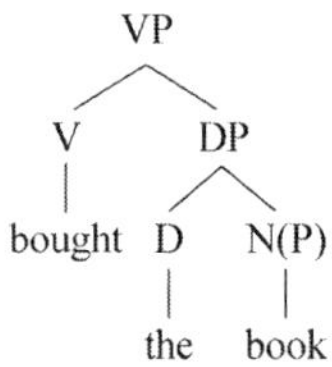

c.

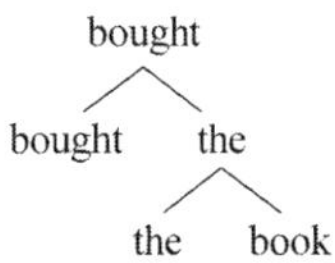

d. {bought, {bought, γ } γ ={the, {the, book}}

그 다음 비어휘범주(non-lexical categories)인 *v*가 선발되면, {*v*}/[$_v$ *v*]의 통사대상을 이루고, *v*의 선택자질은 VP와의 병합을 요구한다.[5] 이러한 요구에 따라 병합의 연산이 일어나면, 그 다음 단계의 통사대상이 만들어진다. (이하 필수구구조적 표현은 편의상 생략한다.)

5) *v*는 사실상 기능범주와 어휘범주의 중간에 해당되는 중립적 범주이다. 따라서 Chomsky(1995)에서는 범주의 구분을 기능범주와 어휘범주로 구분하지 않고, 실사범주(substantial categories)와 비실사범주(nonsubstantial categories)로 구분하고, 어휘범주는 실사범주로, *v*와 함께 기능범주들을 모두 비실사범주로 분류한다. 따라서, 비해석적 자질을 내포함으로써 자질점검을 유도하는 범주는 엄격히 말해 기능범주가 아니라 비실사범주라고 할 수 있다.

(6) a. [$_{vP}$ [$_{v}$ v] [$_{VP}$ [$_{V}$ bought] [$_{DP}$ [$_{D}$ the] [$_{N}$ book]]]]

b. 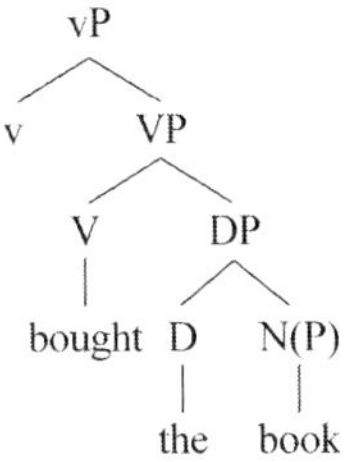

vP가 형성되면, 그 다음 단계에서는 동사 V의 핵이동(head movement)이 일어난다. v는 영어를 포함한 거의 모든 언어에서 강성 접사자질(strong affixal feature)인 [V-] 자질을 포함하는 것으로 가정되므로, 더 이상의 연산이 진행되기 전에 먼저 이 강성자질이 점검되어야 한다. 따라서, 자질유인(Attract-F)의 연산에 의해 v는 동사 *bought*의 범주자질 V를 유인하여 그의 강성 접사자질을 점검받는다. 외현통사부에서 적용되는 자질유인은 유인되는 자질만의 이동이 아니라 그 자질을 포함하는 범주 자체의 수반이동을 야기하므로, 실제 이동은 동사범주인 *bought* 전체가 이동한다. 이동의 결과 다음과 같은 통사대상이 도출된다.

(7) a. [$_{vP}$ [$_{v}$ bought$_{i}$ v] [$_{VP}$ [$_{V}$ t$_{i}$] [$_{DP}$ [$_{D}$ the] [$_{N}$ book]]]]]

b. 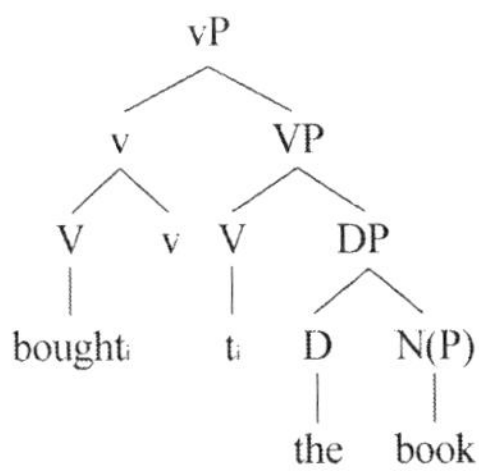

이제, 이 vP 의미적 요구에 의해 행위자(agent)역을 수행할 논항을 요구하게 된다.[6] 이러한 요구는 다음 단계의 어휘 선발(Select)에 의해 *who*가 선발되어 {who}/[$_{D(P)}$ who]의 통사대상을 이루면 다음 단계의 병합에 의해 충족된다. 그 병합의 결과로 다음과 같은 통사대상이 도출된다.

(8) a. $[_{vP}\ [_{D(P)}\ \text{who}]\ [_{v'}\ [_{v}\ \text{bought}_i\ v]\ [_{VP}\ [_{V}\ t_i]\ [_{DP}\ [_{D}\ \text{the}]\ [_{N}\ \text{book}]]]]]$

b.

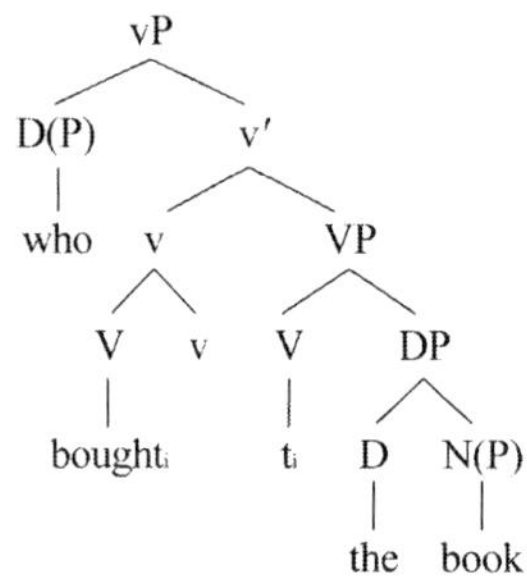

다음 단계에서는 기능범주 T가 선발되면, {T}/$[_{T}$ T]의 통사대상을 이루고, T의 선택자질은 다시 vP와의 병합을 요구한다. 이러한 요구에 따라 병합의 연산이 일어나면, 다음과 같은 TP의 통사대상이 도출된다.

(9) a. $[_{TP}\ T\ [_{vP}\ [_{D(P)}\ \text{who}]\ [_{v'}\ [_{v}\ \text{bought}_i\ v]\ [_{VP}\ [_{V}\ t_i]\ [_{DP}\ [_{D}\ \text{the}]\ [_{N}\ \text{book}]]]]]$

b.

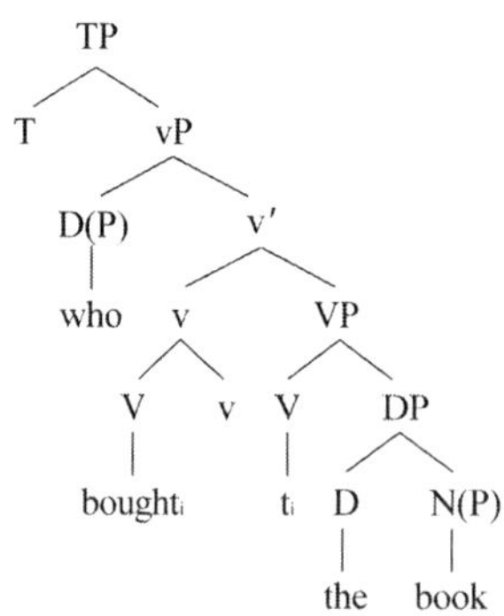

6) Chomsky(1995)에서는 Keyser(1993)의 제안을 받아들여 행위자(agent) 의미역과 유발자(causer) 의미역은 vP의 지정어(SPEC) 위치에 병합된다고 본다.

이제 다음 단계의 선발이 진행되기 전에, T의 자질 구성을 확인해보면, T는 강성 D-자질(strong D-feature), 주격부여자질(nominative Case-assigning feature), 시제자질(tense feature) 등의 비해석성 자질([-interpretive feature)을 가진다. 이 중에서 강성자질인 D-자질은 TP가 C에 의해 선택되기 전에 제거되어야 한다. 그렇지 않으면, 자질 제거의 기회를 잃게 되어 도출이 취소(cancel)된다.[7] 따라서, T에 포함되는 강성 D-자질은 자질점검(feature checking)을 요구하게 되는데, 이러한 요구에 따라 자질유인(Attract-F)의 연산이 적용되면, 가장 가까운 DP인 [D(P) who]의 핵에 내포되어 있는 D-자질이 유인(attraction)되는데 이때 음성형태층위의 합치(PF convergence)를 위해 피유인자 D-자질을 포함하는 DP 전체가 함께 수반이동(pied piping)을 하게 된다. 그 결과, 도출되는 통사대상은 다음과 같다.

(10) a. $[_{TP}\ [_{D(P)}\ who_j]\ [_{T'}\ T\ [_{vP}\ [_{D(P)}\ t_j\ ]\ [_{v'}\ [_{v}\ bought_i\ v]\ [_{VP}\ [_{V}\ t_i]\ [_{DP}\ [_{D}\ the]$
$[_{N}\ book]]]]]]$

---

7) 이러한 제약은 소위 다음과 같이 정의되는 확장조건(Extension Condition)에 기인한다.
(i) 어떤 요소도 투사되지 않는 (비투사적) 범주에 부착될 수 없다(Nothing can join to a nonprojecting category.). Chomsky(1995: 234)에서는 확장조건의 효과에 의해 다음과 같은 결과가 초래된다고 주정한다.
(ii) 만약 α가 핵이 되지 않는 범주 속에 α가 나타나면, D는 취소된다(D is canceled if α is in a category not headed by α.).
위의 표현에서 D는 특정 단계의 도출을 의미하고, α는 강성자질(strong feature)을 포함하는 범주를 말한다.

b.

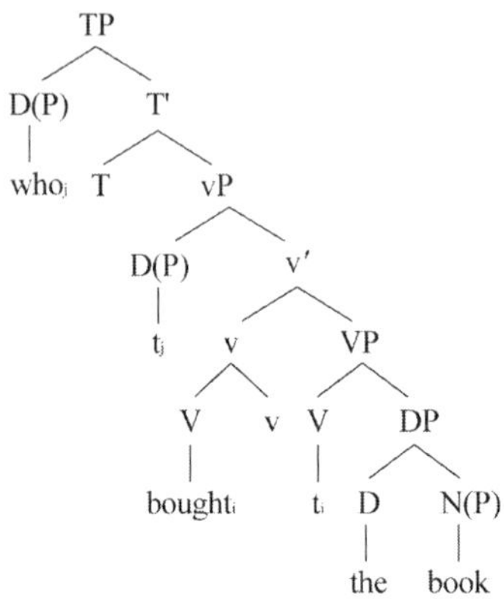

이와 같이 [$_{DP}$ who]의 이동으로 T의 강성 D-자질과 주격 격부여자질이 *who*에 내포되는 범주자질 D와 주격 격자질과 각기 점검관계를 이루게 되어 이때 비해석성인 형식자질인 T의 강성 D-자질과 격자질, 그리고 *who*의 격자질이 모두 삭제된다.

이제 다음 단계의 선발이 진행되면, C가 선발되어 [$_C$ C]의 통사대상을 이루고, 다시 C의 선택자질의 요구에 따라 TP와의 병합이 일어나면, 다음과 같은 CP 단위의 통사대상이 도출된다.

(11) a. [$_{CP}$ C [$_{TP}$ [$_{D(P)}$ who$_j$] [$_{T'}$ T [$_{vP}$ [$_{D(P)}$ t$_j$] [$_{v'}$ [$_v$ bought$_i$ v] [$_{VP}$ [$_V$ t$_i$] [$_{DP}$ [$_D$ the] [$_N$ book]]]]]]

b.

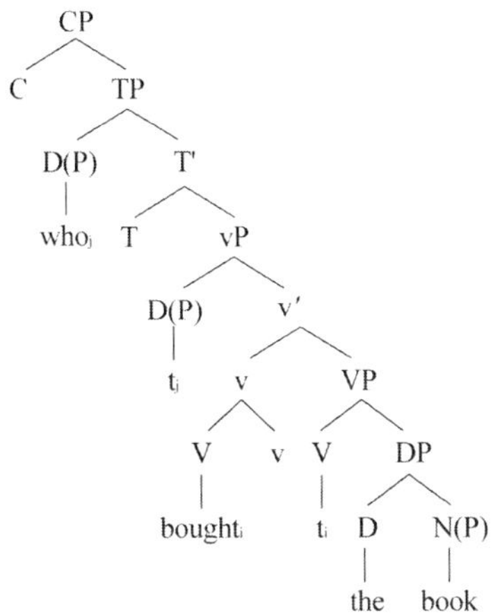

이제 의문문의 핵 C의 자질 구성을 확인해 보면 C는 강성 Q자질(strong Q-feature)을 가지고 있는데, 이 강성 Q자질도 비해석성 자질이므로 자질점검에 의해 삭제되어야 하고, 이러한 요구에 따라 자질유인(Attract-F)의 연산이 적용되면 [$_D$ Q]의 핵을 포함하는 [$_{DP}$ who] 전체가 또 다시 수반이동을 하여 CP의 SPEC 위치로 이동하면, 다음과 같은 CP의 통사단위가 도출된다.

(12) a. [$_{CP}$ [$_{D(P)}$ who_i] [$_{C'}$ C [$_{TP}$ [$_{D(P)}$ $t_{j'}$] [$_{T'}$ T [$_{vP}$ [$_{D(P)}$ t_j] [$_{v'}$ [$_v$ $bought_i$ v] [$_{VP}$ [$_V$ t_i] [$_{DP}$ [$_D$ the] [$_N$ book]]]]]]

b.

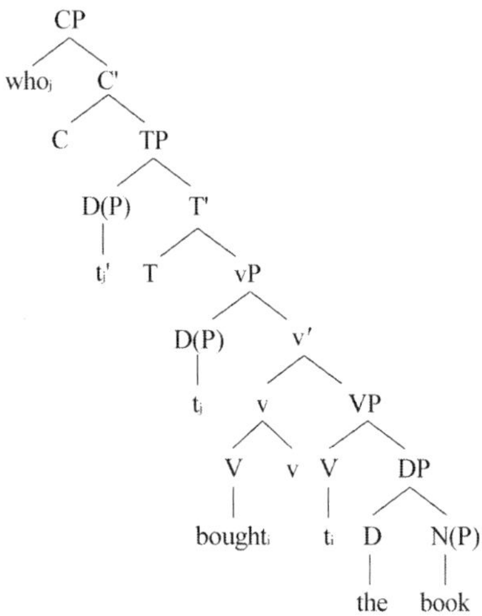

이제 의문문의 핵 C의 강성자질(strong Q-feature)이 의문사 *who*의 범주자질 DQ와 자질점검관계를 이루어 자질점검에 의해 삭제된다. 이제 (12)의 도출단계에서 문자화(Spell-Out)가 적용되어 음운자질, 의미자질, 형식자질 등의 어휘적 정보뿐만 아니라 연산과정에서 생겨난 구조적 정보까지 포함하는 (12)의 도출에 나타나는 모든 언어정보가 음성형태층위(PF level)로 유입되어 형태부(Morphology)로 전달되며, 한편 논리형태층위(LF level)로는 음운자질만을 제외한 모든 언어정보가 유입된다. 요컨대, 어휘부와 외현통사부에서 생성된 모든 언어정보가 음성형태층위와 논리형태층위로 유입되는 과정에서 문자화는 음운자질(즉, 음성정보)은 오직 음성형태층위로만 유입되게 조정하는 역할을 수행한다.

음운자질을 제외한 (12)의 모든 언어정보가 논리형태층위로 유입되면, 이제 이 정보를 기초로 논리형태층위(즉, 내현통사부)에서 필요한 연산이 계속된다. 내현통사부에서 적용되는 연산은 외현통사부의 연산인 선발, 병합, 자질유인 등과 동일한데, 이와 같이 외현통사부와 내현통사부에서 동일한 연산이 적용되어야 한다는 조건이 바로 일률성조건(uniformity condition)이다. 내현통사부에서 선발의 연산은 음운자질과 강성자질을 갖지 않는 어휘항목,

즉 음성형태표상(PF representation)에는 전혀 영향을 미치지 않는 어휘항목이 아직 배번집합에 남아 있는 경우에만 적용될 수 있는데, 일반적으로 이러한 경우는 경험적으로 잘 나타나지 않는다.[8)]

이제 내현통사부에 이르면, (12)의 도출에 포함되는 언어정보에는 강성자질이 아니므로 외현통사부에서 점검되지 못하고 남아 있는 비해석성의 형식자질들이 존재하는데, 이러한 자질들은 일률성조건에 의해[9)] 내현통사부에서도 반복되는 연산과정을 통해 점검되어야 한다. 이러한 비해석성 형식자

---

8) 만약 음운자질을 포함하는 어휘항목이 선발을 통해 논리형태층위에서 삽입되면 논리형태층위에 적용되는 완전해석조건(FI)에 의해 그 도출이 파산(crash)되며, 또한 강성자질을 포함하는 어휘항목이 논리형태층위에서 선발되면, 그 도출은 다음과 같은 출력효과조건(out-put effect condition)에 의해 제거된다(Cf. (76) in Chomsky 1995).
   (i) 어떤 자질 **α**가 배번집합에 들어오면, 반드시 출력에 영향을 미쳐야 한다(**α** enters the numeration only if it has an effect on output.).
   즉, 강성자질은 음성형태층위에서 결정되는 어순에 영향을 미치기 위해 배번집합에 도입되나, 강성자질을 포함하는 어휘항목이 논리형태층위에서 선발되면, 어순에 아무런 영향을 미치지 못함으로써 위의 출력효과조건을 위반한다.

9) 일률성조건(uniformity condition)은 연산체계(computational system: C_{HL})의 운용이 외현통사부(overt syntax)에서와 마찬가지로 내현통사부(covert syntax)에서도 동일하게 적용된다는 조건으로, "연산과정은 도출의 전 과정을 통해 일률적이다: 어떠한 연산도 도출과정의 어느 시점에서나 적용될 수 있다(Computational procedures are uniform throughout: any operation can apply at any point.)."로 정의된다. 일률성조건에 의하면, 연산체계의 운용은 문자화(Spell-Out) 시점에 영향을 받지 않고 배번집합(numeration: N)에서 논리형태표상(LF representation) **λ**에 이르기까지 원칙적으로 선발(Select), 병합(Merge), 자질유인(Attract-F) 등의 연산이 반복적으로 적용된다. 일률성조건인데도 외현통사부와 내현통사부에서 발생하는 연산작용의 차이는 모두 연산체계 외부의 요구에 기인하는 것으로 본다. 즉, 강성자질(strong feature)의 점검을 위한 자질유인은 반드시 문자화 이전의 외현통사부에서 일어나야 하는데, 이는 조음청취체계(articulatory-perceptual system: A-P system)의 요구에 따라 음성형태층위(PF level)에서의 도출의 합치(convergence)를 이끌어 내기 위한 운용이며, 비강성자질(weak feature)의 점검을 위한 자질유인은 오직 문자화 이후의 내현통사부에서만 적용되는데, 이는 지연성조건(Procrastinate)의 요구를 충족시키기 위한 운용인 것이다. 일률성조건을 엄격히 적용함으로써, 최근 일률성조건을 위반하는 V-to-T 인상(V-to-T raising), T-to-C 인상(T-to-C raising), N-to-D 인상(N-to-D raising) 등의 핵이동(head movement) 현상이 더 이상 문자화 이전의 외현통사부의 운용이 아니라 음성형태층위의 문법적 운용으로 보아야 한다는 사실이 확인되었다. 또한, 일률성조건은 지배결속이론(GB Theory)에서 제안되어 온 양화사인상(QR)도 범주의 이동이 아니라, 사실상 상위의 관련 주관기능범주(host functional category)에 의한 양화사의 양화자질 [Quant]의 자질유인으로 재해석되어야 함을 암시해 준다.

질에는 먼저 영어의 기능범주 T가 갖는 접사시제자질(affixal tense feature)인 [V-] 자질이 있는데, 이 자질은 동사의 범주자질에 의해 점검된다. T의 [V-] 자질을 점검할 동사의 범주자질은 (12)에서 복합동사(VB)를 구성하고 있는 [$_v$ [$_V$ bought] *v*]에 내포되어 있는데, 이 동사의 범주자질이 자질유인의 연산에 의해 T로 유인된다. 내현통사부에서 적용되는 비명시적 자질유인(covert Attract-F)은, 외현통사부의 명시적 자질유인과 달리, 전체 범주의 이동이 아니라 오직 관련 자질을 포함하는 범주의 형식자질들만이 수반이동하는 소위 자질의 이동(feature movement)이 이루어진다.[10] 따라서 T의 비해석성 자질 [V-]의 점검이 이루어진 후의 통사구조는 다음과 같다.

(13)

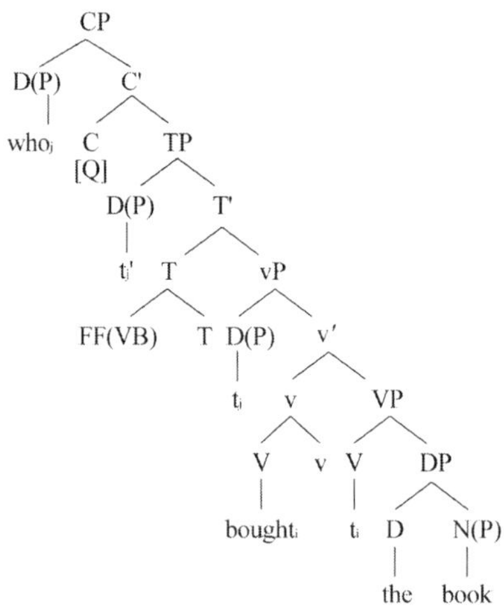

---

10) 내현통사부에서 비명시적 자질유인이 존재한다고 보는 증거는 다음과 같은 예에서 찾아볼 수 있다.

(i) a. the DA [proved [the dependants to be guilty] during each other's trial]

b. *the DA [proved [that the dependants were guilty] during each other's trial]

즉, (ia)에서 종속절의 주어 *the dependants*의 형식자질들이 격자질의 유인시 함께 주절의 T까지 상승함으로써 주절 속에 나타나는 대용사 *each other*를 성분통어함으로써 그것의 선행사가 될 수 있지만, (ib)에서는 종속절의 주어 *the dependants*의 격자질이 종속절의 T에 의해 점검되므로, 더 이상 자질유인에 의해 주절까지 상승할 필요가 없다. 따라서, 이 경우 주절 속에 나타나는 대용사 *each other*는 그것의 선행사를 갖지 못함으로써 결속원리 (A)를 위반하게 되는 것이다.

또한 위의 논리형태구조에 아직 남아 있는 비해석성 형식자질은 목적어 [DP the book]가 내포하는 대격(accusative)의 격자질(Case feature)이며, 또한 타동사 *bought*가 가지고 있는 (대격의) 격부여자질(Case-assigning feature)이다. 이 두 자질은 서로 점검관계를 이룸으로써 상호 점검할 수 있다. 동사 *bought*의 격부여자질은 동사의 범주자질이 유인될 때 수반이동의 결과로 그것과 함께 T의 위치로 인상되어 있으므로, 목적어 DP의 격자질은 복합동사 [$_v$ [$_V$ bought] *v*]가 아니라 이제 T로 유인되어야 하며, T로 유인되면 *bought*의 격부여자질과 *the book*의 격자질이 상호 점검관계를 유지하게 되어 모든 비해석성 자질의 점검이 완료된다. 격자질의 유인도 수반이동에 의해 *the book*이 갖는 모든 형식자질을 함께 데리고 가므로, 이러한 격자질 유인 후의 도출은 다음과 같다.

(14)

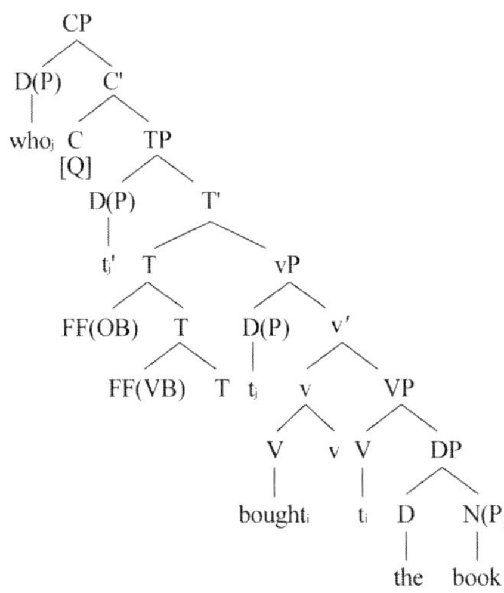

(13)과 (14)로 이어지는 내현통사부의 도출과정에서 주목할 점은, 이 도출과정에서는 두 번의 자질 유인에 의한 이동이 적용되는데, 그 첫 번째가 T의 접사자질 [V-]의 점검을 위한 복합동사(VB)의 형식자질 이동이고, 두 번째가 격점검을 위한 목적어 DP의 형식자질 이동이다. 이들 이동은 모두

T를 표적(target)으로 삼고 이동하여, (14)의 구조에서 확인되듯이 그 이동의 순서에 따라 순차적으로 T에 부착하는 구조를 취하고 있다. 그러나 목적어의 격점검과 T의 접사자질의 점검이 반드시 위와 같은 순서에 의해서만 이루질 수 있는 것은 아니다. 즉, 목적어의 격자질을 포함한 형식자질이 복합동사(VB) [$_v$ [$_V$ bought] v]로 이동하여 동사의 격부여자질과 목적어의 대격자질 간의 격자질점검이 먼저 이루어지고, 그 뒤 동사의 범주자질을 포함한 복합동사의 모든 형식자질이 T로 이동하여 T의 접사자질 [V-]을 점검할 수도 있다. 이러한 점검의 순서는 (14)에 나타나는 구조와는 다른 다음과 같은 결과를 가져온다.

(15)

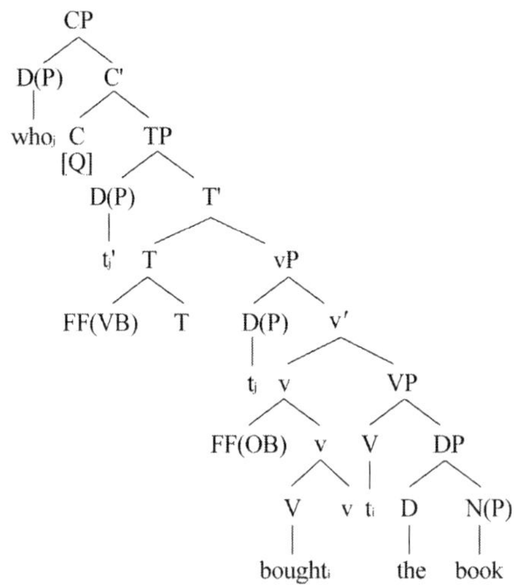

요컨대, (15)의 구조에서는 복합동사의 형식자질들은 T로 이동했지만, 목적어의 형식자질들은 복합동사로 이동한 구조를 이룬다.

그런데도 Chomsky(1995)에서는 영어의 논리형태구조로 (15)가 아니라 (14)가 선택되어야 한다고 주장한다. 그 이유는 바로 다음과 같은 논리형태 표상에 적용되는 최소주의 접합부해석 빈곤원리(minimalist principle of poverty of interpretation at the interface)에 기인한다고 본다.

(16) 논리형태 출력의 획일성을 최대화하라. (Maximize uniformity of LF output.)

(16)의 원리에 의하면 자연언어의 다양한 유형분류(typology)에도 논리형태의 구조표현은 언어 간에 동일한 형태를 유지한다는 것이다. 그러므로, (16)에 따라 영어의 논리형태표상은 (15)가 아니라 (14)가 되는데, 이는 바로 불어에서는 T의 접사자질 [V-]가 강성자질(strong feature)이므로, 이를 점검하기 위해 불어에서는 복합동사가 외현통사부에서 T로 명시적 이동을 해야 하고, 그 결과 목적어의 대격을 점검해야 할 동사가 외현통사부에서 이미 T로 이동했기 때문에, 내현통사부에서 격점검을 받아야 할 목적어의 격자질은 동사에게서 점검을 받기 위해 부득이 T로 인상(raising)되어 갈 수 밖에 없다. 따라서 불어에서는 T에 해당하는 논리형태구조에 다음과 같이 표현된다.

(17)

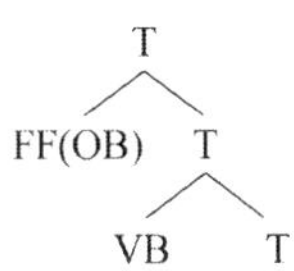

(16)의 원리에 의하면, 영어와 불어는 서로 다른 언어유형에 속함하는데도 동일한 논리형태표상을 취한다고 볼 수 있으므로, 영어의 논리형태표상은 (15)가 아니라 T의 구조가 (17)과 같은 형태가 되는 (14)가 되는 것이다.

또한, (14)와 (17)의 구조에서 제기되는 또 다른 의문은 격점검을 위한 목적어의 형식자질 FF(OB)가 왜 대격의 격자질을 직접 점검할 동사 V나 혹은 V를 포함하는 복합동사 VB가 아니라 상위의 T에 부착되는가 하는 것이다. 요컨대, 최소주의문법에서는 핵이동(head movement)과 자질이동(feature movement) 등과 같이 핵에 부착(adjunction)되는 이동은 언제나 (17)처럼 점검에 참여하는 자질과 그 자질을 내포하는 핵범주를 포함하는 최상위의 핵에 부착하게 되는데 이는 바로 다음과 같은 최근접표적조건(closest target condition)에 기인한다.

(18) 부착은 언제나 최대 X^0 투사에 일어나며, 그 투사의 한 내부 구성소에 일어날 수 없다. (Adjunction is always to the maximal zero-level projection X^0, never internally to one of its constituents.)

(18)의 조건은 최대투사범주의 병합(Merge)은 언제나 최상위의 뿌리범주에 일어나야 한다는 소위 확장조건(Extension Condition)에 상응하는 일종의 핵범주 병합조건이라 할 수 있다. (18)의 조건이 가능한 것은 점검받아야 할 어떤 자질이나 핵이 비록 그 자질을 점검해 줄 핵범주를 포함하는 최대 X^0 투사에 부착되더라도 그 핵범주와 점검관계를 유지할 수 있기 때문이다. 즉, X^0에 부착되는 모든 핵범주의 자질들은 모두 그 X^0의 하위표찰(sublabels)이 되기 때문이다.[11] 또한, Chomsky(1995)에 의하면, X^0의 하위표찰과 점검관계를 이루려면 X^0의 최대투사(XP)에 내포되어야 한다.[12] 즉, XP에 포함되는 모든 범주나 자질은 X^0의 하위표찰과 점검관계를 이루는 것이다.

(17)의 구조에 관련되는 또 다른 의문은 T의 접사자질 [V-]를 점검하기 위해 동사의 범주 자질 [V]를 유인할 때, 왜 동사 V나 혹은 그것의 형식자질이 이동하지 않고 동사 V를 포함하는 상위의 복합동사 (VB)나 그것의 형식자질 FF(VB)이 이동하는가 하는 것이다. 바로 그 이유는 최단이동조건

---

11) Chomsky(1995)는 하위표찰을 다음과 같이 정의한다.

(i) K의 하위표찰은 $H(K)^{zero}$의 자질이다. (A sublabel of K is a feture of $H(K)^{zero}$.) 여기서, $H(K)^{zero}$란 이동의 표적이 되는 범주 K가 있을 때 K의 핵범주(head category)의 영단위 투사(zero level projection)를 말한다. 즉, 아래 구조에서 H가 K의 핵범주이라면, H^0는 H의 영단위 투사이다.

(ii)
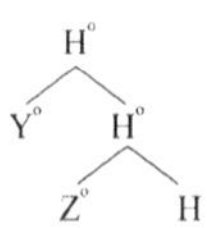

12) Chomsky(1995)에 의하면, 자질유인에 의한 점검관계는 다음과 같이 정의된다.

(i) K는 그것의 하위표찰과 점검관계를 유지할 수 있는 가장 가까운 자질 F를 유인한다(K attracts F if F is the closest feature that can enter into a checking relation with a sublabel of K.).

(Shortest Move)에 기인한다.[13] 즉, 자질유인이 일어날 때는 점검받아야 할 자질 F를 그것의 하위표찰로 내포하는 범주 K가 이동 지점인 표적(target)이 되는데, 이때 K는 F와 점검관계를 이룰 자질을 그것의 하위표찰로 내포하는 가장 가까운 거리에 있는 범주나 그 범주의 형식자질을 유인하게 된다. 따라서, (14)의 구조에서 T의 접사자질 [V-]를 점검할 동사의 범주자질 [V]는 원래 동사 V에 포함된다. 그러나 V는 경동사 v에 부착되고 있으므로 V의 모든 자질은 정의에 의해 v의 하위표찰도 될 수 있다. 따라서 T의 [V-] 자질을 점검하기 위해 자질유인이 일어나면, V보다는 v가 T에 더 가까운 위치에 있기 때문에 최단이동조건에 의해 v가 T로 이동하는 대상이 되는 것이다.

위와 같은 연산의 결과로 (14)와 같은 도출이 얻어지면, 이제 이 도출에 완전해석원리(FI)가 적용되어 도출의 모든 구성소와 그들의 자질들이 모두 개념의도체계(conceptual-intensional(C-I) system)에 의해 해석될 수 있는 적법한 언어정보들(legitimate linguistic informations)로 이루어졌는지를 검토한다. 이 단계에서 해석불가한(uninterpretable) 언어정보가 발견되면 도출은 자동적으로 파산(crash)되고, 해석가능한(inter- pretable) 적법한 언어정보들로 이루어졌으면 그 도출은 합치(converge)된다. 적법한 언어정보들로 이루어져 있어 완전해석원리를 충족하여 합치된 도출을 적법도출(legitimate derivation) 혹은 합치도출(convergent derivation)이라 한다. 완전해석원리가 논리형태부에서 구성요소의 적법성을 점검하는 부분은, 첫째 각 구성소(terms)가 내포하는 자질들이 해석가능한가, 둘째 각 논항들이 의미역(θ-role)을 부여받고 있는가, 셋째 연쇄는 연쇄의 획일성이 유지되는가, 즉 연쇄는 핵연쇄, 논항연쇄, 비논항연쇄, 혹은 운용자-변항연쇄 중 하나를 이루는가 등이다.[14] 따

13) 최단이동조건은 이동은 가능한 한 짧을수록 좋다는 조건으로, 이 조건은 다음과 같은 최소연결조건(minimal link condition: MLC)의 효과에 기인하는 조건이다.
(i) 연쇄의 연결을 최소화하라. (Minimize the link of chain.)

14) 최소주의문법에서는 연쇄의 획일성조건(uniformity condition)이 제안되는데, 이 조건은 이동현상을 통제하기 위해 연쇄(chain)의 자격을 규정하는 조건 중의 하나로, 종종 연쇄획일성(chain uniformity)이라 일컫기도 한다. 이 조건은 Rizzi(1990)에서 처음

라서, 위의 (14)의 도출은 완전해석원리를 충족하고 있으므로 영어의 합치 도출이 된다. 이 후 이 합치도출은 각종 경제성조건--지연성조건(Procrastinate), 자살적 이기성조건(Suicidal Greed), 최소연결조건(MLC), 최소단계조건(MSC) 등등--의 적용을 받아 다시 그것이 가장 경제적인 도출(the most economical derivation)인지 점검을 받게 된다. 한 배번집합(Numeration: N)에서 도출되는 합치도출은 여러 개의 대안들(alternatives)이 있을 수 있으나, 경제성조건들을 모두 충족하는 가장 경제적인 도출은 하나밖에 있을 수 없다. 따라서 경제성조건은 여러 합치도출의 대안들 중에 가장 경제적인 최적의 도출(optimal derivation)을 선택하는 기준이라 하겠다. 관련 경제성조건들을 모두 충족하는 가장 경제적인 최적의 도출을 용인가능 합치도출(admissible convergent derivation)이라 한다. 바로 한 배번집합에서 도출되는 여러 합치도출의 대안 중에서 경제성원리에 의해 선택되는 최적의 용인가능 합치도출이 바로 논리형태표상(LF representation)인 λ가 되는 것이다.[15] 이 λ는 차

제안되었으며, Chomsky and Lasnik(1993)에서는 다음과 같이 정의된다.

(i) 연쇄 C = (α_1, … α_n)는 그것의 각 구성요소 α_i가 어휘관련성에 관해 획일적이어야 한다. (Chain C = (α_1, … α_n) is uniform with respect to the L-relatedness of each α_i.)

이 정의에 따르면, 이동에 의해 만들어지는 적법한 연쇄(legitimate chain)는 그 구성요소가 모두 어휘관련(L-related) 위치(즉, 논항(argument)이나 핵(head) 관련위치)에 있거나, 아니면 비어휘관련(non-L-related) 위치(즉, 부가어(adjunct) 위치)에 나타나야 한다는 것이다. 따라서, 적법한 연쇄는 명사구이동(NP movement)이나 핵이동(head movement)의 결과로 조성되는 논항연쇄(A-chain)와 핵연쇄(head chain), 또는 부가어이동(adjunct movement)으로 조성되는 비논항연쇄(A′-chain)로 한정되며, 논항의문사이동(wh-argument movement)은 연속적 순환이동(successive-cyclic movement)을 통해 논항위치에서 출발하여 계속적으로 비논항위치로 이동하게 되므로 획일성 조건을 위반하는 결과를 초래한다. 그러므로, 최소주의문법에서는 논항의문사이동의 연쇄가 논리형태층위(LF level)에서 적법한 연쇄를 구성하기 위해서는 소위 재구성규칙(reconstruction rule)에 의해 중간 흔적(intermediate trace)을 지워 운용자-변항연쇄(operator-variable chain)로 재구성하거나, 혹은 비논항위치에 있는 운용자를 최초흔적(initial trace)의 위치로 되돌려되어야 한다고 주장한다.

15) 이와 같이 논리형태층위(LF level)에서 적용되어 도출과정의 경제성을 점검하는 경제성조건은 결과적으로 연산의 복잡성(computational complexity)을 야기하는데, 이러한 경제성 체계를 비국부적 경제성(global economy)라 일컫고, 연산의 복잡성을 피하기 위해 최적도출의 선택을 논리형태층위까지 지연시키지 않고 도출과정의 매

후 개념의도체계(C-I system)의 각종 해석원리(interpretaion principles), 즉 결속원리, 통제원리, 의미역원리 등등과 그리고 다양한 화용론적(pragmatic)인 해석원리를 거쳐 실제 의사소통에 사용되는 문장의 의미로 해석된다.

단계에서 그 단계에서 활용될 수 있는 모든 정보에 입각하여 가장 경제적인 도출을 사상(mapping)해 나감으로써 결과적으로 최적도출에 이르려는 경제성 체계를 국부적 경제성(local economy)이라 일컫는다.

연구과제

〈과제 1〉 최소주의문법에서 제안하는 자질유인이론의 문법체계를 제시하고, 그 문법체계에 따른 문장의 도출과정을 실례로 설명하시오.

〈과제 2〉 외현통사부에서 적용되는 연산의 종류와 그 작용에 대해 아는 대로 설명하시오.

〈과제 3〉 필수출력조건과 경제성조건에 관해 아는 데로 설명하시오.

〈과제 4〉 '합치는 지연성조건에 우선한다'라는 합치우선조건에 기초하여 합치와 지연성조건의 관계를 실례를 들어 설명하시오.

참고문헌

강명윤. 1988. Topics in Korean Syntax: Phrase Structure, Variable Binding and Movement. Ph.D. dissertation. MIT.

강명윤. 1990. On Reflexives. 「생성문법연구」 1, 145-170. 한국생성문법학회.

강명윤. 1998. 「촘스키 언어학 사전」. 한신문화사.

강영세. 1986. Korean Anaphora(I): *caki* as a Resumptive Pronoun. *Language Research* 22. 215-228. Seoul National University.

김영화, 김선웅, 문귀선, 박명관, 장영준, 윤항진. 2002. 「허사총론」. 한림과학원총서 96. 도서출판 소화.

김용석. 1981. 최근 Chomsky 문법의 흐름에 관한 고찰. 「논문집」 5. 33-49. 한성대학교.

김용석. 1981. 피접속요소 이동변형의 몇 가지 문제점에 관하여. 「언어연구」 2.1. 12-27. 경희언어연구소.

김용석. 1982. 영어의 대명사 현상에 관한 통사적 고찰. 「영어영문학」 28. 667-684. 한국영어영문학회.

김용석. 1983. Revised *Wh*-movement의 고찰. 「언어연구」 4. 1-19. 경희언어연구소.

김용석. 1984. 전치사 잔류와 공범주원리. 「언어」 9. 425-445. 한국언어학회.

김용석. 1985. PRO의 기본요건과 선행사 결속에 관하여. 「논문집」 9. 129-154. 한성대학교.

김용석. 1986a. *Licensing Conditions on Syntactic Representation*. Ph.D. dissertation. Kyung Hee University.

김용석. 1986b. 이동규칙의 제약과 의미역이론. 「언어」 11. 25-50. 한국언어학회.

김용석. 1986c. PRO의 통제와 결속이론. 「언어연구」 7. 1-28. 경희언어교육연구소.

김용석. 1986d. On Parasitic Gap Constructions of English. 「논문집」 10. 101-128. 한성대학교.

김용석. 1987. '자기'의 지시의존에 관하여: 결속이론 대 연결이론. 「언어」 제12권. 319-346. 한국언어학회.

김용석. 1988a. '자기'의 대용화에 관한 연결 이론적 고찰. 「논문집」 제12집. 223-255. 한성대학교.

김용석. 1988b. On Multiple *Wh*-constructions in English. *Language Research* 24.

539-63. Seoul National University.

김용석. 1989. On Syntactic Structure of Topic Constructions in Korean. 「논문집」 13. 1-12. 한성대학교.

김용석. 1990a. *Caki* as an Unmarked Anaphor. Orally Presented at the 9th Colloquium, Korean Transformational Generative Grammar Circle.

김용석. 1990b. 전치사 좌초에 관한 장벽 이론적 접근. 「영어영문학」 36. 373-389. 한국영어영문학회.

김용석. 1990c. 다중 의문사 구문과 작용역 결속 원리. 「언어」 15. 한국언어학회.

김용석. 1991. On Topicalization in Korean. *Language Research 10*, Proceedings of the Kyung Hee International Conference on Linguistic Studies, Kyung Hee Univ.

김용석. 1992a. 「결속 이론 -그 변천과 논리 형태 대용화-」. 한신문화사.

김용석. 1992b. 한국어의 주제화와 관계화에 관한 소고. 공영일교수 화갑 기념 논문집.

김용석. 1992c. '자기'의 대용화에 관하여. 「생성문법연구」 2.2. 한국생성문법학회.

김용석. 1993. 「통제이론 -PRO/pro의 통제와 한국어의 공대명사 현상-」. 서울: 한신문화사.

김용석. 1994a. On Subject-Orientedness of Korean Reflexives. 송곡 양동휘교수 화갑 기념논문집.

김용석. 1994b. 한국어의 공대명사 현상에 관하여. 「생성문법연구」 4.1, 45-84. 한국생성문법학회.

김용석. 1994c. 재귀사 장거리결속에 관한 자질점검이론적 접근. 「언어연구」 12, 29-51. 경희대학교 언어교육연구원.

김용석. 1994d. 재귀사 결속의 차단효과에 관하여. 「현대문법연구」 5, 139-182. 현대문법학회.

김용석. 1995a. 한국어의 영목적어 현상에 관하여. 「언어」 20.3, 1-31. 한국언어학회.

김용석. 1995b. 한국어의 재귀화에 관한 최소 이론적 접근. ms., 한성대학교.

김용석. 1995c. 최소주의 결속이론에 관하여. 「논문집」 19. 한성대학교.

김용석. 1996a. 「대용화 문법론 -그 이론적 동향과 한국어의 제현상-」. 한신문화사

김용석. 1996b. 재귀사 주어지향성에 관한 자질점검이론적 접근. 「생성문법연구」 6.2. 한국생성문법학회.

김용석. 1996c. 재귀사 자질점검이론의 연구. 「현재문법연구」 8. 현대문법학회.

김용석. 1996d. 술어재귀화 이론의 고찰. 「논문집」 20. 한성대학교.

김용석. 1997a. A Minimalist Approach to Some Problems of Long-Distance Anaphora of Reflexives. 1997 LSA 발표논문.

김용석. 1997b. A Minimalist Approach to *Wh*-Interrogatives in Korean. TEAL 발표논문.

김용석. 1998a. Some A′-Dependencies in Korean. 「현대문법연구」 12. 현대문법학회.

김용석. 1998b. A Minimalist Approach to the Subject-Orientation of Reflexives. 「언어연구」 16. 경희언어교육연구소.

김용석. 1998c. A DP-Analysis of Reflexives. 「논문집」 22. 한성대학교.

김용석. 1999a. 「최소주의 재귀사문법」. 한국문화사.

김용석. 1999b. 한국어 핵재귀사와 그 차단효과에 관하여. 「논문집」 23. 한성대학교.

김용석. 1999c. 장거리 재귀사 이론의 고찰. 「민족문화」 10. 한성대학교 민족문화연구소.

김용석. 1999d. Syntax of *Wh*-Interrogatives: A Minimalist Perspective. 「현대문법연구」 16, 39-88. 현대문법학회.

김용석. 1999e. Blocking Effect of Reflexives: A Minimalist Perspective. 「이승환교수 정년기념 논문집」, 52-77.

김용석. 1999f. On the Long-Distance Anaphora of Reflexives: A Minimalist Perspective. 「이홍배교수 화갑기념 논문집」, 145-187. 한신문화사.

김용석. 2000a. 「생성문법론」. 경진문화사.

김용석. 2000b. 핵재귀사의 내면구조: 최소주의적 관점. 「현대문법연구」 19. 현대문법학회.

김용석. 2000c. 「GB 통사론과 영어의 문장구조」. 경진문화사.

김용석. 2000d. 보편문법의 조명. 「민족문화」 11. 한성대학교 민족문화연구소.

김용석. 2000e 자질삼투이론의 고찰. 「논문집」 24. 한성대학교.

김용석. 2001. 「변형과 제약」. 경진문화사.

김용석. 2002. *The A/A-Bar Dependencies in Korean: The Minimalist Approach*. 경진문화사.

김용석. 2003. 「변형생성 영어 언어학」. 경진문화사.

김용석. 2004a. 「지시의존 문법론」. 경진문화사.

김용석. 2004b. 전치사 좌초현상에 관하여. 「영어학연구」17. 한국영어학학회.

김용석. 2004c. 「영어의 통사구조와 생성문법」. 경진문화사.

김용석. 2004d. Cyclicity and Multiple Spell-Out. 제6회 학국변형생성문법학술대회

발표논문집. 한국생성문법학회.

김용석. 2004e. there-허사 구문의 도출에 관하여: 탐침자-목표물 문법이론적 조명. 「한성논문집」 28. 한성대학교.

김용석. 2005a. 인상 구문과 예외격표시 구문에 관하여: 탐침자-목표물 문법이론적 분석. 「한성인문학」 3. 한성대학교 인문과학연구원.

김용석. 2005b. 이동현상에 관한 최강최소주의적 고찰. 「한성논문집」 29. 한성대학교.

김용석. 2005c. 최소주의문법이론의 변천에 관한 모형-분석적 고찰. 「현대문법연구」 41. 현대문법학회.

김용석. 2005d. 영어의 의사수동태 구문에 관하여: 탐침자-목표물 문법이론적 분석. 제7회 한국변형생성문법학술대회 발표논문집. 한국생성문법학회.

김용석. 2006a. 최소주의문법이론의 근원: 생물언어학적 견해와 최강최소주의 언어학. 「한성인문학」 4. 한성대학교 인문과학연구원.

김용석. 2006b. Multiple Spell-Out에 관한 모든 것. 「Chomsky 2005 이후」. 한국문화사 (한국생성문법학회 편).

김용석. 2006c. A Probe-Goal Approach to the EPP-Effect of *Wh*-Interrogatives in English and Korean. 「현대문법연구」 46. 현대문법학회.

김용석. 2006d. 영어의 섬효과에 관한 탐침자-목표물 이론적 접근 「현대영미어문학」 24.4. 현대영미어문학회.

김용석. 2006e. 영어의 부가구조에 관한 탐침자-목표물 이론적 접근. 「논문집」 30. 한성대학교.

김용석. 2006f. 「최소주의 언어학의 이해」. 한성대학교 출판부.

김용석. 2007a. 「최소주의 언어학의 탐구」. 한성대학교 출판부.

김용석. 2007b. 도출의 순환성과 자유병합. 「한성인문학」 5. 한성대학교 인문과학연구원.

김용석. 2007c. 「현대 영어통사론」. 경진문화사.

김용석. 2007d. 영어의 전치사 좌초현상에 관하여. 「논문집」 31. 한성대학교.

김용석. 2008a. 「사이버강의: 영어의 구조와 문법」. 한성대학교 출판부.

김용석. 2008b. 영어 허사 구문의 도출과 그 문제점에 관하여. 「한성인문학」 6. 한성대학교 인문과학연구원.

김용석. 2008c. 「사이버강의: 영어 언어학의 이해」. 한성대학교 출판부.

김용석. 2009a. 영어의 전치사 수동태에 관하여. 「현대영미어문학」 27.1. 현대영미어문학회.

김용석. 2009b. v*P, 과연 국면인가?, 「영어학연구」 27. 한국영어학학회.

김용석, 문귀선. 2003. 「변형문법의 이해」(번역): (원저) Jamal Ouhalla(1999), Introducing Transformational Grammr: From Priciples and Parameters to Minimalism. 한신문화사.

김용석, 박승혁, 윤종열, 한학성. 1995. *Minimalist Approach to Syntax and Morphology*. 편저. 한국문화사.

김용석, 안희돈, 강명윤, 이숙희. 1996. *Morpho-Syntax in Transformational Generative Grammar*. 편저. 한국문화사.

김용석, 양동휘, 이홍배, 임영재. 1991. 「지배결속이론의 기초」. 한신문화사.

김용석, 이정민, 배영남. 2000. 「언어학사전」. 박영사.

문귀선. 1989. The Syntax of Null Arguments with Special Reference to Korean. Doctoral dissertation. The University of Texas.

문귀선. 1991. Identification of null arguments. 「생성문법연구」 2.1, 187-218. 한국생성문법학회.

문귀선. 1992. Principle A of the Binding Theory and the Korean Anaphor *Caki*. 「인제논총」 8.1, 인제대학교.

박승혁. 1986. Parametrizing the Theory of Binding: the Implication of *Caki* in Korean. *Language Research* 22. 229-253. Seoul National University.

박연미, 김양순. 1995. 「영어통사론강의」. 형설출판사.

서수현. 1991. The Theory of Agreement for English Anaphora. Ph.D. dissertation. Seoul National University.

심양희. 1990. 비논항 결속. 「생성문법연구」 제1호. 한국생성문법학회.

안성호. 1988. Korean Reciprocals and LF-movement. The Logical Form of Anaphora. The Linguistic Society of Korea. 1989.

양동휘. 1983. The Extended Binding Theory of Anaphora. Language Research 19.

양동휘. 1984. 확대 통제이론. 「어학 연구」 20.1. 서울대학교 어학연구소.

양동휘. 1985. On the Integrity of Control Theory. *NELS* 15. 389-408.

양동휘. 1988. 「한국어의 대용화」. 한국연구양서 제58집. 한국연구원.

양동휘. 1989. On Anaphor Movement. *NELS 19*. 435-452.

양동휘. 1990. 대용화의 논리 형태. 「성곡논총」 제 21집. 719-760.

양동휘. 1991. Korean Anaphora and Universal Grammar. ms. Seoul National University.

양동휘. 1996. 「최소이론의 전망」. 한국문화사.

양현권. 1991. Zero Pronouns and the Speaker's Point of View. *Texas Linguistic Forum 32: Discourse*. The University of Texas.

이은지. 1994. Locality of Anaphoric Dependence and SUBJECT. 「생성문법연구」 4.2, 357-370. 한국생성문법학회.

이익환. 1978. Pronominal anaphora in Korean. 어학연구 14.1.

이정민. 1973. *Abstract Syntax and Korean with Reference to English*. 범문사.

이정민. 1988. Issues in Korean Anaphora, ICKL, 339-358.

이홍배. 1976. Notes on pronouns, reflexives and pronominalization. Language Research 12.2. Seoul National University.

이홍배. 1987. On empty categories in Korean. 「언어」 12.2.

임홍빈. 1987. 「국어의 재귀사 연구」. 신 구문화사.

임홍빈. 1987. 국어의 대용사 및 대명사 해석의 문제점. 한국언어학회 여름연구회 통사론 토론회 주제발표 논문.

장석진. 1986. 조응의 담화 기능. 한글 194.

조숙환. 1991. Null Subjects in Complements and Adjuncts in Korean. ms. Sogang University.

채준기, 박영수. 1982. 「영어 언어학」. 형설출판사.

최재웅. 1987a. LF and Pied-Piping. *Linguistic Inquiry* 18. 348-353.

최재웅. 1987b. Anti-quantifiers and a Theory of Distributivity. Ph.D. dissertation. University of Massachusetts. Amherst.

홍성심. 1986. Some Constraints on Pronominal Binding. Linguistic Journal of Korea. 11.1. The Linguistic Society of Korea.

Abney, S. 1986. Functional elements and licensing. presented at GLOW

Abney, S. 1987. *The English Noun Phrase in Its Sentential Noun Phrase*. Ph.D. dissertation, MIT.

Akmajian, A. and F. W. Harry. 1975. *An Introduction to the Principles of Transformational Syntax*. MIT Press. Cambridge, Mass.

Aoun, J and D. Sportiche. 1983, On the Formal Theory of Government. *The Linguistic Review* 2. 211-236.

Aoun, J. 1981. "ECP, Move-α, and Subjacency," *Linguistic Inquiry* 12.4.

Aoun, J. 1982. The Formal Nature of Anaphoric Relations. Ph.D. dissertation. MIT.

Aoun, J. 1985. *A Grammar of Anaphora*. Cambridge: MIT Press.

Aoun, J. 1986. *Generalized Binding Theory: The Syntax and Logical From of Wh-interrogatives*, Foris, Dordrecht.

Aoun, J. and Y.A. Li. 1989. Constituency and Scope. *Linguistic Inquiry 20*. 141-172.

Aoun, J., N. Hornstein and D. Sportiche. 1981. Some aspects of wide scope quantification. Journal of Linguistic Research 1. 69-95.

Authier, J.-M.P. 1988. Null Object Constructions in KiNande, *Natural Language and Linguistic Theory 6*. 19-38.

Baker, M and K. Hale. 1990. Relativized Minimality and Pronoun Incorporation. *Linguistc Inquiry* 21, 289-297.

Baker, M. 1985. Incorporation: A Theory of Grammatical Function Changing. Ph.D. dissertation. MIT.

Baker, M. 1988. *Incorporation: A Theory of Grammatical Function Changing*, University of Chicago Press, Chicago.

Baltin, Mark R. 1982. A Landing Site Theory of Movement Rules. *Lingustic Inquiry* 13. 1-38.

Battistella, E. 1987. Chinese reflexivization. ms. University of Alabama at Birmingham.

Belletti, A and L. Rizzi. 1988. Psych verbs and θ-theory. *Natural Language & Linguistic Theory* 6. 291-352

Belletti, A. 2004. (ed.) *Structures and Beyond－The Cartography of Syntactic Structure*, Vol 3. Oxford.

Berko, J. 1958. The Child's Learning of English Morphology. *Word*. pp. 150-77.

Bickerton, D. 1987. He Himself: Anaphor, Pronoun, Or...? *Linguistic Inquiry* 18: 345-348.

Borer, H. 1984. *Parametric Syntax*. Foris, Dordrecht.

Borer, H. 1989. Anaphoric AGR. The Null Subject Parameter. ed. by O. aeggli and K. J. Safir. SNLLT.

Borsley, Robert D. 1983, A Note on Preposition Stranding. *Linguistic Inquiry* 14.2.

Bouchard, D. 1984. On the Content of Empty Categories. Dordrecht: Foris.

Bouchard, D. 1985. PRO, pronominal or anaphor. Linguistic Inquiry 16. 71-477.

Bresnan, J. 1982, The Passive in Lexical Theory. in J. Bresnan, ed., *The Mental representation of Grammatical Relation*. MIT

Broadwell, G. 1988. Reflexive movement in Choctaw. *NELS* 18.

Browning, M. 1987. Null Operator constructions. Ph.D. dissertation. MIT.

Burzio, L. 1986. *Italian Syntax*. Reidel, Dordrecht.

Campos, H. 1986. Indefinite Object Drop. *Linguistic Inquiry 17*. 354-359.

Chomsky, N. 1955. The Logical Structure of Linguistic Theory. ms.

Chomsky, N. 1957. *Syntactic Structures*. Mouton, The Hague.

Chomsky, N. 1964. *Current Issues in Linguistic Theory*. Mouton, The Hague.

Chomsky, N. 1965. *Aspects of the Theory of Syntax*. MIT Press. Cambridge, Mass.

Chomsky, N. 1968. *Language and Mind*. Harcourt Brace Jovanovich, New York.

Chomsky, N. 1970. Remarks on Nominalization. in R. T. Jacobs and P. S. Rosenbaum. (eds.) *English Transformational Grammar*. pp. 184-221.

Chomsky, N. 1972. *Studies in Semantics in Transformational Generative Grammar*. Mouton, The Hague.

Chomsky, N. 1973. Conditions on Transformations. in S. R. Anderson and P. Kiparsky. (eds.) A Festschirift for Marris Halle. Holt, Rinehart and Winston, New York. pp. 232-86.

Chomsky, N. 1975. *The Logical Structure of Linguistic Theory*. Plenum, New York.

Chomsky, N. 1976. *Reflections on Language*. Fontana, London.

Chomsky, N. 1977a. Essays on Form and Interpretation. New York: North Holland.

Chomsky, N. 1977b. On *Wh*-movement. in P. W. Culicover. (eds.) *Formal Syntax*. pp. 71-132.

Chomsky, N. 1980. On Binding. *Linguistic Inquiry* 11. pp. 1-46.

Chomsky, N. 1981. *Lectures on Government and Binding*, Foris, Dordrecht.

Chomsky, N. 1982. *Some Concepts and Consequences of the Theory of Government and Binding*. MIT Press. Cambridge, Mass.

Chomsky, N. 1986a. *Knowledge of Language: Its Nature, Origin, and Use*, Praeger, New York.

Chomsky, N. 1986b. *Barriers*, MIT Press, Cambridge, Massachusetts.

Chomsky, N. 1991. Some Notes on Economy of Derivation and Representation. *Principles and Parameters in Comparative Grammar*. eds. by Robert Freidin. The MIT Press. Cambridge, Mass.

Chomsky, N. 1993. A Minimalist Program for Linguistic Theory. *The View from Building 20*. ed. by K. Hale and S. J. Keyser. Cambridge, MA: MIT Press.

Chomsky, N. 1994. Bare Phrase Structure, ms., MIT Occasional Papers in Linguistics,

No 5.

Chomsky, N. 1995. *The Minimalist Program*, Cambridge, MA: MIT Press.

Chomsky, N. 1996. Some Observations on Economy in Transformational Generative Grammar, ms. MIT.

Chomsky, N. 1997. Language and Mind: Current Thoughts on Ancient Problems. ms. MIT.

Chomsky, N. 1998. Minimalist Inquiries: the Framework. MIT Occasional Papers in Linguistics, No 15. MIT. (Also published in R. Martin, D. Michaels and J. Uriagereka (ed.). 2000. *Step by Step: Essays on Minimalism in Honor of Howard Lasnik*. MIT Press. pp. 98-155.)

Chomsky, N. 1999. Derivation by Phase.

Chomsky, N. 2001. Derivation by Phase. In M. Kenstowicz (ed.). *Ken Hale: A Life in Language*. MIT Press. 1-52. (Also published in MIT Occasional Papers in Linguistics No. 18. 1999.)

Chomsky, N. 2004. Beyond Explanatory Adequacy. In A. Belletti(2004. *ed.*).

Chomsky, N. 2005a. Three Factors in the Design of Language. *Linguistic Inquiry* 36. 1-22. (Expanded from talk at 2004 LSA conference.)

Chomsky, N. 2005b. On Phases. ms. MIT.

Chomsky, N. 2006. Approaching UG from below. ms. MIT.

Chomsky, N. and H. Lasnik. 1991. *Principles and Parameters Theory*, ms., MIT.

Chomsky, N. and H. Lasnik. 1993. The Theory of Principles and Parameters. In J. Jacobs, A. von Stechow, W. Sternefeld, and T. Vennemann, ees., *Syntax: An International Handbook of Contemporary Research*. Berlin: de Gruyter.

Chung, S. 1984. Identifiability and Null Objects in Chmorro. In C.Brugman and M. Macaulay. eds. *Proceedings of the Tenth Annual Meeting*. BLS.

Cole, P and C. Wang. 1996 Antecedents and Blockers of Long-Distance Reflexive: The Case of Chinese *Ziji*. *Linguistic Inquiry* 27.

Cole, P. 1987. Null Objects in Universal Grammar. *Linguistic Inquiry 18*. 597-612.

Cole, P. and L.-M. Sung. 1994. Head Movement and Long-Distance Reflexives. *Linguistic Inquiry* 25.

Cole, P., G. Hermon and L.-M. Sung. 1990. Principles and Parameters of Long Distance Reflexives, *Linguistic Inquiry* 21.

Collins, C. 1997. *Local Economy.* Linguistic Inquiry Monograph 29. The MIT Press.

Contreras, H. 1984. A Note on Parasitic Gaps. *Linguistic Inquiry* 15.

Contreras, H. 1989. A Unified Account of Null Operator Structures. ms. MIT.

Emonds, J. 1970. Root and Structure-preserving Transformations. ms. Indiana University.

Emonds, J. 1976. *A Transformational Approach to Syntax.* Academic Press. New York.

Engdahl, E. 1981. Parasitic Gaps. Paper presented at the University of Massachusetts, Amherst, January 1981, at Sloan Workshop on Processing of Unbounded Dependencies.(also published in Linguistics and Philosophy 6. 5-34.)

Evans, G. 1980. Pronouns. *Linguistic Inquiry* 11. 337-362.

Everaert, M. and E. Anagnostopoulou. 1966. Thematic Hierarchies and Binding Theory: Evidence from Greek. Paper presented at Internet Conference of Linguistics.

Evers, A. 1975. *The Transformational Cycle in Dutch and German.* Indiana University Linguistic Club. Bloomington.

Fillmore, C. J. 1963. The Position of Embedding Transformations in a Grammar. *Word* 19. 208-231.

Fodor, J. A. 1978. Parsing Strategies and Constraints on Transformations. . *Linguistic Inquiry* 9. 427-473.

Fodor, J. A. and J. J. Katz. 1964. The Structure of Language: Readings in the Philosophy of Language. Englewood Cliff. Prentice-Hall, N.J.

Frampton, J. 1995. Expletive Insertion. *Proceedings of the Berlin Workshop on the Role of Economy Principles in Linguistic Theory.* Springer-Verlag.

Fries, Charles C. 1952. *The Structure of English.* Harcourt. New York.

Fukui, N. 1986. A Theory of Category Projection and Its Application. Ph.D. dissertation. MIT.

Giorgi, A. 1984. Toward a Theory of Long Distance Anaphora: a GB approach. *The Linguistic Review* 3.

Grodzinsky, Y and L. Finkel. 1998. The Neurology of Empty Categories: AphasicS' Failure to Detect Ungrammaticality. *Journal of Cognitive Neuoscience 10.2.*

Haegeman, L. 1993. *Introduction to Government and Binding Theory.* 2nd edition. Blackwell. Oxford.

Haïk, I. 1984. Indirect Binding. *Linguistic Inquiry* 15. 185-223.

Hale, K and Keyser, S.J. 2003. On Argument Structure and the Lexical Expression of

Semantic Relations. *The View from Building 20.* ed. by K. Hale and S. J. Keyser. Cambridge, MA: MIT Press.

Hale, K and S. J. Keyser. 1991. On the Syntax of Argument Structure. *Lexicon Project Working Papers 7.* Center for Cognitive Science, MIT.

Hale, K. 1987. Incorporation and the Irish Syntactic Verb Froms. ms. MIT.

Harman, G. 1974. *On Noam Chomsky: Critical Essays.* (eds.) Anchor Press. New York.

Hasegawa, N. 1984/85. "On the So-called "Zero Pronouns" in Japanese," *The Linguistic Review 4.* 289-341.

Heim, I., H. Lasnik and R. May. 1988. Reciprocity and plurality. Essays on Logical Form. ed. by R. May.

Higginbotham, J. 1983. Logical Form, Binding, and Nominals. *Linguistic Inquiry* 14.3.

Hiraiwa, K. 2005. Dimension of Symmetry in Syntax: Some Remarks on the Evolution of Linguistic Theoy. Ph.D dissertation. MIT.

Holmberg, A. 1986. Word Order and Syntactic Features in the Scandinavian Languages and English. Ph.D dissertation. University of Stockholm.

Hornstein, N. and A. Weinberg. 1981. "Case Theory and Preposition Stranding," *Linguistic Inquiry* 12.1.

Hornstein, N. and D. Lightfoot.. 1984. Rethinking predication. ms. University of Maryland.

Hornstein, N. and D. Sportiche. 1984. Some Aspects of Wide Scope Quanti- fication. ms, MIT.

Huang, C.-T. J. 1981. Move *Wh* in a Language without *Wh*-movement. *The Linguistic Review* 1.

Huang, C.-T. J. 1982. *Logical Relations in Chinese and the Theory of Grammar,* Doctoral dissertation, MIT.

Huang, C.-T. J. 1983. A Note on the Binding Theory. *Linguistic Inquiry* 14. 554-561.

Huang, C.-T. J. 1984. On the Distribution and Reference of Empty Pronouns, *Linguistic Inquiry 15.* 531-574.

Huang, C.-T. J. 1987. Remarks on Empty Categories in Chinese. *Linguistic Inquiry* 18, 321-337.

Huang, C.-T. J. 1989. Pro-Drop in Chinese: A General Control Theory, *The Null Subject Parameter,* ed. by O. Jaeggli and K. J. Safir, SNLLT.

Huang, C.-T. J. 1991. Remarks on the Status of the Null Object. *Principles and*

Parameters in Comparative Grammar. ed. by Robert Freidin. The MIT Press.

Huang, C.-T. J. and J. Tang. 1989. The Logical Nature of the Long- distance Reflexive in Chinese, *NELS* 19.

Iatridou, S. 1988. Clitics, Anaphors and a Problem of Coindexation. *Linguistic Inquiry 19*. 698-703.

Jackendoff, R. S. 1977. *X-bar Syntax: A Study of Phrase Structure*. MIT Press. Cambridge, Mass.

Jaeggli, O. 1982. *Topics in Romance Syntax*. Dordrecht: Foris.

Jaeggli, O. and K.J. Safir. 1989. The null subject parameters and parametric theory. The Null Subject Parameter. ed. by O. Jaeggli and K. J. Safir. SNLLT.

Jonas, D. 1994. Clause Structure Expletives and Verb Movement. ms. Harvard University.

Katada, F. 1989. What Can Long-Distance Anaphora Say about Operator Systems in Syntax? *NELS* 19. 249-263.

Katalin, É Kiss. 1991. The Primacy Condition of Anaphora and Pronominal Variable Binding. In Koster & Reuland 1991. 245-263.

Katz, J. J. and J. A. Fodor. 1963. The Structure of a Semantic Theory. reprinted in Fodor and Katz. 1964.

Katz, J. J. and P. M. Postal. 1964. *An Integrated Theory of Linguistic Descriptions*. MIT Press. Cambridge, Mass.

Kayne, R. 1981a. De certains différences entre le francais et l'anglais. *Language* 60, 47-64

Kayne, R. 1981b. ECP Extensions. *Linguistic Inquiry* 12.1.

Kayne, R. 1983. Connectedness. *Linguistic Inquiry* 14.2. 223-249.

Kayne, R. 1984a. *Connectedness and Binary Branching*, SGG 16, Foris, Dordrecht.

Kayne, R. 1994b. *The Antisymmetry of Syntax*. MIT Press. Cambridge, Mass.

Koopman, H. and D. Sportiche. 1981. variables and the bijection principle. The Linguistic Review 2. 135-170.

Kuno, S. 1987. *Funtional Syntax: Anaphora, Discourse and Empathy*. Chicago: University of Chicago Press.

Larson, R. 1988. On the Double Object Construction. *Linguistic Inquiry* 19. 335-391.

Lasnik, H. 1976. Remarks on Coreference. *Linguistic Analysis 12*, 1-23.

Lasnik, H. 1986. Topics on Government-Binding Theory. ms. University of Connecticut.

Lasnik, H. 1991. On the necessity of binding conditions. Principles and Parameters in Comparative Grammar. ed. by Robert Freidin. The MIT Press.

Lasnik, H. 1992. Case and Expletives: notes toward a parametric account. *Linguistic Inquiry* 23.2.

Lasnik, H. 1993. Lectures on Minimalist Syntax. Presented at SICOGG '93. Organized by Korean Transformational Generative Grammar Circle.

Lasnik, H. 1995. Case and Expletives Revised: on Greed and other human failings. *Linguistic Inquiry* 27.3.

Lasnik, H. 1995. Lectures on Minimalist Syntax. *Minimalist Approaches to Syntax and Morphology*. Korean Transformational Generative Grammar Circle.

Lasnik, H. 1999. *Minimalist Analysis*. MIT Press.

Lasnik, H. and J. Uriagereka. 1988. A Course in GB Syntax: Lectures on Binding and Empty Categories. Cambridge, MA: MIT Press.

Lasnik, H. and M. Saito. 1984. On the Nature of Proper Government. *Linguistic Inquiry* 15.2.

Lebeaux, D. 1983. A Distributional Difference between Reciprocals and Reflexives. *Linguistic Inquiry* 14.4.

Lebeaux, D. 1988. Language Acquisition and the Form of the Grammar. Ph.D. dissertation. University of Massachusetts. Amherst.

Lenneberg, Eric. 1967. *Biological Foundations of Language*.

Longobardi, G. 1984a. Connectedness, Scope and C-Command. presented in GLOW, PISA.

Longobardi, G. 1994b. Reference and Proper Names: A Theory of N-Movement in Syntax and Logical Form. *Linguistic Inquiry* 25. 609-665.

Manzini, M. R. 1983. On control and control theory. *Linguistic Inquiry* 14. 421-446.

Marantz, A. 1981. *On the Nature of Grammatical Relations*. Ph.D. dissertation. MIT

Marantz, A. 1984. *On the Nature of Grammatical Relations*. Cambridge, MA: MIT Press.

May, R. 1977. The Grammar of Quantification. Ph.D. dissertation. MIT.

May, R. 1985. *Logical Form: Its Structure and Derivation*. MA: MIT Press.

McCloskey, J. and K. Hale. 1984. On the syntax of person-number inflection in modern Irish. Natural Language and Linguistic Theory 1. 487-534.

Miller, G. A., E. Galanter and K. H. Pribram. 1960. Plans and the Structure of Behavior. Holt, Rinehart, & Winston, New York.

Milsark, G. 1974. Existential Sentences in English. Doctoral dissertation. MIT.

Montalbetti, M. 1984. After Binding. Ph.D. dissertation. MIT.

Moon, G.-S. 1998. Expletives and Case-feature Checking. *Korean Journal of Linguistics* 24.4.

Moon, G.-S. 2000. Agreement in English Existential Constructions. *The Journal of English Language and Literature 64.4.*

Ouhalla, Jamal. 1999. In*troducing Transformational Grammar from principles and parameters to Minimalism.* Oxford University Press.

Perlmutter, D. M. 1971. Deep and Surface Structure Constraints in Syntax (Constraints). New York: Holt, Rinehart & Winston.

Perlmutter, D. M. 1978. Impersonal Passives and the Unaccusative Hypothesis. In *Proceedings of the Fourth Annual Meeting of the Berkerly Linguistics Society.* Berkeley Linguistic Society, University of California, Berkeley.

Pesetsky, D. 1982. Paths and Categories. Ph.D. dissertation. MIT.

Pesetsky, D. 1984. *Wh*-in-situ: movement and unselective binding. ms.

Pesetsky, D. 1987. *Wh*-in-situ: movement and unselective binding. in The Representation of(In)definiteness. Cambridge, MA: MIT Press.

Pica, P. 1987. On the Nature of the Reflexivization Cycle, *NELS 17,* 483-499.

Pollard, C and I. Sag. 1992. Anaphors in English and the Scope of the Binding Theory. *Linguistic Inquiry* 23. 261-305

Pollock, J.-Y. 1989. Verb Movement, Universal Grammar, and the Structure of IP. *Linguistic Inquiry* 20. 365-424.

Postal, P. 1986. On So-called 'PronounS' in English, in D. Reibel and S. Schane, eds., *Modern Studies in English,* Prentice-Hall, Englewood Cliffs, New Jersey.

Progovac, L. 1993. Long Distance Reflexives: Movement-to-Infl versus Relativized SUBJECT. *Linguistic Inquiry* 24. 755-772.

Radford, A. 1988. *Transformational Grammar.* Cambridge University Press. New York

Raposo, E. 1986. The Null Object in European Portuguese. *Studies in Romance Linguistics.* ed. by O. Jaeggli and C. Silva-Corvalan. 373-390. Dordrecht: Foris.

Read, C and V. Chou Hare. 1979. ChildreN's Interpretation of Reflexive Pronouns in English. In *Studies in First and Second Language Acquisition*, ed. Fred R. Eclman and Ashley J. Hastings. 98-116. Rowley, Mass.: Newbury House.

Reinhart, T. 1976. The Syntactic Domain of Anaphora. Ph.D. dissertation. MIT.

Reinhart, T. 1987. Specifier and Operator Binding. *Representation of(In) definiteness*. Cambridge, MA: MIT Press.

Reinhart, T. and E. Reuland. 1993. Reflexivity. *Linguistic Inquiry* 24. 657-720.

Reuland, E. 1983. Government and the Search for AUXES. in Heny and Richards 1983. 99-168.

Riemsdijk, H. van and E. Williams. 1986. Introduction to the Theory of Grammar. The MIT Press. Massachusetts: Cambridge.

Rizzi, L. 1986. Null Objects in Italian and the Theory of *pro*. *Lingistic Inquiry 17*. 501-557.

Rizzi, L. 1987. Relativzed Minimality. ms. Université de Genève & University of Stanford.

Rizzi, L. 1990. *Relativized Minimality*, Linguistic Inquiry Monograph 16, MIT Press, Cambridge, Massachusetts.

Rizzi, L. and A. Belletti. 1988. Psych-verbs and θ-theory. Natural Language and Linguistic Theory 6. 291-351.

Ross, J. R. 1967. Constraints on Variables in Syntax. Ph.D. dissertation. MIT.

Rothstein, S. 1983. The Syntactic Form of Predication. Ph.D. dissertation. MIT.

Rouveret, A. and J.-R. Vergnaud. 1980, "Specifying reference to the Subject," *Linguistic Inquiry* 11.1

Rutten, J. 1991. Infinitival Complements and AUXiliaries.(Amsterdam Studies in Transformational Generative Grammar 4). University of Amsterdam.

Ruzicka, R. 1983. Remarks on Control. *Linguistic Inquiry* 14. 309-324.

Safir, K. 1982. Syntactic Chains and Definiteness Effect. Ph.D. dissertation. MIT.

Safir, K. 1982. Syntactic Chains and the Definiteness Effect. Doctoral dissertation. MIT.

Safir, K. 1984. Multiple Variable Binding. *Linguistic Inquiry* 15. 603-638.

Saito, M. and H. Hoji. 1983. Weak Crossover and Move-α in Japanese. *Natural Language and Linguistic Theory* 1. 245-259.

Searle, J. 1974. Chomsky's Revolution in Linguistics. in *On Noam Chomsky: Critical Essays.* (eds.) Harman, G. 1974. Anchor Press. New York.

Siegel, D. 1984. *Topics in English Morphology.* Ph.D. dissertation. MIT.

Soames, S and D. M. Perlmutter. 1979. Syntactic Argumentation and the Structure of English. UC Press. Berkeley.

Speas, M. 1986. Adjunction and Projection in Syntax. Ph.D. dissertation. MIT.

Stowell, T. 1981. Origins of Phrase Structure. Ph.D. dissertation. MIT.

Stowell, T. 1983. Subjects across Categories. *The Linguistic Review* 2. 285-312.

Sung, L.-M. 1990. Universals of Reflexives. Ph.D. dissertation. MIT.

Svenonius, P. 2003. On the Edge. ms. Tromso.

Taraldsen, T. 1981. The Theoretical Interpretation of a Class of Marked Extractions. in A. Belletti, L. Brandi and L. Rizzi. eds. *Theory of Markedness in Transformational Generative Grammar.* (Proceedings of the 1979 GLOW conference.) Scuola Normale Superiore. Pisa.

Tatersall, I. 1998. *The Origin of Human Capacity.* American Museum of National History. New York.

Torrego, E. 1981. Spanish as a Pro-Drop Language. ms. University of Massachusetts. Boston.

Torrego, E. 1985. On Empty Categories in Nominals. ms. University of Massachusetts. Boston.

Travis, L. 1984. Parameters and the Effects of Word Order Variation. Ph.D. dissertation. MIT.

Wallace, A.R. 1989. *Darwinism.* MacMillan and Co.

Williams, E. S. 1980. Predication. *Linguistic Inquiry* 11. 203-238.

Williams, E. S. 1989. The Anaphoric Nature of θ-roles. *Linguistic Inquiry* 20. 425-456.

Xu, L. 1986. Free Empty Category. *Linguistic Inquiry* 17. 75-93.

Yoon, J. 1988. Single and Compound Reflexives in Korean, ms. University of Illinois, Urbana.

연구총서 1-34
영어의 통사구조 연구: 보편문법적 접근

초판1쇄 인쇄 2010년 8월 20일
초판2쇄 발행 2010년 8월 30일

저 자 김용석
발 행 인 정주택
발행한곳 한성대학교 출판부

우편주소 서울특별시 성북구 삼선동 2가 389번지
대표전화 (02) 760 / 4174
팩시밀리 (02) 760 / 5969

편집제작 대자커뮤니케이션 | 대표(02) 2269-6724

ISBN 978-89-89101-83-3 93740 **정가** 18,000원